本书由国家自然基金"海南岛传统聚落与建筑空间形态变迁及地域分异研究"
项目（批准号：51468015）资助出版

国家出版基金项目
NATIONAL PUBLICATION FOUNDATION

· 中国传统村落及其民居保护与文化地理研究文库 ·

肖大威　主编

# 质朴的生活智慧
## ——海南岛传统聚落与建筑空间形态

杨定海　肖大威　著

中国建筑工业出版社
中国城市出版社

**图书在版编目（CIP）数据**

质朴的生活智慧——海南岛传统聚落与建筑空间形态／杨定海，肖大威著． —北京：中国城市出版社，2017.9

（中国传统村落及其民居保护与文化地理研究文库／肖大威主编）

ISBN 978-7-5074-3115-5

Ⅰ．①质… Ⅱ．①杨…②肖… Ⅲ．①海南岛－聚落地理－研究
②海南岛－建筑空间－研究 Ⅳ．①K926.6 ②TU-856

中国版本图书馆CIP数据核字（2017）第166754号

责任编辑：付　娇　兰丽婷　王　磊
责任校对：焦　乐　李美娜

中国传统村落及其民居保护与文化地理研究文库

肖大威　主编

**质朴的生活智慧**
——海南岛传统聚落与建筑空间形态

杨定海　肖大威　著

\*

中国建筑工业出版社、中国城市出版社出版、发行（北京海淀三里河路9号）

各地新华书店、建筑书店经销

北京锋尚制版有限公司制版

北京顺诚彩色印刷有限公司印刷

\*

开本：787×1092毫米　1/16　印张：19　字数：412千字

2017年12月第一版　2017年12月第一次印刷

定价：118.00元

ISBN 978 - 7 - 5074 - 3115 - 5

（904047）

# 目录

# 0

## 导言

- 问题的缘起
- 研究思路
- 基本概念
- 研究范围的界定
- 研究内容框架

## 0.1 问题的缘起

### 0.1.1 历史误解——被"遗忘"的海南岛

海南岛是我国的第二大岛，虽然孤悬海缘，但与华南大陆有着不可分割的"母子关系"。早古生代时（距今5.7亿年～4.4亿年），雷州半岛与海南岛同属一个沉降带，第四纪以前（250万年前），海南岛和雷州半岛还是一个整体，在地质构造上属华夏地块的延伸部分。到了大约更新世中期（距今250万年～1.5万年），由于火山活动，雷州半岛和海南岛之间发生了断陷，演变成了琼州海峡，海南岛与大陆分开。几经沉浮，海平面多次升降又使海南岛与大陆多次分离和相连，到第四纪冰期结束，海平面大幅度上升，才形成琼州海峡和海南岛现在的形态。

虽然海面隔断了海南岛与雷州半岛的陆地连接，然而海南岛与大陆联系、交往从未中断。史前时期，海南岛就有来自大陆和可能来自南洋群岛的先人，陆续登上岛屿的南北海岸，沿各大河流上溯岛内各地，历经艰难险阻，开拓了海南岛初始的建设，在其活动地域留下了各类丰富的遗址。自汉代始，海南岛就出现了有组织的移民。《汉书》记载：汉元鼎六年，平南越，自合浦徐闻入海，得大州；元封元年，置珠崖、儋耳二郡。汉初建制二郡，即是中国古代政权早期在海南岛的建制，也开启了海南岛历史上有组织的移民。此后，因中原频繁战乱，天灾人祸，高官贬谪等各种原因迁居海南岛的人口逐渐增多，及至清朝，移居海南岛的移民累计已高达200多万人。

孤悬海外的海南岛自秦汉时期就已归祖国版图，但自始被认为是蛮夷之地，瘴气流行，充满恐惧，而遭受歧视。《异物志》中载"儋耳，南方夷，生则镂其颊皮，连耳匡"，《交广春秋》载"皆殊种异类，被发雕身"。《三国志》"……又珠崖绝险，民犹禽兽……"，《唐大和上东征传》提及"是时冬十一月，……经十四日，方得着岸。遣人求浦，乃有四经纪人，便引道而去。四人口云'……此间人物吃人，火急去来。'便引舟去。"，明正德《琼台志》"琼僻居海屿，旧俗殊陋……"。封闭的交通障碍，稀少的人口，行政管辖的弱化，大量迁移家族的封闭式聚居，汉族与少数民族生存空间的争斗……，使得海南岛经济、文化、社会等多方面发展始终滞后于内陆地区，常成为被人"遗忘"的角落。明清以后，海南出现丘濬、海瑞等名人，其文化大有改观，但直到近现代，人们对海南的印象仍存有"文化沙漠"的偏颇。

新中国成立后，海南岛归属广东省管辖，始终默默无闻。在20世纪80年代前对很多人来说海南岛还是陌生、神秘的地方。1988年海南建省，并成为经济特区，使海南岛一夜之间家喻户晓，10万人才、亿万巨资潮涌而来。海南从此打破沉寂，让人神往，让人牵挂。然而，关于海南岛是"文化沙漠"的认识仍然存在，这意味着在很多人心目中认为在这片阳光、沙滩、海浪、椰林……自然风光迷人的岛屿上缺乏"文化"，甚至认为有关海南岛上漫长的人们争取生存、奋斗探索的居住历史是苍白的，不值得一提，关于海南岛早期的记录和研究也很少。

淡漠和缺少研究使海南岛被人们"遗忘"得太久，关于海南岛的研究虽然在近代关键的时刻曾几次掀起波澜，但仍有很多研究的角落存在空白和不足，尤其是被认为"落后"的生产方式下营建的海南岛聚落常被冠以"原始"、"粗陋"而一直不被人们所关注。

海南作为我国热带的一片重要疆土，我国最南端唯一一个热带岛屿省份，有生存千年的黎族，有大量迁入的汉族及其他少数民族，他们理解自然、创造性地适应、改善自然，营建自己理想的家园；他们相互争斗、相互交流，探索平衡共处的生活方式，构筑稳固的社会聚居空间，这一切最终都凝结在传统聚落与建筑空间形态中而延续下来。

适者生存，历经千年发展演变，不断改进的生存方式和人们的聚居与建筑空间形态都应该是人类智慧的结晶，而地处热带岛屿型的海南岛所产生的传统聚落与建筑空间形态，无论其表观显现的"简陋"、"古拙"等，都不影响其独特的地域人居环境的特殊价值，其传统聚落表观下所隐含的对自然、人文智慧的思考方式更是理解特殊地域条件下的人居环境的宝贵资源，不能因为历史的误解而被遗忘。

## 0.1.2 研究缺失——较少涉及海南岛传统聚落

### 1. 海南岛相关研究概况

海南岛地处祖国南端，因其封闭的岛屿地理环境，自古就较少引起主流思潮的关注。史籍中记载海南历史最早始于汉代，唐宋之前涉及海南的文字也都略而弗详。宋以后有关海南著作多已失传，对海南岛的历史了解只能见之于《山海经》、《史》、《汉》等零星涉及海南岛聚落环境的简单描述。

民国时期为海南地方文献建设作出重要贡献的当属陈铭枢编修的《海南岛志》、王国宪整理出版的《海南丛书》，以及部分学者运用科学方法对海南社会经济现状开展的研究，积累了一批珍贵的文献资料。

在20世纪二三十年代国内掀起海南研究考察热潮，许多外国人也开始了对海南岛关注。海外学者开始对黎族独特的生活方式和传统文化展开人类学和社会学的研究。德国人类学家史图博1931年和1932年先后两次进入海南黎区，徒步做一种纯粹的人类学田野调查，写出了国际上公认的研究海南岛黎族权威性巨著《海南岛民族志》。

甲午战争日本侵占台湾后，便开始涉足海南岛。从19世纪末期直至第二次世界大战结束，日本人对海南岛的调查研究工作始终没有停止，其近代研究海南岛的著作最多。包括日本学者奥田彧的《海南岛农村经济论》、胜间田善作的《海南岛现势大观》、小叶田淳的《海南岛史》、火野苇平的《海南岛记》、屋井部员的《汉唐海南岛经营》、后藤元宏的《海南岛全貌》、金关丈夫的《海南岛重合盆地的黎族》、千叶耀胤的《海南岛之研究》、宫本延人的《海南岛寺庙神关寸为考察》、（日本）海军特务部编印的《海南岛产业之现况及将来》，以及（日本）政务局第一调查室编印的《海南岛黎族的人类学调查》、《海南岛食粮自给形态确定》、《海南岛黎族语言调查报告书》等。

海南岛再次受到关注是在1980年代海南建省之际。作为岛屿独立建省，成为全国最大的经济特区，海南岛突然备受关注，关于海南岛的研究频见报道，围绕海南建省后经济、社会、文化发展研究等方面。尤以司徒尚纪先生关于海南岛的研究较多，多是从历史地理、人文地理的角度考察研究海南岛地理开发及文化变迁。如《海南岛和台湾岛历史开发的差异及其原因初探》、《人口与土地环境的关系在海南岛开发史上的演变刍议》、《关于海南岛历史上开发的若干问题》、《开疆文化在海南的地域扩散与整合》、《海南岛地域文化的空间分布研究》、《海南岛历史上土地开发研究》等等。

### 2．海南岛传统聚落与建筑空间形态相关研究概况

海南岛传统聚落的研究是从民居开始，多关注于黎族传统建筑以及文化习俗。新中国成立后较早研究海南岛民居建筑的是广东省建筑设计院，并发表相关研究论文，如《海南黎族苗族自治州黎族住宅调查报告》、《黎族住宅概说》等。此后由于国内形势的变化，相关的研究中断。1980年代《海南岛黎族的住宅建筑》将有关黎族建筑研究的文献汇编成册，但对黎族聚落的整体与建筑空间形态关注不够。《黎族住宅形式演变初探》对黎族建筑进行了初步研究；此后，黎族建筑一直是海南岛民居建筑研究的热点。《黎族传统民居建筑类型与演变》、《船文化与中国传统建筑》、《船屋文化——海南黎族传统民居探源》、《海南岛古代黎、苗建筑的初步研究》、《海南黎族的生存观与"船"形屋》、《黎族传统聚落的文化特征及继承与发展》、《黎族人生态环境探析》等从不同的视角探讨了黎族建筑。

针对海南岛汉族传统民居的研究主要著作为1999年海南省建设厅、海南省勘察设计协会主编的《海南民族传统建筑实录》，介绍了海南各类民族传统建筑，并附简要文字说明。也出现了针对传统聚落的研究著作，2007年陈玉梅从哲学角度撰写博士论文《海南省文昌市文明生态村研究》，对海南省文昌市文明生态村建设的特色效应、问题对策、经验启示等做了深入分析。2008年海南师范大学张引在对海南白查村黎族聚落实地调查的基础上，从其生活体系、建筑体系、保护与发展等角度撰写硕士论文《海南白查村黎族聚落环境保护与开发探析》。2010年贾俊茹对海南文昌近代民居空间形态进行了调查分析，并完成其硕士论文《海南文昌近代民居空间形态研究》。

在海南建省20年之际，海南省组织出版"海南历史文化大系"系列著作，其中阎根齐著《海南古代建筑研究（文博卷）》采用考证、叙述、议论性的方式对海南岛遗留下来的传统建筑进行了整理研究。杨卫平、王辉山、王书磊著《海南古村古镇解读（文博卷）》从社会文化学角度切入，从人文生态的角度探讨海南传统村落所具有的文化内涵，试图从

考古、人文、社会史等方面考察海南传统古村落人居环境的形成、发展和兴衰。以上两部著作从传统建筑和村镇自身出发概述了海南传统建筑和村落的基本特征，着重于社会学、人文学的角度。

**3. 海南岛传统聚落与建筑空间形态研究现状问题分析**

（1）由以上文献简述情况来看，关于海南岛传统聚落及建筑的相关研究主要集中在近代；其相关研究主要集中于对传统建筑的研究；而传统建筑研究中又主要集中于对黎族建筑的研究。这其中原因不仅在于黎族作为海南岛最为特殊的少数民族代表，而且其原始的文化和古老的船形屋建筑充满神秘感，在新中国成立初期围绕少数民族研究的浪潮中，黎族的传统建筑自然成为主要研究内容。20世纪90年代民居研究热潮中，海南岛的传统建筑研究扩展到汉族民居，零星出现对部分名人故居进行测绘分析。而关于传统聚落的研究较少，只在21世纪初的两本历史文化著作中部分涉及。

（2）对海南岛传统建筑的相关研究主要集中在对部分建筑单体进行测绘和结构分析，鲜有涉及建筑空间及形态的演变分析。

（3）对海南岛传统聚落和建筑的相关研究主要涉及基本特点的研究，未涉及海南岛内不同地域、文化等环境影响下的传统聚落和建筑空间形态的地域分异研究。

（4）关于海南岛传统聚落和建筑的研究多是在岭南地域的大环境下展开，而且由于历史的原因，海南岛传统聚落和建筑多被归属于广东民居的范畴。而关于海南岛传统聚落和建筑自身的特色以及其在岭南地域民居中的自身地位未有研究。

海南岛虽从西汉就已纳入祖国版图，但对其管辖始终处于动荡之中。西汉至南北朝，大概经历了始置、罢弃、遥领、重建行政管制的过程。隋唐以后对其管辖有所加强，但大部分时间仍是"遥领"，新中国成立后，海南岛长期隶属于广东省，尤其是近代科学研究开展较多的时期，关于海南岛的研究基本划归广东省范畴。此阶段对于海南岛民居建筑的研究主要散见于岭南建筑研究书籍中。如陆元鼎教授的《岭南人文·性格·建筑》及陆琦教授的《广东民居》中将海南民居作为个案进行研究。在岭南地域文化大背景下，海南岛特殊的地理位置及其复杂的人口迁移和多元滞后的文化经济发展，必定形成具有自身特点的聚落特征。关于海南岛聚落整体性及自身特点的研究较少涉及。

当代对传统聚落与建筑已有多元化的深入研究，研究的视角从对建筑单体的测绘及结构分析深入到对建筑空间及其形态的演化分析，剖析隐藏于形态演化背后的机理，涉及地域气候、地理、经济、社会、文化等多方面影响因素；在研究地域传统聚落与建筑的共性基础上深入剖析地域分异的特点。

海南岛特殊的热带、海洋岛屿环境造就了其发展的特殊历程，也决定了其传统聚落与建筑的地域个性。岛内地貌影响下的多元气候环境及其人口迁移的复杂历程，形成了其传统聚落与建筑的岛内地域分异的特点。从自然与人文特色中揭示海南岛传统聚落与建筑空间形态的特点及其在岭南地域民居中的地位具有现实、重大的研究意义。

在海南岛建设国际旅游岛的大背景下，研究海南岛传统聚落与建筑空间形态，不仅可以丰富海南岛旅游的地域文化特色，更主要的是为海南改造或建设新的聚落时能延续海南传统聚落与建筑空间形态的地域特色提供有力支撑。

### 0.1.3  探索解析——海南岛传统聚落空间形态的特点

新一轮的新农村建设、生态文明村建设等已深刻地影响着大量的传统聚落，许多传统聚落消失了，还有很多面临将要消失的命运。

在新形势下的海南岛发展无疑离不开生态环境与旅游产业的建设，广布于海南岛的传统聚落将是生态环境与旅游业建设的实践载体，其本身所蕴含的传统聚居智慧将为海南岛新时代的生态建设、旅游发展提供很好的借鉴，也将为摘掉"文化沙漠"，展现"海南文化"及其独具特色的海南岛聚居环境增添光彩。

海南岛的发展历经建省后的起步发展，十年的生态省建设，进入了国际旅游岛崭新的建设阶段。从以经济建设为主的发展模式，逐渐过渡到生态、文化品质发展模式。国际旅游岛建设的一个重要内容就是海南岛地域特色资源的挖掘和展现，寻求旅游资源的差异和可持续发展。海南岛传统聚落生于斯，与海南的建设发展同呼吸共生长，无疑是以农业为主的海南省的地域特色资源。全面系统地研究海南岛传统聚落与建筑空间形态，探讨海南岛独具特色的建筑、居住空间、营造技术、人居文化……，将会为海南国际旅游岛的建设注入新的内容。

## 0.2  研究思路

深入系统地探讨海南岛传统聚落与建筑空间形态的特色是本论著的主要目的和内容。以海南岛传统聚落与建筑空间形态"多源融汇，和而不同"的嬗变演化特征为线索，从物质载体层面，在时间、空间维度上分析传统聚落宏观形态特征；在地理区域维度上分析传统聚落微观空间结构特点；从文化精神层面，依托物质分析基础，在更大地域空间范围内，深入剖析传统聚落与建筑空间形态的深层内涵，最终总结海南岛传统聚落与建筑空间形态的特色。

其中涉及在宏观层次上纵向地分析岛屿传统聚落的分布和演化历程，从时间维度探求海南岛传统聚落与建筑空间形态嬗变机理及其规律，明确海南岛传统聚落与建筑空间形态的总体特征。在微观的传统聚落层次上横向分析各个例调查，从空间维度探求海南岛传统聚落间与建筑空间形态的差异，丰富和深化研究的目的和内容。

本研究内容可分解为以下四个主要的子内容：

（1）海南岛传统聚落的发生、变迁及其形态演化特征

传统聚落是人类生存聚居空间的物质形态的固化，其发生与变迁的历程是传统聚落与自然环境相契合的过程，也是人们选择适宜的居住与建筑空间形态的过程，整个历程涉及聚落与建筑空间形态的整体协调、自我发展、嬗变的规律特点。

传统聚落的演变过程是人类在长期的生存实践中积累经验，有意识地进行生活适应的过程。这个过程反映为寻找适合生存发展的地理区域，并依据区域的特点，建造或逐步改造聚落与建筑空间形态，达到诗意生活的聚居环境。

从传统聚落演变的历程及其生成的条件和嬗变的动力进行研究，分析探讨传统聚落在演进过程中的地域空间分布与自然环境、地质地貌、经济发展、社会文化、建造技术、风俗习惯等之间的拓扑关系。

（2）海南岛传统聚落空间形态的宏观总体特点

传统聚落的宏观空间形态是地域聚落群体间及聚落个体空间关系的反映。聚落的空间形态与地域自然环境、地质地貌、经济发展、社会文化、建造技术、风俗习惯等多种因素相互耦合，互为发展条件。聚落的空间形态与上述因素经过长期磨合演化，彼此形成相对稳定的耦合关系。上述因素的和谐关系会促进形成良好的聚落空间布局状态；相反良好的聚落空间布局状态会促进上述因素的和谐上升，这是个螺旋式的上升过程。

研究传统聚落空间形态的宏观总体特点会明确地域聚落未来发展的基础状况。由此，寻求研究基于上述综合条件与聚落空间形态的和谐发展，其内涵包括以聚落历史空间形态为基础寻求其空间形态可能的发展方向，以此优化上述综合条件，进而引导聚落空间形态良性发展。

（3）海南岛传统聚落空间形态的地区和民族微观差异

海南岛约3.5万平方公里的陆域面积上居住有30多个民族，主要以汉族和黎族人口居多。仅汉族而言，由于迁居海南的时间和迁入地的复杂性，海南汉族聚居地人口来源相当复杂。以现存的方言为例，主要包括：琼文话、临高话、客家话、儋州话、迈话、军话、村话、富马话等。来源不同的汉族居民占据海南岛不同地域，在聚落历史演变的洪流中汲取外来营养和传承自身优点，由此形成微观差异的聚落与建筑空间形态。

不同民族之间微观差异相对明显。海南岛是个多民族聚居的区域，尤其是全国黎族人口中有94.3%居住在海南岛，形成独具特色的黎族聚落与建筑空间形态。

海南岛独特的地形地貌及特殊的开发历程以及各民族独特文化的影响造就了传统聚落与建筑空间形态的多样性。汉民族的迁入，带进了强势的汉族文化、生活方式、聚居模式等，对其他少数民族的聚落与建筑空间形态产生了极大的冲击。而黎族等少数民族在选择性地接受和改变自己的聚落与建筑空间形态的同时，始终保持本民族最鲜明的聚居环境特色。

（4）海南岛传统聚落与建筑空间形态的区域地位

海南岛在地域研究上被划为岭南地域[1]，关于海南岛的民居、聚落等相关研究一直是被归于岭南民居、聚落研究的范畴。

海南岛孤悬海上的地理区位以及艰难的交通状况一直影响着海南岛的各项发展，由于自身的弱势地位以及隔岸毗邻的广东省的强大，历史上曾多次被划归广东管辖，加之历史上多次人口迁移也大多经过或来自广东，千丝万缕的关联使得海南岛的民居、聚落等相关的研究处在被遗忘的角落，仅有的科研成果多被划归广东民居或聚落范畴。

然而，独特的地理区位、地形地貌、社会、文化、经济、民族种群等以及特殊的开发、发展方式使得海南岛聚落与建筑空间形态有其自身的特色。本研究的目的之一是使海南岛传统聚落与建筑空间形态所彰显的海南聚落的价值及思想和文化在岭南传统聚落的总体特征下展现自身魅力。

## 0.3　基本概念

### 0.3.1　聚落

"聚落"一词古已有之，一般是指村落或人们聚居的场所。如《史记·五帝本纪》有云："舜一年而所居成聚，二年成邑，三年成都。"汉代班固《汉书·沟恤志》曰："时至而去，则填淤肥美，民耕田之。或久无害，稍筑室宅，遂成聚落。"

在《辞海》中，"聚落"被解释为"人聚居的地方"及"村落"。《现代地理学辞典》（第672页）中，"聚落"被定义为：聚落是人类为了生产和生活的需要而集聚定居的各种形式的居住场所。包括房屋建筑的集合体，以及与居住直接有关的其他生活设施（如道路、公共设施、园林绿化、港站等）和生产设施。

上述"聚落"传达以下含义：

（1）聚落在我国古籍中常指村落。"在传统聚落发展史中，聚居形态见诸文献的类型颇多"，这些聚居形态显示了传统聚落发展的脉络，其中"聚"、"邑"、"都"是比较有代表性的，反映了"传统聚落发展的等级性与层次性"。在近现代，聚落泛指一切居民点，既包括乡村居民点（乡村聚落），也包括城市居民点（城市聚落）。

（2）聚落指人类聚居的场所。需要经过一段时间才能形成，在一段时期内占据相对固定的空间，具有一定的规模，聚落不仅含有"室宅"等居住形式，也包含与居住生活相关的其他建筑形式和设施，同时涵盖与居住"室宅"相依的周围环境。

---

1　岭南指中国南方的五岭之南的地区，相当于现在广东、广西、海南全境，以及湖南、江西等省的部分地区。由于行政区划的变动，现在提及"岭南"一词时，特指广东、广西和海南三省区，江西和湖南部分位于五岭以南的县市并不包括在内。

（3）聚落是一个动态的有机整体，涉及与聚居活动有关的实体的、空间的、时间的、政治的、经济的、文化的、宗教的、社会的、民俗的、自然的等各种因素的影响，随时间演化变迁。

## 0.3.2　传统聚落

"传统"，是由历史沿传下来的事物，如思想、道德、风俗、艺术、制度等，具有历史性、遗传性和地区性的基本特征。单德启先生在《从传统民居到地区建筑》中曾对"传统"有过定义：

"'传统'（tradition）是指历代传承下来的具有本质性的模式、模型和准则的总和。……还包含以下内容：

（1）'传统'，是流动于历史的动态过程，而不囿于已经凝结成型的某一阶段；

（2）'传统'有着主客体的双向作用即相互影响；

（3）'传统'具有不同存在形态，包括心理、信仰、道德、审美、思维方式以及风俗、礼制、行为方式等。"

传统聚落指受"传统"影响而形成的聚落。显然传统聚落需要一定时间的传承和延续，其营造方式、空间形态、艺术风格、装饰手法、生活习惯等都沿袭着某种"传统"的模式。在聚落形态上表现为相对的稳定性和连续性，侧重于过去的、历史的建筑形态、生产与生活方式的延续，聚落风貌能反映一定的历史文脉与地方文化的传承。

传统聚落与现代农村、城市相比有不同的表现：血缘、地缘关系明晰，宗族、宗法礼制仍然延续，宗教信仰、道德准则、生活模式、意识形态还保留了较多的传统成分，在聚落面貌上仍保留了较多的中国传统民居建筑的特色。

## 0.3.3　空间形态

美国学者戈登·威利对聚落空间形态给出下面的定义："人类在土地上安置自己的方式，它涉及住房和社会性质的其他建筑的布局，这些布局反映自然环境和建造者的水平及控制的各种制度"。简单地说就是人群的聚居方式。聚落形态从宏观上研究聚落及聚落群之间的关系，涵盖不同时期聚落的性质、规模及相互位置的关系；同一时期不同聚落之间的关系；聚落形态的变迁。

建筑空间形态指建筑中人类活动的各类空间之间的内在关系和空间形态间理性的组织方式。建筑空间形态从微观上研究建筑的空间组织关系，涵盖建筑与建筑及建筑内部各种功能空间之间的关系，每个功能建筑或功能空间的架构方式等等。

## 0.4　研究范围的界定

　　海南省于1988年3月成立，辖海南岛和西沙、中沙、南沙群岛。陆地面积约3.5万平方公里，海南岛为海南省的主岛。本研究的范围为海南岛，不包含西沙、中沙、南沙群岛。

　　研究目标是以海南岛内传统村落为主，部分衍生到传统集镇、传统城市的聚落，系统、完整地研究其发展历程中聚落与建筑空间形态的演化和变迁，以及不同传统聚落与建筑空间形态的特点。

　　为了区别于现代聚落，本书以传统聚落作为研究载体的限定条件，明确了研究的对象是伴随海南岛人类聚居的发生、发展、演化过程中的聚落与建筑空间形态。传统聚落没有明确的统一识别标准，因此本论著在研究海南岛传统聚落与建筑空间形态前需要界定研究的传统聚落的范围。

　　传统聚落具有一定的历史形成、发展阶段，与现代农村、城市相比，其存在和延续具有连续性、稳定性，其发展过程受传统的因子影响为主，沉淀和积累的传统因子在聚落形态、结构、空间、建筑、自然、文化、社会环境等方面表达清晰、完整，能全面、系统地反映与之相应的聚落与建筑空间形态特征。

　　王鲁民等在深圳大鹏半岛滨海传统村落研究中对传统村落采用大致判别的标准：一是其功能的依据是历史上承传已久的行为模式；二是从整体上看，其构成元素主要是由传统的工匠营造而成，虽然可能汲取了许多新法，但只是在既有模式上的纳入，并未形成系统的转型。本书借鉴以上的判别标准，结合海南岛传统村落调查的实际情况，采用较宽泛的定义，确定本研究传统聚落对象涵盖：

　　（1）聚落本身已经不存在，但曾经在历史上存在或现在仍然存在部分遗迹。

　　（2）聚落历史延续久远，整体保存比较完好。

　　（3）聚落传统建筑大部分已不存在，已在其基础上形成新的聚落，但格局基本存在，且相对完整。

　　（4）聚落传统建筑大部分已不存在，格局基本存在，传统聚落整体留存或部分成为新聚落的一部分。

　　（5）以传统的建构方式在近现代建成的聚落。

## 0.5　研究内容框架

　　本书以海南岛传统聚落与建筑空间形态的嬗变特征为线索，从物质载体层面，在时间、空间维度上分析传统聚落宏观形态特征；在地理区域维度上分析传统聚落微观空间结构特点；从文化精神层面，依托物质分析基础，在更大地域空间范围内，深入剖析传统聚落与建筑空间形态的深层内涵，最终总结海南岛传统聚落与建筑空间形态的特色。

其中涉及在宏观岛屿层次上纵向地分析传统聚落的分布和演化历程，从时间维度探求海南岛传统聚落与建筑空间形态嬗变机理及其特征，明确海南岛传统聚落与建筑空间形态的总体特征。在微观的传统聚落层次上横向分析各个例调查，从空间维度探求海南岛传统聚落间与建筑空间形态的差异，丰富和深化研究的目的和内容。

# 01

## 海南岛传统聚落的
## 生成与演变

海南岛是海南省的主要组成部分，古称琼州，北隔琼州海峡，与雷州半岛相望。从平面上看，海南岛就像一只雪梨，横卧在碧波万顷的南海之上。海南岛的长轴呈东北到西南向，长300余公里，西北至东南向为短轴，长约180公里，面积约3.5万平方公里，是中国仅次于台湾岛的第二大岛。由于邻近大陆，加之岛内山势磅礴，五指参天，所以每当天气晴朗、万里无云之时，站在雷州半岛的南部海岸遥望，海南岛隐约可见。在这片神奇的岛屿上自古就有一群中国人生息繁衍。

## 1.1　海南岛特殊的生存环境

### 1.1.1　岛屿型地理区位

海南岛是我国最大的一块热带区域，在地理上自成一单元。海南岛与华南大陆有着不可分割的"母子关系"和相同的地质构造，是地壳上升后又发生断陷形成的岛屿。在第四纪以前（250万年前），海南岛和雷州半岛还连在一起，在地质构造上属华夏地块的延伸部分。到了大约更新世（距今250万年前~1.5万年前）中期，由于火山活动，雷州半岛和海南岛之间发生了断陷，变成了琼州海峡，才使海南岛与大陆分开。以后海平面多次升降又使海南岛与大陆多次分离和相连，到第四纪冰期结束，海平面大幅度上升，才形成琼州海峡和海南岛现在的形态。

### 1.1.2　金字塔式地貌构造

地质构造运动引起的海南岛构造隆起使海南岛中部不断抬升，逐渐形成了现在海南岛的地貌特征，山地位于中央，丘陵、台地、平原依次环绕四周。整个地形具有明显的圈层特点，形成"高山—丘陵—平原"阶梯式地貌。海南岛500米以上的山地占全岛的1/4，100米以上的平原、台地占1/3。

海南岛中南部山地统称为五指山区，有三条大的山脉平行并列于此，东列为五指山脉，中列为黎母岭，西列为雅加大岭。三条山脉气势磅礴、层峦叠嶂。这里群山耸立，峰岭连绵。山脉峰岭之间，河谷和盆地纵横错杂，使得整个海南岛就像一个多尖顶的金字塔坐落在大海之中。山区多级阶梯地势异常明显，分别呈现300米、500米、800米、1000~1100米和1500米五级台阶（图1-1）。

金字塔式的地貌构造形成海南岛圈层式阶梯状地形，成为后来人类活动的舞台。

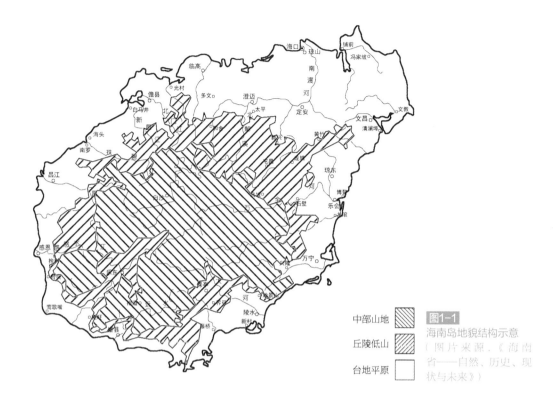

| | |
|---|---|
| 中部山地 | 图1-1 |
| 丘陵低山 | 海南岛地貌结构示意 |
| 台地平原 | （图片来源：《海南省——自然、历史、现状与未来》） |

## 1.1.3 热带海洋性气候特征

海南岛是我国具热带海洋气候特色的地方，全年暖热，雨量充沛，干湿季节明显，常风较大，热带风暴和台风频繁，气候资源多样。海南岛年太阳总辐射量约110～140千卡/平方厘米，年日照时数为1750～2650小时，光照率为50%～60%。各地年平均气温23～25摄氏度，中部山区气温较低，西南部气温较高。全年没有冬季，1～2月为最冷，平均温度16～24摄氏度，平均极端低温大部分在5摄氏度以上。夏季从3月中旬至11月上旬，7～8月为平均温度最高月份，25～29摄氏度（图1-2）。

海南岛大部分地区降雨充沛，全岛年平均降雨量在1600毫米以上，东湿西干明显。多雨中心在中部偏东的山区，年降雨量2000～2400毫米，西部少雨区年降雨量1000～1200毫米。降雨季节分布不均匀，冬、春干旱，旱季自11月至翌年4～5月，长达6～7个月。夏秋雨量多，5～10月是雨季，雨季总降雨量1500毫米左右，占全年降雨量的70%～90%（图1-3）。

热带海洋性气候热量丰富，雨水充沛，与很多地方相比较，其生物资源生存量要丰富得多。但热带海洋性气候中常伴随台风、暴雨等恶劣气候的发生，对人们的生活造成很大影响。

海南岛孤悬海上的地理区位、金字塔式的地貌构造、热带海洋性气候等因素协同叠加，形成了海南岛特殊的生存环境。

（1）孤悬海上，封闭中求生存。海南岛孤悬海上的岛屿型地理区位，造成其交通的阻

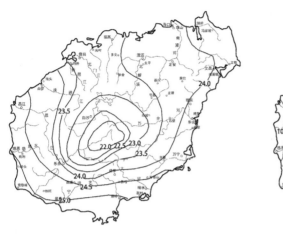

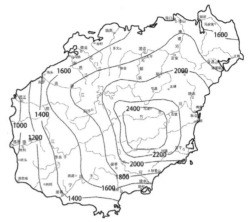

图1-2
海南岛年平均气温（℃）分布示意图

图1-3
海南岛年平均降雨量（毫米）分布示意图

（图片来源：图1-2、图1-3均引自《海南省——自然、历史、现状与未来》）

塞，由此引发人口迁移困难、文化传播缓慢等一系列外围环境的渗透阻力，但同时也建构了内部自身相对稳定的、单纯的发展环境。这种环境下早期的发展更多地依靠自身摸索和积累，发展缓慢而特征明晰。随着先进思想文化的传入形成强势的文化渗透压力，文化冲击下后期逐渐加快发展速度，文化多元化发展的特点带来发展道路的多元化。

（2）金字塔式地貌，圈层外向型活动空间。中间高、四周低的圈层式地貌结构极大地影响了人类的活动方式。中部高地成为交通的阻碍，不易攀登和穿行，相对人迹罕至。人类活动更倾向于沿四周低地行进，形成圈层式活动空间。

中部高、四周低的圈层式地形对岛内水流方向的影响较大。海南岛河流源头集中于中部高山，由此向外辐射形成众多河流。这些河流在早期成为水路交通的主要方式之一，与陆路交通一起影响人类活动的方式和空间。

无论是陆地圈层式的活动空间还是水域引导的中心放射式交通系统，结合四周面海的空间格局，海南岛基本形成外向型活动空间。

（3）地形与气候的叠加，特殊的多元化生存环境。海南岛中部高山的阻隔，对海南岛气候的影响较大。全岛总体上形成由四周向中部过渡，圈层式的气候带。但地形对风向的影响造成气候的局部差异。海风经过中部高山，在西部地域形成焚风，呈现东部偏湿、西部干燥的气候过渡带。从东到西，大致可分为湿润、半湿润和半干旱气候带，即中部、北部内陆和东部沿海为平原湿润区，东北部、北部沿海、西北部和西南丘陵为半湿润气候区，西北和西南沿海为半干旱区。

局部地形和高度的变化叠加引起的气候变化，进一步强化各地生存环境的多元化。例如：中部丘陵山地中穿插着规模各异的盆地，小气候环境中水热充足，很适合农业生产和人类的居住活动。东南部受台风影响，湿度大，风害严重，在早期人类生存能力较弱还不足以抗衡和改善自然环境不利因素时，在此区域聚居开发相对较少。

海南岛特殊的地理区位和气候环境形成了特殊的多元化人类早期生存环境。

## 1.2　海南岛传统聚落的生成演变历程

聚落作为人类定居生活的载体，是人类休养生息、开展各类活动的出发点和集聚点。随着人类生活历史的延续而演变，由最初的自然庇护场所逐渐形成人类的居住生活聚落。

传统聚落随着时间的迁移而发生改变，每个单纯的聚落点都经历着生成、壮大、稳定、衰败甚至消失的过程。聚落的生成演变历程与人类的各种活动息息相关。传统聚落生成演变的研究可以通过地域开发的过程寻找线索。人类的开发过程可通过对其地域进行控制的行政建制的建立情况、种族迁移和人口分布以及与生活关系密切的生态环境状况等进行考察。

本章主要通过区域行政建制、人口迁移、土地利用及生态环境三个方面从宏观上分析研究传统聚落的生成演变历程（图1-4）。

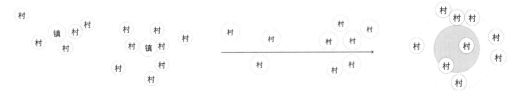

行政建制引导聚落生成演变　　　　人口迁移引导聚落生成演变　　土地利用及生态环境引导聚落生成演变

**图1-4**
行政建制、人口迁移、土地利用及生态环境引导聚落生成演变

### 1.2.1　史前至秦：原始聚落的生成

#### 1. 史前时期海南岛生存环境

古代海南岛有人类干扰之前，其生态环境如何？司徒尚纪在其《海南岛历史上土地开发研究》中通过第四纪地质学、孢粉学、古气候学和历史地植物学的某些片段，勾画出粗略的轮廓：在没有人类破坏植被前，全岛从沿海到内陆各地布满森林或草原。森林类型应呈环状分布，沿海河口、港湾布满红树林；北部、东部沿海应为高大红树乔木林；西部及南部沿海比较干燥，应为矮小红树灌木；沙滩上为刺灌木林或海岸林；台地和沿海一些丘陵应为热带季雨林；距海较远的台地、丘陵和高山中谷底、盆地应布满热带雨林；800～1600米山脊应为亚热带常绿阔叶林；再上为高山矮林。唐永銮在《海南岛景观》一书中指出：大约在海南岛正式纳入祖国版图之前，即公元111年，其森林面积约占总面积的90%。

日本学者吉野正敏在《对海南岛气候和农业的初步研究》中认为：海南岛在史前时期是一块充满原始色彩的处女地，林莽遍地、灌木丛生。自然环境虽然恶劣，但充盈的水热条件及丰饶的生物资源，为人的到来准备了广阔的场地。

这些结论被目前已知的海南岛最早人类居住的三亚落笔洞考古遗迹所证实。据参加发掘该遗址的考古工作者郝思德、黄万波所著《三亚落笔洞遗址》一书记载，落笔洞遗址出土了大量动物化石，其中脊椎动物记录60种，无脊椎动物记录24种。动物的分布与自然景观的各种条件，诸如地貌、气候、植被、水文、土壤等有着密切关系。从动物的变化，科学家能够推测出当时的生态气候特点。三亚落笔洞遗址的动物群，大多是以果虫或蜜为主要食料的鸟兽。这些都反映了1万年前的海南岛气候温暖湿润，降雨充沛，森林茂盛，四时花果不断，是一个野生动物活跃的天堂。其中偶有的古人类活动仅仅是人类与森林环境的轻微较量，寻找生存之地，建立聚落的开端。

### 2．史前时期海南岛人口分布

据考古发掘材料显示，海南岛史前时期就有远古居民生活，其来源，学者们有不同的认识。但无论来自何方，这些远古"三亚人"在海南岛繁衍生息，与逐渐跨海而来的骆越人、马来人、矮黑人、匜越人、循耳人等多支族群会合，逐渐形成有历史记载前的"黎"族先民。"黎"族也因此作为土著民在海南岛生存以来，遗留下众多居住生活印记。

据《新中国考古五十年·海南》记载，海南岛于1983~1986年、1997~2000年进行了两次较大规模的文物普查和复查，第一次发现各类文化遗存500多处，第二次新发现古遗址和文物点400余处，分布范围遍布全岛。从已发掘的多处历史遗迹地理及特征分析，最早先的居住生活印记可概括为洞穴、台地（山坡）和沙丘（贝丘）三种遗址类型。其分布的地理位置与海南岛自然的地形地貌相互吻合。

一万年以前的海南岛土著人群生活在内陆森林地域边缘的自然山洞中，以狩猎和采摘野果为生，过着游走的生活，没有形成固定居住点。发现年代最早的三亚落笔洞遗址所处地域属海南岛山地圈边缘，地势高爽，气候温暖，热带山地雨林植被丰富，雨量充沛，众多河流由此发源。生活于此的先民以鲜果、鱼贝充饥，以自然赋予的山洞落脚，过着狩猎、捕捞和采摘的原始洞穴生活。与此类似的先民遗址在海南岛还有东方坝王岭、乐东仙人洞、昌江黄帝洞、琼中米察山等洞穴。这些洞穴基本处在山地圈边缘。借助自然赐予的山洞栖息场所逐渐不能满足先民种群繁衍壮大后对栖息居所的需求，积累了丰富求生经验的先民开始主动地找寻新的栖息地。

到新石器时代，海南岛先民主要生活在沿海区域。虽然存在于新石器时代的遗址没有证据证明全部是海南岛黎族先民的生活印记，但其中绝大部分，或是其分布的区域也包含黎族先民的活动范围，基本可以探寻到其生活演化的概况。海南岛新时期时代早期遗址主要为贝丘遗址，在东方、乐东等市县有少量发现。坐落在东方市北黎河右岸较高的沙地上的新街遗址距北黎河入海口仅2.5公里。遗址分布范围很大，16000余平方米。此时的生活方式以捕捞、采集和狩猎为主，未形成稳定的居住点。新石器时代中期考古遗存发现的遗址既出现在沿海沙丘（贝丘遗址），又存在台地（山坡遗址），沙丘遗址主要分布在海南南部滨海或邻近海湾处，如陵水石贡贝丘遗址和大港沙丘遗址。从遗存物来看，这些遗址生活的先民以捕捞、采集为主要生活方式，也从事少量的狩猎活动。新石器时代中期台地遗址则多在海南中部、北部江河沿岸的台地及近旁的丘岗地区，如定安佳笼坡山坡遗址和通什毛道台地遗址。从遗存物来看，这部分先民主要以采集方式生存，虽然也有部分狩猎活动，捕捞相对来说更成为次要的生活方式。新石器时代晚期文化遗存在海南各地均有发现，遗址和遗物点数量也明显增多。其中大都属于台地、山坡类型的遗址，主要分布在江河及其支流的阶地或附近的坡地、山冈上，沙丘遗址较少见。从考古遗留物分析，当时的人们已从事原始农业生产，且成为主要的生活方式。

海南岛新时期时代的黎族先民的生活演变虽无文献记载，但从考古发掘中仍能大体分析。新石器早期，选择濒临海湾的贝丘遗址的先民，既能方便地以捕捞近旁的海生软体贝类动物和采集繁茂的热带植物果茎作为主要食物来源，也能远离森林中出没的大型野兽的攻击。生活的安全性大大提高。然而，捕捞、采集、狩猎等攫取式的经济生产方式随着先民的生息繁衍，尤其是更多的黎族先民以外的族群逐渐进入海南岛，共享的海岸资源逐渐变得紧缺，而生产工具的改进促进原始农业的出现，又为黎族先民生活方式提供了新的选择。与其他族群一样，黎族的先民逐渐选择了更加稳定的生活方式——台地原始农业生活方式。

### 3．史前时期聚落特点

从以上的考古资料分析，在海南岛有史记载之前，黎族部分先民早期生活在内陆森林边缘；后来逐渐在沿海沙丘也发现了黎族繁衍演化或逐渐迁入的先民身影；大约从新石器时代中期，来自华南古百越族，如"蛮"、"西瓯"、"骆越"等族群也形成了现今黎族的部分先民，他们起初在海边停留过，后来主要沿着昌化江、万泉河溯流而上，采集、渔猎和刀耕火种并举，造"干栏屋"居住在海南岛台地区域。有学者认为海南史前时期，海南先民经历了从洞穴向沙丘，再从沙丘到台地的流动过程。

从考古遗迹结合海南岛地势及古代交通阻隔、不通信息等客观条件综合分析，海南岛人类活动的早期，有来自不同地方的不同部族从不同的登陆点先后进入海南岛，他们在各地相对独立生存，极少交流，因此形成了海南岛古迹遗址特征的残片性。表现为洞穴遗址、沙丘（贝丘）遗址、台地（坡地）遗址并未形成明显的先后继承的特点。但先民生活的遗迹明显，在历经长时间演化繁衍后，最终形成黎族的文化遗传。

黎族在相当长的历史时期内适应了海南岛的生存环境，并成功地繁衍生息。史前最早进入海南岛的居民，首先选择地理位置好、自然条件适宜开发的地区居住下来，以后随着人口的增加和生产发展的需要，开始拓展和变迁居住区域，分散或者聚集，拉开了海南岛传统聚落建设的序幕。

汉以前，海南岛先住民从事着捕捞、采集、狩猎等攫取式的经济生产方式，随着先民的生息繁衍和对自然环境的了解，其生产方式逐渐转变为原始农业。这个漫长的自然择居、不断移居、逐渐定居的过程也意味着原始固定居民点的出现，即原始聚落的生成。

与人类原始居住方式相同，史前时期海南岛以黎族为主的先民的原始聚落也以穴居形式最先出现，经过从新石器中期到建立郡县约一千年的漫长的演变，这其中经历从母系氏族公社繁荣期到父系公社的转变，至汉之前一部居民已经离开山洞，建立起"巢居"，并逐渐过渡到"干栏式"建筑。

## 1.2.2 秦汉至隋：汉族聚落的初步进入

### 1. 行政建制

（1）聚落研究线索

研究聚落演变有两条线索：第一：规模较大的聚居地及其辐射范围是聚落演变的主要区域，这些区域在古代常表现为行政建制地。聚落的发展演变是由聚成邑，由邑成都，逐级拓展规模。随着城市的拓展和完善，相对于较小的村落而言，有其生活条件的优势。因此，呈现集聚效应。城市及其周围聚居密度远远大于乡村。在有政府参与行政建制的地点往往是已被长期作为聚居点，并已具备相当的聚居规模，周围有较大的辐射区域。第二：政府主导的行政乃至疆域的拓展，其效应远远大于自然个体的拓展能力，尤其是在人口数量极少的海南岛，在汉代政府建制前是自发、小规模的点状聚居点拓展。汉代政府建制后，聚居地的拓展演变为政府主导的大规模拓展以及在此基础上的小规模的点状拓展。因此，总体来看以行政建制为代表的聚居地点演变历程基本可以反映当时传统聚落的基本情况。

本书将以上两条线索作为考察聚落演变的依据。

（2）秦汉在海南岛的建制

自从一万年前落笔洞的人类活动开始，黎族经历了漫长繁衍生息，逐渐形成了独具特色的民族种群。在中原地区的汉族历经夏商周、春秋、战国一直到秦朝时，海南岛黎族仍处于原始的生活状态。

关于秦之前海南岛的记载见于《山海经》："伯虑国、离耳国、雕题国……皆在郁水南。"其中"离耳、雕题"均在海南岛上。南朝梁萧绎《金缕子·卷一·兴王篇一》记载："尧乃老，使舜摄行天子政巡狩，得举用事……缓耳、贯胸之民来献珠玑"，这里的"缓耳"、"贯胸"指古代海南岛先民，这说明尧舜时期海南土著居民已与中原有经济往来。明代唐胄《琼台志·卷三·沿革考》："又史志越处近海，多犀象、玳瑁、珠玑……，中国往商贾者多取富焉，则秦有至矣。"秦虽与海南岛有经济、人口往来，但始终未有明确的行政建制。

汉代元封元年（公元前110年）在海南建制郡县。在建制前，海南岛的黎族居民有23000余户，其中有秦时迁徙而来的汉族，但主体族群是黎族。行政建制的确立意味着官方主导的人口迁移正式开始。随着行政建制的拓展和人口的迁徙进入，人群聚居生活的聚落也因此拓展和演替。

历史记载西汉在海南岛设置珠崖、儋耳二郡及十六县。珠崖郡治瞫都县（今海南海口市遵谭镇）、玳瑁县（今海口市琼山区南）、苟中县（今澄迈县）、紫贝县（今文昌市）、临振县（今三亚市北）。儋耳郡领三县，即九龙县（今东方市境）、至来县（今昌江县西北）、儋耳县（今府城西南370里），其他七县无考。这些郡县分布在岛北部、西部和南部。结合岛内河流布局，行政建制选择南渡江下游、昌化江谷地直至南部沿海低地。从县治所在地空间布局来看，县治选址于靠近水源、交通便利之处。如珠崖郡治在今海口市遵谭镇东谭村、南渡江畔；苟中县治距离南渡江不远；至来县治在昌化江入海口；九龙县在西部海岸；林振县治在今三亚市附近，为河海交汇处。

东汉初期，由于南方动荡，海南岛实际处于无政府状态。直到汉光武帝十九年（43年）马援用兵交趾，"往来南海，抚定珠崖，调立成廓，置井邑"，在南渡江下游重设珠崖县。东汉在海南的经营范围不出北部和西北部，比西汉大为收缩。

三国时期，海南岛属吴国统治范围，但因"殊方异域，隔绝障海、水土气毒"而少有建树。东晋南朝海南岛仍处于羁縻状态。直至萧梁大同中，海南岛北部设立崖州，州治设在古儋耳郡。

综上所述，从汉武帝到魏晋南北朝，海南政权的建制或罢废，反复无常。在近7个世纪的漫长岁月里，置郡时间零星累积也只有150年左右，即便若此，所置郡县形同虚设。

秦汉至隋前行政建制见图1-5。

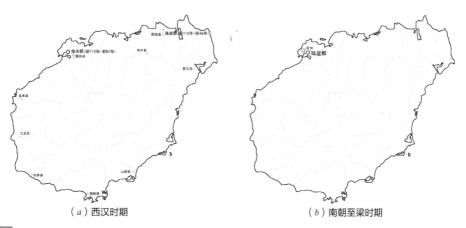

（a）西汉时期　　　　　（b）南朝至梁时期

**图1-5**
西汉至梁时期行政建制
（图片来源：参照中国历史地图集绘制）

## 2．人口迁移

秦代已有商人及民间人口来往于海南与大陆之间。据唐胄《琼台志》记载："越处近海，多犀、象、玳瑁……果布之凑，中国往商贾者多取富焉，则秦有至者矣。"

《汉书》记载："汉元鼎六年，平南越，自合浦徐闻入海，得大州；元封元年，置珠崖、儋耳二郡。"汉初建制二郡，既是中国古代封建政权第一次在海南岛建立，也是海南历史上第一次有组织的移民。当时，全岛"合十六县，户二万三千余"，以每户6口计算，为13.8万人，密度为每平方公里4人。这个比例与当时广东南海郡、合浦郡每平方公里1.1人相比，竟高了几近3倍。此现象一方面表明，自秦朝修灵渠之后，南北交通便利，由于商业、避灾等原因南下汉人逐渐增多，部分迁徙至海南岛；另一方面则说明当时来到海南的移民，已不再仅局限于广东、广西沿海，亦有北方中原的汉族迁居而来。他们中的主要成分有汉代入海岛的派官、派兵，渡海作战的军队很多便驻扎下来，成为岛上移民；还有从事商业贸易或其他行业的"善人"，《琼台外纪》一书便有"武帝置郡之初，已有善人三万之数"的记载；至王莽辅政时，更有从中原迁徙"罪人"至此的说法。这些从不同层面而来的移民，"杂居其间，乃稍知言语，渐见礼化"，从而成为扩大民族交流的开端。

东汉时，北方战乱，海南作为避居之地，移民逐渐增加，"建武二年（26年）青州人王氏与二子祈、律，家临高之南村，则东汉有父子至者矣"。这便是海南移民已有具体地域、姓氏和落籍地点的最早记载。

东汉在海南岛的统治比西汉大为收缩，控制地域偏于东北一隅。汉末中原战乱，海南远离乱土，以海相隔，作为避难场所迁入人口大有增加。三国时有几万户迁居海南，东晋移居海南人口达10万多。丘濬在《南溟奇甸赋》中记载："魏晋以后，中原多故，衣冠之族，或官或商，或迁或戍，纷纷日来，聚庐托处，熏染过化，岁异而月不同，世变风移，久假而客反为主。"

南北朝至隋初期冼夫人治理百越，推动民族团结，大陆俚人集群迁入海南岛。迁居方向除了到西北，重点还指向岛南部和东南部。

## 3．土地利用及生态环境

《汉书·地理志下》记载，西汉初汉人登岛。"自合浦徐闻南入海，得大州……男子耕农，种禾稻、纻麻，女子桑蚕织绩。亡马与虎，民有五畜，山多麈麖，兵则矛、盾、刀、木弓管，竹矢，或骨为镞。"由此可见，这些地区已不是原先普遍的渔猎经济，而是已经分化出农业、畜牧业和家庭手工业。农业种植出现稻、麻、木棉等多种作物，饲养牛、羊、猪、鸡、犬等家禽和牲畜。

按上述分析结合海南岛地貌特征和气候条件来看，琼北大片台地平原最为适合这些作物生长，同时干旱的台地或者丘陵地形对于早期从北方中原来的汉族人，与他们原来的生活环境相似，故而开发相对较早；而东部湿热的环境，热带森林稠密，加上热滞，即瘴气，汉族人很难适应，故一直到了宋代以后，才逐步得到开发。

但是至东晋时，据郭璞《山海经·海内南经》提到的"离耳国"、"雕题国"，指出离耳"即儋耳也，在珠崖海渚中，不食五谷，但噉蚌及薯芋也"。到晋武帝太康中期，陶璜任交州刺史，仍见"合浦郡土地硗确，无有田农，百姓唯以采珠为业，商贾去来，以珠贸米。"上述情况表明在海南岛汉至隋初，原始的渔猎经济形式仍有相当部分保留下来，并影响着聚居环境。

### 4. 聚落演变

此阶段聚落演变呈现出如下特点：

（1）聚落格局

秦始皇统一岭南广大地区，汉族人开始向海南岛迁徙。至汉武帝元封元年（前110年）在海南设置儋耳、珠崖二郡和十六县，"环岛列郡县"的格局拉开序幕。这也决定了汉族人迁入最初主要依靠行政据点，集中在沿海及河口地带。

此阶段汉族迁居海南岛，对先住民黎族开始产生影响。"杂居其间，乃稍知言语，渐见礼仪。"但汉族官吏的横征暴敛也激起黎族的奋起反抗和隐忍退让。原先由黎族聚居的沿海平原地域逐步被汉族侵入；不愿归顺杂居宁愿家族聚居的黎族，自然要放弃聚居地，向内地迁移。原初黎族独立享有的海南岛聚居地随着汉族的迁入，逐步由原先人口较密集的北部、西北部向南部、西南部退缩，并开始出现黎族由沿海平原向内地山区退缩迁移的趋势。

汉族的迁入使海南岛形成最早的族群分布格局"汉在北，黎在南"。随着汉族人沿海岸迁徙拓展，汉族区域逐渐扩大，黎族区域逐渐收缩。"汉在北，黎在南"的格局开始向"外汉内黎"的格局转变。自此开始，黎族内迁的趋势随着中央王朝在海南政治势力的伸缩也是潮起潮落。

（2）聚落群体和聚居生活方式的改变

由史籍记载分析，海南岛随着汉族迁入，人口结构逐渐发生变化。三国时已有几万迁户海南岛，东晋时移居海南岛的人口达10万余，尤其在冼夫人的影响下，迁居海南岛者更多。海南岛最初由黎族人口占绝对多数的情况发生了改变，汉族人口数量逐渐增加，并开始占据沿海、平原等具有较好聚居条件的区域。

在迁入海南岛的队伍中有一类特殊的人群——军队。海南岛自西汉以来，每次建制都伴随着军队的进入，两大伏波将军先后征战海南岛，其后冼夫人更是军威四射，直到现在海南岛还保留众多的冼夫人庙及传统的冼夫人检阅军队的"军坡节"。军队随行政建制进入，驻守在不同地域，戍边屯田，逐渐也成为海南岛的居住者，融入或单独聚居呈点状分布在岛内各处，丰富了聚落构成。逐渐形成在海南岛"汉黎分居"大背景下局部小聚居的状态。

从汉到魏晋南北朝，虽然海南仍处于自然经济状态，但仍存在与大陆的商业往来，人口的迁徙，尤其是"衣冠之族，或官或商，或迁或戍，纷纷日来"，或"徙中国'罪人'杂居其间，稍使学书……，乃教其耕犁，使其冠履。"

汉族文化的迁入对原住民黎族文化产生了强大的冲击。原住民的生活习俗已较汉时略有改变。生活方式的改变自然引起聚居方式的改变，受此影响的部分黎族人逐渐认同汉族文化，并接受汉族聚居方式，最终加入汉族群体。

（3）聚落空间结构的分化、规模的增大和环境的改善

汉至隋初，受汉族文化的熏染，农业技术和生活方式发生改变。岛内开始种植桑、麻、稻、槟榔、椰子、龙眼和荔枝等，饲养牛、羊、猪、鸡、犬等家禽和牲畜。上述农作物及林果都是聚落环境的重要组成部分。充分说明，居民开始利用海南适宜的自然气候逐步改善和丰富美化自己的居住环境。种植果林、饲养家畜等等活动显示聚落的空间结构发生着变化。聚落周围开辟了经济林果的种植空间和畜养家畜的圈养空间，聚落空间在细化，规模在增大，环境在改善。

### 1.2.3　隋唐：汉族拓展，黎族收缩，环岛聚落格局的雏形

#### 1. 行政建制

隋代在海南岛复置郡县，史籍记载不一。大业六年（610年），有珠崖、临振、儋耳三郡，下领十县，即义伦、感恩、颜卢、毗善、昌化、吉安、延德、宁远、澄迈、武德，其数量之多，超过以往；地域之广，除汉代建制范围以外，还拓展至岛东南部。隋至唐初，海南岛大部分区域主要由冯冼家族统治。

唐代海南岛的行政建制在不同时期得到逐渐拓展，总体比隋有所增加。先后七次行政建制调整，最盛时期设崖州辖三县，琼州辖五县，振州辖五县，儋州辖五县，万州辖四县。其管辖区域已突破以往区域，如海南东部沿海万安州、北部内陆的琼州、西南的振州等，逐渐从岛北沿海扩大至东、南、西沿海地带，这些范围以前朝代未涉及或较前朝有所突破。除此之外，在黎地设置忠州，将辖区沿南渡江上移至内陆腹地。

唐代重视和完善了岛东北及东南的建制，结合西北、西南、南部的建制，最终完成了环岛建制（图1-6）。

#### 2. 人口迁移

根据《隋书·地理志》："珠崖郡，统十县，户一万九千五百。"若以每户5.17人口计算，约10万人，较之以前朝代人口略有增加。唐人口统计史载不一。天宝元年（742年），崖州三县819户，琼州五县649户，振州五县819户，儋州五县3309户，万安州四县2997户。从统计数据仍能说明在开发较早的北部区域人口稠密，而新拓展区域人口较少。

　　唐代郡县建制的拓展将移民引入纵深区域。迁入的移民，除分布在沿海平原一带，部分随县治的设置而深入内地。同时，随唐代环岛建制的完成，汉、黎人口的布局逐渐形成"汉在外，黎在内"的基本格局的雏形。

　　从隋代开始，移民成分逐渐复杂。除驻防军队及家属、商人、手工业者等，其中贬官成为迁移至海南的新群体。唐宰相李德裕被贬崖州，其后人从此遗留在海南岛。

### 3. 土地利用及生态环境

　　隋唐对海南岛的土地利用呈现出新地域的开拓，如将东部沿海作为开拓重点。东北琼崖二州领八县，地少却设县治较多，其开发力度显然较大。东南地区因湿重，前朝较少涉足，自贞观初设万安州，将其纳入开发区域。由此环岛地带得以全面打开，且已向腹地拓展。

### 4. 聚落演变

#### （1）聚落格局

　　隋唐时期海南岛的聚居区域逐渐由"汉在北，黎在南"的分布格局向"汉在外，黎在内"的空间格局转变。尤其是唐朝在开发较早的北部、西北、西南、南部的基础上，积极拓展东部及将聚居区沿河流向内陆地区推进。初步形成的环岛建制格局，更增加了沿海平原地带聚落的分布密度。如在原无人涉足的东南地区，在唐代的拓展经营下大有改观。到天宝年间，鉴真回大陆沿途所见，这一带是一派种稻养蚕植果的田园风光。冯冼子孙奴婢遍布，生活奢华、富甲一方。振州别驾冯崇债（冯冼族人）派兵丁八百沿途护送到崖州。鉴真沿途看到村村相次，南北

（a）隋朝时期

（b）唐朝时期

（c）五代十国时期

**图1-6**
隋、唐、五代十国时期海南岛行政建制
（图片来源：参照中国历史地图集绘制）

要走三日，东西要花五天。可见，当时此区域聚落已经达到相当的密度，改变了荒芜的状态。

虽然唐代汉族移民比以往有所增加，但黎族仍是海南岛居民的主体，从沿海到山区都有分布，越往山区，黎族人比例越高。对此，乐史的《太平寰宇记》[1]对海南儋、琼、崖州有较详细的记述：《山海经》"儋耳即离耳也，……，在海渚，不食五谷，食蚌及鳖而已。俗呼山岭为黎，人居其间曰生黎。"琼州风俗："有夷人，无城郭，殊异居，非译语难辨其言，不知礼法，须以威服，号曰生黎，巢居洞深。""崖州……其俗以土为金，器用瓢瓠，无水，人饮木汁，……，州无马与虎，有牛羊鸡犬。"上述史籍记载说明在唐代已有生黎与熟黎之分。熟黎聚居沿海，以渔猎为生；生黎居内地山岭，其聚落散居，无统一城郭等设施，居住建筑以"干栏"为主，与汉族聚落形态不同。崖州地处沿海，以农业生产为主，饲养家畜，为典型的汉族生活方式。

（2）聚落群体和聚居生活方式的改变

隋唐时期移民中最具影响力的当属贬官群体。此阶段大批官吏贬谪海南，据统计史籍中的有王敬晖、杨炎、李德裕、韦执宜等60多人。这些人有宰相及各级官吏，在贬谪海南岛其间，广传中原文化，极大地影响了海南岛原住民文化思想及生活方式。

唐代海南工商业发展较快。在容琼、宁远、义伦等系县，已各有盐场。唐代手工业已能编制多种工艺品。唐代段公路曾记："琼州出五色藤合子、书囊之类，花多织走兽飞禽，细于绵绮。""出红篁，……椰子坐席、莆褥、笋席。"等等。如此手工业繁盛，自然少不了交易的墟市。因此，隋唐文化的繁荣，工商业尤其是手工业的发展促进了自然交易场所或官方专门设置的墟市的繁华，进而影响到聚落的形态和空间结构的调整变化。

（3）聚落中儒学、宗教内容的强化

海南岛虽偏于一隅，但在唐代儒学鼎盛、宗教繁荣之际，也是受其熏染。海南岛自贞观以后，崖州、儋州、琼州、万安州等各州县所在地均立州县学，中宗以后，乡社均设小学，到晚唐学堂已是蔚然成风。

道教在唐代多受推崇，海南岛各州县亦设道观，民间信仰者众，为以后在宋代道教获得巨大成就奠定基础。佛教在鉴真来海南岛前各州郡已设置佛寺，历经大云寺更名龙兴寺后又更名开元寺的佛教发展过程。除此之外，隋唐之时，伊斯兰教也进入海南岛。今发现的三亚市伊斯兰古墓群及三亚酸梅角和陵水县等地的阿拉伯人墓葬群证明此点。海南民间信仰谯国夫人冯冼氏，各地乡间建立宁济庙。

由此可见，隋唐宗教文化已然进入聚居生活之中，成为影响聚落空间的因素之一。庙宇、学堂等建筑成为聚落的重要组成部分，并逐渐影响着聚落形态的构成。

---

1　《太平寰宇记》撰于宋太宗太平兴国年间（976～983年），卷帙浩博，采摭繁富，考据精核，广泛引用了历代　　史书、地志、文集、碑刻、诗赋以至仙佛杂记，计约二百种，且多注明出处，保留了大量珍贵的史料。是北　　宋初期一部著名的地理总志，对于研究自汉迄宋，特别是唐与五代十国史，具有重要的资料价值。

（4）海南岛传统聚落构成的转折点

汉族自西汉时期就已经进入海南岛，并持续地将黎族从西北、北部等区域逐渐挤压至西南、南部，直至向内地山区排挤。隋唐时期，聚落格局基本形成"汉在外，黎在内"的环岛分布状态。此时的汉族已经占据海南岛四周沿海至中部丘陵的大片宜居区域，并逐渐长期稳定地生息繁衍。黎族在被挤压的过程中，始终处于退让迁徙状态，其生活方式以刀耕火种为主，生活区域始终处于动荡状态，其住所也因此简易且长期搬迁，未形成稳定的聚落。部分黎族在长期与汉族的交流中逐渐接受汉化，聚落形态也随之转为汉族方式。

因此，隋唐时期，海南岛的传统聚落构成发生了变化，汉族聚落已经占据绝大部分。并形成稳定的聚居区域和聚落群体。海南岛的传统聚落由此也形成以汉族为主、黎族为辅的格局，汉族传统聚落成为海南岛主流聚落形态。

## 1.2.4 宋元：汉进黎退，圈层聚落格局的形成

### 1. 行政建制

宋代行政设置仍承袭唐制，略作改动。至元丰年间，琼州下领五县：琼山、澄迈、文昌、临高、乐会；南宁军领三县：宜伦、昌化、感恩；万安军领二县：万宁、陵水；吉阳军领二镇：临川、藤桥。从唐五州二十二县减少为一州三军十县两镇。宋对海南岛建制的调整强化了对东北地区的管理，同时注意黎区及西部地区的发展。如大观元年（1107年）以黎母山夷峒（今东方市昌化江流域）置镇州，这已是深入黎区腹地的建制。

元朝建制仍保留宋朝体制，基本未变。除控制沿海军州以外，将势力一度延伸进五指山腹地，但经营重点仍在东部。天历二年（1329年）将以黎峒为基础的定安、会同二县升格为南建州，表明其统治力量已向南渡江、万泉河等大小支流推进（图1-7）。

### 2. 人口迁移

宋代海南岛的移民数量多，人口组成多元化。按入居原因，大体分为以下几类：①戍边军队。岛外从征至此，渐习风情，久而居住于此。戍边之军主要任务之一就是防黎，因此多驻守在山区腹地，熟悉当地风情，浸染黎人某些特点。部分留居于此军队逐渐占据黎峒田地，或开险阻，置村峒，多被称作"熟黎"。②贸易经商留居。长期从事商业贸易的商人，多为闽粤商人，留居沿海或弃商从农。③贬谪官员。宋代被贬海南的官吏数目较多，如李纲、赵鼎、胡铨、李光、苏轼等。④避乱。宋代战乱，海南作为避难地，吸引较多外来移民。宋代移民群体中以文人或商人背景较多，且移民规模较大。苏东坡记载："自汉至五代，中原避乱之人，多家于此。今衣冠礼乐，盖班班然矣。"宋代移民多从福建迁入，先从岛东北沿海登陆，渐次由北向南，从东向西迁徙。一部分辗转山区变成"熟黎"，其余部分分居在各处。海南到处都有的"天后宫"、"妈祖庙"等是闽人崇拜聚居的见证。

南宋时期

北宋时期

元朝时期

图1-7
南宋、北宋、元时期行政建制
（图片来源：参照中国历史地图集绘制）

元朝因采用屯田移民，迁入海南人口较宋朝大有增加。这其中包含大量军队和为了生存加入其中的逃难避世之人。

### 3．土地利用及生态环境

宋代随着占城稻新品种的传入，海南平原地区广植水田。水源充足的丘陵、山区也逐渐开辟梯田，农业生产的区域逐步扩大，汉族传统的农业生产技术及生活方式也在逐渐拓展。在某些山区，拥有为数不少的盆地，水源充足。宋代很多黎人从汉人手中交换铁器，并学习耕作技术，种植水田。

宋代贸易的兴起，促进了海南岛经济作物的种植。槟榔、椰子、香料、吉贝、麻等。时人王象之指出："琼人以槟榔为命。"，"漫山悉槟榔、椰子树、小马、翠羽、黄蜡之属"，"其货多出于黎峒。"熟黎、生黎居于丘陵山区，其聚居环境周围多种植经济作物。"上篱薯蓣春添蔓，绕屋槟榔夏放花"。并逐渐形成传统，至今保留。

### 4．聚落演变

宋代移民增加，民族融合加快。汉族与黎族之间既不断发生摩擦，又相互熏染，尤其是汉族文化对黎族文化的优势，黎族汉化不断演进。汉、黎人口地理分布逐渐形成"去省地远者为生黎，近者为熟黎，……熟黎之外。"宋代王象之《舆地纪胜》引《系年录》记载："黎母山诸黎环居，号黎人。去其省地远不供赋役者号生黎，耕作省地者号熟黎，黎之外始是州县。"这样，从沿海至山区，随着建制的弱化及地理环境资源等，人口密度逐渐降低，并沿海南岛圈层地形形成典型的三个分布带，即"生黎"居中部山区，"熟黎"介于沿海汉族与山区

"生黎"之间。受此影响，在聚落与建筑空间形态上也呈现不同特征。沿海平原地带，行政建制较完善，汉族居民占多数，其生活方式以传统农业为主，兼具渔猎生产。"牛羊被野……，居多茅竹、瓦屋绝少。"中部丘陵地带"熟黎"包括两类人，一类为受汉族熏染而汉化的黎族人，另一类为内地负罪逃亡海南避难的汉族人。这一圈层构成多元化，兼具汉族及黎族特点，"熟黎所居半险半易。""闽商值风飘荡，赍货陷没，多入黎地耕种之。"岛内山地居住"生黎"，主要分布在五指山腹地。"生黎之巢深邃，外人不复迹。"

岛内聚落分布虽为三层，但各自居住地域没有截然分开。且汉族及汉黎杂居的州县境域仅占沿海地带，大部分丘陵山地"熟黎峒落稀少，"生黎居地很广，"距城五、七里许外，即生黎所居，不啻数百峒。"宋代以后，聚落类型发生新变化，出现依托港口的海港聚落和交易墟市聚落。宋代工商业的发展促进港口的建设，沿港口形成靠海最近的聚落。依托港口，向陆地衍生形成商货交易的商业中心墟市。如澄迈县的石矍港（今花场港附近）至今仍保留规模较大的石头村落群。

### 1.2.5 明清：汉外黎内聚落格局的深化稳定

#### 1. 行政建制

明初对海南岛的建制未有增加，只是名称有变。在黎区建立基层组织黎图，若干黎图为一都，若干都为一乡。明代重视海南岛，一改过去"蛮夷之地"，称其为"南溟奇甸"。实行减负轻税等优抚政策，少数民族归附和受编渐多，明后期建制地域明显扩大。到明末清初，"则古之书村书峒者，今皆为都为图矣。"清朝延续明代行政体系，并将管辖区域继续向腹地推进，黎族普遍受编。到道光年间（1821~1850年），几乎所有黎区都划入州县统治范围（图1-8）。

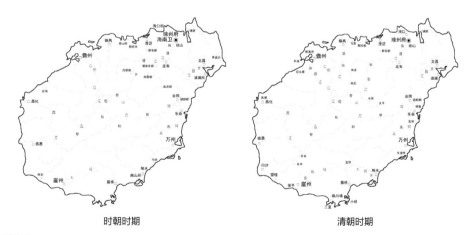

明朝时期　　　　　　　　　　　清朝时期

**图1-8**
明、清时期行政建制
（图片来源：参照中国历史地图集绘制）

## 2．人口迁移

明代人口迁移表现为两个趋势。一是岛内汉族人口布局发生变化；二是"汉外黎内"的分布格局进一步向腹地拓展。据明万历十年（1582年）人口分布图显示，海南岛北部、西北部及东部人口及密度已经超过开发较早的西部。人口最为密集的为琼山、临高、澄迈等北部地域，感恩、昌化、陵水人口稀疏，西部和中部山区每平方公里3人以下。这种人口分布格局与海南岛自开发以来西部人口较多的状况相比，发生很大变化。显然，这与东部湿润的气候环境在明代后逐渐转化为发展农业新技术的有利条件有关。据明正德《琼台志》记载，永乐十年（1412年）各州县黎人分布，指出："东部沿海及其内地，黎族比例最低，西北由于历史影响较久，黎族仍占一定数量，而中部和西部已基本上为黎族所居。而且在人口密度较大的东部恰是黎族比例较少地区，中部、西部正好相反"。

清代迁居海南岛的人口陡增，由明代47万增加到150万。北部、东部人口分布密度继续增加，尤其是东北部（主要是文昌）成为全岛人口最为稠密的地区，而山区人口越发稀疏，地区之间不平衡加剧。

清代移民主要的特点之一即"客家人"成为移民主体。客家人进入岛内荒地较多的西部地区，如儋州在道光年间"雷、廉、潮、嘉诸郡州民潜入峒中，借垦其地，……渐至连迁累陌。"另一特点是岛内人口迁徙。由人口稠密的地域向西部、中部迁移。如清初琼山、文昌县（现文昌市）人迁居昌化县四更村、墩头村；清末儋州人迁往感恩县白井、文质等九村。

## 3．土地利用及生态环境

明清时期海南岛土地利用日趋深入。明代垦田分布与人口分布密度相吻合。北部人口密度大，垦田指数较高。琼山、儋州、临高、澄迈等仍是明清时期开发的重点。清代文昌地区发展迅速，尤其是闽人迁入多居于此，垦田指数最高。清代陡增的人口与土地较少间产生矛盾，人口较多区域出现过度开发。也因此很多移民迁入西部或内陆山区。清代有记载"然依山涧为田，脉厚而水便，所获较外间数倍。"

## 4．聚落演变

（1）聚落格局

明朝起，海南岛逐渐受到政府重视，对黎族统治策略也转化为以安抚为主，这样有效地促进了汉黎融合。明清行政建制及土地开发已基本延伸至内部山区，黎民大部分归附或受编。同时明清汉族文化的强势繁荣，更加速黎族汉化。汉族聚居区域进一步加大，汉外黎内的聚落格局逐渐深化稳定。

（2）商贸兴盛、墟市活跃

明清时期，商贸逐渐繁荣，作为较大聚落组成部分的交易墟市明显增多。明中叶以前，全岛较大墟市123处，万历年间增至179处。其中北部州县人口稠密墟市较多，且由州县向内地延伸，地域分布密度较大；西部、南部较少，墟市多分布在州县附近，墟市间距较远。

（3）州县筑城及客家聚落形成

海南岛在明代建制基本稳固，和全国各地一样，在明初和中期，海南岛大部分州县遵循传统县治格局，延续中原文化传统，整饬县城，修建城墙，结束了长期以来有治无城的局面。

客家人在明朝开始迁入海南岛，大都居住于海南岛西部、中部山区，即儋州、临高、琼中、白沙等县市交界处。客家人迁徙海南岛后，或至西部、中部荒田区域，或租赁田地，以耕以殖，继而渐次设法收买。因其继承保持客家语言风俗、聚族而居，不与外人交流，逐渐成为海南岛特殊的聚落群体。

## 1.2.6 近代时期：汉黎聚落的融合及分异

### 1. 行政建制

自1840年鸦片战争始的近代时期是海南岛发展风云多变的时代。民国初期基本继承清朝建制，未做较大变动。1926年设置海口市，1935年国民政府将靠近黎区的地域划出十二峒，设置白沙、保亭和乐东三县。自此海南岛汉族势力到达腹地核心，改变以前虽有黎区建制，但都为黎区自治的方式。

### 2. 人口迁移

海南岛近代人口较清代有所上升，但人口分布很不平衡。由表1-1可以看出，人口主要集中于北部的平原地带，岛西北、北部、东北部、东部人口稠密，岛西南地区人口相对稀少（表1-1）。

清代、民国时期海南人口密度比较表　　　　表1-1

| 地区 | 清道光十五年（1835年） | | 民国17年（1928年） | |
|---|---|---|---|---|
| | 人口（万人） | 人口密度（人/平方公里） | 人口（万人） | 人口密度（人/平方公里） |
| 全岛 | 125.2 | 37 | 219.5 | 65 |
| 琼山 | 20.7 | 69 | 38.6 | 129 |
| 定安 | 8.7 | 32 | 19.3 | 71 |
| 会同 | 8.2 | 84 | 9.7 | 100 |
| 临高 | 10.1 | 58 | 16.6 | 96 |
| 昌化 | 5.6 | 30 | 4.6 | 25 |
| 陵水 | 5.7 | 22 | 6.4 | 24 |

| 地区 | 清道光十五年（1835年） | | 民国17年（1928年） | |
|---|---|---|---|---|
| | 人口（万人） | 人口密度（人/平方公里） | 人口（万人） | 人口密度（人/平方公里） |
| 感恩 | 4.3 | 18 | 3.5 | 15 |
| 澄迈 | 14.7 | 24 | 17.8 | 89 |
| 文昌 | 13.8 | 47 | 44 | 148 |
| 乐会 | 5.4 | 21 | 11.9 | 20.8 |
| 儋州 | 11.1 | 33 | 20.8 | 62 |
| 万州 | 11.4 | 40 | 16.6 | 58 |
| 崖州 | 5.5 | 12 | 9.7 | 21 |

资料来源：中共海南省委党史研究室.解放前人口分布[EB].海南史志网，2010-09-07.

北部人口相对集中，而此处为琼北羊山地区，由于火山喷发的原因，地面覆盖较多火山岩体，土壤和用水相对较少。因此，这一地区人口逐渐外迁较多。由于岛内已经历长期的人口迁徙，对土地的占有相对稳定。因此，这一阶段人口迁徙在岛内相对较少，而主要是迁往东南亚国家。另一个人口动向为岛内一些小圩镇逐渐衰败，小市镇商人向较大城市集中。与人口分布相同，据民国15年（1926年）调查，人口数百上千的墟市，几乎都在琼北，如琼山旧州，澄迈县的金江，临高县的新兴等地，而岛南部墟市较少，规模也较小。

### 3．聚落演变

（1）聚落融合

这个阶段，随着祖国大陆已经进入近现代，发达的交通工具促进了先进的经济、社会、文化等快速进入海南岛，并推进岛内各区域的相互交流。此阶段，海南岛的建制已经进入腹地核心，岛内绝大部分地域处在行政管辖下。因此，相应的政策、经济、文化等也深入到黎区。黎族汉化在此阶段逐渐加快，且涉及的区域范围更广。各种因素促成了汉、黎聚落的逐步融合，很多黎族聚落逐渐接受汉族聚落生活方式而改建为汉族聚落。甚至很多黎族人口逐渐转变为汉族人口。

总体而言，"汉在外，黎在内"的聚居格局没有改变，但汉族聚居区域或汉族聚落方式进一步向山区腹地推进，汉、黎聚落融合加剧。

（2）聚落分化

海南岛经过长期的岛内人口迁徙，对土地的占有逐渐稳定，人口在岛内迁徙也因此稳定。由于长期多次迁徙，且具有自发选择性，每一族群的迁徙均是在前人迁徙后还未占有的荒地或未开发的土地上自发占据。因此，聚居区域呈现明显的镶嵌性。这一点在区域方言上表现得尤为明显。近代，海南岛的汉语言方言就有琼州语、临高话、军话、客家话、粤语（含相似的儋语、迈语、蛋语）等五大类。虽然每一大类语言有相对的分布区域，但也存着很多语言错杂地区。例如，三亚就流行军话、儋州话、琼州语、迈话、蛋话、回话、黎语等。这种多语言现象在北部、西部沿海比东部更为明显。同一语言的族群相对聚居，并强烈地维护本族群的特色。在海南岛至今仍存在相隔几百米的村落互相听不懂对方语言。这种多语言的地域分布逐渐造成聚落的分化。

每一方言聚居区域基本保持原迁居地的生活习惯，基本采用原迁居前的聚落形态和结构。即便是在适应环境而对聚落形态和结构进行调整的基础上，仍在建筑的细部结构或装饰上保持原来的信息特征。

黎族聚落一直以来受到汉文化的冲击，不断汉化。因此，也存在聚落的分化。一部分黎族聚落接受汉文化，改变民族传统的船形屋居住方式而采用汉族土木砖瓦结构的建筑，融入汉族聚落；另一部分始终坚持民族特色，仍然喜爱茅草船形屋，而延续至今。

在近代，随着岛内外人口的交流，尤其是与东南亚之间的人口交流，自然带来东南亚文化的元素，汉族一部分聚落出现了东南业聚落的特点。

## 1.3　海南岛传统聚落的生成演变动因

### 1.3.1　海南岛传统聚落生成演变的外在因素

#### 1. 自然地理，原初聚落格局的生成

海南岛金字塔式的地形地貌，造就了岛内四隅气候及环境资源的差异。发源于岛中部山区的河流呈放射状蜿蜒入海，开辟了沿海进入内部山地的水路交通走廊。沿河流平缓的阶地地形、充足的水源和丰富的生物资源，天然形成了适宜生存的聚居走廊。

作为最初生活在海南岛的黎族人选择了河流入海口的沿海平原地带聚居生活。森林密布、人口稀少、水源充足，既利于农耕，又便于渔猎。岛屿东部沿海地带气候环境潮湿且台风猛烈，所以当时岛内森林茂密、生态环境较好的西部平原或者较为靠近内地的丘陵地带逐渐获得了黎族人的青睐，聚落逐渐向较为干旱的西部地带迁移。史前时期，除岛东部黎人较少聚居外，大部分地区都逐渐成为黎族散点式聚居的区域。

在汉族还未迁入的史前时期，黎族人自然地选择适宜的聚居地域，自由生活。因此，原初的聚落格局生成的主要影响因子是自然地理环境。海南岛地势西南高，东北平缓，黎母山岭在本岛中部，大小河流由中部山岭向四面流入海中。在河流两岸及沿海地带多为冲积地。先人生活遗址即在上述河流、沿海港湾、山冈台地和沙丘上发现。从海南岛地区遗址分布图（图1-9）可以看出：坐落于山冈上的遗址共有108处。山冈一般高10～30米，不少遗址压在现今村落的下面，有的离村落很近。多与河流相连，背山面水。坐落沙丘的遗

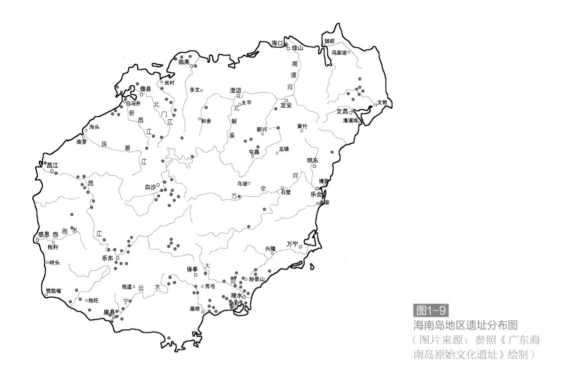

图1-9
海南岛地区遗址分布图
（图片来源：参照《广东海南岛原始文化遗址》绘制）

址有26处，多发现于港湾、海边的沙丘，一般高于海平面10米，为海水不能淹没的地方，多出现在海南岛南部（图1-9）。

## 2. 人口迁移，多元聚落格局的建构

由于史前海南岛人类的来源还未明确，以及历朝各代海南岛的发展都与移民有着紧密的关系，因此，海南岛一直被认为是"移民岛"。海南岛作为孤悬海上的避风港，从汉代纳入祖国版图，才逐渐开始了真正意义上的人口迁移进岛。人口迁移反映在地域上是聚居地域的逐渐转换和不同族群聚落的交融更替。

### （1）聚居地域转换

秦汉时期，已有人口自发迁入海南岛。西汉时，加剧了岛外人口的内迁。海南岛在西汉至五代时期人口稀少，地域广阔。大部分土地尚未开垦，最先迁入的汉族人口就地开垦，聚居生活。岛西北、北部地域成为聚居人口最为密集的地域。人口迁入造成局部地域土地归属的争斗，尤其是经济先进的汉族拥有强势的竞争力，而逐渐迫使黎族向南迁徙。五代时期，西北部、北部汉族比例明显高于南部，黎族人口比例明显低于南部。民族迁徙带动聚居地域的转换。

宋以后，汉族迁徙人口逐渐增多。迁入的人口已无法在北部、西北部获得土地，转而南下，寻求未开垦的土地或与黎族人口抢夺土地。在四周沿海平原河流谷底逐渐被先到移民占有后，后到者只能沿河而上，向内地丘陵山地进发。汉强黎弱的现实又一次将黎族推

到了内层的高山腹地，紧邻山地的边缘丘陵成为汉、黎杂糅聚居区，外围自然成为汉族主要的聚居区域。人口的迁移极大地改变了相应的聚居地域。

（2）聚落多元构成

海南岛地理造就的天然交通障碍使其成为各路人口迁居进入的避风港。隔海相望的大陆朝代更替，战火纷飞的年代就成为海南岛迁居人口较多的时期，无论岭南的广西、广东、福建等地，或是中原家族都有不远万里进入海南岛的记录。各个族群带来相应的生活方式和聚居习惯，逐渐形成聚落的多元化。

人口迁移造成海南岛聚落多元化构成的类型可细分为：

其一：迁入人群身份复杂型。商人、避乱、逃犯、官兵、贬谪官员等等。例如，各个朝代因在海南岛经营需要而迁居进入的军队成分复杂已是显然，这些军队大部分由于屯田戍边而最终居住于海南岛，不同的生活方式自然造就聚落的多元化。

其二：多次迁居造成聚居区域镶嵌型。海南岛先住民黎族人口很少，经过历朝迁入人口才逐渐增多。每一次迁入人口都在土地已有归属的基础上选择聚居区域，面对山地丘陵、河流纵横的复杂地理环境，在适宜聚居的平原丘陵地带的选择只能见缝插针，镶嵌杂糅。而造成镶嵌杂糅的格局还在于海南岛内汉族、黎族的持续争斗，使聚居区域长期变动。尤其是中部和内部山区，一直处于争斗波动地区。黎族持续内迁，进入山地，汉、黎杂糅镶嵌于中部丘陵地带（图1-10）。

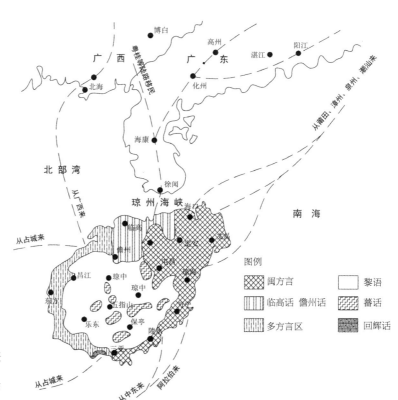

**图1-10**
史前至清海南岛内人口迁移与聚落格局
（图片来源：参考《海南古代移民与海南方言》仿绘）

其三：迁入地域环境差异型。约3.5万平方公里土地的海南岛，其金字塔式的地形地貌及中心放射式的河流将适宜人居的区域划分成地理环境各异的地域组团。气候差异、地形多变等原因使得在此定居者需要根据环境对聚落进行适应性调整。迁居者带来的多元化的聚落原型在受到当地环境的调适后，最终的聚落构成更加丰富多彩。

### 3. 行政建制，圈层聚落格局的形成

海南岛开发历史伴随着大量的人口迁移，然而主导人口迁移的因素是政府的行政建制。行政建制首先意味着政府职能机构的进入，这样势必带来相对较多的优势资源，相对于其周围形成地域优势竞争力。由此带动商业、手工业等的发展以及墟市的形成和大量人口的进入，最终形成聚落密集区。

未有政府主导海南岛以前，黎族聚落独立、自由地享有海南岛丰富的自然资源。黎族的各个族群占据不同的地域，自然发展。自从西汉海南岛纳入祖国版图，中央政府就一直努力将岛屿纳入政府的行政管辖范围内。政府入岛初期先在相对发达的地域设置行政建制，主要集中在西北地域。随着对岛内西北管辖的巩固，逐渐将行政建制拓展到西南、南、东北等区域。隋唐时期，环岛建制初步完成，也带动人口的环岛分布，自然形成环岛聚落带。在完成环岛建制后，政府将行政管辖沿着河流向交通便利、条件适宜的丘陵山地推进，行政建制的推进促进人口聚落向内迁移。北宋大观元年（1107年）以黎母山夷峒（今东方市昌化江流域）建立镇州，其行政建制已深入黎区。南宋"淳熙元年（1174年）五指山生黎峒首王仲期，率其傍八十峒，丁口一千八百二十人归化。"黎族汉化已深入山区腹地。这个时期已经初步形成"汉在外，熟黎在中，生黎在内"的圈层式聚落格局。明清时期将全岛建制全面深入腹地黎区。行政建制的完成意味着汉族已完全能够进入黎区，黎族也经常到汉族墟市进行交易，汉、黎相互之间有直接的交往。行政建制主导下的"汉在外，熟黎在中，生黎在内"的圈层式聚落格局逐渐稳定形成。

## 1.3.2　海南岛传统聚落生成演变的内在因素

### 1. 经济推进，聚居区域的拓展与杂糅

隐于人类社会发展的背后，并推动其向前发展的主要动力之一就是经济杠杆。而经济增长主要依靠生产力的发展，即主要靠劳动力、生产资本、生产技术和自然资源的投入。

清代以前的传统农业社会，土地作为最有价值的生产资料，谁掌握土地，谁就决定着生产关系的走向。作为有漫长移民历史的海南岛注定会发生移民间对土地资源的争夺。每个历史阶段的行政建制、人口迁徙都是因为对土地的需求而发生过对土地资源的争夺，也因此伴随着对聚落区域的重新划分。

海南岛金字塔式地形地貌与热带气候的耦合，形成圈层式的土地格局。对于传统的农

业生产而言，由沿海向内部山区的圈层土地开发价值逐级降低。占有经济、政治、人力资源、先进生产技术等优势的汉族进入海南岛，自然最先看中沿海平原地带。处于弱势的黎族从西北、北部沿海一步步被排挤到西南、南部沿海平原。而持续不断的汉族迁入，在隋唐时期已经将沿海平原地带挤占殆尽，黎族被进一步推向内部山区。

图例
西汉
隋唐
宋元
明清
民国
新中国成立后
新中国成立后
橡胶带

**图1-11**
海南岛历代开发示意图
（图片来源：参照《开疆文化在海南的地域扩散与整合》绘制）

海南岛特殊的地形及放射状的水系分布使适合传统农业生产的土地在丘陵、山地区域多呈现斑块状。用于农业生产的土地随着人口迁入而开始紧张，后来进入者只能选择在中部丘陵或山地黎族相对较弱的区域以杂糅方式聚居。

在围绕着土地争夺的传统农业经济发展方式推动下，最终圈层式的土地格局造就了总体圈层式的民族聚居分布格局，而其中局部存在着镶嵌式的汉黎杂糅的聚居区域（图1-11、图1-12）。

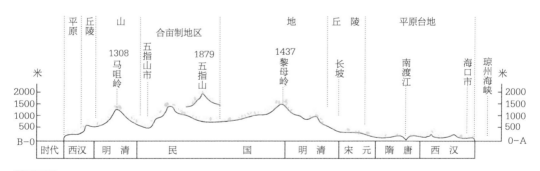

**图1-12**
海南岛历代开拓剖面图
（图片来源：仿司徒尚纪《海南岛历史上土地开发研究》）

### 2．文化交流，聚落形态的融合与分异

海南岛的文化传播扩散呈现出移民扩散方式为主，先西后东，先北后南，按海拔从沿海向腹部五指山，从低到高渐次推延的文化传播特点。此外，海南文化的形成，实际上是各种形式的民族或族群文化在海南地域上长期作用的结果。即在黎族文化本底的基础上，经历史时期汉、苗、回等民族文化，以及近代华侨文化、农垦文化等多种文化长期影响，

并经相互碰撞、彼此融合等错综复杂的相互作用后，在海南这一地域环境下整合生成的一种海岛文化。文化的交流是推动海南岛聚落形态融合分异的主要动力因素之一。

海南岛岛屿型的地理区位成为传统交通及信息的天然屏障。缺乏文化信息交流的海南岛其发展一直缓慢。"刀耕火种"是黎族传统生产方式，其生产效率低下，且长期处于流动生活的方式，极大限制了人口的聚居规模。汉族进入带来新的农业生产方式，锋利的铁器，圈养牲畜，极大地提高了生产效率；饲养家禽和种植蔬果，提高了生活的质量。这些先进的生产方式和生活文化通过交流逐步被黎族接受，黎族汉化成为海南岛历史发展中非常重要的内容。接受汉族文化的黎族其生活方式也承袭汉制，因此，在汉黎杂糅的中部山区，黎族基本采用汉族居住建筑和聚居方式。甚至平原地带也存在原为黎族，后来转化为汉族的聚居聚落。文化的传播与传承使原本不同生活方式的民族逐渐融合，采用相同的较为先进的聚居方式。

文化随着时代的发展而更新，缺乏更新的文化逐渐衰变而陈旧落后。先进入海南岛的汉族文化虽与黎族而言较为先进，但随着时间的推移，封闭的海南岛与周围文化差异逐渐增大。来源丰富的迁入人群带来新鲜的文化信息。吐故纳新是文化发展的客观道路，而新文化一定会在物质载体中得到反映。反映在聚落中就会产生新的内容，出现聚落分异。尤其是清末时期，多元文化的交流和东南亚异国聚居文化的传入，带给聚落很大的变化而出现分异。

每一个民族都有其悠久的文化发展历史，并在文化的吐故纳新中始终坚持保持最具民族特性的文化因子。这些文化因子深刻地影响着民族或种族的生活方式，并强烈地以"或明或暗"的方式反映在聚落中。迁居海南岛的多元化人群的组成，自然携带各个民族的文化因子，并将努力传承其中的精华。中原汉族人、闽南客家人、潮汕客家人、广府人、广西人等以及军人、商人、手工业者、贬官等等都成为聚落变异的因素，而影响着聚落的形态和结构。客家人在聚居地区保持自己的习俗传统，如海南省儋州市高台村客家人仍然居住传统的围屋。文化的民族性及族群性在传统聚落演替中始终引导聚落保持族群个性，进而出现分异。海南传统聚落生成演变的动因可用图1-13简单表示。

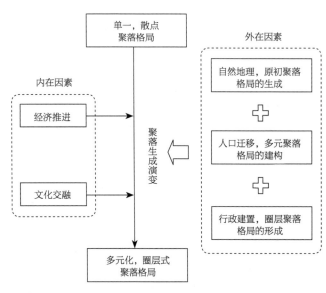

图1-13
海南岛聚落生成演变动因图解

## 1.4　本章小结

聚落是历史累积演变的结果，每一次的人口迁徙演变都改变着聚落的空间布局。而迁徙所产生的地域时空的变化、土地开发的拓展、人口组成的改动、经济关系的发展、文化思想的交融等都影响着聚落的空间形态。

从促使聚落生成演变的因子发展历程中探寻时代变迁过程中这些因子投射到聚落载体上的每个阶段演变的基本特点，以及影响聚落演变的脉络主线。由此抓住聚落在历史长河中的演变的动因。

海南岛特殊的热带岛屿型金字塔式的地理地貌所形成的圈层式空间格局是影响传统聚落地域空间演变的起点，并始终成为聚落空间演变的基本因素。而对聚落空间布局产生影响的行政建制、人口迁徙、土地开发等等都是以此展开，并最终形成大圈层小杂糅的聚落空间布局。

引起聚落空间布局演变的内在因素是建立在对优质土地资源获取基础上的经济回报。而伴随和隐藏在聚落中的民族和族群文化推动着聚落的融合和异化。

总体而言，海南岛传统聚落生成演变特点可归纳为：自然地理导向的山水分布原初形态；经济辐射带动的圈带分布总体形态；民族文化影响的大圈层小杂糅的细化形态。

# 02

## 海南岛汉族传统聚落
## 空间形态

"人类在土地上安置自己的方式，它涉及住房和社会性质的其他建筑的布局，这些布局反映自然环境和建造者的水平及控制的各种制度"，这是美国学者戈登·威利对于"聚落空间形态"的定义。简单地说聚落空间形态就是人群的聚居方式在空间上的布局关系。聚落是人类居住生活空间的物质载体，其形态的表达反映出人类生活适应环境以及人类自组织的社会发展关系。随着人类社会的发展以及人类适应或改善环境能力的提高，社会的组织与结构不断发生变化，聚落空间形态也相应地发生着变化。

聚落空间形态可以分成微观研究和宏观研究两大类。前者是对单个聚落而言，指一个聚落中同时存在的各个功能空间之间的关系、聚落整体的生成建构以及所反映的社会组织结构的研究；后者是对多个聚落而言，指聚落群中同时存在的各个聚落或同时存在的不同聚落群之间的关系及其所反映的社会组织结构的研究。

聚落空间形态是长期历史演变的结果。对一类聚落空间形态的研究，除了对现存的聚落对象进行详细分析，还需对曾经存在并代表历史时期聚落特征的历史聚落空间形态进行探究。然而聚落空间形态的现实存在状态所承载的信息距离现代越近，信息量越大，可靠度越高。因此，聚落空间形态研究着眼于现状聚落空间形态，在此基础上，结合历史聚落空间形态的信息，综合把握聚落空间形态的整体特征。

汉族自西汉时期已经进入海南岛，经过长期的迁移和居住地域的争夺，已经占据绝大多数居住地域，成为海南岛的主要居住人群。据民国22年（1933年），琼崖绥靖公署公布汉族约216万人，黎族约40万，当时汉族人口是黎族人口的5倍多。据2010年人口调查，全省总人口中汉族人口占总人口的83.33%；各少数民族占总人口的16.67%，其中黎族占总人口的14.73%。因此，海南岛人群民族构成中汉族占绝大多数，其次是黎族，其他少数民族所占人口较少。

对于海南岛的传统聚落空间形态而言，汉族传统聚落自西汉后逐渐成为海南岛传统聚落的主体，代表着海南岛传统聚落发展的主流。由此，本章以海南岛汉族传统聚落为对象分析其空间形态。

## 2.1　海南岛汉族传统聚落类型及演变

《汉书·沟洫志》记载："或久无害，稍筑室宅，遂成聚落"。清王晫《今世说·德行》："避地苏门，累徵不起。从游日众，所居渐成邑聚。"《史记·西南夷列传》："西南夷君长以什数，夜郎最大……此皆魋结，耕田，有邑聚。"《后汉书·西南夷传》："邑聚而居，能耕田。"据《史记·五帝本纪》记载，"舜耕历山，历山之人皆让畔；渔雷泽，雷泽之人皆让居；陶河滨，河滨器皆不苦窳。一年所居成聚，二年成邑，三年成都。"以上古籍对聚落的生成及演变做了基本的阐述。其表明，传统聚落由于人口的集聚居住而逐渐生成，随其壮大而逐渐演变成为邑或都。从其发展阶段和规模而言，"聚"对应传统的村落，"邑"对应传统的圩镇，"都"对应传统的城市。

海南岛传统聚落其发展演变也经历着村落形成，部分逐渐壮大成圩镇或城市。西汉之前，黎族散居于海南岛各地，以刀耕火种自给自足的方式生存，实行族群自治，其聚居方式以简单的原始的自然村落存在，还不存在一定规模的商品交易区域，未形成圩镇或城市。西汉以后，汉族人进入海南岛，并在已有一定规模的聚落基础上设立行政建制而促使部分聚落转变为圩镇或城市。据王国宪重修《儋县志》中所引王佐在《琼台外纪》中的记载："海南岛西汉时已有善人（商人）三万"，且已知郡县有以紫贝、玳瑁等海产品命名，说明其时这些治所已具有商品交易场所。

唐代海南岛已基本完成环岛建制，郡县设置地名一直沿用至今，如琼山、澄迈、文昌、临高、陵水等等。道光《琼州府志·杂志四》记载："海南村户，在唐时已称极盛"。唐琼州治"广三里"，比汉儋耳城大二十倍。唐代刘恂在《岭表录异》中记载："儋、台、琼管百姓皆制藤线，编以为幕，……业此纳官，以充赋税。"由此可见，唐时不仅州县作为聚落，规模比过去大，商业发达，其对人口的吸引作用大为增强。宋代随着街巷制的全国转变，海南岛临海优势彰显，港门和墟市兴起并壮大。聚落类型逐渐丰富。"淳熙珠崖守周廊招抚黎人五十余峒，每遇寅酉日出城市贸易。"明中叶以后，全岛较大墟市123处，万历末增至179处。到清中叶，墟市已达310处，平均服务半径5.9公里。可见当时商业繁华，墟市密度已经较大。同时出现墟市废兴转变，较大密度的区域，墟市竞争激烈，部分优势墟市成长为小城镇，并最终成为新的县治，转变为城市。如澄迈县金江镇、儋州市那大镇、琼海市嘉积镇等，是在清代中后期逐渐由墟市成长为小城镇。

近代海南岛由于战争及交通闭塞的原因，商业衰退，部分墟市荒废，人口向城市集中。尤其是北部地区，如琼山60%～70%的人口从事非农业生产，墟市密度较大。而南半部墟市数量明显不如北部，城市和墟市规模较小。另外，由于新的公路交通的开辟，在交通便利之处形成新的墟市取代了地处偏远的墟市。

目前，随着经济的快速发展，现代城市规划极大刺激着传统聚落转型。很多传统的圩镇、城市都已不存在，或者原来传统的聚落建筑已经被现代建筑所取代，失去了传统聚落的风貌。部分遗留下来的传统圩镇或城市以片断的方式仍然存在，面临新的历史选择。大部分原来的传统城镇聚落空间形态现今在本质上已发生了巨大的变化，已不能准确地反映地域传统聚落原本的空间形态特点。海南岛经济相对滞后发展，城市、圩镇对乡村辐射有限，保留了大量传统村落，部分村落仍然保留完整的传统风貌、传统形态格局、传统的建筑空间结构、传统的建筑技术等，这部分宝贵的村落成为研究海南岛传统聚落空间形态和结构的主要载体。

对于地域传统城镇聚落空间形态的研究本文主要借助于文献记载和部分仍存在的城镇片段及还大量存在且受城镇冲击较少的传统村落。

## 2.2 海南岛汉族传统聚落选址

### 2.2.1 传统聚落选址依据

传统聚落的初始存在位置是聚落发展壮大的基础。而最初的传统聚落形成阶段往往需要一定的地理基础条件和良好的资源环境才能顺利地完成聚落建构，保证聚落的持续发展。如何选择较好的聚落基址在古代社会颇受重视。古人在长期与自然环境的磨合中，逐渐积累了如何与自然环境相处，并如何选择有利生活的基址经验。其中最具影响力的就是"天人合一"的思想基础以及由此产生的理论实践。

#### 1. 传统聚落选址的思想基础

对中国传统聚落选址及营建影响最大的思想为"天人合一"。中国"天人合一"观念源远流长，其讲究天与人是和谐的整体。天地派生万物，人和自然万物都是这个和谐大系统中的组成部分。追求人与自然和谐这一传统观念一直被作为古代村落、城镇用地选址的基本思想依据。在"天人合一"思想的指导下，古人崇尚自然、珍惜自然、合理利用自然，择宜居之地。村落选址重视并尊重基地自然生态环境的内在机理和自然规律，以珍惜土地、重山水、保林木、巧用自然资源为原则，村落选址大都利用天然地形，依山傍水，枕山环水，背山面水，负阴抱阳，随形就势；大都选择在山谷内相对开阔的阳或山侧南向缓坡上。

#### 2. 传统聚落选址的理论依据

中国古人在"天人合一"的思想基础上，又总结出便于操作的实践理论。对于普通的城镇和村落主要表现为以《管子》为代表的传统规划理论学术专著和广泛流行于民间的"风水观念"。

战国时代的作品《管子·乘马》阐述了聚落选址的基本原则："凡立国都，非于大山之下，必于大川之上，高毋近旱而水用足，下毋近水而沟防省。因天材，就地利，城郭不必中规矩，道路不必中准绳。"《管子·度地》中的"故圣人之处国者，必于不倾之地，而择地形之肥饶者，乡山，左右经水若泽，内为落渠之泻，因大川而注焉。乃以其天材、地之所生，利养其人，以育六畜。"在远古社会人们已经学会为防备洪水灾患和防止野兽的侵袭以及利用自然资源，而居住在平展阶地地带，并注意利用自然地形，而不刻意营建耗费人工的工程。在《管子·权修》中曰："夫国城大而田野浅狭者，其野不足以养其民；城域大而人民寡者，其民不足以守其城"，又从聚落生活与周围生产环境以及聚落空间布局之间相互适应依存的角度，阐述聚落可持续发展的关键条件。

"风水观念"在传统的"天人合一"的思想指导下，在实践中认识和积累经验，以天、

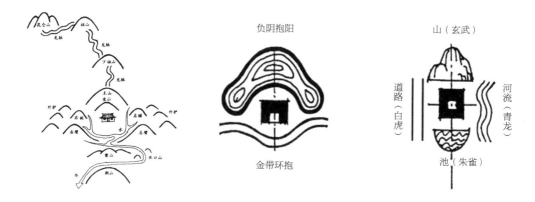

**图2-1**
聚落风水观念选址
（参照建筑风水图解改绘）

地、人相协调为准则，总结出一种特殊择地评价体系标准，创造出相应的择地方法，并由此构建对聚居环境的认识观念。早期风水称作"堪舆"，已与原始村落宅邑的营建关系密切（图2-1）。在出土的殷商卜辞中仍可见诸多占卜建筑的史实记载，既是"卜宅"，史籍记载周代已采用占卜风水的方法选择城址。如周成王建都城洛邑时，也是"我卜河逆黎水，我乃卜间水东，水西，惟洛食。我又卜水东，亦惟洛食，来，以图及献卜"（见《沿书》）。受风水观念的影响，古人认为聚落选址是未来兴旺与否的关键，关系到族人和国家的前途与命运，关系到政权的兴衰。因此，从一开始对聚落的选址就十分慎重。

中国地域广博，由于受各地不同自然环境和人文环境的影响，传统聚落的特点可谓异彩纷呈。然而对传统聚落的选址，却有着基本相同的构想。即基于以上的思想基础和理论依据，古人逐渐形成了对于传统聚落选址的实践体系（图2-2）。

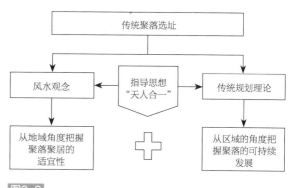

**图2-2**
传统聚落选址的实践体系

## 2.2.2  海南岛传统聚落选址分析

以上的思想基础和理论依据在战国时期已见雏形，随后逐渐完善并一直影响着整个中国普通传统城镇和村落的选址。西汉时期进入海南岛的汉族携带丰富的传统文化，在开拓地决定建造新的聚落。聚落选址自然遵循上述基本思想和理论依据。

### 1. 海南岛传统城镇选址

对于传统城镇选址，古人忠实地实践着《管子·乘马》的记述："凡立国都，非于大山之下，必于大川之上。"，并根据"夫国城大而田野浅狭者，其野不足以养其民"考虑为城镇的可持续发展留有足够的用地。

传统城镇选址要求据险固守，形胜为先；地广人稀，腹地宽展；交通便利，水网密集。海南传统城镇也遵守相同的原则。海南岛圈层式的地貌结构，最符合上述条件的地域就是四周沿海的平原地带。营建城镇除了广博的平缓地域，还需足够的水源及丰富的资源环境，发源于海南岛中部的河流在岛屿四周入海口形成冲积平原，水草充足，耕作便利，交通顺达，自然成为城镇建制的首选之地。从西汉政权进入海南岛，至隋唐时期，行政建制优先选择四周沿海平原入海口（图2-3）。

传统城镇选址区域决定后，具体的实施地域还需从"风水"角度权衡定夺。此时主要关注聚落地域的聚居适宜性，重点在于地域地形结构和生态环境。具体实施中以地域"形胜"来把握。古代城镇选址据险守固，必择形胜。

如光绪年间临高县志记载临高县治"前襟临江，后带沧海，毗耶耸其右，罗盘揖其左，中平如掌，坐视四隅"。临高县位于海南岛西北部，城选址于文澜江畔，地势开阔平展。

澄迈县因西有"澄江"东有"迈山"而取澄江，迈山之首字，名澄迈县。县治选址于南渡江边的金江镇，山川夷险，形胜广袤，澄江绕其南，沧海涵其北，其形势之盘结秀丽，洵海国一名区也（图2-4）。

图2-3
海南岛遗址及主要传统
聚落基址分布示意图
（图片来源：仿《海南岛历史上土地开发研究》改绘）

图例
• 古聚落遗址
• 传统聚落基址

　　定安县地处海南岛北部偏中，周围被其他州县环绕，中隐于平原。宣统《定安县志》记载："水澄环海，山观四州；东据长坡，西潆浦白。群山环绕于南，建水迁回于北。其盘拔祖黎母而来，其旋结循江崖而止。周遭列嶂如垣，左右双溪合碧。此一邑形胜之大观。"康熙《陵水县志》记载："陵水县治东倚层峦，西控黎峒，海泪汹涌乎南，笔峰巍峨乎北（图2-5）。"

### 2．海南岛传统村落选址

　　中国传统村落选址与城镇选址基本遵循相同的指导思想和理论依据，只是在地域适宜性的把握上，几乎所有的传统村落都更加强烈地受到风水思想的影响。传统风水观念认为聚落选址应将群山合围的封闭要塞型地势作为首选之地，讲究负阴抱阳，背山面水。所谓

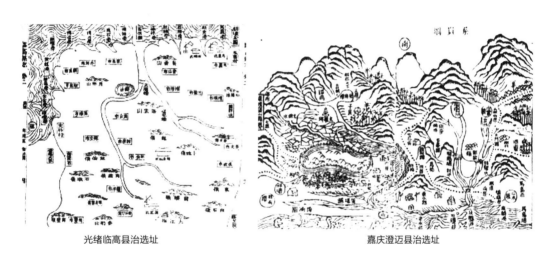

光绪临高县治选址　　　　　　　　　　嘉庆澄迈县治选址

**图2-4**
古临高及澄迈县治选址
（图片来源：光绪《临高县志》/嘉庆《澄迈县志》）

康熙陵水县治选址　　　　　　　　　　宣统定安县治选址

**图2-5**
古陵水及定安县治选址
（图片来源：康熙《陵水县志》/宣统《定安县志》）

负阴抱阳，即基址后面有主峰来龙山，左右有次峰或山冈即左辅右弼山，或称为青龙、白虎砂山，山上要保持丰茂植被；前面有月牙形的池塘（宅、村的情况下）或弯曲的水流（村镇、城市）；水的对面还有一个对景山、案山；轴线方向最好是坐北朝南。

海南岛圈层式地貌及放射状河流冲击形成的丰富地理格局，四周平原多水，中部丘陵，内部多山，客观上形成了有山依靠、有水相邻的"风水"格局。地形元素丰富，自然环境多元，局部地形多变。如此的基址上传统的"风水"观念自然被应用在村落的选址中。因此，海南岛传统村落选址普遍遵循选择有坡、有林、有田、有水、相对封闭的地理环境，且多布局于土地肥沃、人身安全、生活方便、风光优美之所，是理想的趋吉避凶的生活场所。具体而言就是遵循"三靠一爽，安全隐秘"的原则，即村址靠近耕地，靠近河川或溪流，靠近山岭及密林；地势要高爽，地形要有一定坡度，但不占用耕地；而村落隐秘、不易被发现则是海南传统村落选址的一个显著特点。

（1）靠近耕地，不占农田

在传统农业社会，耕地是人类生存的第一要素。在以步行作为主要交通方式的条件下，紧邻耕地意味着方便快捷地参与和看守农业生产。海南岛平原地带，河网纵横，灌林密布，村落分布于局部缓坡丘地，耕地环于四周。丘陵山区，可耕用农田珍贵，村落建设不占农田，沿山脚分布（图2-6）。

（2）靠近河流或溪流

选择靠近河流及溪流是出于生存用水的考虑。靠近水源的地域往往形成特殊的生境：气候温润，物种丰富，土壤肥沃，资源充足等等，自然环境能提供聚落生存发展的各种有利条件。

海南岛气候湿润，中间高四周低的地貌构造极易形成海陆降雨。从中部发散多条河流入海，尤其是平原地带河流纵横，河网密布。汉族传统聚落绝大部分选址于四周平原，靠近河流；部分丘陵山地传统聚落选址于散布在盆地中的溪流附近。无河流及溪流可借的村落也选择靠近自然低地集水区或村落附近人工建构水塘（图2-7）。

村落选址靠近河流或溪流，其主要原因在于对水源的依靠，同时也要防止过多雨水对村落的冲击。海南岛极易形成海陆风的地貌以及地处热带亚热带气

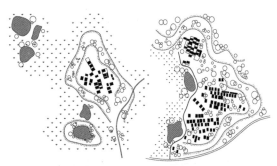

定安定城镇吴兴村　　　　　雷鸣镇流长村

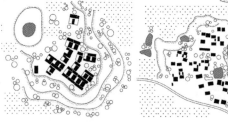

文昌市翁田镇水马塘村　　　万宁市港北镇潮坑村

图2-6
传统聚落与耕地农田的关系

和乐镇好古村　　　　　　　　　　　　　锦山镇坡湖村

图2-7

和乐镇好古村及锦山镇坡湖村卫星影像
（图片来源：Google Earth截图）

候过渡带的区域环境，降雨具有雨量大、降雨多、降雨迅速的特点。村落选址靠近河流、
溪流便于迅速排掉雨水。无河流及溪流可借的村落也积极寻求排放和储存雨水的方式。依
托缓坡地势，在村落四周低洼处人工开挖水塘，可及时排放过多雨水，又能作为缺水时的
用水补充。因此，海南岛传统村落，无论是地处四周平原河网地带，还是中部丘陵坡地，
甚至是内部山地峡谷，都试图接近河流、溪流，或是人工修建水塘。村落与水形成了丰富
多彩的布局关系（图2-8）。

（3）地势高爽，靠近山岭或密林

海南岛传统聚落选址注重微丘陵地形，选择地势高爽的阶地或台地，并注意保护基址
植物的存在。海南岛湿热的气候环境台风暴雨较多，迅速排水及遮挡台风成为村落选址面
临的重要问题，靠近山岭及密林成为村落选址的首选。沿山岭的缓坡地形布局村落，极大
地方便雨水的快速排出；村落周围密布茂林，能有效地形成挡风面，保护村落聚居建筑。

聚落选择山岭或保留密林的另一个重要原因在于利于降温和通风。一是利用地形形成山谷
风，同时沿山坡阶梯排列的聚居建筑形成良好的迎风面；二是村落周围的密林不仅能很好地提
供遮阳环境，且密林的蒸腾作用也很好地达到降温效果，作为聚落建筑热环境周围的"冷湖"，
与聚落建筑之间形成热交换。透过树林凉爽的谷风能很好地缓解聚落湿热气候（图2-9）。

（4）安全隐秘

传统聚落选址理念中包含古代长期的农业社会生产方式以及与这种方式相伴而生的小农
意识和适应自然经济下自给自足的生活方式，另一方面也暗含人们在长期战乱动荡中的寻求
安全的一种生存手段。内陆饱受战争的年代或地区尤为明显。古徽州群山环抱与外界隔绝，
是避乱的理想之地，也因此成就了宏村、西递，现在仍然保存完好，并成为世界文化遗产。

海南岛孤悬海外，人口稀少，自古便作为避难岛屿。辗转迁徙到海南岛的汉族曾经倍
受动荡环境的折磨，都努力寻求与世隔绝、安稳隐蔽的生活环境。因此，村落选址对安全

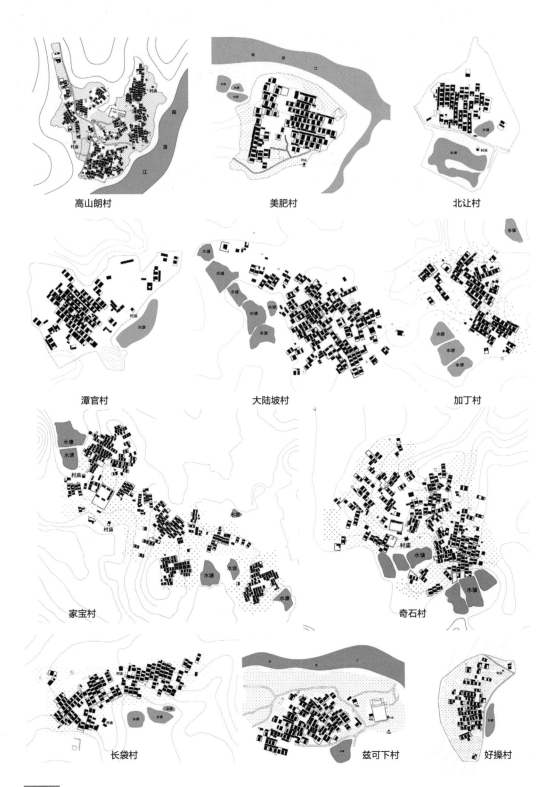

高山朗村　　　　　　美肥村　　　　　　北让村

潭官村　　　　　　大陆坡村　　　　　　加丁村

家宝村　　　　　　　　　　　奇石村

长袋村　　　　　　兹可下村　　　　好操村

图2-8
聚落平面布局与河流及水系关系示意

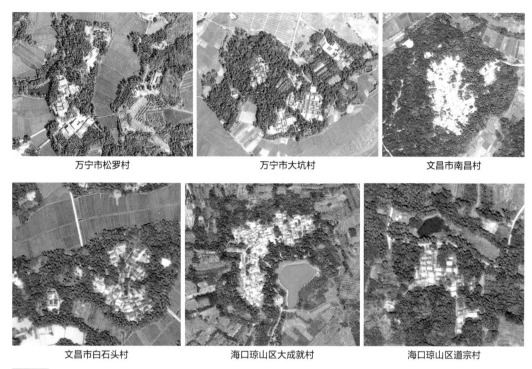

| | | |
|---|---|---|
| 万宁市松罗村 | 万宁市大坑村 | 文昌市南昌村 |
| 文昌市白石头村 | 海口琼山区大成就村 | 海口琼山区道宗村 |

图2-9
村落与山岭密林的关系
（图片来源：Google Earth截图）

环境要求格外严格，这也成为海南岛传统村落区别于其他地域村落的主要特征之一。

在追求经济发展的环境下，大部分传统村落选址要求靠近交通要道，便于对外交流，现代村落选址尤其如此。然而与此不同，海南岛传统村落选址反而要远离主要道路，而采用窄长的蜿蜒入村小路与外界道路沟通，为了安全需要，一般村落只设一个村口。村落周围保留或栽种大量灌林植物，村落掩映在茂密的植物之中，外来陌生人很难发现，即使发现也不敢轻易进入。这种传统聚落格局现今在还未受到快速经济冲击的村落中依然大量存在（图2-10、图2-11）。

海南岛传统聚落普遍的选址方式充分体现着利用自然和融合自然。在尊重地理地貌和气候环境的基础上，因地制宜，节约土地资源，合理布局基址，以安全和美的心态，谨慎地选择和营造适宜的聚居环境，以满足安逸隐秘聚居和安稳心理的要求。

### 3. 海南岛传统聚落朝向

传统聚落在把握区域"形胜"基础上，如何确定小地域聚落定位落地仍是选址考虑的主要因素，满足聚落建筑"坐北朝南"的朝向一直是传统地域聚落选址定位的主要依据。海南岛传统聚落是否也将朝向作为选址定位的主要因素呢？从聚落实例朝向能明确反映聚落选址的深度因素，因此有必要分析传统聚落的营建朝向。

定城镇墩山村                              翰林镇后岭村

图2-10
定城镇墩山村及翰林镇后岭村卫星影像
（图片来源：Google Earth截图）

白莲镇美桃村                              石山镇春藏村

图2-11
白莲镇美桃村及石山镇春藏村卫星影像
（图片来源：Google Earth截图）

**（1）海南岛传统城镇聚落朝向**

根据史籍记载，对海南岛历史上重要的古城开门朝向进行统计，如表2-1所示。

海南岛历史上重要的古城开门朝向统计（根据文献整理）    表2-1

| 传统城镇 | 城门设置 |
| --- | --- |
| 琼山府城 | 开东、南、西三个城门，北边没有开门，但建城墙楼 |
| 文昌古城 | 开东、南、北三门，未开西门 |
| 儋州古城 | 启四门，上各建楼，外筑月城，沿城开濠，四角设角楼 |
| 万宁古城 | 启四门，北门填塞，上祀真武，东西南三门外筑月城及城门敌楼 |
| 定安古城 | 古城东西南北城门均建有城楼 |
| 昌化古城 | 矩形城墙开四门，皆设城门 |
| 澄迈古城 | 城池略呈圆形，东、南、西三门各设城楼，北建望海楼，未设城门 |
| 崖州古城 | 开东、南、西三个城门，未在北边开门 |

就以上所列的传统城镇实例而言，除文昌古城由于开坤门，城中不利，而始终未开西门外，其余各城均开启东、南、西城门；而琼山府城、万宁古城、澄迈古城、崖州古城均未开北门。这种布局基本反映古城聚落在朝向方位上仍遵循正统的"坐北朝南"的传统建制。

内陆城市建制一直遵循"辨方正位"、中轴线对称的布局方式。通过明确的轴线及规正的方向统领整个城市，从而达到权利和地位的彰显。传统城镇小地域定位落地显然政治考究远大于对自然环境适应的需求，海南岛传统城镇也遵循"坐北朝南"的"正位"，以显示与中央及传统思想保持一致。海南岛传统城镇多处于四周平原地带，其选址地域开阔，用地充足，城镇朝向必定能够满足"坐北朝南"正统建制。传统城镇聚落朝向未与其他地方有明显差异。

（2）海南岛传统村落朝向

内陆地区一般村落与传统城镇方位相同，向南、西南为主要朝向。一是根据传统文化，古代把南视为至尊，把北象征为失败、臣服。《周易·说卦》说："圣人南面而听天下"，以坐北朝南为尊；更主要的是中国处于北半球、欧亚大陆东部，大部分陆地位于北归线以北，面朝正南的房子总要比其他面向的房子在一天里获得更充足的日照；同时在冬季也有利于遮蔽北向寒风。简言之，坐北朝南原则是对自然现象的正确认识，顺应天道，得山川之灵气，受日月之光华，颐养身体，陶冶情操，地灵人杰。因此，在可能的条件下，聚落建筑自然南向、西南向布局。

然而，海南岛传统村落朝向在实例中较为复杂，打破了村落及建筑朝向南、西南的基本方式。在平原地区，地势平坦开阔，较多村落及建筑多选南向、西南向的传统朝向。但沿海地域，村落多选择面向大海；在微地丘陵及山地区则多顺延地势，面向低地，尤其是有水面存在时，多会选择面水而居。随着海岸线及地形坡势的丰富变化，传统村落的朝向也因此变化丰富，朝向各个方向都有可能（图2-12）。

结合实例分析，对海南岛传统村落朝向影响最大的是坡向，其次是水系。这与海南岛湿热多雨的环境密切相关。为解决通风降温及排水的问题，村落朝向地势较低的低地或者水系、水塘。

### 4. 海南岛传统聚落选址特点

海南岛传统聚落选址与内陆地区相比较而言具有以下特点：

（1）城镇选址遵循正统，一脉相传

虽然僻居海外，但作为中央派出机构的地方政府主导的城市聚落，明显表现为承袭传统思想，选址依据正统布局及方位。

（2）村落选址注重务实，灵活多样

海南岛传统自然村落则以适应局部地段环境，以解决生存的务实原则作为选址的主要依据。就传统村落与城镇相比较而言，村落所选基址空间有限，如何在有限的范围内考虑各方面因素而取得最舒适居住效果是聚居最终目的。因此，传统城镇选址注重"形胜"，要

定安岭梅村　　　　　　　　会文后芳园村　　　　　　　　文昌市公坡镇旧宅坡村

万宁市大茂镇下坡村　　　　万宁市六合村

澄迈县美桃　　　　　　　　万宁市大坑村　　　　　　　　黎族自治县珠江老村

图2-12

海南岛传统村落朝向实例

（图片来源：Google Earth截图）

求地域开阔平展，有发展余地为首要考虑因素；而村落选址则注重顺坡，村前开阔，水源便利，通风利水，注重小范围的"山-林-村-田"整体宜居环境的获得。

　　"坐北朝南"的正统聚落朝向并不能完全适应海南地域环境下的生存需求。四周平原地域，虽为平坦，但多遭水淹；中部丘陵及内部山地，平地较少，用地紧张。加之多雨潮湿的自然环境，客观上要求以适宜生存作为选址的首要因素。"坐北朝南"虽然在内陆地区解决了居住光照及规避北向寒流的问题，但低纬度及亚热带的气候环境使得这些不是海南岛气候及地域环境面临的主要问题，降温及通风成为居住首要问题；而地处偏隅、文化贫瘠、受正统思想束缚的压力较弱的文化环境也促进了村落选址务实原则的形成。村落选址尊重自然环境，适宜生存作为聚落选址的核心因素。圈层式的地形及丰富的局部地貌，造就了海南岛传统村落选址灵活多样、布局自由的特点（图2-13）。这也是其区别于其他地域的显著特点。

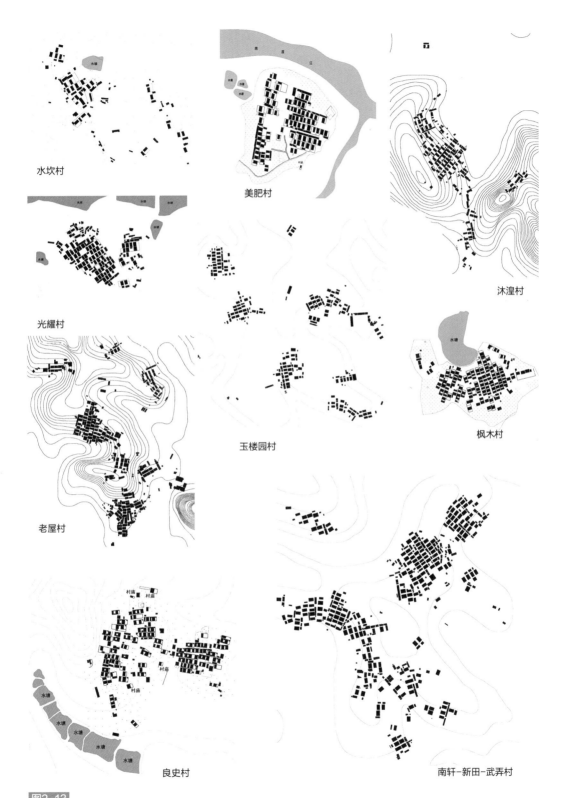

水坎村

美肥村

沐湟村

光耀村

玉楼园村

枫木村

老屋村

良史村

南轩-新田-武弄村

图2-13

海南岛传统村选址与自然环境的关系

## 2.3  海南岛汉族传统城镇形态构成

### 2.3.1  传统城镇形态

中国传统城市形态主要由城墙（主要针对城市）、"坊"、"市"、"街道"、庙学、衙署、祭祀建筑、民居等具体要素构成。从几何学的观点来说，以上要素及相互间的组合在传统城镇空间中以点、线、面、体、轴线或者各种规则的几何图形和拓扑关系的方式呈现。

中国传统城镇，尤其是城市，外部形态由城墙限制，往往呈现城墙所界定的城市轮廓形态，一般为方形、长方形，或者近似于方形。城镇中居民建筑彼此相连，前后左右拓展形成居住"里坊"，结合交通构成"街道"，部分建筑经营商业活动形成"市场"。街道以线性要素存在，并主导着城市的基本形态，多以"十字形"、"长巷式"或"丁字形"布局。庙学、衙署在中国古代地方城市中往往处于城市的核心地域，以点状要素存在，成为组织城市形态的重要构成要素。古代地方城市内部及其周围还存在大量的祭祀建筑、纪念建筑、风水建筑等，并对城市的形态造成了重要的影响。

对于传统城镇形态而言，以核心"点"延伸出主要轴线，形成连续的带状或网状空间，构成有秩序的空间结构层次。在传统城镇中，民居沿着街道组合出不规则但连续性极强的空间形态，并在主要的空间转折或交叉处以衙署、学宫等形成节点，街道沿途设置牌坊等纪念建筑。这种特有的民居、街道、核心建筑之间的组织关系是传统城镇形态结构的核心内容。

从具体的传统城镇空间形态来看，因受到政治因素和封建等级制度的影响十分严重，同时也受到地区具体的地形、气候影响较多，传统城镇形态结构会有适应性调整。

### 2.3.2  海南岛汉族传统城镇形态

海南岛的传统城镇基本分布在汉族聚居区。尤其是人口圈层式分布格局形成后，黎族分布在中部山地区，延续刀耕火种、自给自足的生产和生活方式，难以形成传统的城镇。本章内容以汉族主导的城镇作为研究对象进行研究。

#### 1. 城池体系——传统城镇形态的边界

海南岛传统城镇架构与中国传统城镇一脉相传，遵循基本相同的空间形态布局，以城墙作为限制城市边界形态的最主要因素。

《海南岛史志》记载的城市，受正统文化的影响，多为较规则，近似方形的空间形态。如万宁县治、昌化县治、定安县治；但也有椭圆形或偏圆形城市，如文昌县治、澄迈县治等。不规则城市形态出现的原因，学者们提出了以下解释：马正林认为不规则城市形态的出现主要受到经济因素和地形因素的影响；陈正祥推测圆形城市的修建"可能是为了节省经费"。这种推测或许在海南岛传统城市建构中有一定的反映：海南岛台风频发，昌化、定安、澄迈、文昌、府城、万宁、儋州等城池均受台风袭击毁坏而多次重建，对于海南岛落后的经济而言实难承受，故选择较为经济的椭圆形或圆形。

壕沟、城门、月城、子城等与城墙一起构成城市外围城池防护体系，限制城市的边界。就具体城市而言，城池体系稍有区别。

万州城池启四门，北门填塞，上祀真武，东西南三门外筑月城及城门敌楼，城外池水环流，石桥通行。

昌化古城在砖石结构的矩形城墙上开四门，皆设城门，城墙上设石垛555个，更铺8个。昌化古城未有自然水系可借，为强化城池防御功能，城墙外围挖深5尺、宽1丈的护城河。

澄迈县治修筑的城池略呈圆形，西南沿江，东北凿隍，上设警铺，下设水关，三门各设城楼，北建望海楼，未设城门。文昌古城明朝开东、南、北三门，未开西门；西南濒溪，东北就田为濠。

儋州古城启四门，上各建楼，外筑月城，沿城开濠，四门架吊桥，四角设角楼。

定安县治正德八年筑城，砌以石。古城临南渡江而建，西门、北门均可见江流并建有渡口、码头。古城址平面呈不规则方形，周长约1700米。古城东西南北城门均建有城楼，城外挖有壕堑。城墙皆以玄武岩大青条石叠砌，周围593丈，高1丈4尺，垛堞1192个。

### 2. 点状要素——传统城镇形态的组织核心

海南岛传统城镇也采用级别较高的公共建筑作为城镇形态的组织核心。这些点状要素分为两类，一类分布于城市内部，设置于街巷的主要交叉点。如衙署、学宫（儒学）、书院、文昌阁、城隍庙、各类牌坊等。此类建筑一般体量较大，依附其左右的城市空间往往又是市民活动中心，自然成为组织周围城市空间形态的核心。另一类分布于城市外围，根据风水、祭祀、纪念、观景等功能需要，形成城市外围自然环境中的形态核心，与城市内部空间形态相呼应。如风水塔、各类亭台庙宇、纪念祠等。这些点状要素在遵循基本设置原则的基础上，各城市根据实际的地形、布局等实际情况做了相应的调整。

万州城衙署居城内中部，城内设文昌阁、书院、城隍庙、关帝庙，儒学设在城南门外。

澄迈古城有司门之署，有守陴之舍，楼橹池隍略备。学宫居于城市中心，衙署在其东，城市行政中心偏于东隅；东、西城门附近形成墟市，为西门市、东门市。

文昌古城衙署居城中部，学宫居其左，东向。主要街道南北向，承流坊、宣化坊分列衙署左右，毓秀坊置学署前。

儋州古城公署位于城中东部；武署位于州治西，十字街市在城中四牌楼下。

定安县署取向明而治，建于城中街。学宫在县治南，正对文峰。社稷坛在城外西北隅。风云雷雨山川坛位于南门外三角亭。先农坛在东门外明照阁之右。城隍庙在尚友书院左。天后庙在中街，东向。龙王庙在东门街，北向。忠义祠在南门街，东向。三义祠在南门街，西向。东岳庙在城东楼上；西关帝在城西楼上。北帝庙、文帝阁、关帝庙在北楼中座，南向。内翰坊、折桂坊、解元翰林坊、方伯坊、光振坊、亚魁坊等设在县中街。建江楼（即城北楼），屡经布置，规模宏敞，为一邑形胜。清潭亭设于县署后清潭上。现龙塔在县东南八里龙滚坡。七层，高十余丈，为学宫巽方文笔（图2-14）。

### 3. 带状要素——传统城镇形态的骨架

传统城镇街巷系统构成的城市形态最具特色。海南岛传统城镇主要分布于四周平原地带，选择地势开阔平展的地域，城镇街巷以纵横交叉的"井字格"或"丁字格"网状结构方式架构。并以连接核心点状要素的街巷为城市主要轴线，街巷开阔，其余支巷空间狭窄。如澄迈古城由于未开北门，城市沿东、西、南城门拓展形成"丁"字形主要街巷。定安县治城内街巷交错，呈"广"字形状，主要街道有东门街、西门街、北门街、中南门街4条，全长约1000米，宽约2.5米，均以青石砖铺设路面，平坦宽阔，古朴典雅。县中街有县前市，逢乙、丁、己、辛、癸日集。城门外形成墟市街道。

每个城镇街巷布局由于地形、气候、经济、文化、生活风俗等各种原因影响，并经过

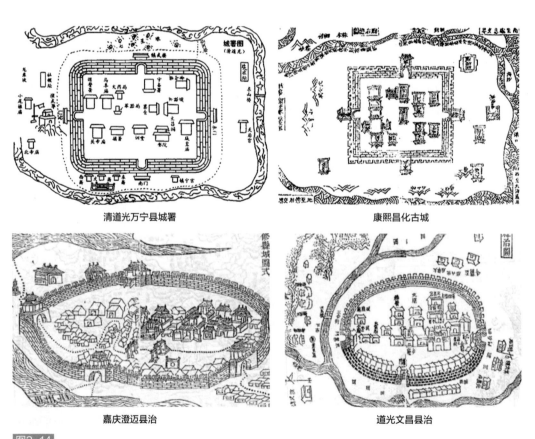

清道光万宁县城署　　　　　　　　康熙昌化古城

嘉庆澄迈县治　　　　　　　　道光文昌县治

图2-14
海南岛古城署图
（图片来源：道光《万宁县志》/康熙《昌化县志》/嘉庆《澄迈县志》/道光《文昌县志》）

长期的历史积淀，逐渐形成独具特色的城市街巷格局，而彰显城市形态的魅力。以府城、铺前及昌化古城为例说明。

（1）府城"七井八巷十三街"

府城在宋、元、明、清时期是琼州府所在地，也是海南岛政治、经济、军事、文化活动中心。从宋、元开始，府城的城池已开始兴建，至明清两代又历经多次修建，是海南岛规模最大的城池。城池呈长矩形，东西长，南北短，城内地势北高南低。随形就势，府城的核心区域东西向形成平行于城墙的两条主要街道：今文庄路、忠介路。其余路巷多在南部铺开，至清末民初，街巷内人口集中，店铺林立，商贾云集，市肆兴旺，逐步形成了"七井八巷十三街"纵横交错的城镇街巷网络。

街，为比较宽展的城市主要交通道路。府城十三街包括东门街、府前街、南门街、靖南街、尚书街（坊）、北帝街、镇台前街、县前街和县后街、丁字街、学前街、马鞍街、北门街（今绣衣坊）、北胜街。

巷，是大街之间互通的小街。府城的巷，宽度多仅2米左右，多为居民点集中区。蛋巷，巷口小中间大。府城最短最狭的巷，75米长，1.1米宽。打铁巷，北接文庄路南连靖南街，长185米，宽2米，南低北高，是坡度最大的巷；清时有几家铁器作坊制造家庭用品出售，由此得名。仁和巷，从靖南街至琼台书院转北接道前街，转四道弯，形成最弯曲的巷，长380米，宽2米。关帝巷，南起文庄路，北至抱珥山，关羽庙建于此。少史巷，因有一户祖先当过少史官职的大家搬至此定居而得名。草芽巷，依西城墙而建的一条巷。达士巷，位于小西门内南隅，是石板铺设最完整的一条巷；东起马鞍街西至外巷（今朱云路），是全城最长的巷。双龙巷，位于鼓楼街之东，两端与靖南街相对。

井，是纵横交错，以"井"字形交通分隔布局的用地板块，上述八巷十三街构成了府城的七大井块，从东向西排序分别是：南门街、尚书街（纵）和道前街（今文庄路下同）、靖南街（横）组成第一井块。尚书街、打铁巷（纵）和道前街、靖南街（横）形成第二井块。打铁巷、仁和巷为纵，道前街、靖南街为横，构成第三井块。丁字街（今中山路中段下同）、县后街为纵，镇台前街（今忠介路下同）、少史巷为横，拼成第四井块。丁字街、县后街（纵）和少史巷、县前街（横）组成了第五井块。县后街、草芽巷（纵）和镇台前街、小雅巷（横）组成了第六井块。草芽巷、马鞍街为纵，镇台前街、塘圯巷丙段和培龙市场南门（今至高登西街）为横，组成第七井块。

上述八巷十三街，以南北向为纵，东西向为横，构成了府城的七大井块，造就了道路畅通、市井繁荣的城镇格局。这七大版块，基本体现了府城特色的城市空间形态特征。

（2）铺前古镇街巷形态

铺前镇自古以来是文昌重要的港口古镇，早在明代就是商船云集的繁华商埠，是海南岛货物与人员出洋的主要港口。铺前古镇是由于商业繁华而逐渐自发形成的集镇。古镇呈长矩形，无城池，自然形成的街巷主要为东西和南北走向的"十"字形、"丁"字形布局。

南北为巷，长度仅180余米，东西为街，是古镇主要交通走廊，呈S弧形走向，如一把长弓，仅约400米长的街道，无法一眼望穿，其寓意聚财敛物，寄托着商人发家致富的美好愿望。自然也成为古镇最具典型特色的街巷形态（图2-15）。

（3）昌化古镇

昌化镇位于昌江县的西南部，昌化江入海口的北岸。昌化镇为滨海沙地平原地带，地势东高西低。

昌化古镇的街巷格局规整清晰，镇区传统部分以一条主要纵巷从中部垂直贯穿十条横巷构成。十条横巷作为进入宅院的支巷，密集便捷；一条纵巷作为南北主要的交通通道，笔直宽敞。纵向单一交通使得横巷交通巷道的长度受到极大限制。"甲"字形街巷格局特点明晰（图2-16）。

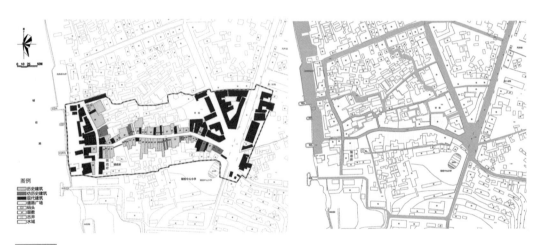

图2-15
铺前古镇历史街区建筑及街巷布局
（图片来源：参照铺前古镇保护规划文本改绘）

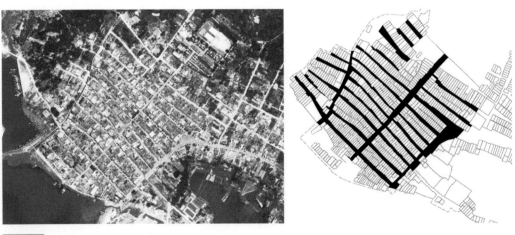

图2-16
昌化古镇街巷格局
（图片来源：Google Earth截图及作者自绘）

府城在宋、元、明、清时期是琼州府所在地，也是海南岛政治、经济、军事、文化活动中心。其街巷发达，功能完备，相互交错形成"七井八巷十三街"。铺前镇自古以来是重要的港口古镇，街区绵长开阔，蜿蜒曲折，是商业街区的典型代表。昌化古镇作为地方行政中心，街巷布局严肃规整，秩序井然。虽然由于各自功能不同，呈现不同的街巷格局形式，但从本质而言，这些古城镇仍然延续和传承着中国传统城镇街巷布局的基本思想和形态格局。

### 2.3.3 海南岛汉族传统城镇形态特点

#### 1．一脉相承，格局完整

海南岛虽交流不畅，经济落后，但传统城镇建构仍承袭正统城市建构方式，建有完备的城池体系。分布于城池四个方位的城门决定城市主干街道的走向；衙署、学宫成为城市最为重要的公共建筑，并处于城市核心地段，成为控制城市发展轴线的主要节点。以此沿主干道向四周拓展出主要的相关行政机构和公共纪念建筑（纪念祠、牌坊等）；城市外围分布各种祭祀建筑，如各种祭坛、庙宇等；结合风水设置风水塔等。这些要素的有机布局构成整体的城市形态。

#### 2．因地制宜，形态各异

传统城镇聚落营建，尤其是南方城镇聚落，涉及地理、气候、水文等的具体情况与北方不同，在遵循基本建制下，常因地制宜，根据自然环境而调整，故而形态各异。海南岛传统城镇聚落营建亦是如此。如前所述，万宁、昌化、儋州、定安古城城池基本呈方形，多启四门。而文昌、澄迈县治则选择了椭圆形、扁圆形。因借自然河流水系环境不同，部分城池体系需人工建构城濠；部分城市增建月城、子城等。城内公共建筑及街巷布局亦有区别等等。

#### 3．初具规模，尚待成长

海南岛虽孤悬海外，但城镇聚落营建明确沿袭中原及岭南城镇建制，在建城要素上未有明显区别，其布局方位亦是遵循传统古制，未有逾越。府城作为海南岛政治经济中心，行政级别最高，然其城镇在明洪武二年（1369年），共筑城围长1253丈，高2.7丈，厚2.8丈，雉堞花1843个，库铺57间，开东、南、西三个城门。东、南、西各门设置门楼一座，东、西、南北角各建一座角楼，北边没有开门，但建城墙楼。城池周长1283丈，深3.2丈，阔4.8丈。后在城西门外增筑子城。子城宽362丈，高1丈4尺多，比原来宽1丈1尺。又在东门外增筑月城，周围宽8丈，高1丈4尺，城镇已初具规模。

但与周围城镇相比，其规模明显弱小。与隔海相望的雷州古城（明清时期城市规模达到3.2平方公里）亦是不能相比。海南岛其他城镇都比府城要小，这与其交通不便、经济落后有直接的关系。

规模尚小的海南岛传统城镇正处在初步成长阶段，还未形成明显的城郭分布格局。虽有一些城镇的城外附近聚集了部分商业，但规模较小，呈零散的带状发展之势。

总体而言，海南岛传统城镇与中原及岭南城镇一脉相承，格局完整。建城遵循因地制宜原则，但形态各异；城市规模较小，尚处于初步发展阶段。

## 2.4 海南岛汉族传统村落形态构成

### 2.4.1 村落边界

对传统城镇而言，城池勾勒了城镇的外部形态，增强了人们对城镇形态的辨识。对传统村落而言，边界也是村落形态识别的主要因素。

海南岛传统村落的边界有三种基本类型：一是有明确规整的村落边界；二是村落一面有明确规整边界，其余各面边界不规整；三是村落边界轮廓不规整。

#### 1．有明确的村落边界

这类村落边界有明确的限制要素，能清楚地识别。限制要素可以是水体，村落被水系环绕。例如海口市龙华区新坡镇新坡圩西部6公里的古韵水庄文山村三面环水，靠长桥联系，环绕的水系清楚地界定了村落的形态，因此其获得"碧塘环绕莲花座"的美誉（图2-17、图2-18）。

另一个限制因素是围墙。在海南岛北部火山地质的羊山地区，火山岩被当地广泛用于建筑及村落防护。用火山岩砌筑的石墙围绕整个村落，只设一个村口，整个村落边界清晰明了。如永兴镇美孝村、石山镇儒豪村等（图2-18）。

还有一种情况是地形等环境限制，村落形态随自然环境而呈现明确界限。海南岛四周平原及中部丘陵地带，村落为避免水淹多选址于微丘高地，这些微丘高地面积有限，自然限制村落使其具有明确的边界。也有些表现为河流、稻田、水塘等村落周围自然要素综合限制形成村落的明确界限。如琼海市万丘村、石排村、澄迈县书富村等（图2-17）。

上述几种情况的村落显然多是经过规划实施，村落边界基本固定。村落发展有相当长时间，其形态逐渐稳定。这类村落，其规模一旦突破界限，往往会重新选址建立新村。

个别村落采用环村道路来限制边界。这类村落较少，且环村道路多是近代因村落发展而对交通产生需求才逐渐采用。随村落的发展，环村道路的界限可能被突破，多在环村道路外围继续拓展。如澄迈县新田村等（图2-17）。

| 海口市新坡镇文山村 | 澄迈县书富村 | 琼海市石排村 | 琼海市万秋村 |

| 澄迈县新田村 | 琼山区石门村 | 文昌市古宅村 |

图2-17
传统村落边界与自然要素关系影像图
（图片来源：Google Earth截图）

| 新坡镇文山村 | 永兴镇美孝村 |

图2-18
新坡镇文山村及永兴镇美孝村

### 2．一面有明确规整边界，其余各面边界不规整

处在缓坡丘陵的传统村落，多沿地形走势，前低后高，顺坡布局。面对海南岛温润的气候，频发的台风暴雨，村落前面较低地段常常自然形成或人工开凿水塘。村落面对水塘，环形布局。村落建筑与水塘间设置入村进巷道路，自然将村落临水一面界定清晰。其余各面村落建筑参差不齐，随村落成长而变化。这类村落多在海南岛第二圈层，以缓坡丘陵地形为主的地域，平原地带存在微地形的地域也多存在此类村落。此类村落在建村时也经过规划，为村落拓展创造多个方向。村落既可沿坡势纵向拓展，亦可在村落两侧

横向拓展。其优势是村落整体感强，发展脉络清晰。如琼山区石门村、澄迈县北让村等（图2-19）。

### 3. 村落边界不规整

此类村落也分三种情况：一是村落建筑群布局无规律，虽然村落是一个组团，建筑排列较紧密，但由于朝向较多，村落向多个方向拓展而呈现不规整外围形态；二是村落内部相对紧凑，但外围个别建筑群落分散布局，使村落边界不规整；还有一类是村落呈多组团状布局，但多个组团之间布局分散致使村落界限不规整。如文昌市古宅村、屯昌县槟榔园村、澄迈县大美村等（图2-20）。此类村落情况复杂，既有可能是村民来源不同，在建村之始已形成不同发展方向，或是随村落发展而逐渐松散，抑或是地形等基础地理条件的影响等等。此类村落随着发展，村落边界形态多会更加复杂，甚至失控而呈现混乱形态。

## 2.4.2 村口

村口是进入村落的第一空间节点，其设置方式及空间构成元素反映居民对村落的整体认知。

### 1. 村口建构方式

海南岛传统村落村口很少接近主干道路或是处于宽敞平展之地而易于识别，多数掩映在绿树浓荫之中，密闭隐秘。进入村落往往要经过一条很长的入村道路。道路狭小，曲折

图2-19
有一面明确规整边界的自然村落

雅颂村

奇石村

家宝村

大美村

甘蔗村

博山村

海罕村

槟榔园村

**图2-20**
村落边界不规整的自然村落

蜿蜒，两边或是茂林遮掩，或是田垄矮墙。近水村落常需经过河流或水塘方能到达村口。入村道路在进入村门或是村门之前与村落聚居建筑间往往形成退后的开敞空间。

村落入口的隐秘设置很大原因在于避免干扰，寻求安逸以及便于村落整体形态的独立。显然这种设置村口的方式多数是人为规划设定，主观上这与前文论述海南岛作为避难场地及岛内人口来源复杂且参揉杂居的背景是分不开的，客观上也与海南岛缓坡丘陵的地形有直接关系。村落选址时可借用的资源丰富，近水、密林、顺坡等等在满足隐秘的安全前提下，同时又自然形成山水格局，环境优美，也符合人对自然的亲近和审美。

### 2. 村口空间构成要素

村口空间主要存在两种方式：一是位于村门前后，与村门一起构成村口空间；二是没有村门的村落在入村前设置开敞的停留空间。前一种村口空间主要以村门作为主要构成要素，结合村门的设置通过围墙明确地限制村前空间，门侧设置土地庙，栽植大树，门前道路旁多存在水塘。结合村门多设置庙宇或祠堂，其前方为戏台。此类村口空间主要强调防卫，厚实高大的村门及围墙，两旁高大的树木形成空间威严的氛围感。庙宇及祠堂增添了空间的神秘感（图2-21、图2-22）。

没有村门的村落村口配置较自由，常依据地形栽植榕树、榄仁树等高大树木，其旁置井，有时也设置庙宇及戏台，风貌自然、亲切、宜人。如澄迈县老城镇石矍村，村落入口大树林立，有一方80多亩的饮马湖，沿入村道路置四口水井，水塘对面为冼夫人庙及冯氏大宗祠等。环湖碧草如茵，凉风习习，石墙灰瓦，风雅宁静。白莲镇罗驿村，村头有几株大榕树，两个紧挨着的大湖，一座三进八间、造型古朴的李氏宗祠，村口路边有一座"步蟾坊"。湖水清澈明净，水波荡漾，湖边的大榕树绿树浓荫，生机勃勃。古村村口祥和安静，古意益然。此类村落较多。

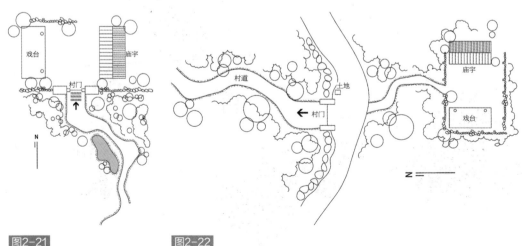

**图2-21**
玉库村村口布局示意

**图2-22**
儒豪村村口布局示意

　　村落入口是入村咽喉，入村村道蜿蜒隐秘，村口聚落建筑前场地开阔平展，且成为村民祭祀集会、休憩的中心性空间场所，空间形态由收转放。村落入口对陌生人而言神秘而威严，但对村内人而言却亲切、安全，这是海南岛村落入口的基本特点（图2-23）。

### 2.4.3　村落核心

　　在传统汉族村落中往往是以村落中建筑级别较高的祠堂以及依附于祠堂的广场作为核心，其面积大，体量高，其余建筑环布于祠堂与广场周围。村落形态重点突出，层次分明。村落核心是组织村落形态的关键要素。核心要素是被全体村民敬畏，充满神圣能起到心理安稳的控制性要素，其他构成要素顺应核心要素，并受其组织。

　　海南岛传统村落多数具有核心，部分村落也采用祠堂或者村庙作为组织村落形态的核心要素。如文昌南文岭村、兴隆万石村、会文镇十八行村等。南文岭村祠堂处于村落中心位置，虽然占地面积不大，但其周围却绿地环绕。分布其两侧的居住建筑面向祠堂，呈多列顺坡布局，祠堂将两个组团融合在一起。兴隆万石村祠堂独立于村外的丘地，祠堂周围草木茂盛，视野开阔；村落居住建筑以祠堂为延伸核心，半环布局于林地缓坡中。这一布局形态明显受祠堂位置的控制，甚至村落部分建筑放弃沿等高线建构，而与其他建筑共同构成受祠堂控制的弧形布局形态（图2-24）。

　　海南岛仅有少数村落以祠堂或者村庙作为组织村落形态的核心要素。大部分传统村落在建构中将水体、林地、田地等自然要素作为村落形态的核心控制要素。如澄迈县龙兴村，村落建筑群以村前自然洼地为核心，顺坡布局。金江镇飞树墩上村村落建筑群呈圆弧形拥抱姿态围绕于前方田地。屯城镇村心村建筑群沿等高线呈扇形环抱村前低洼田地。以水塘

澄迈石矍村村口

荣堂村村口

保平村村口

儒豪村村口

罗驿村村口

六庙村村口

玉音村村口

**图2-23**

海南岛传统村落村口空间

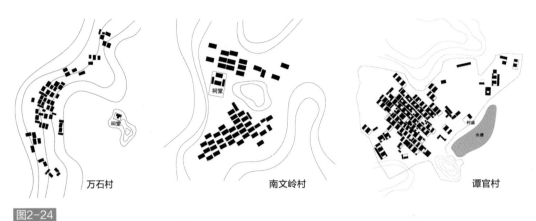

万石村                          南文岭村                          谭官村

图2-24
以祠堂、村庙为核心的传统村落

作为核心控制要素的村落广泛分布于海南岛四周平原及微地丘陵地域。如屯昌镇昌头村以水塘为核心，两个建筑组群向心布局于两侧。澄迈县文英村、北让村，万泉镇博山村等都是如此。也会出现村落围绕多个水塘组织其形态，形成多核心的村落形态。如澄迈县美榔村等（图2-25）。大部分村落中，祠堂、村庙被看作与普通建筑相同的村落元素，而水塘、田地、树林成为村民心目中更加神圣的元素。这也是海南岛传统村落形态不同于其他地方传统村落形态的主要特征之一（图2-25）。

海南岛还存在一类没有明显核心的村落。这类村落要么是规模较小，建筑群分散布局于茂林植被中；要么是地形复杂，难以形成村落核心；还有一种原因是在近代发展中逐渐混乱而失去核心。这类传统村落主要分布于中部丘陵及岛中山区（图2-26）。

## 2.4.4 村落防御体系

海南岛大部分汉族村落为迁入式村落，在营建之初村落防御作为最主要的因素来考虑。虽然历经历史的洗礼，但传统的印记依然清晰。汉族人口密度较大的琼北地区村落的防御体系较为完善。可概括为三个层次：一是村落整体防御；二是村巷防御，三是宅院防御。

### 1. 村落防御

就村落整体而言，防御从选址开始。海南岛大部分传统村落在选址中已经注意隐蔽性，将村落掩映在密林之中，村口以蜿蜒小路入村，极大地增强了安全性。如新坡镇文山村背靠山樵岭，三面环水，入村仅留一座小桥，易守难攻（图2-27）。

采取石砌围墙，将村落紧紧围护，只留一个村口出入是另一种村落防护体系。村口建构坚实厚重的村门，部分村落结合村门设置值岗守卫用房。如定安翰林镇旧市村、龙河镇南引村、海口石山镇荣堂村、儒豪村等设有环村石墙（图2-27）。

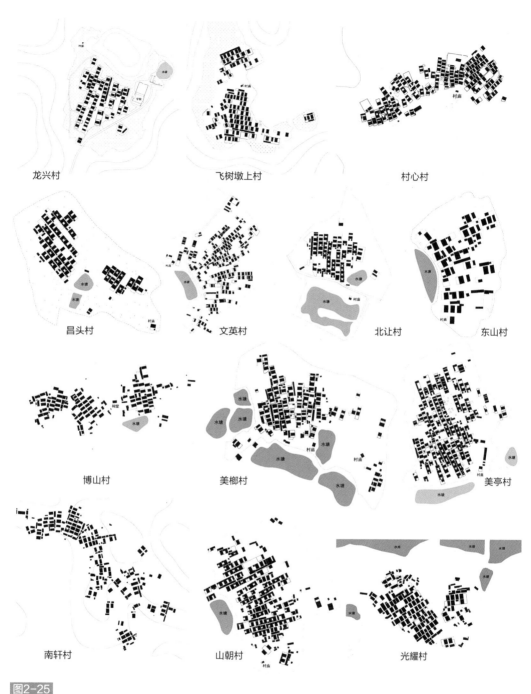

龙兴村　　　　　　飞树墩上村　　　　　　村心村

昌头村　　　文英村　　　　北让村　　　　东山村

博山村　　　　美榔村　　　　　　美亭村

南轩村　　　　山朝村　　　　　光耀村

图2-25

以自然要素为核心的传统村落

　　部分村落设置碉楼作为村落防护的措施。如美桃村村口砌筑一座三层的石砌碉楼，石山镇美社村村子中部砌筑"福兴楼"碉楼等，这些碉楼都是近代为了防盗匪，村落完善防护体系而修建的（图2-27）。

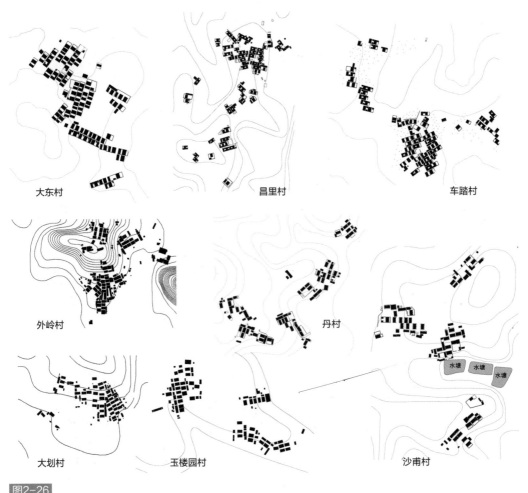

大东村　　　　　　　　昌里村　　　　　　　　车踏村

外岭村　　　　　　　　丹村

大划村　　　　　玉楼园村　　　　　沙甫村

图2-26
没有明显核心的传统村落

### 2. 村巷防御

村巷防御主要由两部分组成。一是设置于各个巷路口的巷门。巷门成为进入巷道的必经之路，每条巷道都设有巷门。巷门采用厚实的石质门框，采用可锁闭的竖向"趟栊"，巷门狭小。二是结合巷门及各宅院建筑砌筑石墙，形成封闭巷道（图2-27）。

有些村落在设置巷道时不采用通直的直线式巷道，而是采用树状自由转折分叉，使巷道四通八达，陌生人易迷失方向，达到防护目的，如石山镇荣堂村。

### 3. 宅院防御

宅院由入户大门及高石围墙形成封闭庭院，宅院建筑以火山石砌筑，开小窗。整体宅院封闭严密。如琼北儒豪古村宅院为三进式布局，每个宅院旁侧配置独立巷道，结合三进居住住宅设三重宅院巷门（图2-27）。

　　虽然海南岛传统村落大多注重村落的防护，但多数村落主要是借助自然条件营造隐秘氛围，如选址隐秘或借助水体等。人工营建村落防护体系的传统村落主要分布于琼北地区。这一地区经济发达，文化传统深厚，村落多聚族而居，强烈的家族认同及动荡环境的经历可能是此类村落防护体系建构的原因。在南部及中部山岭地区相对较少有强大防护体系的村落。

　海口美社村福兴楼　　　澄迈美桃村落巷道　　　儒豪村宅院巷道　　　　荣堂村村巷门

　　　海口西秀镇儒宗村入口石门　　　　　　　永兴镇美梅村入口石门

新坡镇文山村环村水系

图2-27
传统宅院防御体系

## 2.4.5　村巷格局

村落巷道格局是由宅院的布局方式限定形成的村落内部交通空间。海南岛传统宅院常采用前后对正的列排布方式，列左右拓展并置，列与列之间就形成纵向巷道。单个宅院列排布的长度是有限的，过长的列排布方式将大大沿长生活动线。因此，当发展到一定规模时，宅院列排布中断，在原先列的前后产生新列。列与列前后之间就形成横向巷道。巷道的纵横排布方式就形成村落巷道格局。

村落规模扩大是个复杂的演化过程。纵横巷道的拓展时间只是相对而言，随着纵向巷道的形成，横向巷道也会开始形成，逐渐纵横巷道同时形成。而且，巷道的长短、交接方式等受村落地形、人为等多种因素的影响，而呈现复杂的网络结构。

村巷格局是村落形态的骨架，是村落建筑逐步生长演化的结果，受自然和人为多种因素的影响。在传统村落中，村落巷道的生成存在两种主要方式：一是建村之前有详细考虑规划，按意图逐步实施。这种方式形成的村巷格局规整。如遵从礼制，以祠堂为核心，形成直线行列式或环形布局；也以自然条件为考虑重点，适应自然环境，选择以水塘、田地等要素作为布局核心，村落布局利于通风排水，便于耕作等等。另一种方式为自发形成，多为多次建设。此类村落建村之时规模较小，自然条件对村落建设影响较小，布局较为自由。随村落发展而村巷逐步形成。相对而言，此类村落形态格局较为松散。

海南岛村落巷道格局也存在以上两种主要方式：规整格局与自由格局。

### 1．规整格局

村落巷道规整布局是指存在由相对遵从某种秩序的宅院布局方式所限定形成的村落内部交通空间的排布形态。海南岛村落村巷规整格局主要存在两类：一是直线形排布方式；二是弧线排布方式。

（1）直线矩形排布方式

此种类型的村落巷道以直线为主，纵横交叉形成接近矩形规整的村巷格局。此类村落主要存在于沿海平原地带，地形平展开阔，村落布局受限较少。大多村落以列的左右拓展开始，首先形成纵向排布巷道。随后逐步转为列的前后拓展，形成横向巷道，村落规模逐渐扩大。

海南岛大部分村落规模较小，纵向村巷排布是村巷格局的主要方式，而少有横向巷道。在沿海或河岸岸线呈带状发展的村落，也常采用垂直于岸线的纵向巷道，而连接横向交通的巷道较少。在微地丘陵缓坡地的村落也存在这样的情况，村落宅院沿坡势垂直等高线纵向拓展，自然形成多列纵向巷道。较小的村落规模基本不需要横向交通的连接（图2-28）。

部分靠近城镇的传统村落规模明显较大，纵横巷道密集分布，交叉布局，呈现网状巷道格局。如高林村完整地保存了清代传统建筑风格，其房屋坐北朝南，依山傍水，整齐划一，七纵三横的巷道，村巷脉络清晰。

（2）弧线放射状排布方式

弧线放射状排布方式与直线矩形排布方式相似，只是村落整体沿弧形等高线分布，村落形态呈扇形，村落巷道自然也呈现扇形排列。这类村落巷道也是以纵向巷道排布为主要方式，村落宅院沿坡势垂直等高线呈纵向排布。由于弧线形的等高线地形，列左右拓展时，列与列之间纵向巷道呈扇形；或者在平行排列多列后，增加一扇形绿地作为过渡。这类村落横向交通联系多设在多列宅院之前，往往只有一条横向交通，村落规模通常较小，偶有较大村落也会形成两条以上横向交通。此类村落多分布于中部山岭及靠外部的微地丘陵地带，村落布局受地形影响较大（图2-29）。

就海南岛传统村落村巷规整格局而言，由于大部分村落规模较小，以纵向巷道为主，结合较少的横向巷道，形成的村巷格局简单、清晰。

### 2. 自由格局

较多规模较小的村落，因建筑分布杂乱无规律，或建筑周围留有大量绿地，界定巷道空间的界面未连续分布，巷道呈现自由状态，甚至无巷道可言。此类规模较大的村落往往

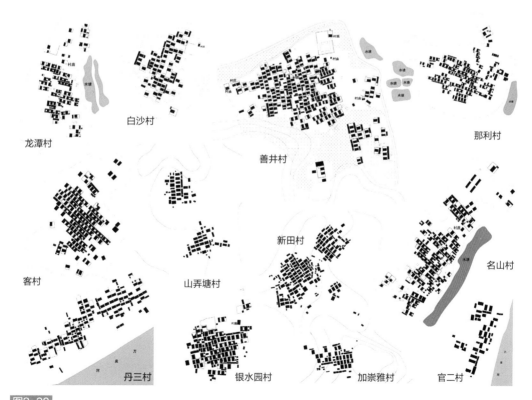

龙潭村 白沙村 善井村 那利村

客村 山弄塘村 新田村 名山村

丹三村 银水园村 加崇雅村 官二村

**图2-28**
村巷格局——直线矩形排布方式

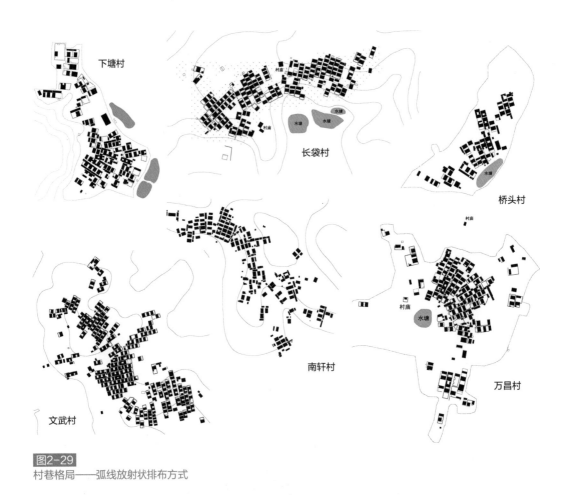

图2-29
村巷格局——弧线放射状排布方式

是由于近代快速发展，未有明确的发展意图而造成村巷的杂乱交错。

　　海南岛村巷呈自由格局的村落也比较多，多分布于山地丘陵，也有部分存在于平原地带。分布于山地丘陵的自由格局的村落主要有两类情况：一类为受地形影响较大，可用于建筑的面积有限，而因地就势建设造成；另一类为村落居民较少，可用建筑面积较大，村民建设所选用地宽裕而造成随意建设，这在已经汉化的黎族村落中体现较为明显。

### 3. 村巷格局的分异

　　村落规模及所处位置与村落巷道格局有较明显的相关性。沿海及沿河村落，无论规模大小，一般以垂直于河道的纵向巷道为主，村落沿岸线呈带状发展，拓展的方式以列的左右拓展为主。平原地带，较小规模村落主要以纵向巷道布局为主，部分缓坡和丘陵区域，纵向巷道以扇形分布；较大规模的村落较为复杂，秩序感在发展壮大中逐渐被打乱，尤其是在村落外围，村巷格局呈现自由布局。山地丘陵地带，村落规模较小，由于地形及民族杂居的影响，村落巷道格局较为松散。尤其是汉化了的黎村，虽然采取汉族居住方式，仍然沿袭黎族传统建村模式，村落巷道布局自由（图2-30）。

传统村落村巷格局的分异

　　总体而言，海南岛村巷格局由沿海向中心山地呈现秩序感逐渐弱化的趋势；靠近自然资源特点明晰的村落，村巷格局较为清晰，秩序感强。如靠近大海、大河滨水的村落或者近水塘、地形舒缓等都可成为村落巷道秩序布局的良好天然条件。汉族聚落村巷格局较为清晰，秩序感强，黎族汉化村落秩序感弱。某种意义上反映出在条件允许的前提下，迁居海南岛的汉族渴望承袭传统文化，营造诗意栖居，寻求安逸稳定的聚居环境。

## 2.4.6　村落公共元素的布局

### 1. 公共空间与公共元素
　　村落公共空间是指村落范围内，由各种实体（道路、街区、建筑、构筑物、树木、广场、绿地和其他设施等）之间组成的所有公众可以任意到达的外部空间环境总和。主要分为两类：一类是以各种人际社会关系交往为主的空间场所，如以宗祠为核心，并与其周边相关要素共同围合而成的空间。另一类是以环境建构为主的空间场所。如以水塘、农田为核心，并与其周边相关要素共同围合而成的空间。无论哪种空间形式，通常是以建筑类或非建筑类的元素经过长时间积淀而成，即每一个空间中的构成元素在某一特定场所中都经过长期的历史演变和积淀，而逐渐被大多数人认可，形成相对固定的组合模式，并出现在相对稳定的位置。这种模式在不同地域和不同文化体系中表现出不同的空间布局形态。

这些公共元素主要为：祠堂、庙宇、伯公庙、池塘、村井、村树、树林、溪流等。

### 2．各构成元素的空间布局

（1）祠堂

祠堂一般被称为"家庙"或"宗祠"，是祭祀先祖的地方。其存在位置与村落的关系主要为两种：一是与居住建筑混杂；二是单独存在，其位置未有明显特殊要求。与居住建筑混杂的祠堂规模较小，祠堂周围紧挨居住建筑，其建筑构型及外观形态均与居住建筑无差，只是祠堂靠近道路或其前方开辟小块广场。单独存在的祠堂一般用地较大，其周围多为绿地而与其他居住建筑分离。这类祠堂可存在于各类地方，如村落中心、村前、村侧等等，对位置未有明显特别要求。

祠堂在内地传统村落中常被认为地位较高，而对位置、环境有较苛刻的要求。然而在海南岛传统村落，祠堂虽然享有较高的心理尊崇度，但对其存在方式没有明显苛求，其周围配置要素可简可繁，无特殊固定要求，周围环境亦是如此。常见祠堂前仅植大树而已，甚至与民居无异。相当一部分传统村落没有祠堂。

（2）庙宇

海南岛几乎有村就有庙，遍及大小村落，不计其数。海南岛传统村落宗教信仰广泛，各路神灵都是信仰范围。即使近在咫尺，信仰也是不同。如海甸岛较大的村庄海田村，村庄傍海甸溪而建，东西长约3公里。六个庙宇将整村分为六个自然村。每个村都建有自己的庙宇，祀奉各自信奉的神灵。一庙郭公庙、二庙武圣庙、三庙泰华庙、四庙张天师庙、五庙关帝庙、六庙关圣大帝和火神娘娘庙。庙宇在海南岛似乎享有较祠堂更高的地位。一般村落可能没有祠堂，但都会有村庙。这在多源迁入、杂居重构的海南岛村落中相对较为明显。人口来源不同的村落，神庙较为容易被集体认同而能存在。

由于较高的认同度，对庙宇的位置显然要慎重和苛求得多。庙宇一般单独存在，多数存在于村中地形开阔、景观较好的地段，与水塘、树林结合，环境优美。村口一般自然条件较为优越，自然成为最常设置的位置。

庙宇周围空间也比祠堂较为宽敞和隆重。一般庙宇门前都要设置一个宽阔的广场，广场四周都生长着高大茂盛的古榕或枇杷树，树底下成为村民休闲纳凉、聊天说地的场所。

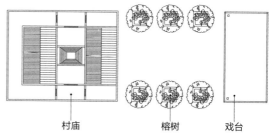

村庙　　　　榕树　　　　戏台

**图2-31**
海南岛传统村庙空间

庙宇对面都有一个戏台，遇有重大的祭祀活动，都要上演琼剧（图2-31）。

（3）土地庙

土地庙，又称福德庙、伯公庙，为中国民间供奉最多的村神。海南岛各地传统村落均有分布。土地庙与村庙一样，其所代表的精神信仰是凝聚村落的主要因素之一，其位置选择较为固定。多出现于村入口，结合村门、古树设置，位于村门一侧，旁有古树；未有村门时与古树结合单独存在。海南琼北地区部分村落村口有时设置不止一个土地庙，往往多个土地庙并置，或沿进村村道间隔设置。较大村落土地庙常出现于村巷交叉转折处，村落中因此可出现多个土地庙。

（4）水塘

在海南岛炎热多雨的环境中，水的作用无疑被格外重视。村落短时排水以及通风降温都与水有直接关系。在村落附近有水系或水塘存在，自然成为改善村落环境的重要因素。因此，尽可能的条件下，海南传统村落会创造近水的条件。

水在传统村落中，多以池塘的形式出现。对于没有河流经过的村落，人工开挖的水塘最为常见。古时人力物力有限，水塘的规模不能太大，数量也不可能太多，所以水塘往往是位于村民心理上的"中心"位置。上文已经述及，多数村落以水塘为核心布局村落。

在现代的环境科学看来，村落中大面积的水面，既有利于生产、生活、灌溉、养殖，又调节了村落的小气候。因此，在现代村落形态的快速发展变化过程中，此类水面往往仍能被保存下来。

海南岛传统村落的水塘不比广东村落的"半月塘"规范，但似乎也具有"风水塘"的功用。水塘多为自然洼地积水形成，只是人为简单加以修饰，但并没有刻意追求其形态，故海南岛传统村落水塘形态各异，大小不一，甚至村落周围有多个水塘存在。水塘虽未刻意为之，但村落布局以水为核心，明显经过深思规划。水塘对村落而言，意义显而易见，已经具有"风水塘"的作用了（图2-32）。

与广东村落相比，海南岛村落稍显随意，且周围密林拥抱，水塘的自然形态与村落的自然形态交相呼应（图2-32）。

（5）村树

村树在村民心目中占有重要地位，并被刻意保护。村树是海南传统村落必不可少的构成要素。多数村落都保留有多棵大树。村树多数为古树，往往被赋予村落生机的象征，或者是被认为具有灵性而加以崇拜。有些村子将古榕视作爱情树，凡村里有婚嫁喜事，新人们都要在古榕树前烧香行礼，默默盟誓。

在海南，村树一般为榕树。榕树是海南地区的主要树种，正常株高20~25米，树龄大的往往在30米以上。其主要特征为树冠阔大，常见20米株高的榕树，树冠一般能覆盖约50平方米左右的面积。甚至在海南村落中可见到独木成林的榕树景观。正因为树冠的阔大，榕树往往能提供一个纳凉歇荫的场所，所以在炎热潮湿的海南地区，榕树甚为常见。其常常与祠堂、村庙、井台、村门等结合，成为村落中最为稳定的空间要素（图2-33）。

（6）广场

"广场"是以传统村落中公共元素为主体而产生的公共空间，有别于各种城市广场。它是以宗祠、村庙、村门、村树、井台等主体要素的附属空间形式出现（图2-34）。

宗祠、村庙内部空间不可能同时容纳所有宗族成员，需要有更广阔的外部空间以进行公共聚集；村门、村树、井台等作为村落中空间转换节点，常结合这些要素设置广场而成

海口市道宗村　　　　　　　　琼海市迈汤村　　　　　　　　澄迈县东山村

**图2-32**
海南岛传统村落的水塘布局及形态
（图片来源：Google Earth截图）

**图2-33**
海南岛传统村落的村树

文山村　　　　　　文山村　　　　　　美社村　　　　　　美社村　　　　　保平村

山尾村　　　　　　北排村　　　　　　蛟塘村　　　　　　　周家村

图2-34
传统村落公共活动场所

为村落主要的标志性空间，极易产生集聚活动。而聚集活动的本身也会引发产生出很多相关的活动。

构成传统村落公共元素的存在位置即是"广场"的存在位置。彼此相互依存而产生被集体认同的村落公共活动场所。这些场所是传统村落中最富特色、最具活力的空间。

### 3．公共空间与村落形态格局

与内陆传统村落形态不同，海南岛传统村落祠堂、村庙往往与村落居住建筑群体分离而独立存在，不在村落内部影响村落形态的建构，而多数处于村落外围。这样的村落形态布局在空间上分为两个组团，以居住为主的生活组团和以祭祀为主的纪念、宗教组团。两个组团分担了物质生活空间及精神生活空间。祠堂、村庙空间成为特殊时期集体活动的场所，平时较少人员来往。而处于居住建筑群体附近及内部的村门、井台、村树周围的空间亲切宜人，成为人们日常活动量最大的空间。

## 2.4.7　村落形态地域分异

海南岛圈层地形地貌下的气候环境分异以及迁居海南岛人群来源的多元化，使得海南岛不同地域的村落形态在以上共同基础上表现出不同的个性特点。

### 1．琼北村落形态

琼北主要包括海口、文昌、定安、琼海、澄迈、儋州（部分）等区域。这些传统村落以汉族聚居为主，长期以来经济、文化较南部具有优势。村落历史悠久，人口稠密，家族聚居等传统文化的深厚积淀，对村落形态布局有深刻的影响，尤其以文昌、琼海、定安为

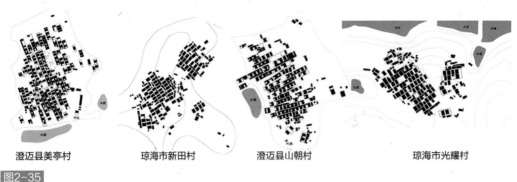

澄迈县美亭村　　　　　琼海市新田村　　　　　澄迈县山朝村　　　　　琼海市光耀村

图2-35
琼北传统村落典型形态

典型代表，聚居宅院紧凑规整，村落边界形态较为清晰。大多数村落形态有较为明确的村落核心（图2-35）。

其主要特点在于村落形态的基本建筑单元做较长序列的重复，形成的宅院空间连续且保持较长的距离。延伸较长的宅院对村落形态有明显的控制作用，形成紧凑清晰的村落形态。如老城镇才吉村以水塘为核心，村落宅院排列整体紧凑，向南北依次拓展。村落规模较大，仍然保持整体形态。文昌市塘沟村以田地为核心，村落宅院沿等高线呈扇形整体排列，村落保持较为规整形态。

### 2. 琼南村落形态

琼南包含陵水、保亭、三亚、昌江、东方等。这些地域传统村落形态与琼北村落形态比较而言稍显松散，尤其是村落核心不明显，甚至很多村落没有核心。主要的原因在于村落构成基本单元发生变化。在琼北存在的细长宅院单元在南部逐渐缩短，较短的宅院对村落形态的控制能力明显下降。因此，村落形态稍显松散。加之，南方对于村落核心的重视不够，更加促使村落形态的松散。

造成宅院缩短的可能原因在于南方人口相对稀少，家族人口自然减少，且文化意识较琼北淡化，聚族而居的传统不能强有力地实施。这也部分印证海南岛汉族迁居自北向南，南方汉族人口相对较少，其文化影响力有所减弱。

### 3. 中部丘陵山地村落形态

中部丘陵山地包括屯昌、白沙、琼中、五指山等区域，这些传统村落人口较周围平原大为减少，村落规模下降，很多村落仅有几家人口居住。村落构成基本单元继续缩减，单个宅院，甚至是单个建筑更能灵活组合而形成更为自由的村落形态。

中部丘陵山地地形对聚落空间形态的影响逐渐强化，规模较小的村落较能适应多变的丘陵地形，常呈现组团分散式的布局方式（图2-36）。

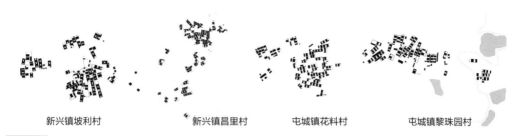

| 新兴镇坡利村 | 新兴镇昌里村 | 屯城镇花料村 | 屯城镇黎珠园村 |

**图2-36**
琼中传统村落典型形态

#### 4. 汉化黎族村寨

在中部山区存在很多黎族村寨。由于长期的黎汉交流，很多黎族村寨已经逐步汉化。黎族聚落放弃船形屋居住方式而采用汉族的砖瓦结构的居住方式。虽然他们采用了汉族的居住建筑，但居住建筑所形成的村落形态依然类似黎寨，松散、自由。

黎族的传统文化仍深深影响其生活方式。长期单体船形屋的家庭独居方式，在采用汉族居住建筑后未能接受汉族家族聚居的方式，仍习惯独居。缺乏对场地环境的细致组织，或是不习惯汉族建筑与环境景观的组织方式，建筑与环境缺乏呼应，建筑间也缺乏相应的组织，村落形态呈现松散状态。

这种松散状态与大部分黎族船形屋有相似之处，反映出黎族采用自己的思考方式用汉族的建筑组织村落形态，自然与汉族村落形态有较大区别（图2-37）。

### 2.4.8 汉族传统村落空间形态案例分析

海南岛琼北地区人口稠密，传统聚落数量众多。琼北也是海南岛汉族传统聚落的发源地，其传统村落较为典型地反映着海南岛传统村落形态的较多共性。选用琼北地区的儒豪

| 保亭县响水镇响水村 | 东方大田镇乐妹村 | 东方公爱乡公爱上村 | 白沙黎族自治县浪眉村 |

**图2-37**
汉化黎族村寨典型形态
（图片来源：Google Earth截图）

村探讨琼北地区传统村落空间形态的特色。

### 1. 村落入口

琼北地区的传统村落入口布局与其他地方相似，注意村口生态环境的维护，蕴含一定的风水选址理念，表现出独特的隐匿和防守的布局意识。

儒豪村布局坐东朝西，村寨入口却选址在村落西南边，且面南开口，沿寨门用火山岩干垒砌石墙，将村落围合起来。入村小道弯弯曲曲，深入到茂密的植被中，外来人不敢轻易进入；沿村道布局火山石分隔的田地，多种植果树，植被茂密，种类丰富，其中古树较多。村落设置两道门，即使攻入寨门，还有村门可守。村落寨门距离村庄建筑群约100m远，寨门前地形平坦，门口火山岩随意搭设土地庙两座，分列左右，寨门前对面设村庙一座，正对村庙用火山石垒砌平坦戏台，长方形，高约1米。

儒豪村入口布局强调了村寨地域的界限。进入村门后，建筑布局紧凑，基本没有开敞的空间组织大型公共活动。村落入口成为村寨公共活动的中心，进入村门基本成为居住空间，这一点与徽州等地域的传统村落以祠堂、戏台等为中心组织村落空间，村落居住空间围绕大型公共活动空间组织有很大不同（图2-38）。

### 2. 村落道路

儒豪村布局紧凑，村落道路系统简单，整体道路系统则呈梳式分布，由一条基本的主干道组织交通。由村门进入后即为村落主干道，再由主干道分支次路进入各家各户（图2-38）。

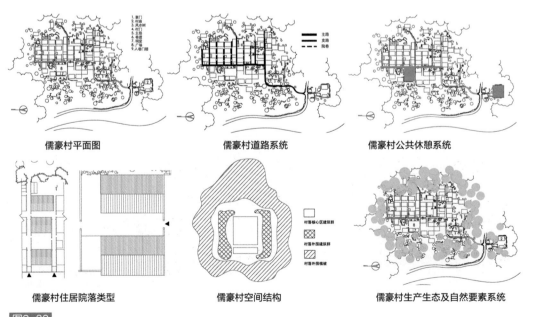

儒豪村平面图            儒豪村道路系统            儒豪村公共休憩系统

儒豪村住居院落类型            儒豪村空间结构            儒豪村生产生态及自然要素系统

图2-38
儒豪村村落形态

### 3．村落公共空间

儒豪村公共空间主要有两种类型。一类是全村的公共空间（如祭祀、看戏等），分布在村口。村口村庙前的广场是全村最大的公共空间，跨过广场，在村庙的正对面是戏台。这种公共空间在琼北地区表现得极为相似。另一类公共空间分布在村落中，往往是进入各家各户门前的缓冲空间，此类空间在不同村落中亦有不同的表现。儒豪村的此类公共空间表现为相邻家庭的公用巷道。两家人由公共巷道分隔，但又都向巷道开门，成为日常出入的共用通道。

由于村落的公共建筑基本分布于村口，在村落居住建筑区域很少有其他的公共建筑，琼北地区地势较高，缺水的环境也使村落中基本没有水体存在，村落居住区域没有中心（图2-38）。

### 4．村落建筑群

儒豪村沿主路东侧的院落排列整齐，属于村落核心建筑群，院落与院落之间由巷道分隔。沿外围两条支路分布的院落面向支路开门，院落间相互邻接，没有巷道分隔，相对分布较自由。其余建筑院落散布于村落周围，多为后来增建建筑。

儒豪村家家户户都建有自己的宅院，只是规模大小不同。其平面关系与空间组织仍属于中国传统院落式的民居模式。村落核心区四列院落紧靠主干道路坐东朝西分布，为三进院落。沿村落外围支路分布独院式院落，面向主要村落核心区方向开门（图2-38）。

### 5．生态系统

儒豪村环绕丰富的植被，并与宅院中绿色植物共同形成稳定的生态系统。村内建筑排列密集规整，只在三进院落的前庭院中有少量植物，其余宅院没有树木。但村落周围植物密集，种类丰富，尤其是村口、入村道路及村前田地中植物茂盛，其中不乏古木老树存在。多株古树龙眼分别在寨门、村门、村庙周围形成村落的风水树（图2-38）。

## 2.5  海南岛汉族传统聚落空间形态特点

### 2.5.1  海南岛汉族传统聚落的意象魅力

我国传统村落因地制宜，遵循"天人合一"的传统哲学思想，强调人与自然的和谐统一，呈现出独特的空间"意象"。水、桥、屋与古树共同组成"小桥·流水·人家"的江南村景画面；粉壁黛瓦、马头墙、水口园林和祠堂、牌坊等是清新典雅的皖南传统村落的最基本要素；高低叠置、参差错落、古朴厚重造就了气势恢宏的山西传统村落等等。总体而言，传统村落以亲切、和缓、谦让、贴近自然的姿态与大自然共生和谐。

海南岛传统村落意象魅力可概括为：绿林掩映，拙朴自然。

### 2.5.2　海南岛汉族传统聚落空间形态的本源特征

#### 1．与自然和谐的选址布局——居者知其"生态位"

总结海南岛传统汉族村落的选址，绝大多数或依山傍水，或靠山依田，或择水而居，处在山水之间，植物茂盛之处，是一个有山、有水、有田、有良好的自然景观的理想聚居处。崇拜山水神灵的朴素信仰使居者将聚落置于大自然的架构之下，与山水、生物等自然元素和谐共生。这种以大地山河为基址，以神灵护佑产生安全感、归宿感的理想布局，形成了传统村落特有的环境意象，在其中，居者知其"生态位"。

#### 2．亲切，易于识别的规模尺度——居者知其"空间位"

以农为本的传统村落从一开始就注定具有"人"的尺度，生活与耕地的紧密关系，使得村落始终处在步行可达的范围内，一旦超越步行范围，将会产生新的村落。农耕自然观与淳朴文化观引导村落建筑群体的平面发展，拉近了村落与自然的和谐关系，村落轮廓以苍翠的自然环境为背景，目力所及。传统村落选择了小而紧凑的布局方式，人的步伐和视线轻易地掌控了村落的空间界限和方位。村落空间环境优美舒适，街巷尺度亲切适人，在其中，居者知其"空间位"。

#### 3．多样化的功能空间复合——居者知其"情态位"

海南岛汉族传统村落的空间基本由祠堂、村庙、水塘、古井、古榕、街巷等公共空间和庭院居室等私密空间构成，这些看似简单的空间中承载着上千年的村落生活。街巷中既有牛车缓行，又有小孩嬉闹；祠堂里祭祀祖先，又能商议村事；庭院中生活起居兼有畜养生产等功能。多元化的空间中承载着行走、闲聊、嬉戏、晒谷、打水等简单的充满温情的日常生活，居民邻里关系亲密和谐，生活恬淡、民风淳朴。在具有人情味、亲和力和丰富性的空间中，居者能自愿参加有乐趣的空间活动，获得情感满足，在其中，居者知其"情态位"。

#### 4．随坡设巷，因水置道，田为核心——海南岛传统村落的"形态位"

多雨多风的海南岛，地形、水系成为村落建构的最重要基址要素。村落宅院依借坡势，顺坡布局；水塘环村，临水设置入村村道；田地在村落建筑前方，受其拥抱而成其核心。这种模式成为大多数村落基本的形态选择。随坡设巷，因水置道，田为核心，村落形态格局清晰明了，在其中，居者知其"形态位"。

## 2.6　海南岛汉族传统聚落群体形态空间分布

### 2.6.1　聚落空间层次变迁的规律

20世纪70年代末，英国著名地理学家哈格特（Haggett）提出关于人类活动空间结构模式与秩序观点，并用图解的方式表达区域空间变迁中的6个要素及其规律性（图2-39）。第一要素为不同地点的居民之间因客观条件不同及需求差异而产生的运动模式。第二要素是交流运动的路径或网络；第三个要素为结点，在路径或网络交接的地方优势凸显，可能产生焦点；焦点表现为各优势条件的相对集聚性，诸多优势的结点控制着整个系统。第四个要素是结点的层次。结点的发展壮大，其辐射效应在周围产生更多的运动路径从而形成新的结点，这些结点与原来结点关系密切，形成具有层次性的系统。第五个要素是地面，结点、网络是与具体地段相结合的，并在不同具体地段中表现不同的存在状态。第六个层次为空间扩散，解释人类占据地面的模式频繁变化的空间秩序。空间扩散通常由一个或几个地方开始，顺沿路径、经过结点、跨越地面，达到不同层次。

哈格特的关于人类空间结构模式与秩序的阐述，解释了传统农村聚落由以农业生产为主的均质性聚落发展成为具有层次性的聚落体系的完整过程。在此过程中传统聚落由单独的个体发展为聚落群体经历了三个层次阶段：点状层次体系阶段、树状体系阶段和网状体系阶段。

#### 1．点状层次体系阶段

起初聚落的形成总是从选择那些气候适宜、土地肥沃、水源充足的地方进行农业生产开始，以单个家庭或几个家庭组成的小家族形成零散分布的固定居住点。传统聚落的生活资料依靠家庭自给自足生产就得以实现，单纯的食物满足式的生活方式无须经过聚落间交换与交流就可以保持聚落的生息繁衍。传统聚落地域空间之间一直处于相互孤立、彼此封闭的"点状"状态。这种状况的形成，一是由于农业投入较少而相对收益较高，其产出足以满足小聚落的独立需求，农耕民族满足安土乐天的生活方式。二是古代交通运输不便，物质、人口、信息难以流通和交流，集聚效应难以产生，无法形成优势核心聚落。

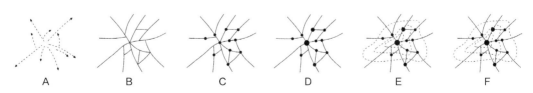

A　　B　　C　　D　　E　　F

图2-39
哈格特空间体系图解要素
（引自：（英）R·J·约翰斯顿.地理学与地理学家.）

## 2. 树状体系阶段

完全相同的聚落是不存在的。聚落构成的差异性决定了聚落交流的可能性。最初的交流可能出现于经济方面。生产力的发展，使农业产出效益提高，剩余产品出现。相近地域内的不同聚落占据不同的资源环境，产生了剩余产品的差异性，由此产生了交换的可能和需求。交换需求形成了彼此经济上的"共生关系"。占有资源的不均衡性等等原因引发经济发展的不均衡性，从而产生聚落经济优势分异，经济弱势聚落逐渐依存于经济强势聚落。经济上的依存关系是建立聚落秩序最重要的基础。但经济依存关系并不是唯一结合各个聚落单位的纽带。聚落单位之间的关系还可能是建立在政治、婚姻、宗教等等关系上的。相对而言，经济和政治是长期稳定使聚落间产生关系的主要因素。聚落间经济和政治的不均衡成为聚落空间层次变迁的两个主要途径。政治、经济强势的聚落逐渐由普通的聚落转变为中心聚落，在空间结构中占据优势地域，并在规模、功能上出现异化，形成政治中心和经济中心，从而与周围有依存关系的村落产生层级差别，实现空间层次的转变。初期的层级聚落间相互交流以不同层次聚落之间异质性相对流动为主，同一层级聚落之间仍表现为均质性，缺乏相互流动，由此主要表现为以高级层次为核心，逐级流动，形成树状结构。

## 3. 网状体系阶段

然而，聚落群体结构的复杂性使其并非保持一种简单线性的树状结构。亚历山大曾描述城市的结构并非一棵树时说："无论何时我们有树形结构，这都意味着在这个结构中，没有任一单元的任何部分曾和其他单元有连接，除非以整个这一单元为媒介。这种限制的危害究竟有多大是难以领悟的。这有点儿像一个家庭中的成员不能自由地和外人交朋友，除非整个家庭和外界交友一样。"聚落群体空间结构亦是如此。随着树状体系聚落结构的发展，其层次就更加丰富，作为多层级中的聚落群体间交流的方向出现多元化，聚落体系进入网络化阶段（图2-40）。

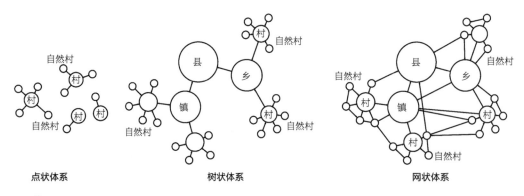

**点状体系**　　　**树状体系**　　　**网状体系**

图2-40
聚落群体经历的三个层次阶段

### 2.6.2  海南岛汉族传统聚落群体空间分布的形态特点

#### 1. 传统聚落群体空间形态的形成模式

任何一个聚落往往都不是孤立存在的，通常在其周围还有其他一些同期聚落分布，相互之间的空间存在状态并不是完全随机的，而是在一定因素影响下经过长期演化形成的。哈格特人类活动空间结构模式与秩序观点普适性地解释了其中隐含的基本规律。海南岛传统聚落自然也遵循这个基本过程。

综上所述，在聚落空间层次经历点状、树状、网状的各阶段中，经济和政治的不均衡成为聚落空间层次变迁的两个主要途径。然而，经济和政治的不均衡造就聚落空间层次的变迁在各地区的表现形式是不尽一致的，在海南岛传统聚落的变迁中表现出不同的形式。

（1）自上而下的拓展——行政建制带动聚落空间形态变迁

传统聚落空间形态布局多是由城市作为地域核心，围绕城市形成多层级的次级核心，并在围绕各级核心形成村落聚落群。相对稳定的核心保证聚落空间形态布局的稳定。相反，聚落群核心的变化，自然会引发聚落空间形态的变化。往往地域高层级的核心是地域政治、经济等中心，尤其是政治核心，其稳定性在很大程度上影响着其他层级核心的稳定性。

海南岛西汉之前是以黎族聚落的自然分布为主，未有统一的行政管辖。稀少的人口分布在相对广袤的土地上，聚落零散布局，地域核心基本不明显，自给自足及交通的困难使得聚落间少有交流。

行政建制带动聚落空间形态变迁。海南岛的行政建制从西汉到明清直至近代一直处于相对的不稳定状态，行政建制废弃和迁移都会对周围聚落空间形态布局产生很大的影响。西汉以后中央建制各级政府，最先在岛上设置儋耳、珠崖郡及其下领的十六县。两郡及十六县自然成为地域强有力的核心，巨大的吸引力不仅增强了原先此地域的聚落数量和密度，同时也吸引了汉族随之大量迁入，并首先聚集于行政建制点附近形成聚落。然而，行政建制不稳定，随后的65年间，儋耳、珠崖郡先后废弃，且此后围绕行政建制发起多次战争。失去政治核心及长期的战争对聚落的空间形态产生较大影响，也拉开了汉族向岛南部迁移的序幕。魏晋南北朝时期冼夫人的黎汉相合，重新建制州县，海南又成为内陆的避难所，大量汉族进入海南岛，相对聚集于建制点附近。至唐时，形成环岛行政建制，汉族聚落也逐步分布于沿海四周，而黎族聚落向山地逐渐退却。此后，行政建制逐渐加强，汉族人口也大量迁入，由此改变了岛屿内黎汉人口比例关系，由原先的黎多汉少转变为汉多黎少。聚落空间分布为原先黎族聚落散布全岛逐渐退缩向南，再向山地，汉族聚落逐步占据全岛四周。

行政建制带动聚落异质化。行政建制主要设置地域核心行政管辖城市。传统的城市聚落需要相近足够数量的村落物质支持和人力输入。依托于城市附近的村落要为城市服务从而逐渐调整生产方式和生活方式。原先聚落间相对均质的状态性逐渐转化为异质性。

持续不断的外来移民及岛内人口的异地迁居是海南岛人口发展的主要线索，而这些移民聚居路线主要追随岛内的行政建制。这种行政建制开拓带动聚落空间形态的变迁是自上而下的拓展式聚落空间层次发展的主要途径。使农村聚落由以农业生产为主的均质性聚落，发展成为具有层次性的聚落体系。

（2）自下而上的建构——经济导向丰富聚落空间层次

宋代之前，大多数自然村落始终以自给自足的小农经济方式生存繁衍。海南岛传统聚落主要以自给自足的村落和行政管辖的城市为主，商业性聚落相对较少。一直以农业为主要产业的海南岛上此类村落在数量上和其所占的空间面积上始终处于优势的状态。

在行政建制主导影响下的海南岛传统聚落空间形态核心布局并不排斥经济导向下的聚落空间层次的丰富。宋代以后，海南岛的聚落类型有个重大的变化，这就是港口和墟市的兴起、聚落功能的分工以及城市进一步向综合性方向发展。商业经济的发展促进了聚落异质性的发生，丰富聚落空间层次。

然而，此种效果在相对落后的海南岛仍是有限。到万历年代末，全岛墟市179处，北部州县多达120处，西部、南部墟市较少。大部分墟市仍布局在州县城址附近或其内。也就是说，西部、南部大部分村落仍处于自给自足的生活状态，聚落空间布局均质性明显。

总体而言，海南岛聚落空间形态布局存在两条主线：一是行政建制主导下的聚落空间分布拓展（自上而下式的拓展——县城–集镇–村落），奠定了海南岛黎汉聚落空间形态的整体分布格局；另一种是在此格局下的自发拓展丰富（自下而上式而拓展——自然聚居点–村落–墟），对整体空间形态分布格局的细化和深化拓展。

## 2. 传统聚落群体空间形态及层次特征

（1）北南聚落群体空间形态及层次差异

海南岛农业生产一直大大落后于内陆岛屿，刀耕火种是海南岛历史文献资料记载较多，直至近代依然在山区见到的一种传统耕作方式。落后的农业生产力决定了聚落供养相同数量的人口需要较大的土地面积，聚落空间分布相对零散。海南岛聚落间由于迁徙避难以及多元杂居的特点，相互交流的意愿较弱。均质性的缓慢发展使海南岛传统聚落层次构成简单，发展还不完善。长期以来一直以行政建制的州县管辖自然村落的聚落层次，聚落发展阶段多处于树状层次阶段，少有类型丰富的商业墟市等聚落层次，网状层次很不发达，尤其是西部、南部及黎族聚居区。

宋以后，聚落空间形态层次发生变化较大。北部、西北部及东北部经济发展加快，聚落空间层次逐渐丰富；西部及西南部、东南部经济虽然发展明显，但较其他地域而言，其类型、数量和规模都还不及。如到万历末，全岛墟市179处。司徒尚纪研究墟市的平均吸引半径如表2-2所示。

万历末全岛墟市的平均吸引半径（单位：千米） 表2-2

| 地区 | 琼山 | 定安 | 文昌 | 儋州 | 澄迈 | 万州 | 会同 | 其他 | 全岛 |
|------|------|------|------|------|------|------|------|------|------|
| 平均吸引半径 | 4.5 | 5.0 | 6.2 | 7.9 | 5.6 | 8.7 | 5.3 | 17.3 | 7.7 |

资料来源：《海南岛历史上土地开发研究》。

北部、西北部及东北部墟市半径一般在4～8公里之间。对于购买或出售农产品和生产资料，当日就可往返于市场的农村居民而言，已经足够方便，可以视为合理的交易半径。这样的平均交易半径，表明此时期该地区的市场分布已达到一定的密度。商业性墟市聚落已经大大丰富了聚落空间层次，聚落间网络状发展交流较明显。而西部及西南部、东南部墟市服务半径明显较大，达17.3公里，显然商业性墟市还不发达。西部及西南部、东南部地区聚落空间形态层次仍较为简单。

（2）内外聚落群体空间形态及层次差异

对传统农业条件下的村落而言，村落空间形态分布主要受资源环境条件及生产力大小两个主要因素影响。

就传统村落而言，每个聚落都需拥有其空间范围内的资源以充分保证其生存与发展。即土地产出能满足聚落人口的消费。就相同的生产力条件下，农村聚落的规模及空间分布密度主要依赖于其周围地区土地资源的优劣。在自然条件较好的沿海或河谷平原地带，由于交通便利、土地平展、水源丰富、土地品质优良，耕作较少面积的土地就可以满足自身生存的需要。因而，在相同的土地面积上，可能居住的人口就较多，也就是聚落的规模或者密度就相对较大。而在自然条件恶劣的山地丘陵地带，单位土地的产出较低，农民则需要耕作更多的土地才能满足其人口消费的需要。如果相同的环境资源，生产力发展的水平则决定着村落空间范围的大小。生产力发展水平越低，需要的聚落的空间范围就越大，聚落的分布密度就越小；反之，生产力发展水平越高，需要的聚落的空间范围相对就越小，聚落的分布密度就越大。

在海南岛一般而言，资源环境越好的地域的聚落，其生产力相对越高。在传统村落的迁徙历程中，汉族在进入海南岛之前已经掌握着优势的资源，通过强势进入，占据了条件资源较好的沿海、滨河等四周平原地带。汉族聚落优势的生产力与优势的地域资源结合，自然能够承载相对高密度的大聚落的空间存在。也因此，自西汉以来，海南岛中央建制一直围绕沿海平原，到唐代基本完成了环岛建制。

经济的发达结合地域资源优势及核心行政建制聚落优势等等诸多因素，使得沿海、滨河等四周平原地带聚落空间分布的规模、密度大于内陆丘陵地带。且其聚落类型丰富、层次多样，呈现网状分布状态。

就沿海、滨河等四周平原地带聚落本身而言，由于其资源不同、生产力发展条件的不同、区位不同，也处于不同的发展阶段。其分布随地域的不同而呈现不同的方式。经济发达、地理位置优越的沿海、滨河或靠近行政建制中心的聚落空间形态层次呈网状分布，越远离这些区域，聚落空间形态层次网状结构分布方式越不明显。

接近优越地理位置的沿海、滨河或靠近行政建制中心的村落空间形态分布的另一个重要特征是空间布局的异质型。由于经济、交通、资源等优势的集聚，生产力得到空前的提高，自给自足型经济行为已经向剩余产品商品型转变，多生产出来的产品或可提供的多元化服务拥有充足的市场和消费群体，生活需要的产品可以通过市场买到。商品经济的兴起促进了生产的地域分工，从而形成了专业化生产和多元化生产。在这些区域，出现了以手工业和城市服务业为主要生活方式的村落，各村落间不再是互不来往，而是围绕核心聚落互补型发展，聚落区域分布异质型逐渐显现出来。这些区域的距离越近，聚落空间形态异质性越明显。

与此相反，中部山地丘陵聚落空间分布规模小、密度小，呈现分散型、均质型布局。其形成的原因主要有以下三个方面：

其一，中部山区资源、交通条件不及四周平原，人口稀少是客观存在的情况。封闭的自然环境造成传统个体小家庭农业生产的目的主要是保证自身消费需要的自给自足经济，安逸现状，农民改进相对粗放的土地耕作方式扩大再生产的积极性不高。

其二，土地面积较小，不具备实现集体化大生产条件；封闭的交通、交流环境不利于个体家庭提高劳动生产技术；没有市场的需求，资源优势的互补难以实现。生产力低下，土地产出较少，为了繁衍生息需要花费大量时间进行农业生产，耕作更多数量的土地。

其三，山地丘陵相对而言地广人稀，基本保证了每家每户都有田耕作。在缺水、封闭、相对恶劣的自然环境限制下，传统土地耕种的生产方式一直在聚落中延续，并成为其生活的主要方式，而其他的副业生产难有条件发展，则进展缓慢。与土地耕作并行发展的家庭纺织业、手工业等，其产品也主要用于自身消费，并没有条件进入市场。

基于以上原因，在以个体小家庭为基本生产单位和聚落生产方式较为单一的前提下，山地丘陵聚落区域空间分布呈现出分散和较均质化的特征。

## 2.7　本章小结

传统村落空间形态是在具体地域环境中产生，并通过各种要素间的关系和体系表达着自身的特点。本章从海南岛汉族传统聚落类型和演变入手，在总体上从聚落选址、形态构成、建构体系以及聚落群空间关系等方面分析和探讨了海南岛汉族传统城镇及传统村落的空间形态构成特点以及汉族传统聚落群体空间变迁和分布特征。

海南岛汉族传统城镇与内陆城镇一脉相承，空间形态基本形同；传统村落则在延续迁入地传统文化及空间形态的基础上因地制宜，灵活调适，并形成独具特色的空间形态。

　　海南岛汉族传统聚落在聚落空间的发展层次上同样经历点状、树状、网状的各阶段。聚落空间形态布局存在两条主线：一是行政建制主导下的聚落空间分布拓展（自上而下式的拓展——县城—集镇—村落），奠定了海南岛黎汉聚落空间形态的整体分布格局；另一种是在此格局下的自发拓展丰富（自下而上式拓展——自然聚居点—村落—墟），对整体空间形态分布格局的细化和深化拓展。

　　海南岛汉族传统村落形态的地域分异也是本章的主要内容之一。由于地形地貌及气候环境等的地域差异，海南岛汉族传统村落形态表现出明显的地域分异。琼北汉族传统村落聚居宅院紧凑规整，村落边界形态较为清晰。大多数村落形态有较为明确的村落核心。琼南传统村落形态与琼北村落形态比较而言稍显松散，尤其是村落核心不明显，甚至很多村落核心不明确。中部丘陵山地传统村落形态自由，规模较小的村落较能适应多变的丘陵地形，常呈现组团分散式的布局方式。在中部山区的汉化黎族村寨村落形态依然类似黎寨，松散、自由。

# 03

## 海南岛汉族传统建筑空间形态

　　传统聚落空间形态是从宏观角度剖析聚落在整体环境中的表达方式。传统聚落建筑空间形态分析是从微观角度深入到聚落内部空间中，分析聚落建筑内部具体的各种空间以及各类建筑间的结构关系。

　　聚落建筑空间形态研究是以聚落建筑"空间"的生成为核心，围绕聚落的主要空间单元，依据"空间"的生成序列，从建筑单体空间、宅院空间、聚落建筑群空间三个层次着手，从小到大对海南岛汉族传统聚落建筑空间形态进行解析。

## 3.1　海南岛汉族传统民居基本特征

### 3.1.1　海南岛汉族传统民居的渊源——历史建筑的构成

　　史籍关于海南岛历史上民间建筑记载很少，其空间构成难以考证；但关于官式及重要的祠堂、庙宇等建筑记载较多。如清代嘉庆《澄迈县志》记载："县署明洪武三年，知县刘时敏创建，原正厅三间，东西厢六间，川堂三间，畿门三间，大门三间。正德七年，知县李茂加筑四周垣墙。知县詹昊建城隍庙后殿三间，大殿三间，大门三间，照壁一座。"万历《儋州志》记载："州正堂五间，仪门三间，后堂三间；州同衙在州治东五十步，前后各三间，两廊全；驿铺十有九，每铺正厅三间，东西廊房各三间。"康熙《万州志》记载："学宫地基直四十三丈，横二十六丈有余，正殿前为舞台，左右为两庑，两庑上下房四间，学正署在明伦堂后，堂三间；训导署在学宫西，后堂、大堂、头门各三间。"康熙《昌化县志》记载："崇祯八年，知县贺登瀛于后堂之左建川堂三间，顺治十二年，署县姚汸建川堂三间于后堂之右，此后建寝室于后堂，于大堂之外左右竖造耳房八间。"如此等等（图3-1）。

　　海南岛历史上的民居建筑构成相关记载几乎空白，但从上述的记载中可以看出清代历史上存在的无论官方建筑县署、学宫、城隍庙，还是驿铺、祠堂建筑群落的构成有以下特点：

　　（1）各类建筑以三开间构成为主体，官式建筑县署正堂及学宫偶有五开间建筑。

　　（2）各类建筑群的主体布局方式以列排布，多形成多进式院落布局，同一列主体建筑前后对正。

　　（3）院落式布局存在两个基本结构单元：一是单个庭院由一个三开间正堂建筑独自构成，两侧无厢房及其他建筑配置；二是单个庭院由一个三开间正堂建筑居中，两侧配置厢房或廊，厢房多间，记载可达八间；厢房与正堂形成三合院式庭院。

　　（4）各院落有围墙围合。按中国传统建筑形制，衙门及祠堂及庙宇等建筑级别要高于民居。由此推断，清代海南岛民居在建筑形制不会超过上述建筑群落形制结构。

　　历代民居建筑虽不像官式建筑有一套程序化的规章制度和做法，且往往所处场地空间有限，可以相对自由地根据自然条件、基址地形状况、自身经济水平和建筑材料特点，因地因材来建造房子。然而，无论是北京四合院，还是广东的三间两廊，闽南的古大厝等等，

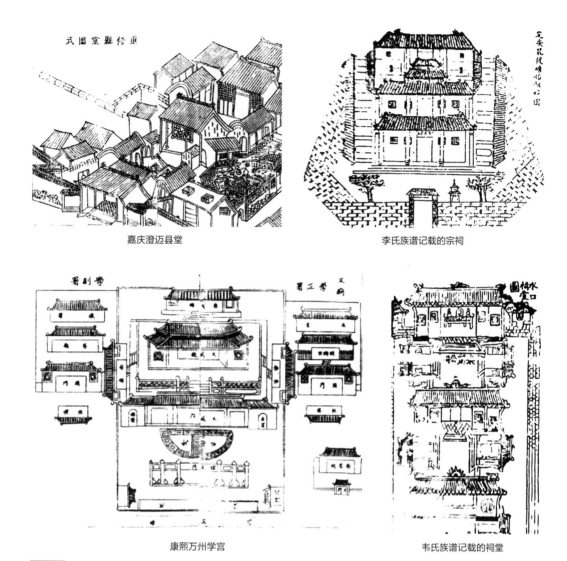

嘉庆澄迈县堂

李氏族谱记载的宗祠

康熙万州学宫

韦氏族谱记载的祠堂

图3-1
县治及族谱记载的传统建筑
（图片来源：清代嘉庆《澄迈县志》/万历《儋州志》/康熙《万州志》/康熙《昌化县志》）

各地的主流民居建筑空间构成仍基本遵循传统的儒家文化思想，与官式建筑一脉相承，在建筑形制和细部装饰上做了相应的简化和调整。

民居建筑虽不能和官式建筑相比，但考虑历来各地传统民居皆以三开间建筑作为基本类型，海南岛的主流民居建筑也应如此。因此，海南岛三开间为主的官式建筑以及简单的前后增进布局的方式可能成为民间主流建筑的模仿对象，只是在建筑群规模、建筑形制及细部装饰上要简化很多。

由此推论，（1）清代海南岛传统村落建筑基本单体以三开间为主体；（2）采用庭院式布局，有围墙围合；（3）庭院布局主要以单体三开间建筑为主，结合单侧或两侧厢房安排辅助用房;(4)院落拓展多采用前后增加相同单元院落的方式。

这些推论在遗留下来的建村历史悠久、仍部分保留有清代建筑的村落中得到印证。如据考证定安高林村完整地保存了清代传统建筑风格,其房屋坐北朝南,依山傍水,整齐划一,七纵三横的巷道中主体建筑即是三开间建筑为主;村中张岳崧晚年故居记载是四合院式建筑,坐北向南,仅将由其存正屋一幢,后屋一幢,两侧横房两间。

实际调查中,现存采用三开间建筑为主体的庭院,并前后拓展为多进院落,主体建筑两侧配置辅助用房,周围围墙维护的村落或宅院比比皆是。由此,将三开间建筑作为海南岛传统院落的基本建筑单元,并将由其作为主体构成的院落作为基本院落进行研究。

## 3.1.2 海南岛汉族传统民居建筑单元基本构成

### 1. 平面构成

传统民居建筑都是以"间"作为基本的组成单位,由"间"组成"屋","屋"即成为独立的建筑单体,一般主要居住建筑单体由三间组成。海南传统民居建筑亦是如此,其布局方式为"一明两暗",明间即中间一间,常作为厅堂。明间在当地被称为掛厅,分为前后两个部分,距后墙两檩条的前面部分称为前堂,约占据房屋2/3以上的面积,平时主要用作接待会客。后面部分为后堂,前后堂之间以木隔板分隔成屏风状(俗称"䉉桨")。木隔板及后堂上部设有阁楼,俗称"公阁",供奉祖先牌位。明间两侧为次间,作为寝室,前后墙安装窗户,称为"暗间",多被前后分隔,形成左右共四间寝室,靠后檐墙的房间较大,约占据2/3,房间上面架梁上搁放木板以安放杂物;前半部分较小,占据1/3左右。

"一明两暗"的三开间屋其交通组织为:前堂前方开门,成为进入建筑的交通入口,前后堂之间木隔板两侧开小门,后墙开后门,形成由前门进入,经中间木隔板小门,再到后门的竖向交通;左右"暗间"由前后堂开门,形成由堂及寝的横向交通(图3-2)。

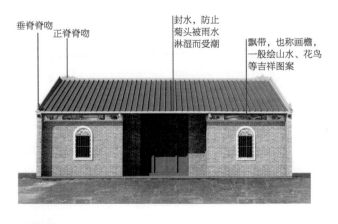
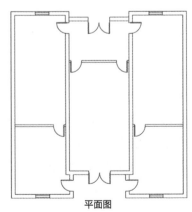

平面图

图3-2
"一明两暗"平面布局及空间形态

### 2. 屋身构成

基本三开间建筑屋身主要由墙面及其附属物构成。"一明两暗"式屋身典型的形式是：两侧山墙与檐口平齐，两山墙面沿外饰带常开一列直径10厘米通风口，故山墙也被称为风墙；两侧次间墙面退入檐口约30厘米左右，墙面开小窗；明间继续退进檐下约90厘米，中间开设入口门洞，整个檐墙常会在檐下开带状小窗。实际实施中，在不同地域会有简单调整，如去掉中间明间的凹入处理，使明间檐墙与次间檐墙平齐，增大堂内空间；也有些将次间檐墙与明间檐墙平齐，增加檐下外部空间，形成檐廊。屋身墙面长短由于建筑平面开间的变化而有增减。墙面开窗未有统一要求，而形式多样。

"一明两暗"式被广泛用于各类型建筑。居住、庙宇、祠堂等各类建筑多为一层，少数受南洋文化影响的近代建筑多为两层。各类建筑普遍层高较低，但仍有差异，最低的居住建筑层檐低至2米，多数为3米左右。基本特征表现为：

（1）屋身在立面占据建筑的主体面积，是主要的视觉元素。海南岛"一明两暗"式建筑进深较大，一般在8～9米，最深达12米，而檐墙高度基本在3米左右，因此屋顶坡度较缓；且屋身下台基处理简单，多为平地建房，几无高度。因此屋身成为视觉的主体要素，并不显得低矮。

（2）屋身平整简洁，以深灰色为主，墙体围护性强，开窗较少、较小。不同地域开窗方式、开窗大小及位置有些微变化。建筑多采用砖材或石材砌筑，入户正门通常宽约0.9～1.2米，高约2.5米，窗洞可小至40厘米，甚至不开窗。建筑墙体厚实，封闭感强墙。

（3）屋身在水平方向多通过墙面凹凸、墙身上方装饰等手法，明确划分建筑开间组成。

（4）屋身竖向低矮，基本为单层，通过开小窗或不开窗等方式，墙身尺度并不显矮（图3-3）。

### 3. 屋顶构成

"一明两暗"式建筑单元采用硬山双坡面屋顶。房间进深较大，屋面平缓。屋顶起高与进深比约为1：4，而内地或传统的建筑多为1/3，两者之间有较明显区别。虽然在海南岛降雨较大，但台风对屋面的袭击显然更具摧毁力。史籍记载，海南岛历史上各州县署都曾经被台风袭击而毁坏。如嘉庆《澄迈县治》记载："县有官署崇祯末年，飓风大作，又尽倾覆"

琼海龙江村某宅

演丰镇塘内村某宅

琼海玉堂村某宅

中原镇仙沟村某宅

图3-3
传统村落"一明两暗"式建筑

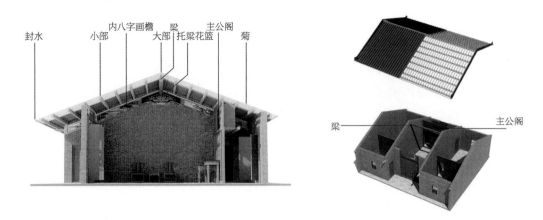

图3-4
"一明两暗"屋顶剖析

等等。平缓的屋面是长期遭受台风袭击在实践中积累经验后的结果。屋顶的承托结构为抬梁式与穿斗式结合，檩条较多，常规有十一、十三甚至十五檩；部分建筑檩条不遵循旧制传统，檩条分布较密且数量较多。屋顶通常为灰布筒板瓦，板瓦为底，筒瓦扣于板瓦接缝之间，形成瓦脊。瓦顶据檐口五六十厘米处置压瓦条。屋顶两坡交接中间起脊，称正脊，其左右两端起翘，做成戗角（图3-4）。

### 3.1.3  海南岛汉族传统村落民居建筑构成的变异

传统民居聚落相对于官式建筑而言，由于社会地位、经济条件等等原因，在建筑形制、院落布局、结构做法、材料使用等等各方面相对要求简单。院落的构成往往是相同的建筑结构单元，采用统一的材料等做灵活布局，来满足不同功能的需求。相同的材料、结构做法能有效降低成本和施工难度，也能满足院落布局的灵活性，因此其在客观上造就了村落聚落整体风格统一、形态完整、布局灵活的特点。

"一明两暗"式建筑作为建构标准单元，普遍被应用于海南传统聚落的各类建筑及院落的建构中。当然会根据不同的使用功能及位置、环境条件等常在开间或建构尺寸、工艺技术等方面进行调整，体现不同功能或不同地理环境特色。

#### 1．开间调整
建筑构形以开间调整最为自由。"一明两暗"的三开间作为传统的居住单元最为常用。在此基础上，将"明间"单独出来，调整开门方式后即成为单开间；也可是"一明一暗"或"两明"并列间的两开间；多个"明间"并列即成为长屋。传统院落中一般由上述几种开间方式的建构单元组合而成，每种建构单元承担不同的使用功能。

如作为入口的门楼（也称作"路门"）或单独客厅常为单开间单独存在；厨房或单独的客厅也会以两开间的形式存在；作为杂物、厨房、接待等多功能用途时，常会以多间并置的长屋形式出现；祠堂、庙宇、文庙等也会采用"一明四暗"的五开间的高级别形制等（图3-5）。

### 2. 尺寸调整

（1）建筑单元开间尺寸的调整

海南岛传统三开间建筑的开间布局也遵循中国传统建筑布局方式，中轴对称，重点突出，以明间为中心，两侧暗间开间尺寸小于明间。这与中国传统的居住布局和生活方式相同。明间作为礼制空间，承载敬奉祖宗、起居接待、开展各种仪式的功能，所需尺寸一般较大；暗间作为居住的空间，陈设简单，空间较小。

海南岛"一明两暗"的三开间建筑单元的开间尺寸在调查中表现较为统一。普遍存在两种现象：

① 作为祠堂、村庙的三开间建筑尺寸一般较大，也存在相当多数量的祠堂村庙建筑与普通居住建筑尺寸相同的现象。这也表明，在海南岛敬奉祖先、信奉鬼神的传统文化依然普遍但观念似有不同；与中国内地将祖宗奉若神灵，与基本居住环境拉开距离，祠堂规模尺度宏大的场景不同，海南岛祠堂与普通建筑基本相似，但祠堂与村庙的空间布局略有差异，敬奉祖宗的建筑与居住环境融为一体；村庙则单独布局，这在后文有详细分析。

② 一般居住建筑明间开间多为4.2米左右，两侧暗间开间多为3.7米左右，总体未有大幅度的变化，只有个别建筑单元变化较大，明间开间增加到5.7米，也有减小到3.3.米；两侧暗间开间增加到3.9米，也有减小到2.7米。

在实际调查中，建筑单元的开间尺寸似乎与地域关系不明显，不会因在海南岛的地域变化而出现较大幅度的调整，反而有时在同一村落中表现为尺寸有较大的变化调整。这些情况也反映出这可能与对土地权属的实际占有有较大关系；反映了海南岛村落较内地村落宗族关系的弱化。与传统的建筑空间布局相似，强大的宗族关系往往能控制村落的空间形态秩序。这种空间形态秩序不仅反映在以祠堂为组织空间秩序的核心，同时也严格地限制每个建筑单体的排列次序和大小尺寸。因此，这类村落往往表现为秩序井然、风貌统一。

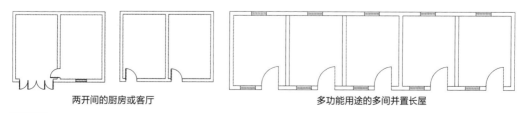

两开间的厨房或客厅　　　　　　　　多功能用途的多间并置长屋

**图3-5**
建筑构型开间调整

而海南岛的村落相对而言表现出一定的随机性，排除受地形影响的丘陵山区的村落，即使在四周平原、文化氛围较好的文昌、琼海等地，村落布局也多出现杂乱的空间形态。一个主要原因表现为建筑尺寸的变化引起村落秩序的弱化。

海南岛作为移民岛，其人口迁移历程的特征总体表现为人口总量较少、流动性较大。这在一定程度上决定了村落营建中小家族聚居或地缘聚居的特点，尤其是地缘聚居影响下的村落生成方式自然导致了建筑开间尺寸的多元化特点。人口少、村落凝聚性弱的特点又随着村落的逐渐壮大，进一步显示了村落建筑开间尺寸的多元化特点。这也说明了海南岛传统村落建制的自发性和村落演化中秩序弱化而导致的松散性。

总体而言，海南岛传统建筑单元开间尺寸调整随机性较大，未有明晰的变异趋势。

（2）建筑单元进深尺寸的调整

在实际调查中，同一村落或同一地域中同为居住型"一明两暗"建筑单元进深多为8～9米，但也存在不同进深的建筑单元，部分加深至12米，也有的减小为6.5～7米。其可能的原因多是地形，也会受建筑等级地位的影响而对进深尺寸做出调整（图3-6）。

海南岛环海四周平原地带传统村落人口集中，村落密度较高，且多为汉族居住。汉族聚族而居的方式使得村落规模相对较大。有限的建村用地面积限制了家族聚居的建筑总面积，就单个院落而言，建筑个数越多，单个建筑单元的面积就相对减小，而建筑单元面积的调整多是开间基本保持相对稳定，进深调整幅度较大。海南传统村落院落的构成多是以三开间建筑前后呈列的方式拓展院落，在用地纵深有限的前提下，前后单元数的增加，就可能意味着建筑单元进深的减少。

还有一种情况常是在同一列建筑单元群中，其中一个建筑单元的进深明显大于其他建筑单元，这个进深较大的建筑单元常为堂屋，中间为客厅，客厅里设有三殿堂，供奉祖宗神位。如文昌市十八行村的院落。

与传统建筑开间尺寸地域变异性基本相似，海南岛传统建筑进深尺寸的变异与地域相关性似乎也不大。不同地域的传统建筑进深尺寸表现为多元化，在6～12米间变化；也就是

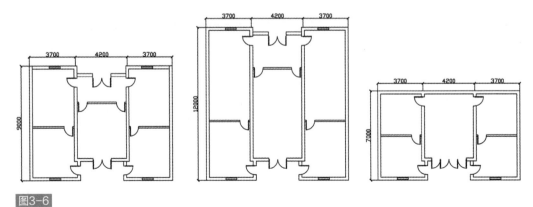

图3-6
"一明两暗"的尺寸变异

说，海南岛南北村落都有可能出现6~12米的建筑进深，即使在同一村落中，也会出现此种现象。

但总体而言，海南岛传统建筑单元进深较内地传统建筑单元要大。内地传统建筑单元随着由南而北，建筑进深逐渐减小，多在5~6米。而海南岛的建筑单元进深多在8~9米，甚至有些建筑进深达到12米。显然这是主要受海南岛气候环境影响所致。建筑需要加大进深减少室内热量的进入，从而降低室内气温。

（3）檐廊宽度尺寸的调整

以"一明两暗"的三开间建筑单元为例，海南岛不同地域传统村落建筑单元面阔相差不大，进深也在6米与12米之间浮动，以进深8~9米最为常见。面阔及进深在不同地域的变异表现不明显。但以"一明两暗"三开间建筑单元前部檐廊尺寸的变异较为明显。

海南岛北部"一明两暗"三开间建筑单元分有无檐廊两种类型。以火山石为建筑材料的建筑单元多数无檐廊，以砖材建构的建筑单元多存在檐廊。但在海南岛北部有檐廊的"一明两暗"建筑单元其檐廊宽度较窄，多为1~1.2米。在海南岛东部沿海涵盖文昌、定安、琼海、万宁、陵水等地区以砖材为建构材料的"一明两暗"建筑单元普遍存在檐廊，其宽度多为1~1.5米，与海口地区差异较小。在海南岛西部沿海涵盖澄迈、临高、儋州、昌江、东方、乐东、三亚等地区，以砖材建构的"一明两暗"建筑单元也普遍存在檐廊。与北部、东部不同，西部建筑单元的檐廊明显宽于东部，多为1.2~3米。且存在由北向南檐廊逐渐加宽的趋势，在澄迈、儋州檐廊宽度多为1.5~2米，在三亚水南村、保平村檐廊宽度已多在3米左右。

为什么在海南岛的建筑檐廊存在这样的现象？檐廊作为建筑的附属构件，主要有两个功能：一是遮阳避雨等改善环境，二是提供进入室内的过渡空间。海南岛的北部及东部虽然也处在炎热的环境中，需要通过檐廊进行遮阳降温等，但过大的檐廊同时会阻碍进入室内的气流。海南岛的北部及东部处于季风及台风的迎风面，风对室内环境的影响甚至大于阳光的影响。因此，对于进深在6~12米的大进深室内空间，减少檐廊的宽度，既可促进风进入室内空间，同时也减少了过度遮阳而导致的室内潮湿等情况。而由于中部山区的影响，海南岛西部及西南部整体环境干燥炎热，季风及台风影响较小，遮阳降温成为主要因素。因此，加大遮阳檐廊的宽度成为传统建筑的明显标志。而且，自北向南表现出明显的渐变规律，越向南部檐廊宽度越大。

琼北地区火山岩建筑较少出现檐廊。其中主要的原因一是火山岩建筑由于材料加工难度及建构技术等因素影响，相对较为低矮，加建檐廊更加矮化建筑，减少室内采光；二是火山岩建筑多干砌而成，墙体材料间缝隙较大，加建檐廊更加弱化了建筑的整体稳定性。

（4）檐口高度尺寸的调整

屋顶坡面宽度与檐口高度有密切的关系。在屋顶高度确定、坡度相同的前提下，屋顶坡面宽度愈大，其向外延伸的长度越长，檐口距离地面的高度越低。海南岛"一明两暗"

三开间民居居住建筑单元高度地域差异不大，但檐廊的宽度差异较大，因此檐口高度在各地域也表现出较大的差异。

北部、东部檐廊较窄，相应的檐口高度较高。在北部及东部沿海地域檐廊宽度变化不大，因此檐口高度差异也变化不大。西部及西南部檐廊的宽度增加，檐口高度随之降低。西部沿海从北到南檐廊宽度有增加趋势，檐口高度也表现为逐步降低的趋势。澄迈建筑单元檐口高度在3米左右，但在三亚崖城建筑单元檐口高度降至2.2～2.5米，有的甚至降至2米，伸手就能触及屋檐。

海南岛东部与西部檐廊宽度与檐口高度尺寸的变异反映出建筑单元建构尺寸的调整除受地形影响的原因外，主要还是与气候环境条件的差异有密切关系。海南岛东部沿海受东南季风影响较大，且常发生台风、暴雨等特殊气候；由于山地偏于中南部，北部表现出与东部较相似的气候特征。西部及西南部受中南部山地的影响，季风较难到达，气候明显干燥、闷热。尤其是西南部的昌江、东方、乐东等地尤为明显。东部居住建筑面对湿润、温热的气候和有利的通风条件，主要处理好通风、防风、防潮等气候问题。较高的檐口能增强通风，较快地去除屋内潮湿，因此其居住建筑单元檐廊较窄，檐口较高。东部从南到北表现出较为相似的气候特征，因此其檐廊及檐口在南北地域状况相同。而西部居住建筑没有有利的通风条件，气候干燥炎热，降温主要依靠加长檐廊、降低檐口、减少阳光直晒，也因此表现出檐廊较宽、檐口较低的特征。由于偏于中南部的山地对西北部影响较小，而使西北部与西南部气候差异较为明显，因此，由北向南其建筑单元表现出檐廊逐步加宽、檐口高度逐步降低的趋势（图3-7）。

海南岛琼北地区以火山岩为材料的民居建筑单元表现出与以上趋势不同的檐口高度。火山岩建造的建筑单元大多数没有明显檐廊，本应表现为较高的檐口高度。但由于建筑单

三亚崖城水南村某宅　　东方利国镇抱旺村某宅　　　　万宁山园村某宅　　　文昌十八行村某宅

儋州油麻村某宅　　　　海口美兰村某宅　琼海乐城村某宅　　　三亚保平村某宅

图3-7
檐口高度尺寸的调整

元进深较大，较大的进深弥补了缺失檐廊对檐口高度的影响，此类建筑单元与北部、东部砖材建筑单元相比较，表现出与具有檐廊的建筑单元基本相同或较低的檐口高度。究其原因可能主要是建筑材料，火山石加工较砖材相对难度加大，建筑单元墙体多采用干垒砌筑，因此檐廊较少采用，避免安全性能的降低；材料之间未加粘结剂，加之其本身多孔性的特点，具备通风的优势，不需要较高的空间；火山石材的坚固性可增加建筑单元进深，进深较大，室内温度较易保持相对于室外较低的稳定温度；墙体缺乏粘结，受台风影响较大，檐口降低有助于增强安全性。因此，其建筑形态总体表现为多无檐廊，檐口低矮，进深较大（图3-8）。

### 3. 构型调整

#### （1）"廊"变

檐廊是内外空间的过渡，在建筑构成中占有重要的意义，其功能相对多元化，表现为：①作为进入室内空间的缓冲空间，具有室外闲谈休憩、光线调节、短暂停留、避雨等功能；②作为主要的侧向交通通道，连接侧边厢房檐廊，形成有顶的半室外交通系统；③可作为简易存储空间；④可与室内房间接通，成为其一部分，扩大室内空间；⑤可作为单独的封闭空间，具有厨房等使用功能。

"廊"变存在两种情况，一种是仍然以檐廊的形式出现，但表现为有无、宽窄、长短等多样变化。另一种则是根据功能的需求，如储藏、厨房等，"廊"转换为相对封闭的空间。

中国传统居住方式一直保持内向性以及对建筑正面（面向庭院）的重视性，前檐廊既可丰富庭院与室内空间之间的层次关系，又成为多种功能及活动发生的空间，前檐廊在民居建筑中普遍存在。海南岛传统村落民居建筑亦是如此，且成为海南岛民居地域差异的典型方式。在檐廊尺寸上，海南岛不同地域存在变异，上文已有详细论述。

后檐廊在多数独院式单面使用的建筑单元中未配置。多进式院落中建筑单元前后都面对庭院，且由于前后及侧面交通的需要，常前后都配有檐廊。后檐廊往往功能较少，多单纯作为交通通道，所以其宽度往往较窄，多为0.5~1米（图3-9）。

海口石山镇美社村某宅　　　　海口石山镇儒豪村某宅　　　　海口石山镇美鳌村某宅

**图3-8**
火山岩民居建筑的檐口高度

　　在海南岛北部火山岩覆盖的羊山地区，民居建筑主要采用火山石建造，此类居住建筑单元多数无前后廊。究其原因可能存在以下几点：①此类村落建筑宅院建筑单元主要呈列式排布，且两侧基本无辅助建筑，即使存在，也以离开主体建筑独立存在，尺度常较小。因此，侧向基本无交通需求，无须建檐廊。②羊山地区宅院建筑单元前后之间距离较小，约为3米，狭小的空间不适合设置檐廊，而是尽量扩大室内空间，所以此类建筑进深一般较大，而无檐廊。③狭小的庭院空间不适合家庭室外活动，一般室外活动多在宅院之外的公共空间进行，檐廊配置意义不大。

　　以砖材为建筑材料的居住建筑单元部分也存在此类情况。一种为在琼北地区新建的砖材建筑。砖材替代石材，但采用原先的建构模式，表现为对传统生活方式的延续。如文昌市大路镇的蛟塘村新建建筑群。另一类主要分布于万宁、陵水等东南部沿海平原附近。如万宁万城镇周家庄建筑群。总体而言，无檐廊"一明两暗"民居建筑相对而言不是海南岛民居建筑的主流，仅占有较小比例。但大量的辅助型建筑，如厨房、杂物间、独立的客厅等等多为无檐廊建筑。这在侧面反映出海南岛宅院交通主要为沿正堂前后贯通的轴线交通，而较少出现前后及侧向通过檐廊连通的"长廊"交通（图3-10）。

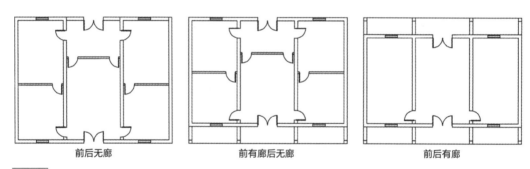

前后无廊　　　　　　　　前有廊后无廊　　　　　　　　前后有廊

图3-9
传统民居建筑檐廊配置

荣堂村村建筑　　　　美鳌村建筑　　　　美社村建筑　　　　儒豪村建筑

蛟塘村建筑　　　　蛟塘村建筑　　　　周家庄村建筑　　　　周家庄村建筑

图3-10
传统村落中前后无檐廊建筑

一种特殊的"廊"变情况表现为檐廊长度的变化。考虑到室内外交通空间的过渡和短暂的停留调整，部分地域建筑单元往往仅保留进入室内明间部分的檐廊，建筑两侧没有檐廊。其做法是将明间入口后退一定距离，而形成较短的檐廊下空间。这种特殊的"廊"变在琼北地区相对较多，万宁、陵水、昌江、东方地区也有出现。与此情况相似，但建筑单元具有前檐廊，且在明间入口处后退，扩大明间檐廊空间的情况较为普遍，在全岛各地都有出现（图3-11）。

根据功能的需求，如储藏、厨房等，檐廊常转换为相对封闭空间。其变异形式较为多样，分两种基本情况：一是对"一明两暗"的建筑单元方式不改变，只改变檐廊空间功能；另一类是在改变檐廊功能的情况下，同时改变了建筑单元方式。前一种情况如两侧间前方都改变为储藏空间；或一侧为储藏空间，另一侧仍保留檐廊；或者一侧为储藏空间，另一侧为厨房等等。后一种情况出于对檐廊空间的扩大利用，将"一明两暗"改变为"一明一暗"，明间较小，暗间较宽，形成扩大的檐廊空间，便于利用（图3-12）。

海尾村某宅　　儒豪村某宅　　周家庄村某宅　　塘内村某宅

**图3-11**
明间后退扩大檐廊建筑

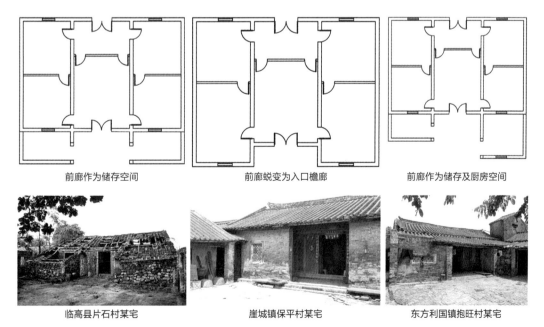

前廊作为储存空间　　前廊蜕变为入口檐廊　　前廊作为储存及厨房空间

临高县片石村某宅　　崖城镇保平村某宅　　东方利国镇抱旺村某宅

**图3-12**
传统民居建筑檐廊变异

这些"廊"变情况在海南岛北部及东部沿海平原较少，主要存在于西南沿海平原地域，部分存在于西北部沿海平原。如临高、昌江、东方、乐东、崖城等地区，在昌江、东方、乐东地区表现最为突出。

海南岛北部及东部沿海平原传统文化相对浓厚，比较重视中国传统的建筑空间布局，在满足礼制、风俗等精神空间布局的前提下进行实用性调整；而西南沿海平原地域人口以少数民族为主，中国传统文化相对薄弱。虽然汉族传统建筑仍然表现为传统的布局形态，但受少数民族的生活实用性影响，表现出以实用为主要空间布局的特征。

（2）"间"变

"间"是建筑单元的最小空间，间与间的组合形成独立的建筑单元。由于"间"的大小、形状、封闭性等具有相对的灵活性。因此，"间"变丰富了建筑单元的空间。

以"一明两暗"的基本建构单元为基础，多为扩大其中某一"暗间"或同时扩大两侧"暗间"部分，就形成了至少四种基本建筑单元的变体。如果结合"间"数的改变，减少或增加"间"数，然后扩大某些部分，则形成多样化的"间"变建筑单元（图3-13）。

"一明两暗"的基本建构单元的"间"变多针对宅院正屋，以居住为主要功能。对"间"数进行增减变化后的"间"变建筑单元多为辅助性用房。一般与正屋呈垂直方向，存在其两侧，称作横屋。"间"变的横屋分为两种基本情况。一种为增加间数，称为长屋。间数少者有三间，多者可达十间以上。由于功能多样化的需求，常对其中某些房间进行变异。另一种情况为两间以下，独立存在的建筑单元，常作为杂物间、厨房等功能使用。

一般情况下，长屋房间数较多，能将多种功能融合在一个长屋单元中。因此，长屋配合正屋就能满足生活中各种功能空间的需求，但其占地面积较大。而短屋经常以两间或单独一间存在，其占地面积较少，配置灵活。

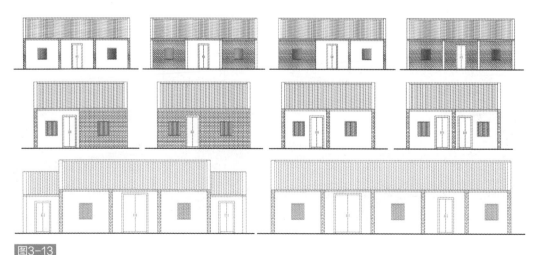

**图3-13**
"间"变构型的示意

海南岛传统聚落宅院中这两种横屋常结合出现，但也存在地域的差异性。琼北村落中以长屋出现较多。这与琼北地区人口密集、传统文化深厚密切相关。琼北自古就作为政治、经济、文化中心，是汉族的大家族较为集中的聚居地。大家族聚居的文化传统要求居住以大院落的方式出现，多进居住建筑形成的院落客观上需要较大的集中服务空间，因此依附于主建筑群一侧、承担服务功能的长屋自然成为院落的特征。这种现象在传统文化浓厚的文昌、琼海、澄迈等地也较为常见。

但在琼北地区以火山岩为材料的传统村落中长屋出现较少，而以短屋出现较多，可能由于石材建长屋相对难度较大的缘故。

海南岛东部沿海的琼海地区以南的万宁、陵水等地，长屋逐渐减少，而以短屋为主。海南岛西部的临高、昌江、东方、乐东等黎族少数民族较多的地区长屋更加减少，多以短屋满足各种辅助功能的需求。这种状况与海南岛人口迁移及文化积淀路径基本相同。海南岛人口迁移从北部登陆，逐步南迁。东部的琼海以南，汉人迁居逐渐减少，开发也较晚，少数民族数量较多；相对北部而言，其家族规模明显减小，人口稀少，而汉文化的积淀也相对较少，因此，规范礼制的聚居文化逐渐淡化，相对较小的小家庭院落也不需要较长的长屋服务，而改用为短横屋。与此相对应的西南部地域也是以少数民族为主的居住区域，汉文化的弱化、少数民族文化的影响及家族规模的减小等因素综合影响，造就了这些区域长屋逐渐减少，而以短屋为主的建筑形态特征。

（3）多元化变异

"一明两暗"作为海南岛传统村落的基本建构单元被广泛应用，且作为宅院的主体居住单元。受海南岛地域气候的异变、主体迁移人口的构成以及生活功能需求的多样性的影响，基本单元在各个地域出现了多元化调整。开间、尺寸、构型作为影响建筑空间形态的主要方面表现最为突出，上文已做出较为详细的分析。除此之外，建筑结构、建构技术等等亦表现出地域的差异性，这一部分将在后文详述。以上方面的协同变异造就了"一明两暗"建构单元丰富多彩的多元化形式。

总体而言，"一明两暗"基本建构单元的多元化变异奠定了海南岛聚落空间丰富多彩的基础，成为多元化宅院建构的丰富要素。

## 4. 地域变异特点

第一，建筑单元变异主要表现在开间、尺寸、构型的调整等方面。其中开间、尺寸调整对建筑形态结构影响较少；而建筑单元构型的变异较为灵活，对建筑形态影响较大。就总体建筑单元变异特点而言，海南岛北部建筑单元变异类型较少，涵盖海口、文昌、琼海、澄迈等地。而东南部沿海的万宁、陵水等地，建筑单元变异类型逐渐增多，尤其是辅助型建筑类型表现出不同于琼北以长屋为主的类型，而是转变为以短屋为主灵活布置的方式；在西部沿海的临高、昌江、东方、乐东等地，建筑单元变异更加明显，类型更多。辅助型建筑类型中的长屋已很少出现，短屋类型也更加丰富。

第二，就居住主体单元而言，"一明两暗"作为海南岛聚落的基本建构单元被广泛使用。其变异主要表现为构型中的"廊"变和"间"变，檐廊宽窄成为地域变异最为主要的特征；"间"变在琼北较少，而在海南岛南部表现较多的变异体。儋州客家村落表现出不同的特点。多数村落居住建筑主体未采用"一明两暗"的居住方式，而采用长屋多家庭聚居居住。

第三，辅助性建筑功能多样，调整灵活，成为各地域建筑单元变异的主体。

建筑单元地域变异的原因上文已有相关论述，这里做一小结。总体而言这与琼北地区汉人集中，汉文化浓厚，社会、经济相对发达，大家族聚居；南部地区人口稀少，家族规模减小，汉族聚居文化弱化，少数民族数量较多，社会、经济相对落后等等因素密切相关。

汉族集中，文化浓厚，社会经济较好的聚居区，家族规模相对较大，对传统文化的传承较为严格，客观上就要求院落规整、统一，而不显得松散；也需要长屋作为辅助空间，集中满足服务的需求，因此辅助性空间也相对单一，变化较少。与此相对应的南部地区，受汉文化影响较少以及聚居规模减小等客观因素则促使建筑排布较为自由，变异较多。

## 3.2    海南岛汉族传统宅院构成及变异

### 3.2.1    海南岛汉族传统聚落基本院落构成

对于传统院落的研究也应从基本院落构成入手，那么海南岛传统院落的基本构型又是如何？基本院落应该是由最能代表当地院落的核心要素构成，满足基本的生活需求，并能普遍地从现实院落中找到其存在的"影子"。

上文在分析海南岛历史上记载的县署、学宫、城隍庙、驿铺、祠堂等建筑群落的构成时就已经得出院落式布局存在两个基本结构单元：一是单个庭院由一个三开间正堂建筑独自构成，两侧无厢房及其他建筑配置；二是单个庭院由一个三开间正堂建筑居中，两侧配置厢房或廊，厢房多间，厢房与正堂形成三合院式庭院。很显然，三开间正屋为院落的核心构成要素，除此之外应该具备辅助性功能空间，无厢房等辅助性的庭院空间显然是祠堂等特殊庭院，不能满足基本生活的需求。多间厢房形成辅助性功能空间配合正屋，即可满足基本的生活需求。在实际调查中，简单的生活性院落也由三开间正屋与相关辅助性厢房组成。在海南岛，院落厢房往往以多间横屋的形式出现在正屋一侧。

因此，可得出海南岛传统院落的基本构型如图3-14所示。海南岛传统院落的基本构成为：院落入口的"路门"，"一明两暗"的正屋，包含厢房、厨房、杂物等功能综合的横屋及围墙，这也是最简单的独院式院落。

　　"路门"即院落入口院门,是进入院落的必经之道。通常位于正屋的一侧,少数位于正屋前方,但不正对正屋大门。

　　"路门"基本为单层单开间的建筑单元,其尺寸构成一般较正屋开间要小,进深较短,高度低矮。这种基本型的路门在调查中最为常见。实际调查中,"路门"还表现为在"一明两暗"的正屋基础上的不同变异形式。典型的形式为结合路门配置房间,较为简单的只在一侧配置单个房间,即两开间,一明一暗,明间作为通道。在左右两侧都配置房间的路门较为正式,即三开间,一明两暗,明间作为通道。路门两侧的房间原来作为门卫,后来逐步转换为杂物用房或居住用房(图3-15)。

　　"路门"的变异还表现在层数的调整。有些路门表现为单开间两层门楼形式,底层为通道,上下两层用木板分隔;二层较为低矮,上置人字形屋面,面向院落一面未设围墙而成为简易阁楼。此类门楼二层当初并无实际功能,主要为调整门楼尺度感,从而获得显赫、

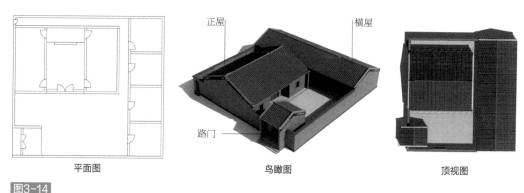

平面图　　　　　　　　鸟瞰图　　　　　　　　顶视图

**图3-14**
海南岛基本院落构成示意

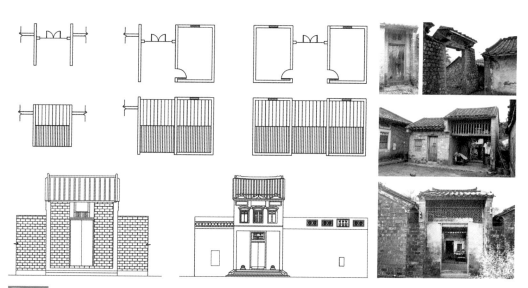

**图3-15**
路门平立面图及实景照片

突出的效果，现也被用作放置农具、杂物等。这类门楼在文昌、琼海地区较为常见（图3-15）。

正屋为院落的核心建筑，一般处于院落中心位置，是整座院落的主体建筑，位于院落的中轴线，高度最高。正屋多为"一明两暗"的标准建筑单元，或是在此基础上尺寸或者构型略作调整，上文已有详细分析。

横屋即位于正屋前两侧的房屋。其功能主要用作厨房、杂物间甚至客厅等。"横屋"相对"正屋"低矮，开间宽度基本相同，约为2.7～3.3米。

海南岛传统村落横屋表现为两种基本形式：一种是以两开间为主，偶有三开间或单开间，独立存在于正屋前单侧或两侧，与正屋形成合院式布局。另一种为开间较多的长屋，多垂直分布于正屋一侧，偶有分布于两侧。由于开间较多，横屋往往服务于多进正屋，其长度较长，与庭院进深相当，成为院落一边的围合体。因此，"横屋"开间数量多少，多由庭院进深长度而定（图3-16）。

正屋与长横屋间留一通衢，称之为"巷"。既可作为庭院纵向交通通道，又起到通风"冷巷"的作用。

院墙弥补各建筑单元围合缺少的部分，将各构成要素连接起来成为完整的院落。院墙除起围合作用外，还承载着文化含义，如充当照壁的功能等等。

## 3.2.2 海南岛汉族传统聚落宅院布局及演变

由"路门"、正屋、功能综合的横屋及围墙构成的基本院落仅能满足基本生活以及基本条件。在现实生活中，建造基址的复杂性以及人们生活需求的多样性都会对宅院构成产生影响，从而改变宅院的构型及布局。

宅院布局构型的变异涉及两个方面：一是各构成单元之间的组合关系的分异，二是各

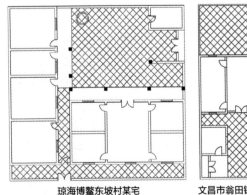
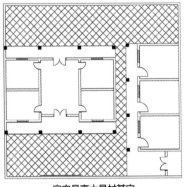

琼海博鳌东坡村某宅　　　文昌市翁田镇明合乡大贺村陈宅　　　定安县高大昌村某宅

图3-16
基本院落横屋布局

构成单元数量的增减引起分异。如果再叠加各构成单元本身的分异，院落的空间形态就相当复杂。就宅院变异类型而言，可将构成要素本身的局部变异忽略，仅考虑构成要素之间的组合和数量的增减。构成宅院有三类要素：居住主体建筑单元、辅助性建筑单元、围护性建构单元。院落的变异主要从这三个要素着手进行调整。围护性建构单元主要在于弥补和完善院落的整体性，对宅院的构型相对影响不大。宅院构型的变异受居住主体建筑单元、辅助性建筑单元影响较大，因此，可分别分析由这两类要素引起的变异类型。

### 1. 居住主体建筑单元主导的变异

居住主体建筑单元作为宅院的核心，其位置和排布方向决定着院落的整体构成，其他要素都以此为参照布局。"一明两暗"的三开间建筑作为院落主体要素，是经过长期历史积淀沿袭而来，已能很好适应地域环境，并承载着地域特色。其构型较稳定，本身变异类型较少。

（1）以数量增减主导的变异

这种类型的变异主要是指居住主体建筑单元以其数量的增减为主要特征。各要素空间组合仍遵从原先的空间关系，未发生本质的变化，居住主体建筑的空间组合以前后或左右重复扩展，导致宅院空间层次发生变化。

以一个居住主体建筑单元为核心，构成独院式宅院。在此基础上，居住主体建筑单元纵向、横向平行拓展，增加居住主体建筑单元数量就形成多种形式的多进式院落。这种变异形式在琼北地域实际调查中较为常见，是宅院的主要类型之一（图3-17）。

琼北地区密集的人口格局及浓厚的家族聚居文化，自然选择了纵向和横向增加居住主体建筑数量，一侧或双侧延长辅助长屋，保持统一、规整、秩序井然的大家族聚居的院落的方式。这种情况以海口、定安、文昌、澄迈等地为主，再往南部地区，这种格局的院落逐渐较少。

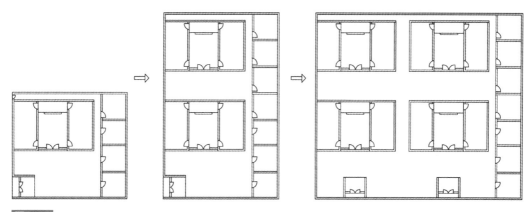

图3-17
居住主体建筑单元独院式院落向多进式院落的演变示意

（2）以组合关系主导的变异

在基本宅院的构型基础上，居住主体建筑单元数量增加，且各要素空间组合关系发生明显的本质变化，尤其是增加的居住主体建筑单元改变布局方向，从而使原先空间布局关系发生本质变化等。如海口市解放西路131号某宅，将增加的居住主体单元转变布局方向，形成与原居住主体建筑单元垂直的布局关系，并将其与横屋等附属建筑单元结合，使原来居住主体建筑单元列、行对正的布局关系发生了改变（图3-18）。

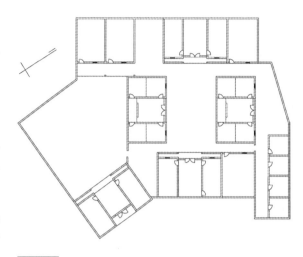

图3-18
海口市解放西路131号某宅平面

这种变异情况主要是出现在用地紧张，且用地权属在长期的承袭中发生变化逐渐演变而成，较少出现在海南岛传统村落中。

## 2. 辅助性建筑单元主导的变异

辅助性建筑单元主要依据主体居住单元布局，其所处位置灵活，形式多样，往往是变异最易发生的要素。辅助性要素变异涵盖辅助性要素本身的变异、组合关系的变异、数量增减的变异等，这些变异往往同时发生。

以独院式的基本宅院为基础，长横屋房间数量减少为三间以下独立存在的单元体。由于辅助性建筑单元占地面积减少，其布局更加灵活。既可两间存在作为客厅、杂物间、厨房，也可与路门结合作为杂物间等等。因此，其空间布局也发生变异，由原来的单侧分布，可变异为在主体居住单元的两侧。出现了一侧与路门结合，布置单间单元，另一侧两间并联；或者每侧都布置两间并联的辅助性空间，路门移至正屋前方（图3-19）。

辅助性建筑单元的变异使基本宅院空间形态发生了改变。由原来"L"形空间转变为"U"形空间。正屋一侧或两侧加长屋，与福建护厝式民居相似；长屋解体后重组，转变为正屋前两侧配置短屋，与粤中三间两廊的布局相似。在这个转变的过程中产生的变异体都

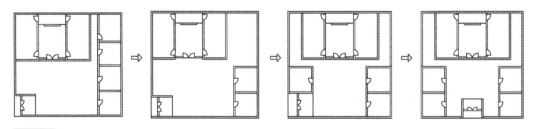

图3-19
辅助性建筑单元变异的独院式院落演变示意

可能成为变异的基础而产生新的变异形式。

海南岛传统院落横屋变异呈现丰富多元的趋势，大体可以总结为三种类型。

（1）单侧横屋式布局

在基本宅院构型的基础上，横屋处于正堂一侧，但其本身构型及功能、数量、檐廊等等发生变化而产生变异。如琼海博鳌东坡村某宅横屋开间大小不同，并承担厨房、房间等不同的功能，横屋增添檐廊，并与正堂檐廊连为一体；琼海留客村某宅将右侧三间横屋调整为一明两暗式布局；琼海珍赛乡昌美村符宅横屋由多间构成，由路门、客厅功能不同的房间穿插镶嵌于其他房间之间，对横屋本来均等空间构成进行了调节，丰富了空间层次；琼海市温泉村某宅横屋加檐廊，在一进正堂之间形成围合，用"巷门"分隔前后空间，增加了后进庭院的私密性（图3-20）。

以上案例共同的特点都是横屋在正屋单侧布局，由于横屋的变异而使各庭院具备不同的特点。此种类型院落的布局方式在海南岛较为普遍存在，尤其是北部及东北部表现明显，是这个地域的典型代表，也是海南岛地域最具本土特色的宅院构型方式。

（2）双侧横屋式

长横屋变异为三间以下的单元结构，并布局于正堂两侧，成为双侧横屋式构型。由于横屋处于正屋两侧，呈拱卫状，常被称为护厝式宅院。横屋变异的灵活性使这种布局方式既与潮汕地区的四点金加从厝相似，也具有客家地区堂屋加横屋的特点。其区别在于，潮汕客家的从厝和横屋是在主体建筑的两侧相邻建造，而海南护厝与主体建筑的关系，可相邻建造，也可分开建造。正房与护厝的连接方式存在四种情况：一是正房居中，两侧护厝向外凸出；二是护厝的后墙与正房的山墙齐平；三是护厝拉出于正房山墙之外；四是护厝在两侧包围着正房。

双侧横屋在海南岛传统村落中也较为普遍，主要分为两种类型：一是双侧横屋位于正屋前方两侧，横屋间数以三间以下为主。这种类型是双侧横屋类型最为常见的形式，多存在于海南岛东南部沿海地域，以万宁、陵水最为典型。这种类型的布局中，双侧横屋也会由于檐廊的有无及路门位置不同的变异而产生出不同的构型。另一种类型为双侧横屋以大

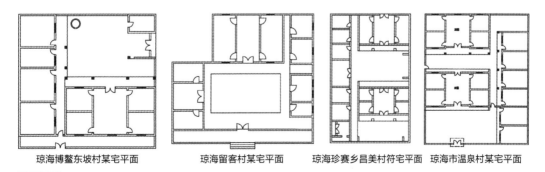

琼海博鳌东坡村某宅平面　　琼海留客村某宅平面　　琼海珍赛乡昌美村符宅平面　　琼海市温泉村某宅平面

图3-20
传统院落单侧横屋式布局

于三间的长屋出现，甚至长屋从左、右、后三面围合居中的正堂，形成半包围式布局。这种类型的宅院规模较大，是多家庭家族共居的方式。与第一种类型相对而言，此类宅院数量较少，且多分布于北部及东北部海口、定安、澄迈、文昌以及西南的三亚崖城地域（图3-21）。

由上文可知，横屋的单侧、双侧布局以及横屋的长短布局与海南岛地域关系密切，呈现出一定的规律性，那么隐藏在背后的原因是什么呢？

第一，单侧横屋多出现于琼北地区的海口、文昌、澄迈、定安等地；且多以长屋的形式出现，也有部分是单侧短横屋形式或者双侧长横屋形式，较少出现双侧短横屋与主屋配合的院落。

其主要原因在于：琼北地区作为海南岛最早的移民地，其主要移民人口来自福建莆田等地区。新迁入地的居住方式自然受到原迁入地居住方式的影响。而福建莆田等地区的民居多以院落式存在，往往以两侧横屋围绕主屋的方式构成。福建稠密的人口自然造就了长横屋服务主屋的结构。迁居海南岛的福建人自然也选择了主屋加横屋的方式建构居住院落。然而迁居海南岛的家族多为避难等原因，家庭人口数量较少，主屋数量有限，显然很难而且没有必要建构双侧长横屋服务中央主屋的院落方式。选择单侧长横屋与主屋构成院落是最为经济也最符合怀旧精神心理的模式，同时这种模式也符合家族聚居扩张后院落整体性的需求。因此，在琼北地区多出现以单侧长横屋加主屋的院落。

当然，随着家族壮大，双侧长横屋服务中央多个居住建筑的大型院落也有出现，但数

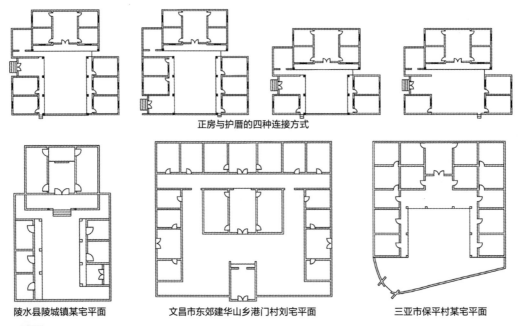

正房与护厝的四种连接方式

陵水县陵城镇某宅平面　　　　文昌市东郊建华山乡港门村刘宅平面　　　　三亚市保平村某宅平面

图3-21
传统民居双侧横屋式构型及案例

量有限。同样，家庭没落或者大家庭的解体所形成的小家庭，其居住方式也会产生单侧短横屋与单个主屋组合形成的经济实用性小院落，而较少出现双侧短横屋与主屋结合的院落。

第二，双侧横屋与主屋结合布局的方式多出现于海南岛东部、南部地区，以琼海及以南地区为主。

其主要原因在于：随着琼北地区人口稠密，土地逐渐稀少等原因，后迁入的以潮汕、广府、雷州半岛等为主的广东人陆续聚居到海南岛东部、南部地区等以琼海及以南地区为主的地域。因此，广府地区的三间两廊式居住方式影响了这片区域的院落建构方式。由此形成较多的两侧短横屋与主屋结合的院落。

同时，海南岛东部、南部地区开发较晚，人口迁入相对较少，多是小家庭式的辗转迁移，较少出现早期大家族迁移的情况。而两侧短横屋与主屋的结合方式也适用于人口稀少地区小家庭自由建构和扩张的方式。

（3）横屋独构式

在实际调查中存在一种较为特殊的"院落"构型方式，即"院落"中缺失"一明两暗"三开间正屋建筑，由联排相同大小的房间构成，或个别对角落房间进行变化处理，或在开门方式上作调整，形成厅、室不同的使用功能。这类"宅院"大多数没有连续的围墙围护整个院落，宅院呈开敞式。这类"宅院"存在两种情况。

一是存在于少数民族地区或者海南岛中部山区农场中。由于新中国成立初期国家为改善少数民族居住条件，对少数民族统一搬迁，集中安置，在资金有限的情况下采用排排房的布局方式。如昌江黎族自治县石碌镇水头村、王下乡等。这种居住方式不是民族聚居历史发展演变的结果，不能成为地域居住类型的组成部分。

另一种情况是存在于海南岛儋州等地的客家人住屋。儋州是海南客家人的主要聚居地，其中南丰镇又是客家人数最多的一个镇，因人口占全镇的70%，故有"客家镇"之誉。这里部分的客家人村落存在联排房间构成的院落，这种长屋明显带有福建客家人横屋的特征，但"院落"中缺失单独存在的"一明两暗"三开间正堂建筑。

海南岛的客家人约有40万人，分布在全岛各地18个市县中，除了东方和乐东外，其他地方都有聚居现象。在客家人聚居地，流传着"逢山必有客，有客必住山"这一说法。大部分客家人是在黎族和其他民族之后渡琼，由于那些沿海地区肥沃的平原地带已被别人占用，客家人只能选择在山脚部位居住，开山垦荒，开辟一片新的生存空间。

客家人在福建或广东的住宅大部分为呈方形或圆形的城堡式围屋，目的就是为了防御。客家人作为新来的"客人"，要在某个地方立足，生存是件很不容易的事情；但能建起围屋的人家一般家道比较殷实，或者家族比较壮大，没有一定的财力和人力很难实现。

海南岛的客家先民们在宋末元初陆续从赣中南、粤东、闽西越海迁居至海南岛陵水、琼中、儋州、临高和澄迈一带，尤其在海南岛西部繁衍生息。由于迁居的漫长时间及来源的复杂性，海南岛客家人家族相对不大，且多为杂居状态。

海南岛客家小家族联合居住的方式难以形成原福建客家人长期磨合或者家族扩张所形成的以祖宗供奉和公共议事为核心，布局严整的围龙屋、土楼等大型院落。而是在短期磨合下的联合聚居，这种聚居方式中还未形成大家公认的共同的聚居核心，而仅仅是相互依靠的聚居初期的模式。显然这种聚居模式是来源不同的客家家庭为了短期相互帮助而自由组合组成聚落。也反映出海南岛的客家人聚居区多是以小家庭方式迁入，并在不同时间逐渐聚拢形成的，而且聚居时间较短。

因此，受到居住地地形及家族人口、财力的影响，海南岛典型的客家围屋居住类型较少。客家村落中反而出现长屋聚居方式，即多个家庭联合居住于一排长屋中，每家分得一定数量的房间，一间用作厨房，剩余房间可用作卧室、客厅等。在排屋相对或相邻的用地配置杂物间。这种"宅院"常没有明显的围墙围合（图3-22）。

这种居住方式是海南岛客家人在依托自身条件及适应本地环境的过程中，逐渐演化形成的居住方式，并在客家人聚居的一定区域内具有普遍性。因此，可视为海南岛传统居住类型的组成部分。

### 3. 多种要素叠加变异

多进式宅院的变异基本由以上两部分叠加完成。居住主体建筑单元的纵向拓展使独院式宅院转变为多进式宅院，横向拓展使宅院呈多列布局；辅助性建筑单元的灵活布置丰富了每进院落的空间布局，长横屋的左右排布强化了宅院的整体感。横屋的长短变化使得变异表现为三种基本类型。

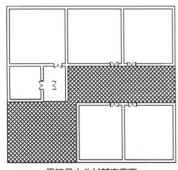
昌江县水头村某宅平面

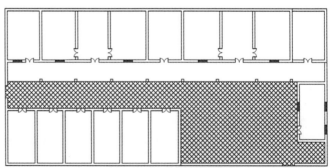
儋州市南丰镇油麻村某宅平面

儋州市南丰镇油麻村某宅平面

儋州市南丰镇油麻村某宅平面

儋州市南丰镇油麻村某宅平面

图3-22
横屋独构式院落

（1）居住主体建筑单元的拓展与长横屋的结合

　　这种类型以长横屋为主要特征，其分布于居住主体单元的一侧或者两侧。这种变异中"一明两暗"的建筑单元拓展为多进院落，甚至横向并排多列，增加居住空间。由于这种宅院多为大家族聚居模式，居住人口较多，服务空间需求较大，且要求宅院空间布局反映家族传统礼制文化，因此辅助空间以长横屋形式出现，拱卫于居住主体建筑单元两侧。这类宅院多为一次性建构完成，主要分布于琼北地区，以海口、文昌、澄迈、定安等地为主（图3-23）。

（2）居住主体建筑单元的拓展与短横屋的结合

　　由居住主体建筑单元纵向拓展，形成多进式宅院。每进院落形成单独小家庭的居住空间，其两侧结合短横屋构成辅助功能空间。这种宅院类型虽也是同一家族聚居方式，但由于是多次建构完成，每次建构是在原来基础上的纵向拓展。因此，要求每进院落中居住建构单元与辅助建构单元配置完备。海南文昌白延区湖峰乡十八行村宅院就是一例，村落中每列宅院由多进院落构成，前后多达七进。每进院落由一栋三开间主体居住建筑和两侧单间的辅助性建筑单元构成（图3-24）。

（3）"路门"位置的变异

　　实际调查中宅院构型丰富多彩，每个宅院构成要素的变异都会引起宅院空间形态的差异。"路门"作为入户的"咽喉"，在宅院布局中备受重视，其变异也常产生空间形态的变化。

　　海南岛传统村落宅院中路门主要有两种基本存在的方位：一是正对正屋；二是在正屋一侧，不正对正屋。绝大多数宅院的路门不正对正屋，只有个别较大规模的宅院路门开在正屋正前方。而村庙、祠堂、书院等院落的路门全部开在正中正对正屋的方位。路门的布

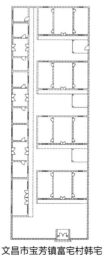

文昌市宝芳镇富宅村韩宅

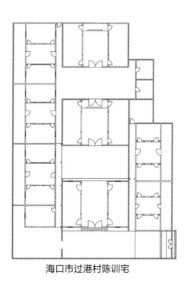

海口市过港村陈训宅

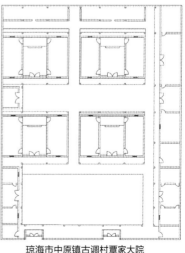

琼海市中原镇古调村覃家大院

**图3-23**
居住主体建筑单元的拓展与长横屋的结合

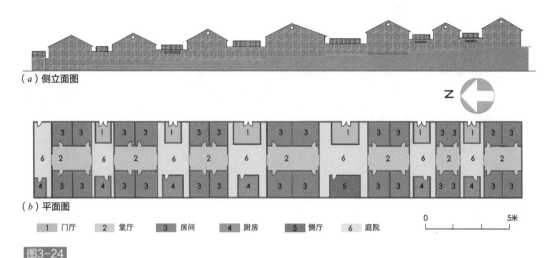

（a）侧立面图

（b）平面图

| | 1 门厅 | | 2 堂厅 | | 3 房间 | | 4 厨房 | | 5 侧厅 | | 6 庭院 |

0　　　　　5米

图3-24

文昌市会文镇湖峰乡十八行村落第二列宅院的构成示意

局方位与宅院的形制相符合。较高形制的宅院路门一般设置在正对正屋的位置，较低形制的宅院路门设置于侧边位置。

在独院式宅院中路门或是单独存在，或是结合横屋存在。在多进式院落中情况要复杂些，一种是整个宅院一个路门，位于第一进院落的前方或侧方，这种宅院一般规制较高，要么是较大家族聚居宅院，要么是祠堂、村庙、书院等较高形制的公共建筑；另一种情况是每进院落都有路门，位于每进院落的侧方，这种宅院多是随着家族的繁衍而多次拓展，每一个家庭拥有一个独立的院落空间（图3-25）。

### 4．多元化变异

每个地域的传统院落空间形态的传承和演变都存在两条线索：一是以代表地域明晰特色的基本建构单元为基础，进行相对有"规律"的变异而产生不同的类型，这些变异类型中始终存在基本建构单元的"影子"。这是一条主线，反映着地域特色。另一条是远离这条主线，其变异类型与反映本地域性特征的变异类型不相符合，但仍然存在着，丰富着每个地域院落空间形态及结构的内容。在海南岛也存在这样的变异类型。

（1）客家围屋

客家人在漫长的历史过程中演绎出一部属于他们自己的独特文化。同一个祖先的子孙们在一幢土楼围屋里形成一个独立的社会，共存共荣。所以御外凝内大概是土楼最恰当的归纳。因此，客家人居住的围屋属于集体性建筑，其最大的特点在于规模大、安全措施完备。迁徙到各地的客家人始终保持着这种聚居和独立的族群特点。

迁居海南岛的客家人也保持着自身的特点，部分较大家族仍然沿用围屋的居住方式。客家围屋中轴线鲜明，厅堂、主楼、大门都建在中轴线上，横屋和附属建筑分布在左右两侧，整体两边对称极为严格；以厅堂为核心组织院落，以院落为中心进行群体组合；廊道贯通全楼，可谓四通八达。但海南岛的客家围屋规模相对较小，且数量不多（图3-26）。大部分客家人无力建构大规模的围屋，而采用"简化"的联排长屋的居住方式，上文已有分析。

（2）因地制宜，多元变异

海南岛传统村落中由于地形、用地规模等原因常出现因地制宜的宅院布局方式。如三亚保平村某宅Ⅰ，用地一侧按照基本宅院布局，但剩余用地不规则，而采用了三开间变异

**图3-25**
各类宅院中"路门"的布局

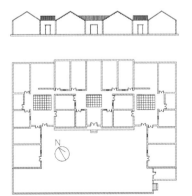

儋州市南丰镇高台村某宅平面图

儋州市南丰镇高台村某宅实景

**图3-26**
儋州市南丰镇高台村某宅

体，相邻院落间作为杂物间。三亚保平村某宅Ⅱ在两个三开间正屋的两侧，根据用地情况形成不规则的辅助性空间。海口市演丰镇林市村某宅由于用地较窄，三开间建筑单元不能垂直于院落空间，以列的方式形成多进院落，主人采取将三开间正屋相连并置，与院落空间平行，形成了统一的宅院（图3-27）。

在海南岛传统村落中因为用地的多元性，类似这样的情况时有出现，形成空间形态各异的院落，丰富了海南岛宅院构型的内容。

## 5．宅院布局及变异的特点

（1）居住主体建筑单元主导变异空间形态，辅助性建筑单元灵活多变，空间形态丰富

海南岛传统村落宅院中正屋作为宅院的核心建筑单元，其空间布局决定着院落的空间形态。居住主体建筑单元的空间变异相对简洁、规整。其单元多以纵向拓展方式，形成前后对正的列式布局，而主导了宅院的空间层次。其本身的变异也相对较少。辅助性建筑单元一般不能左右宅院空间形态，但其灵活多变，大大丰富了宅院整体的空间形态。在宅院中，辅助性空间存在于正屋一侧、两侧或者半包围等等，同时以长短不等的横屋形成多变空间形态。就其本身而言，辅助性空间的变异也存在多元化特点（图3-28）。

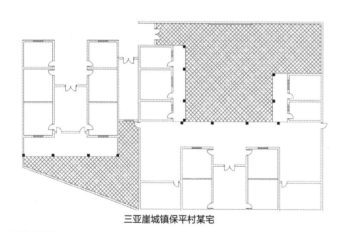

三亚崖城镇保平村某宅

三亚崖城镇保平村某宅

海口演丰镇林市村某宅

图3-27
海南岛因地制宜传统村落

琼海民居（正屋纵向拓展）　　琼海民居（辅助性建筑单元的变异）　　琼海民居（辅助性建筑单元的变异）

图3-28
主体建筑单元及辅助性建筑单元灵活多变

（2）宅院空间形态变异明晰

海南岛传统村落宅院的变异表现为在基本建构单元基础上的两大类型：

一是以长横屋为特征，内聚性较强、规模较大的宅院类型。此种类型，居住主体建筑单元纵向及横向拓展，院落规模较大。每个宅院只设置一个路门或集中设置多个路门，长横屋作为统一使用的辅助性单元布局于主体居住建构单元一侧或者两侧，从前至后将整个宅院统和在一起，居住人员统一使用宅院各处空间。表现为内聚性团状空间。这种宅院多为兴旺、财力充足的家族聚居，且统一规划修建完成，一旦建成，宅院拓展较难。

第二种情况是以短横屋为主要特征，呈线性拓展的院落类型。这类变异由于短横屋的灵活性，常自由地分布于主体建构单元的一侧或者两侧。与主体建构单元的位置也表现出较为灵活的方式：一是横屋处于主体单元山墙之外；二是横屋屋脊与主体单元山墙对齐；三是横屋外墙与主体单元山墙对齐等等。横屋单元数目也常变异不定，丰富灵活。这种类型宅院呈线性多次拓展，并始终保持拓展增长的态势。宅院形成多进院落，每进院落有独立的辅助性生活空间，甚至还设置独立的路门，成为独立活动的院落。这类宅院也是家族聚居的结果，但表现出家族发展历程中壮大而逐步对宅院的拓展，宅院中每进院落由正堂前后厅门连通。居住人员虽可以穿行整个宅院，但每个院落又保持相对的独立性，整体表现为线性空间形态（图3-29）。

（3）宅院类型丰富完备，形制齐全，演变线索清晰

海南岛民居在基本构型的传统宅院基础上拓展形成多种类型宅院。其中以两侧长横屋，正中路门的对称式宅院形制最高，也是海南岛传统宅院布局最规整、形式最稳定、发展最完备的宅院类型。这种类型宅院占地最多，显示了家庭的殷实富足，同时也展现了对传统礼制文化的尊崇。这种宅院的空间形态与等级较高的祠堂、村庙、书院等公共建构类型相似，也足以说明其建构性质的高等级性。在此基础上出现变体，即路门由正中改为侧边布置。由于来源复杂的族群对于"风水"的要求，大部分宅院将路门置于一侧，而第一进正屋前方结合院墙设置影壁。

与这类宅院类型相比，只在主体建筑单元一侧布局长横屋的宅院类型等级较低。与以上情况类似，由于路门的位置不同，也表现为两种类型。路门居中显然要比居于一侧的宅院形制要高。

长横屋改变为短横屋，其与主体建筑单元的组合关系及布局的灵活性明显增强。宅院的建构可由较小规模逐步拓展扩大，由此也说明此类宅院形制更低。以短横屋为特征的宅院类型中也存在双侧短横屋与单侧短横屋、路门居中与路门偏于一侧的类型差异。自然双侧横屋对称布局的宅院形制高于单侧布局方式，路门居中的形制高于偏于一侧的类型。

总体而言，海南岛传统宅院已具备了高等级对称布局，规整尊礼，有规模较大的大型宅院，也存在大量布局灵活建构自由的小型宅院类型。宅院类型丰富完备，形制齐全（图3-29）。

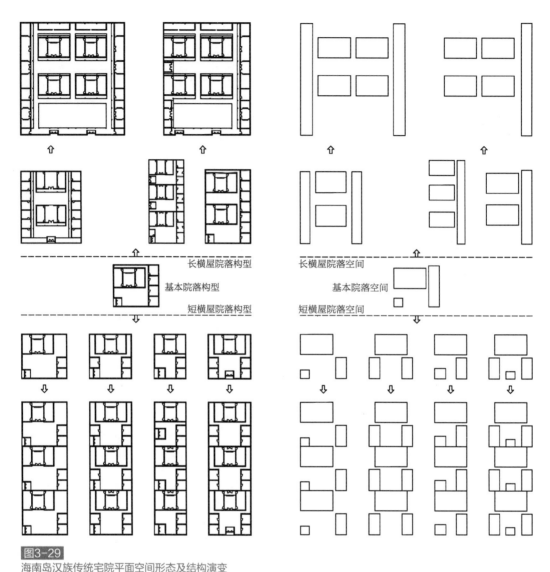

长横屋院落构型　　长横屋院落空间

基本院落构型　　基本院落空间

短横屋院落构型　　短横屋院落空间

图3-29

海南岛汉族传统宅院平面空间形态及结构演变

（4）宅院类型特征彰显多元动态演变的特点

海南岛汉族由多族群构成，在不同时间迁徙入岛，并在岛内经过多次再迁徙。因此，汉族聚居地域呈现族群杂糅的特征。来源于不同内陆地域的汉族携带原住地的居住模式在海南岛共同生存，产生出不同的聚居类型，在此基础上针对海南岛自然环境的特点，院落构型逐渐融汇，并逐渐形成具有类似特征的院落基本构型，这本身就是多元动态演变的特点。

海南岛的不同地域气候环境存在差异，且经济发展不均、族群杂居的特点使得各地域宅院构型表现为不同类型，但这些类型基本归属于以上演变的不同种类，处于不同形制等级。这也是多元动态演变的特点。

从以上宅院构型变异分析可看出，海南岛传统宅院大部分表现为以较低等级的长横屋以及大量的短横屋为特征的院落类型，尤其是短横屋类型，构型简单，变异灵活，且明显表现出适应逐步拓展的动态特征。这种特征非常适合海南岛多元化家族迁徙逐步壮大形成宅院，甚至聚落的特点。

### 3.2.3　海南岛汉族传统聚落宅院构成地域分异

海南岛不同地域气候环境的差异、经济发展的不均衡、族群来源的复杂和聚居的杂居特点使得各地域宅院空间形态表现为不同的地域分异。

#### 1. 琼北及琼东民居宅院

琼北地区由于火山活动影响，大部分地区覆盖火山熔岩，这些熔岩也成为建构建筑的材料来源。当然，也存在大量传统砖木结构的建筑类型。因此，在琼北地区存在两种不同建筑材料的宅院类型。

（1）琼北及琼东传统砖木民居宅院

现存琼北及琼东传统砖木民居宅院的空间形态主要有路门、照壁、前堂、后寝、厢房、厨房等。从现存琼北及琼东民居宅院的构型来看，以长横屋为特征的多进宅院类型数量较多，也存在以短横屋为特征的宅院（图3-30）。

琼北地区一直是海南岛政治、经济中心。这里家族兴旺，文化浓郁，人口稠密，土地紧张。对于大家族而言，以长横屋作为统一的家庭服务功能空间，既便于管理，又增强家族凝聚力。以短横屋为特征的宅院短横屋多以单间存在，作为路门或者杂物间、厨房等。其横屋背墙与主屋山墙平齐。院落紧凑，占地面积较小。这类宅院显然是小家族聚居的方式。琼北及琼东单个村落常存在上述两种类型的宅院，即一个村落可能是多个不同家族聚居，或是长期发展，家族解体为支系家族，每个支系家族财富及人口状况不同而形成不同类型的宅院（图3-30）。

（2）琼北火山民居宅院

海南岛北部地区由于自新生代以来的火山喷发活动，火山熔岩分布于海口、文昌、琼海、

琼海珍赛乡昌美村符宅　　琼海市温泉村某宅　　琼海市温泉村某宅

琼海温泉镇的石角村某宅

图3-30
琼北传统民居院落

定安、澄迈、临高、儋州等市县及洋浦开发区，面积约4000km²。火山熔岩成为这些地区建构宅院的主要材料之一。这些地区，尤其是海口、定安、澄迈等地存在大量的火山石建构的村落。村子里石头铺路，石头围墙，石门石缸，石槽石盆，整个村子就是一个火山石的世界。小路、墙壁、庭院、戏台、庙堂甚至磨具、石盆、石碗都是用火山石做原料（图3-31）。

琼北火山地区采用火山石建构的宅院与琼北地区砖木结构宅院相同，由正屋、横屋等辅助性空间、庭院组成。不过，以火山石建构的宅院辅助性空间以短横屋为主，较少出现火山石建构的长横屋。可能的原因在于火山石地区用地紧张，宅院空间相对紧凑。火山石也存在加工艰难，一次建造难度较大。

### 2. 琼东南沿海平原民居宅院

琼东南沿海平原民居宅院以万宁、陵水为代表。现存琼东南传统民居宅院的空间形态与琼北民居宅院基本相同，主要有路门、照壁、前堂、后寝、厢房、厨房等。但琼东南传统民居宅院多以短横屋为主要特征，宅院基本建构单元与广东三间两廊相似。不同之处在于短横屋未与正屋连接，而是离开一段距离，且其以屋脊正脊线与正屋山墙对齐，而不是背墙与正屋山墙平齐。正屋左右两侧短横屋基本对称布局，右侧一间横屋改设路门（图3-32）。

美儒村某宅　　　　　　美社村某宅　　　　　　儒豪村某宅

**图3-31**
琼北火山石建构的村落宅院

琼东南传统民居宅院平面构型　　　　　万宁山园村某宅

**图3-32**
琼东南传统民居宅院

琼东南传统宅院有相当数量以独院式存在，纵向分布，并前后对齐形成列式布局。也有相当数量的纵向连续拓展的院落形成前后连通的宅院。

### 3. 儋州客家民居宅院

客家人是一个具有显著特征的汉族民系，广泛分布于我国南方各省。海南客家人散居于岛内各地。主要聚居地为：儋州市那大镇、南丰镇、兰洋镇、和庆镇、海头镇；临高县和舍镇、龙波镇、东江、红华农场；澄迈县中兴镇、仁兴镇；琼中县中平镇、湾岭镇、黎母山镇、营根镇；万宁市万城镇、兴隆镇；陵水县光坡镇；屯昌县西昌镇；海口市月朗新村。儋州是海南客家人的主要聚居地，而南丰镇又是客家人人数最多的一个镇，因人口占全镇的70%，故有"客家镇"之誉。

南丰镇仍存在一定数量规模较大的客家围屋。大部分的客家人宅院具有明显的客家围屋的特点，是海南岛客家人聚落的典型代表。海南岛规模较大的围屋与福建广东客家人围屋没有显著区别。但大部分小型院落的"围屋"已与福建广东客家人围屋有显著区别，是结合海南岛的地域特色，有了创造性的继承和发展。小型院落的"围屋"一般排成直线，呈一个规矩的长方形。院落居住主体不是"一明两暗"三开间的居住单元，而是连排的多房间"长屋"，辅助性用房则是相对较短的连排"短屋"。每个院落由一排长屋（房间数量较多）及与其平行或者垂直的几处短屋（房间数量较少，多为2~3间。）组成。"长屋"与"短屋"之间为院落活动空间，也用作晒谷场。小型院落的"围屋"多数未形成封闭的宅院，而是由矮墙围合或者直接开敞于外部空间。

这种小型院落的"围屋"只是借鉴和保留了大型围屋的"横屋"，并将其作为宅院的构型要素，既将其作为居住主体建筑单元，也用作辅助性建筑单元。并没有典型围屋核心的"正屋"。从某种角度而言，是直接采用海南岛传统宅院构型中的长横屋来建构宅院（图3-33）。

典型客家人的围屋一般是围绕正堂而建，家族大，人数多，所需房间数量也就多，自然形成了多环半圆形长屋。与其相比较，海南客家人多是迁徙而来，人数少，规模小，房间需求不多，简单建成直线的"围屋"就可满足要求。同时典型围屋建设成本较高，一般

**图3-33**
儋州南丰镇油麻村客家宅院

家族建造围屋时，是由每户出钱共同完成，到海南的客家人财力并不充足，客观上造成围屋整体规模偏小。但连续并排的长屋显然是保留客家人居住传统的印记。

### 4．琼西南民居宅院

琼西南汉族宅院以昌江、东方、乐东、三亚崖城为代表。这个地域历史上原来属于黎族聚居地，后来汉族的迁入使得黎族逐步退居中部山林。但黎族数量在现在仍然较多，且有相当多黎族人口在长期的黎汉交流中被汉化，而采用汉族的居住方式。因此，这个地域出现两种类型的"汉族"民居宅院。一类是汉族民居宅院，另一类是汉化黎族民居宅院。因为汉化黎族的生活方式及居住聚落逐渐与汉族接近，而与传统的黎族生活方式及居住聚落明显不同。因此，本文将汉化黎族聚落划入汉族聚落研究的范畴。

（1）琼西南汉族民居宅院

琼西南汉族民居多是独院式宅院，很少出现多进式布局。上文已经分析，琼西南独院式院落的民居单体构型"檐廊"宽度加大，其院落基本构型仍遵从海南传统村落的基本格局，以"一明两暗"三开间的居住主体建筑为核心，两侧布局横屋，以短横屋为主，偶有长横屋出现。

琼西南民居宅院构型中横屋变异较复杂，其对土地的占有相对自由，宅院类型也较为多样，相互间组合多样化。宅院基本保持相同的朝向，聚落整体而言多成团状，稍显松散（图3-34）。

（2）琼西南汉化黎族民居宅院

琼西南较大部分黎族已逐渐接受汉族居住方式，开始采用砖木材料建构聚落。居住单元模仿汉族宅院基本构型，也采用三开间的主体居住单元及横屋辅助性建筑单元。但黎族本身的生活印记并未完全消失，在院落构型上，黎族表现出更多的自由。院落为独院式，基本没有多进式布局。横屋可有可无，相互间组合也是多元化。就单个宅院而言，仍能基本展示与汉族宅院类似的构型，但宅院概念淡化，较少有围合，多为开敞式。宅院朝向随意自由，统一度较低，因此聚落较为松散。

崖城镇水南村某宅

昌江县报旺村某宅

崖城镇保平村某宅

图3-34
琼西南汉族民居宅院

### 5. 海南岛传统聚落宅院地域分异的特点

（1）整体表现为"北长南短"的特征

就实际存在的传统宅院调查的结果而言，海南岛传统宅院表现为基本统一的院落构型，即由"一明两暗"三开间主体居住建筑单元和横屋的辅助性建筑单元构成。但南北宅院在空间形态上存在明显差异，即表现为"北长南短"的特征。琼北宅院整体而言较为突出地表现为以长横屋为特征的院落构型。而琼南总体表现为以短横屋为特征的院落构型。由于长横屋对宅院的整体的控制使得北部宅院无论规模还是整体度都较南部宅院要大，且相对规整。

（2）北部宅院多为多进式，南部宅院趋向独院式

海南岛北部长期作为政治、经济、文化中心，家族人口众多，聚居文化浓郁，经济相对富裕等等都促使其以多进式宅院作为居住构型。南部相对而言，由于经济条件的限制、文化观念的淡化以及家族规模较小、家庭观念强化等等原因，更趋向于独院式的居住方式。较独院式而言，多进式宅院表现出明显的统一性、规整性。因此，北部村落相对整体，南方较为松散。

（3）岛东西宅院总体表现为"东紧西松"的特点

海南岛东部海岸由文昌至陵水，宅院虽在北部类似于福建护厝式，南部类似于广东三间两廊式，但都是讲究均衡对称，为紧凑型院落布局的类型。岛西部院落虽也采用类似的构成要素，但变异较大，且组合相对自由，甚至要素朝向布局也出现不统一。因此整体表现为较为松散的宅院构型。

海南岛传统聚落宅院地域分异的特点与海南岛地理地貌、气候环境及人口迁移、文化积淀、经济社会发展水平等因素密切相关。

受地理地貌、气候环境的影响，在琼北和琼东主要面对季风、台风及湿热的气候环境。因而琼北地区建筑高大、开敞，院落空间布局规整、紧凑，显然是有利于通风降温，去除湿气。在南部及西南部主要应对闷热、相对干燥的气候环境，因而其建筑相对低矮、封闭，檐廊加宽，院落空间布局转向松散，在西南部的黎族汉化村落甚至有些杂乱，这显然是加大遮阳和加强通风的作用。

人口迁移及文化积淀、经济社会发展水平等影响下的海南岛建筑与院落空间形态也表现为一致的空间形态。琼北地区人口稠密，汉文化积淀深厚，社会经济发达，大家族聚居集中，因此建筑与其院落规模相对较大，院落布局表现为长横屋与主屋的配置模式，院落规整，秩序感强，表现出明显的礼制思想对空间的控制。由北向南，人口逐渐稀少，家族规模减小，多以小家庭方式建构院落，同时汉文化的积淀弱化，少数民族文化逐渐加强，经济及社会发展相对落后，因此，建筑及院落规模减小，逐渐变得松散，也表现出明显的短横屋特征。少数民族更趋集中的西南地区，建筑及院落空间形态更加松散，黎族汉化村落甚至有些杂乱。从东到西，表现出明显的"东紧西松"的特点。

地理地貌、气候环境等自然因子与人口迁移、文化积淀、经济社会发展水平等人文因

素的叠加影响，更加强化了海南岛传统建筑与院落空间分布的地域分异特点，从而表现出明晰的自身特色。

## 3.2.4　海南岛汉族传统聚落大型宅院

海南岛地处偏远，历史上各方面发展较为缓慢。直到近代，各方面的交流逐渐增强，经济的繁荣促进了居住环境的改善，出现了规模较大的民居宅院，并一直保留至今。调查发现，这类大型民居宅院类型丰富，虽然其在很多方面突破了传统宅院的构型，但仍与传统宅院构型存在本质的联系。本书从几个典型的案例入手进行分析总结。

### 1. 大型宅院案例

（1）覃家大院

覃家大院坐落在琼海市博鳌镇古调村，坐西朝东，占地面积1354.82平方米，由4间正屋和9间横廊、门楼和走马楼等组成一个方形建筑宅院。覃家大院正屋前后拓展为两进，左右拓展为两列，形成"口"形两列纵进的排布方式。在正屋的右边排列着九间连续长横屋，左边则结合每进正屋设置单间或是三间短横屋。两个路门位于正屋前方。覃家大院为防御盗匪，宅院围墙高大严密，侧围设置走马楼，路门两侧设置防御枪眼等等。整个宅院为封闭式，规模宏大、布局周正、结构严谨（图3-35）。

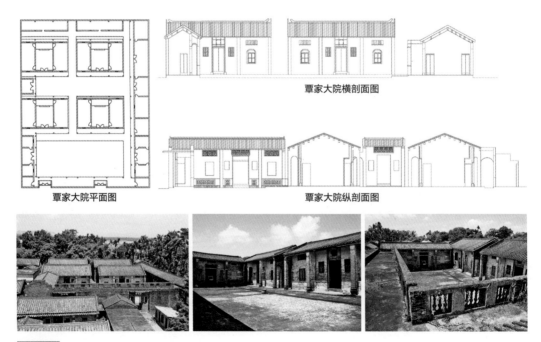

覃家大院横剖面图

覃家大院平面图

覃家大院纵剖面图

图3-35

覃家大院院落

（2）文昌清澜镇岭头村梁宅

文昌清澜镇岭头村梁宅是类似福建双侧护厝的典型民居，宅院主体为两栋三开间的居住建筑前后对正布局，两侧配建长横屋作为各类辅助性空间。两栋住宅均依坡而建，前低后高，前庭院宽大，各进院落高差不同，均能取得良好的通风效果（图3-36）。

（3）蔡家大院

蔡家大院位于琼海博鳌镇留客村，宅院占地约3亩，建筑面积1200多平方米。宅院坐东南、向西北。

宅院主体为两栋三开间建筑单元前后对正布局，形成两进院落。主体建筑两侧为长横屋。正屋及横屋均为两层，正屋及横屋之间形成天井内庭。宅院两个入口分别位于东侧两进横屋的一楼，而非在正屋前庭。宅院整体呈环形紧凑结构，前庭及后庭的四周由带拱券的两层环廊连接（图3-37）。

（4）王氏大院

王氏大院位于琼海市中原镇仙寨村，坐北朝南，总建筑面积972平方米。宅院平面由正屋成列重复成三进院落，正屋左侧配置长横屋。路门居中，两层结构。前院宽敞，配有花园绿地。大院一列三堂纵进，前堂是接待场所，檐廊开敞，围墙采用三个并联的南洋风格拱门。横屋顶部采用混凝土平顶横廊。横屋与正屋之间为窄小巷道（图3-38）。

（5）翁氏老宅

翁氏老宅位于琼海市博鳌镇乐城村，坐南朝北。大院主体由4个三开间的正屋依照"口"字形布置，南北向两列纵进。正屋两侧横屋外墙与正屋山墙对齐，4间正屋与东西向两横屋围合形成中间宽敞的内院。院落正门布置在东面横屋一间。北面两组正屋变异，形

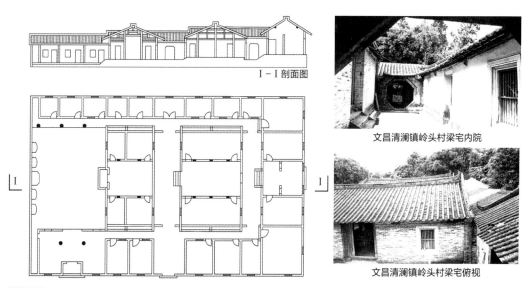

Ⅰ-Ⅰ剖面图

文昌清澜镇岭头村梁宅内院

文昌清澜镇岭头村梁宅俯视

**图3-36**
文昌清澜镇岭头村梁宅

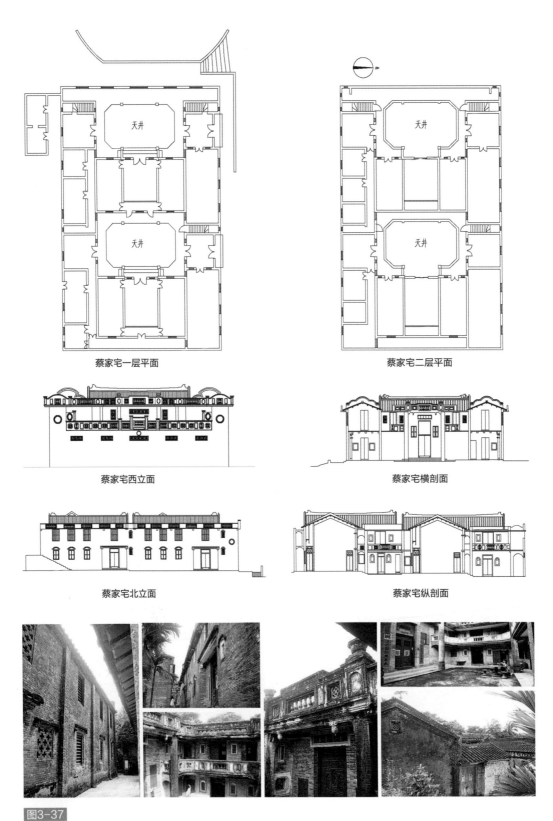

蔡家宅一层平面

蔡家宅二层平面

蔡家宅西立面

蔡家宅横剖面

蔡家宅北立面

蔡家宅纵剖面

图3-37

琼海博鳌镇留客村蔡家大院

王氏大院纵剖面

王氏大院前院横剖面

王氏大院平面图

王氏大院南立面

图3-38
琼海市中原镇仙寨村王氏大院

成类似粤中三间两廊式布局，各自形成内部小天井。两组正屋之间形成狭窄巷道，开有侧门。南面两组正屋与后院辅助性用房形成后庭，并辟有后门（图3-39）。

（6）冠南林家宅院

冠南林家宅院位于文昌市会文镇欧村，坐北朝南，总占地面积975平方米。林家宅院平面布局中轴对称，两进式双横屋院落，其平面布局以三开间正屋成列对正布局，形成两进院落。门楼、前堂和后寝三进建筑，一字排开。三进正屋的两侧是两排横屋。两层南洋风格的门楼单独形成一进院落。门楼与正屋、横屋之间由跑马廊串联形成一体（图3-40）。

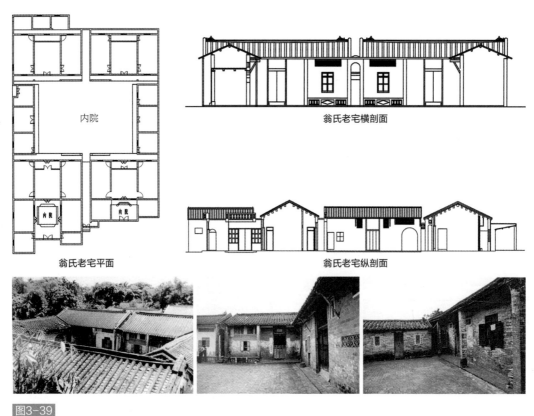

内院

内殿    内殿

翁氏老宅平面

翁氏老宅横剖面

翁氏老宅纵剖面

图3-39
琼海市博鳌镇乐城村翁家大院

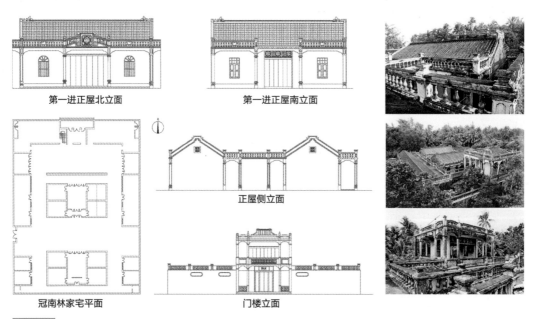

第一进正屋北立面    第一进正屋南立面

正屋侧立面

冠南林家宅平面    门楼立面

图3-40
文昌市会文镇欧村冠南林家宅

### 2．大型民居宅院的特点

第一，海南岛大型民居宅院是海南岛传统聚落的组成部分，表达着海南岛富裕阶层传统宅院的特征。无论占地规模还是建筑面积，其明显较一般宅院较大。这类宅院多为近代华侨归国后建构的家族宅院，在建构空间及技术上携带有国外信息，尤其是东南亚风格表现明显。

第二，海南岛大型民居宅院基本表现出以长横屋为主要特征的空间形态。这类宅院在以三开间正屋为主体的基础上，突出长横屋的特征。在主体建筑两侧或者一侧以长横屋配置辅助性功能空间，很少出现短横屋的现象。这也表明，长横屋适应较大规模用地及人口较多的聚居家族，且强调家族内聚性空间特征。整个宅院以长横屋将前后统一连接，辅助性空间与居住主体功能明确分离。这样不但使用方便，且明确了主人与仆人的确定关系，更突显传统礼制文化。

第三，海南岛一般传统民居宅院建筑均为一层，而此类宅院中出现二层房屋，且整体宅院中表现出二层结构的独立存在方式，即就宅院构型要素而言，正屋、横屋、门楼都有两层结构的案例，但就某个宅院而言，只出现正屋两层，或是横屋两层，或是门楼两层，没有同时出现两层结构的现象。这种处理方式使得院落建筑层次丰富，轮廓优美。

第四，海南岛大型民居宅院虽在建构技术和装饰细节上带有浓郁的东南亚风格，但其空间形态仍遵循传统宅院的布局方式，且在主体材料上使用传统砖木，整个宅院能有机地融入周围传统民居之中，并未凸显自身的独特性。

第五，海南岛大型民居宅院虽然布局规模较大，做工精良、装饰奢华，但其在海南岛的存在数量较少，且出现时间较晚，延续时间较短，并不能全面反映海南岛数量最多的普通宅院特点，因此不是海南岛传统宅院的主体，只是其有机的组成部分。

对海南岛大型民居宅院整体而言，其具有与普通民居基本相同的空间形态内涵。大型民居主要分布在琼北及琼东相对富裕且文化积淀深厚的地域。因此这些宅院普遍表现为规模宏大、秩序井然的空间形态。同时，这些大型宅院都明晰地表现为在主屋纵向及横向拓展基础上，以长横屋为主要特征的院落特点。院落布局讲究传统汉族礼制思想主导下的空间布局，甚至其中部分宅院的空间布局代表着海南传统院落的最高空间型制。这在一定程度上肯定和深化了传统建筑及院落空间形态的布局思想。

## 3.3  海南岛汉族传统聚落居住建筑空间生成

聚落是人类聚居和生活的场所，最初起源于固定的居民点，即可能是单个家庭简单的居住场所，在此基础上逐渐壮大生成一定规模的聚落。因此，聚落的生成是在基本建构单元基础上的逐渐拓展。由于基本建构单元及其变异的可能差异以及对自然环境的不同理解等各方面原因，聚落生成表现出不同方式。

## 3.3.1　海南岛汉族传统聚落居住建筑空间基本生成方式

海南岛传统聚落居住建筑空间的基本生成方式是以"列"的拓展为主要特点。其基本的拓展过程为：以基本建构单元为基础，通过前后纵向"列"的拓展形成基本宅院。"列"的拓展主要指基本建构单元中主体建筑前后对正，纵向重复（主体建筑可存在自身的变异，但一般开间尺度保持相同），形成多进院落，而辅助性建构单元在每进院落中可相对灵活布局。拓展的宅院之间的连续界面形成巷道。由宅院及巷道构成聚落的主体空间形态（图3-41～图3-43）。

海南岛传统聚落居住建筑"列"拓展首先表现为单列宅院的生成，"列"增长到一定程度，在其侧方形成第二列宅院（多是家族人口较少，或是单个家庭式的聚居，前期更多表现出自然建构的意图）；或者起初同时形成多列宅院的基本建构单元（多是家族人口较多，前期更多表现出规划的意图），随后各列进入纵向拓展阶段。无论哪种情况，其总体仍表现为以"列"拓展的生长方式。在客观上形成传统聚落住居空间"梳式"布局的形态。"列"拓展方式在某种程度上说明"列"生长的动态性，也因此常表现为聚落居住空间在"列向"的起点面较为统一，而"列向"生长线，即列的另一方向界面参差不齐（图3-41～图3-43）。

图3-41
琼海玉堂村某宅

琼海市新华村　　　　　　　　琼海市牛宿坡村　　　　　　　　文昌市霞场村

图3-42
传统聚落居住空间卫星影像
（图片来源：Google Earth截图）

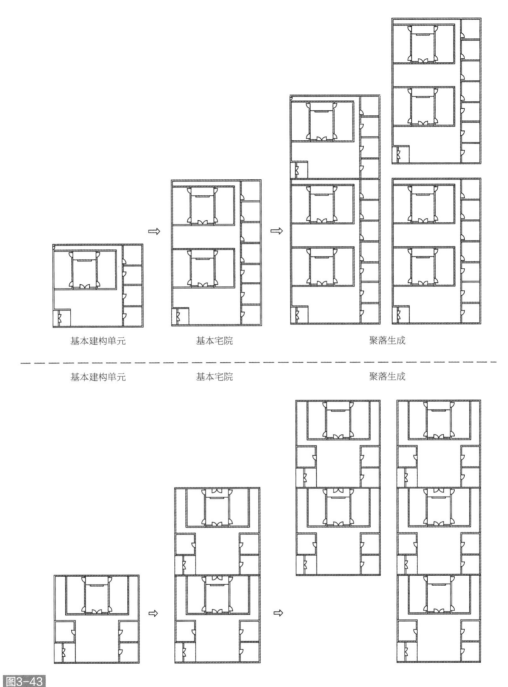

基本建构单元　　　　　　基本宅院　　　　　　　　　聚落生成

- - - - - - - - - - - - - - - - - - - - - - - - - - - - - - - - - - - - - - -

基本建构单元　　　　　　基本宅院　　　　　　　　　聚落生成

**图3-43**
传统聚落居住空间基本生成方式

### 3.3.2　海南岛汉族聚落居住建筑空间生成方式分异

**1. 琼北及琼东传统聚落居住建筑空间生成方式**

琼北及琼东传统聚落主要的院落构型有两种，一种以长横屋为特征，另一种以短横屋为特征，宅院呈纵向拓展延伸。长横屋的存在使宅院纵向拓展遵循较严格的直线方式；短横屋外墙与正屋山墙平齐，建构单元做纵向拓展时前后紧密连接，因此连续的直线界面也决定了琼北传统村落居住建筑纵向拓展构型严谨、整齐。多条纵向宅院呈"梳"式排列形成村落。

琼北及琼东传统聚落前后院落紧密相连，前进院落正屋后门通向后进院落庭院，且纵向拓展的院落延伸较长。调查中曾发现某宅纵向"九进"院落，因此宅院之间形成的巷道较长，聚落多为单纯"梳式"布局，即只有村前一条横路连接各纵向"梳式"巷道。

博鳌镇南强村是万泉河下游的一个自然村，短横屋纵向拓展成列向宅院，纵向宅院间形成"梳"式巷道。实际调查中，每列宅院由多个院落构成，每个院落属于同一家族不同家庭。因此并未在纵向拓展中出现偏差而使巷道弯曲或参差不齐（图3-44）。

中国历史文化名村文昌市会文镇十八行村，十八列老宅坐南朝北呈辐射状扇形排列，村子因此而得名。每列多则七八户，少则二三户。老宅正屋纵向中轴对齐，前后对齐、高低有序，房屋相连成多进院落，保持着海南琼北民间浓郁的传统民居特色。

十八行村具有琼北两种基本院落构型，既有长横屋的宅院构型，又有短横屋的宅院构型。在村落生成过程中两种构型交融进行，且长横屋在纵向拓展中并未在一列宅院中从头至尾延伸，而是出现中断。因此，每列宅院长度及宽度都不统一，村落整体住居空间形态参差不齐（图3-45）。

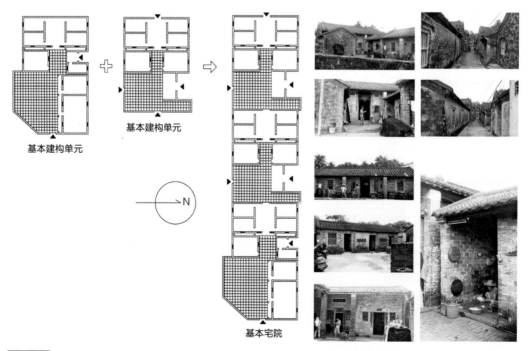

基本建构单元　基本建构单元　基本宅院

**图3-44**
博鳌镇南强村

　　根据十八行村林氏族谱，十八行村明代建村，林姓村民聚族而居。当初迁移到这里的林姓先祖只建了一行老宅，后来子孙渐多，房间不够，兄弟们不愿分居太远，就延续先祖的建房模式，围着这一行屋子建起了新房。从明朝到清末，慢慢地形成了十八行格局。其发展历史表现出纵向成列，由列成村的生成方式（图3-45）。

　　海口市石山镇儒豪村是唐宋以后，大批从福建进入琼北的汉人营建的古村落。村落中心沿主路东侧的六列宅院排列整齐，由基本院落纵向成列形成，属于村落核心建筑群，六

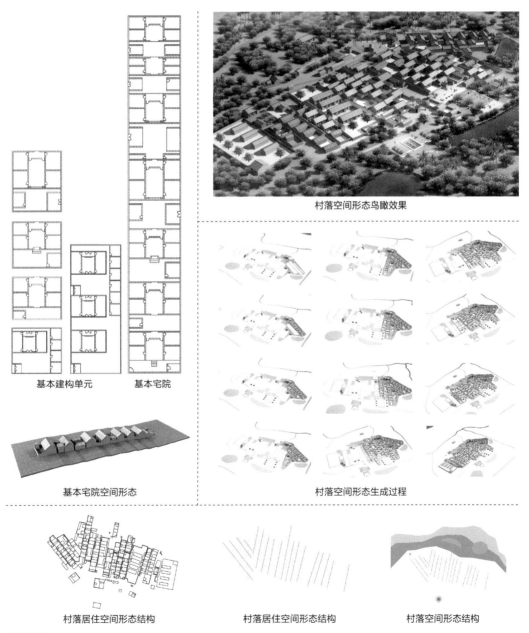

基本建构单元　　　　基本宅院

基本宅院空间形态

村落空间形态鸟瞰效果

村落空间形态生成过程

村落居住空间形态结构　　　　村落居住空间形态结构　　　　村落空间形态结构

**图3-45**
文昌市会文镇十八行村生成过程及居住空间形态结构

列宅院与宅院之间由巷道分隔。其余建筑院落散布于村落周围，多为后来增建建筑。儒豪村是典型火山地区家族聚居村落，其村落住居空间生成方式与文昌市会文镇十八行村有明显的区别。整个家族在建村之时就具有相当的人口，家族根据兄弟人口合理规划，形成六列并行的宅院。六列宅院一次同时建构形成整个村落的核心。村落核心区宅院布局严谨、整齐。随着村落的发展壮大以及近代传统文化的逐渐淡化，村落周围开始出现布局零散的家庭院落，逐渐形成内部整齐严谨、外部松散的村落空间形态结构（图3-46）。

以上通过规模较大的传统村落分析了琼北及琼东地域传统聚落居住建筑空间生成的基本方式。在实际调查中，一些近代逐渐成长的较小村庄，也保持了传统的村落生成方式。如文昌市铢田村是个小自然村，人口稀少，仅有两组建筑群。开始由两个家庭自然居

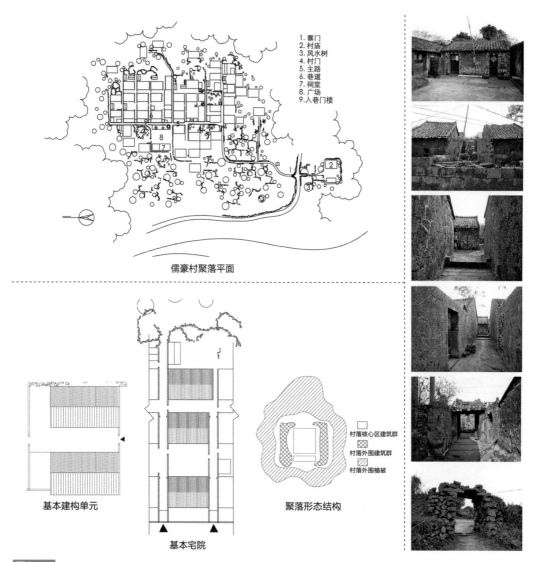

1. 寨门
2. 村庙
3. 风水树
4. 村门
5. 主路
6. 巷道
7. 祠堂
8. 广场
9. 入巷门楼

儒豪村聚落平面

基本建构单元

基本宅院

聚落形态结构

村落核心区建筑群
村落外围建筑群
村落外围植被

图3-46
海口市石山镇儒豪村村落生成

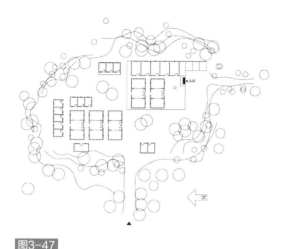

**图3-47**
文昌市铢田村平面图

住，后来繁衍壮大形成共五口家庭的小自然村。一组建筑群形成封闭宅院，宅院由两栋纵向对正布局的正屋及左侧长横屋构成。另一组未形成封闭宅院，由三栋纵向对正布局的正屋及其侧方、后方的横屋组成。两组建筑群排列方向基本一致，形成一个自然村。文昌市铢田村是以传统方式正在成长的琼北村落，清晰地反映了琼北村落居住建筑空间生成的过程和方式（图3-47）。

琼北及琼东传统村落居住建筑空间整体的生成方式是以建构单元纵向拓展生成纵列的宅院，多条纵向宅院呈"梳"式排列成村落。但在院落纵向拓展生成列的方式上也会存在一些由于地形、经济、人口、文化等各方面原因而与基本生成方式有差异的情况。如海口市演丰镇林市村住居空间整体由多列宅院形成"梳式"布局，其中个别"列"的宅院并不是以正屋纵向对正拓展的方式生成，而是局部由于地形原因出现正屋转向，两正屋连接并列存在。海口市石山镇玉库村也出现类似情况，其中两列院落构型差异较大，但总体而言，院落差异并未改变以纵向成列的方式形成宅院，进而拓展成村落住居空间（图3-48）。

## 2. 琼东南传统聚落居住建筑空间生成方式

琼东南传统村落以短横屋为主，类似于粤中三间两廊的院落结构。其村落的建构总体依然表现为纵向拓展为主的方式。与琼北及琼东传统村落居住建筑空间生成方式不同之处在于琼东南的传统村落居住建筑空间基本为家庭式独立建构方式，每个家庭拥有独立的院落单元。这些家庭式基本建构单元在纵向拓展时虽然保持基本的对正关系，但相互之间并不紧密连接，而是建构单元之间间隔一定距离，也即各家基本建构单元并未完全借助前一

海口市演丰镇林市村两列宅院布局

海口市石山镇玉库村两列宅院布局

**图3-48**
琼北及琼东传统院落拓展变异

家的正屋来形成围合空间，而是较多地使用独立建构的围墙来形成围合空间。

不同于粤中三间两廊的院落结构，琼东南院落中短横屋的正脊线与院落正屋山墙面平齐，即两侧半个短横屋伸出正屋以外，周围的院墙与短横屋正脊线对齐，整个院落并未形成规整的矩形，而是在正屋两侧形成缺口。这样的院落构型在前后纵向拓展中相对较难严谨地形成前后对正，这种特点也决定了琼东南传统村落逐渐表现出与琼北及琼东传统村落相比较为松散的空间形态。因此，在调查中就发现了现存村落基本院落构型与琼东南传统村落基本院落构型相同，但建构方式突破了纵向拓展的方式，出现多个方向随意拓展，村落失去整齐形态，呈现出基本松散的状态。

琼东南传统村落基本院落纵向拓展所形成的"列"延伸较短，多为三到四组院落形成，由于前后对位并不如琼北聚落宅院严谨，因此，聚落巷道并不表现为典型的"梳式"布局，不仅纵向巷道出现错位，也存在多条横向交叉巷道。如万宁市井口园村，村落没有核心，没有连续直线式的巷道，各个院落随意朝向，村落居住建筑空间整体呈现混乱的状态（图3-49）。

### 3. 琼西南传统聚落居住建筑空间生成方式

上文已经谈到琼西南作为海南岛主要的黎族聚居地，存在两种类型传统村落：一类是汉族传统村落，另一类是黎族向汉族学习，逐渐汉化而成的黎族村落，其居住建构方式采用汉族建筑形态结构。因此，将其纳入汉族传统村落进行分析研究。

（1）琼西南传统聚落院落拓展多是横向并列拓展方式。

琼西南院落基本构成要素与琼北及琼东地区院落要素基本相同，但横屋表现出与正屋较为自由的组合关系，尤其是较多院落横屋数量减少，甚至缺少横屋。因此，在琼西南院落中正屋尤其显得突出。正屋其自身变异也较为明显，表现为檐廊明显加宽，加宽的檐廊既成为院落活动的主要空间场所，又兼容部分辅助性功能，部分地减少了辅助性横屋的空间和数量，进一步凸显了正屋在院落中的主体地位。

琼西南以小家庭为核心的聚居方式使得聚落院落基本表现为独院式，很少出现多进式

万宁市曲龙村　　　　　　　　万宁市龙头墩村　　　　　　　万宁市井口园村

**图3-49**
琼东南传统聚落影像
（图片来源：Google Earth截图）

宅院。独院式院落在空间拓展中表现出较多的自由度。在调查中，琼西南聚落的生成方式表现为独立式院落横向拓展的方式，即每个独立院落在其左右两侧拓展出构型基本相同的院落。这些院落左右连续并列，形成横向连续的空间形态。横向院落群纵向排列生成聚落。每排横向院落群之间形成巷道，聚落整体道路也呈"梳式"布局，与琼北及琼东聚落道路系统不同，琼西南聚落"梳式"布局是由院落横向拓展成排形成。

昌江黎族自治县昌化镇位于昌江黎族自治县西北部昌化江畔，历史文化悠久，镇区传统院落仍大部分保存完整。沿街界面以一层或两层三开间传统建筑横向连续拓展形成"梳"式街巷空间，即两个院落的三开间正屋背对，各自面向一条街巷，各自庭院以院墙分隔，在此基础上横向拓展形成。整体镇区聚落住居空间生成方式表现为明显的院落横向拓展的特点（图3-50）。

东方市旦场园村也表现出聚落由小家庭独立式院落横向拓展的特征。与昌化镇镇区不同，旦场园村横向街巷间距更小，一个院落跨两条街巷，即院落以正屋面对一条街巷，院落围墙及入口路门面对另一条街巷。街巷界面一边由正屋立面界定，另一边由相对的另一个宅院的路门及围墙界定（图3-50）。

（2）黎族汉化村落居住建筑空间的生成与琼西南汉族村落的生成相似，基本以家庭院落的横向拓展生成村落。

琼西南黎族村落数量众多。黎族在长期与汉族接触的过程中，很多黎村不再保持传统的船形屋建筑，而逐步接受汉族居住方式，采用汉族三开间正屋作为居住主体建筑单元，形成具有汉族特征的村落，但辅助性功能空间相对自由。某些家庭采用横屋的方式建构辅助性功能空间，某些家庭只做简易房屋，随意布局。黎族汉化村落家庭居住空间较少封闭，即大部分未形成封闭围合的院落空间，而是自然开敞状态。琼西南黎族村落生成仍然借鉴汉族村落生成方式，表现出家庭院落横向拓展的特征。但黎族自由的传统生活习惯使得汉化黎村呈现更为松散的状态。因此，既有较为规整的汉化黎村，也有自由松散的汉化黎村。

昌江黎族自治县昌化镇

东方市旦场园村

图3-50
琼西南聚落的生成方式
（图片来源：Google Earth截图）

白沙黎族自治县南北沟村　　　　　　　白沙黎族自治县浪眉村　　　　　　　东方市长安村

图3-51

琼西南黎族村落影像

（图片来源：Google Earth截图）

如东方市长安村以及白沙黎族自治县浪眉村等，表现出较为规整的村落空间形态，村落横向拓展生成的印记较为明显；而白沙黎族自治县南北沟村村落形态较为松散（图3-51）。

### 4. 儋州客家聚落居住建筑空间生成方式

海南客家人居住方式仍然保持有闽南或者广东客家围屋的特点，与海南岛其他汉族聚落有较为明显的差别。实际调查中，儋州客家人的村落中聚居情况分为两种：一种为单独存在的客家围屋，另一种为以长横屋为居住主体建筑单元的聚居方式。

（1）客家围屋

为防外敌及野兽侵扰，多数客家人聚族而居，形成了围屋、走马楼、五凤楼、土围楼、四角楼等，其中以围屋存世最多和最为著名，是客家建筑文化的集中体现。海南儋州的部分客家人也传承围屋，一座围屋就是一座客家人的堡垒。屋内分别建有多间卧室、厨房、大小厅堂及水井、猪圈、鸡窝、厕所、仓库等生活设施，形成一个自给自足、自得其乐的小群体社会。

儋州客家围屋与闽南和广东等地的围屋相似，大门前有一块禾坪和一个半月形池塘，禾坪用于晒谷、乘凉和其他活动，池塘具有蓄水、养鱼、防火、防旱等作用。大门之内，分上中下三个大厅，左右分两厢或四厢，俗称横屋，一直向后延伸。与闽南和广东等地的围屋不同，儋州客家围屋相对规模较小，减少了部分横屋，如没有正堂后的"围龙"。由于围屋的综合使用功能以及大容量的居住空间，儋州客家围屋常以独立的方式存在，与周围其他居住建筑有一定的距离，呈"点状"存在方式。

（2）客家普通院落以长横屋左右连接，横向拓展为主要方式，多个院落松散形成住居空间

儋州客家人多数小家庭以长横屋作为居住主体单元，并以此横向拓展形成村落，即多个家庭以多个长横屋山墙左右连接，形成一排。单个家庭的院落空间由一个长横屋及相对

或垂直的短横屋组合而成，较少出现围合封闭的院落。多个这样的院落较为分散地分布在一定地段形成村落住居空间。

### 5. 海南岛传统聚落居住建筑空间生成方式的特点比较

海南岛传统聚落建筑空间的生成方式与其对应的建筑及其院落的基本构型密切相关。琼北地区以长横屋为特点的院落构型客观上决定了其传统聚落建筑空间的生成方式采用纵向、横向严谨的拓展方式，总体呈现梳式布局，规整、秩序井然。琼东南地区采用双侧短横屋组合主屋的方式，这种方式本身结合的松散性也明显地反映在聚落空间形态上，因此会出现纵向巷道的错位，也存在多条横向交叉巷道。琼西南横屋与主屋结合更加松散，甚至横屋缺失而形成的独立式院落，转而出现横向拓展的聚落形态。尤其是在黎族汉化的村落，表现出明显杂乱的特点（表3-1）。

海南岛传统聚落居住建筑空间生成方式的特点比较　　　　　　　　　　　　表3-1

| 聚落地域 | 生成方式 | 聚落居住建筑空间特点 |
|---|---|---|
| 琼北及琼东<br>传统聚落 | 纵向拓展为主 | 琼北传统村落居住建筑空间纵向拓展构型严谨、整齐。聚落多为单纯"梳式"布局，即只有村前一条横路连接各纵向"梳式"巷道 |
| 琼东南传统<br>聚落 | 纵向拓展为主 | 琼东南村落居住建筑空间纵向拓展有松散趋势。聚落巷道以纵向为主，但纵向巷道出现错位，也存在多条横向交叉巷道 |
| 琼西南传统<br>聚落 | 横向拓展为主 | 琼西南聚落居住建筑空间的生成方式表现为独立式院落横向拓展的方式。琼西南黎族村落生成仍然借鉴汉族村落生成方式，表现出家庭院落横向拓展的特征。但黎族自由的传统生活习惯使得汉化黎村住居空间呈现更为松散的状态 |
| 儋州客家<br>聚落 | 横向拓展为主 | 客家围屋常以独立的方式存在，与周围其他居住建筑有一定的距离，呈"点状"存在方式。客家普通院落以长横屋左右连接，横向拓展为主要方式，多个院落松散地形成村落住居空间 |

## 3.4　海南岛汉族传统聚落公共建筑空间分析

公共建筑是聚落中公共使用、聚集公共活动或凝聚公共感情的建筑物，是聚落公共空间中的关键要素。其自身的空间形态和其在空间中的存在方式都深深印有地域烙印。尤其是文庙、书院、宗祠、村庙等，其建构空间形态往往既代表民族传统空间的共性，又彰显地域族群空间的个性。公共建筑在聚落中往往以"点"的形式存在，并影响着村落的形态。

传统村落的公共建筑包含村庙、祠堂、书院、文庙、戏台等。这些公共建筑在村落中形制等级较高，其不仅反映着全民族对传统共性建筑理解和传承的共性，同时也往往展现出地区族群对传统共性建筑适应地域化的改造。分析研究传统村落中的公共建筑空间形态能弥补对地域传统聚落空间形态的理解。

## 3.4.1　村庙

村庙作为村民宗教信仰的活动空间，广泛存在于文化历史悠久的琼北村落。在南部少数民族较多的地域，村庙较少。黎族地区有自己民族的宗教活动方式，没有汉族村庙。

虽然各村村庙祭祀对象不同，但村庙的空间形态却保持基本一致的建构模式。村庙由两进三开间（也有少数采用五开间）正堂主体建筑构成，两进正堂之间以拜亭（或长廊）连接。由第一进正堂与拜亭之间的庭院向两侧辟侧门，设厢房，由厢房向后院开通道。也有村庙不设两侧厢房，只留两侧通道进入后院。后院设一排辅助性用房。因此，村庙形成由大门、前堂、拜亭、左右厢房和大殿组成的主要空间形态。

海南岛村庙建筑与当地居住建筑形式基本一致，只是在两进正堂之间采用拜亭（长廊）连接，既通过中轴关系强化了宗教神圣、肃穆的气氛，又避免了阳光暴晒以及雨水冲淋，具有乡土建筑风格。

村庙外部空间多由村庙和庙前榕树（或榄仁树、波罗蜜等）以及戏台构成，也有村庙不设戏台。村庙常处于村口，除作为村落中宗教祭祀活动场所以外，也常进行公共活动（图3-52）。

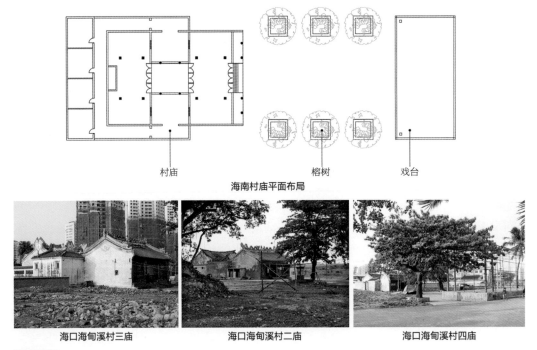

村庙　　　　　榕树　　　　　戏台

海南村庙平面布局

海口海甸溪村三庙　　　　　海口海甸溪村二庙　　　　　海口海甸溪村四庙

图3-52
海南村庙空间形态布局

### 3.4.2 祠堂

祠堂是旧时奉祀、纪念祖宗或先贤的庙堂。海南村落祠堂表现为两种类型：一是与普通居住建筑类似，仅为单个独立三开间建筑，其布局较为随意。此种类型祠堂数量较多，多为小家族所建。另一种类型祠堂较为规范，规模一般比村庙较大，多为三进。建筑形制也较高，尤其是大殿多为五开间。此种类型祠堂数量较少，主要是经济实力雄厚的大家族所建。较为规范的祠堂大体布局与村庙相似，由大门、前堂、拜亭、左右厢房和大殿组成。下面以三个具体实例来分析。

（1）定安县雷鸣镇龙梅村王氏宗祠

定安县雷鸣镇龙梅村王氏宗祠为王弘诲致仕归里后创建，坐东北向西南，占地面积约1000平方米，主要由山门、前殿、后殿组成。虽然单体建筑较少，但每栋单体建筑规模较大。山门面阔五间，进深十三檩，有前廊。前殿为八角殿，合王氏宗祠之山门，为重檐歇山顶宫殿式构筑，有后殿和东西配殿，组成四合院式布局。后殿面阔五间，进深十五檩。今山门及东西配殿俱损毁（图3-53）。

（2）定安县雷鸣镇仙坡村胡氏祠堂

定安县雷鸣镇仙坡村胡氏祠堂建在仙坡村的西面，坐南朝北，总建筑面积约1300平方

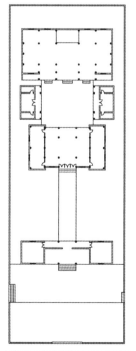
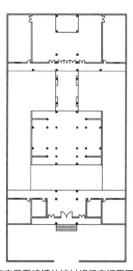
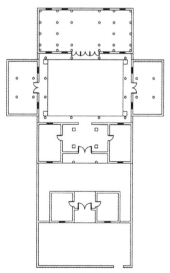

定安县雷鸣镇龙梅村王氏宗祠平面　　　定安县雷鸣镇仙坡村胡氏宗祠平面　　　澄迈县石石矍村冯公祠平面

**图3-53**
传统宗祠平面布局

米。原有山门、前殿、正殿、配殿、通廊等建筑，今配殿已塌倒，其余均完好。山门进深三间，宽五间，有前廊。山门门楼东西有倒厢，东倒厢为袥食祠，西倒厢为节孝祠，左右耳房，一为祠佃居住，一为厨房。前殿进深三间，宽五间，前后均有廊。后廊另有亭式通廊同上殿相接。正殿进深三间、宽五间，次间和稍间用砖墙隔开，前殿和正殿均为悬山式顶，有防火山墙。宗祠正堂东西两房有倒厅，供储藏和休息用，前殿左右设书房，正堂与拜厅中间起亭式拱棚甬道，以便行祭，正堂有前廊，拜厅有前后廊，四周墙垣围住。整座建筑高大雄伟，庭院布局合理（图3-53）。

（3）石石矍村冯公祠

石石矍村冯公祠主要建筑呈三进布局，由山门、前殿、后殿组成。山门面阔三间，前殿及后殿面阔五间，前后殿庭院两侧设东西厢房。整座院落形成一个布局严谨、主次分明、庭院宽敞的格局（图3-53）。

宗祠作为祭祀祖宗、教育子孙的重要场所，受到海南岛民众的普遍重视。海南岛传统村落的宗祠表现出两种倾向：一是祠堂与普通建筑相似，未表现出明显的等级区别，布局也较为自由。这类祠堂多为经济较弱的小家族祠堂。另一种是祠堂形制明显高于居住建筑，选址和布局都颇为讲究。相较村庙而言，显然其规模要大，建构形制要高。三进院落、五开间建筑格局受到普遍采用。这类祠堂多为经济雄厚的大家族祠堂，在实际调查中，与村庙相同，宗祠外部空间也栽植古树，正对设置戏台。

## 3.4.3　书院

书院之名始见于唐代，但发展于宋代。最初书院为民办的学馆，原由富室、学者自行筹款，于山林僻静之处建学舍，后由朝廷赐敕额、书籍，并委派教官、调拨田亩和经费等，逐步变为半民半官性质的地方教育组织。较大规模的书院教育机构多选址于传统城镇之中，成为城镇重要的公共建筑。

溪北书院位于文昌市铺前镇珠溪河北面，是海南清末著名书院之一，现保存完好。书院坐北朝南，规模宏大，占地面积20多亩。由前至后分三路三进，中间一路依次设置半圆池、头门、讲堂、东西长廊庑、经正楼。左右两路为辅助性学堂空间，各以三栋房屋配合中间讲堂。

中路南开山门，俗称头门，面阔五开间，进深十二檩，门前有廊。溪北书院讲堂位于整个书院的中心位置，面阔五间，进深十九檩，前后有宽檐廊，明间三大间前后无墙阻隔。讲堂东西两侧为两长廊庑，皆面阔七间，进深六檩，廊南北两端设八角形门洞。经正楼位于书院二进院落正中，规模最大，为上下两层建筑（图3-54）。

**图3-54**
铺前镇溪北书院

## 3.4.4 文庙

中国对孔子的崇拜是普遍的传统，很多地方建有供奉孔子的文庙，海南岛也不例外。文庙作为儒家文化最具代表性的物化象征，具有极高的身份地位，文庙与官学一体化，并设于全国的州、府、县。

　　海南文昌文庙位于文昌市文城镇古城区的东部，始建于北宋庆历年间（1042～1048年），明洪武八年（1375年）迁到今址重建，后经明清两代多次重修，是海南现存较完整的古代建筑群。文昌文庙平面布局严谨，左右对称。庭院宽广，占地面积3300平方米。主体建筑位于中轴线上，中轴线起点是一道由四条白色石柱构筑成的"棂星门"。紧接着是前庭，前庭内一半圆形泮池，泮池上修一"状元桥"，孔子塑像被安放在状元桥的正对面。过了前庭，便是三开间、构造精致的"大成"门。跨过大成门，就进入了文庙的中心地带，这是一个类似于四合院的建筑群。院的正中央是"大成殿"，大成殿外宽阔的平台称祭台或拜台，供祭祀时乐舞及行礼使用（图3-55）。

　　临高文庙位于县城文澜江畔，是海南省现存较完整、规模最大、历史最久的大型古建筑群。临高文庙于北宋庆历年间，奉诏始建。其主体建筑由朱壁、大成殿，崇圣祠、明伦堂、东斋、西斋、东庑、西庑、名宦祠、乡贤祠、节孝祠、忠义祠、祭器室、乐器室、泮池、泮水桥、棂星门、礼门、义路等组成，面积3188平方米（图3-55）。

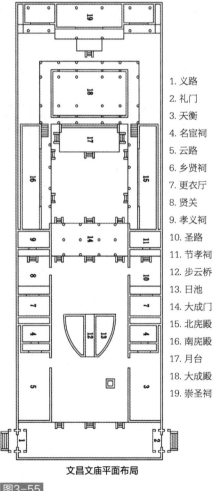

1. 义路
2. 礼门
3. 天衡
4. 名宦祠
5. 云路
6. 乡贤祠
7. 更衣厅
8. 贤关
9. 孝义祠
10. 圣路
11. 节孝祠
12. 步云桥
13. 日池
14. 大成门
15. 北庑殿
16. 南庑殿
17. 月台
18. 大成殿
19. 崇圣祠

文昌文庙平面布局

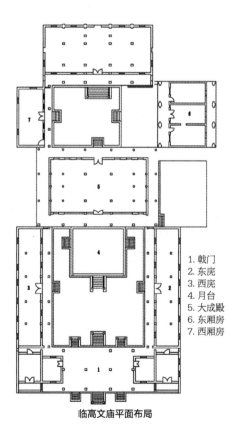

1. 戟门
2. 东庑
3. 西庑
4. 月台
5. 大成殿
6. 东厢房
7. 西厢房

临高文庙平面布局

图3-55
海南岛文庙平面布局

### 3.4.5　戏台

琼剧是海南老百姓最喜爱的娱乐方式，并且常将其与祖宗崇拜和宗教信仰结合起来。因此，在海南传统村落戏台必定与宗祠或者村庙结合设置。戏台因此也是不可缺少的公共建筑之一。它不是单独建筑，通常位于宗祠或神庙的正前方，通常与村庙单进建筑单体面阔、进深相等，高约1米，设置矩形戏台。

### 3.4.6　"土地公"庙

海南地区是个民间信仰十分繁盛的地方。其中分布最广泛，时常能在街头巷尾、田间地头看到的神祇大概就是土地公。在海南地区流传有"田头田尾土地公"和"土地公伯多过鬼"的俗语，土地公信仰在海南地区的普及，由此可见一斑。

土地公庙在海南岛极为简单，多为民间自发建立的小型建筑，高度从不到2米至正常房屋高度；面积小则几平方米，大则十几平方米，甚至几块石头一垒，就是土地庙。

以上公共建筑中文庙、书院由于受众面广，基本配置于传统城镇中，多布局于传统城镇的核心位置，与县衙等传统行政中心一起对城镇的其他构成要素起一定统领作用。其余的村庙、祠堂、土地公庙、戏台等多分布于传统村落中或者外围，多成为组织村落公共活动空间的主要要素。

## 3.5　海南岛汉族传统聚落建筑空间案例分析

海南岛琼北地区人口较为稠密，传统聚落数量众多。琼北也是海南岛汉族传统聚落的发源地，其传统聚落较为典型地反映着海南岛传统聚落形态的较多共性。因此，本书选用琼北地区的传统聚落分析其空间形态的特征。荣堂村是琼北地区火山石材料建造的典型传统聚落之一，以此为例进行分析。

### 3.5.1　传统聚落建筑基本建筑单元

荣堂村三开间堂屋是村落的基本建筑单元，也是家庭的中心，它比其他房子宽敞，进深要大，在院落中显得特别突出。

正房为三开间，中间一间开门，一明两暗的布局，两暗间从中央分割成为四个暗间，没有窗户。明间供会客、起居及庆典之用，四间暗房是卧室，前面两间供长辈使用，后面两间供晚辈使用。正屋明间分为前后两部分，前面为客厅，设有三殿堂，供奉祖先神位；后面部分是缓冲空间，设有三个门，两个门进入后面两个暗间，中间的门进入后院

（图3-56）。

荣堂村建筑因采用火山石干垒砌筑，墙体厚重，前后多无檐廊。不能像砖材可以营造丰富的空间及结构，火山石单体建筑结构单一，形态简洁、古朴。

### 3.5.2　传统聚落院落

#### 1. 院落结构组成

荣堂村家家户户建有院落，只是规模大小不同，但院落组成基本一致。院落由入口门房进入，结合门楼多建有门房（用做牲畜房，多养牛），正对门楼或正对堂屋住宅的墙脚有用火山石围砌的小种植池，富有家庭种花草，普通家庭多种蔬菜瓜果，并搭建瓜架，形成庭院园林。院落的主要建筑为正屋，占据院落的主要位置，将院落分成前院与后院空间。正屋一栋或多栋，多栋一般前后成列布置，形成多进院落。正屋的侧边一般有单间或两间厨房建筑，后院有火山石砌成牲畜圈（主要养猪、羊等）（图3-56）。

#### 2. 院落类型

荣堂村规模较小，院落紧靠道路，以独院式院落为主，大部分为三合院、二合院，个别为单合院；也有部分以两排正屋组织院落，向纵深发展形成二进式或多进式院落（图3-56）。

（1）独院式院落

三合院：由两个规模相当的三开间房屋（正屋）相对，与侧边两开间房屋（厢房）形成"U"形布局。这类院落较大，其中一栋建筑的山墙充当正对门楼的影壁，入口有缓冲的小空间，往往有火山岩砌筑的小种植池（图3-56）。

二合院：有两种类型。大部分是正房（三间）和厢房（三间或两间）形成"L"形，结合围墙、门楼形成院落，正房将院落分割为前后院，前院宽大，功能丰富；后院狭长，主要畜养家畜。另一种是规模相当的两栋建筑正对，都以一面山墙靠街，中间火山岩砌墙及门楼，整个院落没有明显的前后院之分，但畜养、柴房等功能还是在院落后部（图3-56）。

单合院：部分民居则只有一排三间正房，院子用火山岩围起石墙，留一个简单门楼，院内砌起一些柴草房、牲畜圈、小种植池等，但正房仍将院落组织为前院、后院（图3-56）。

（2）二进式院落

荣堂村较富裕的人家院落规模较大，在独院式院落的基础上，以平行的两排正房组织院落。二进院落比较简单，没有其他构筑物，仅仅作为缓冲及采光通风的作用。依此方式还可形成多进式院落，荣堂村最多有四进院落（图3-56）。

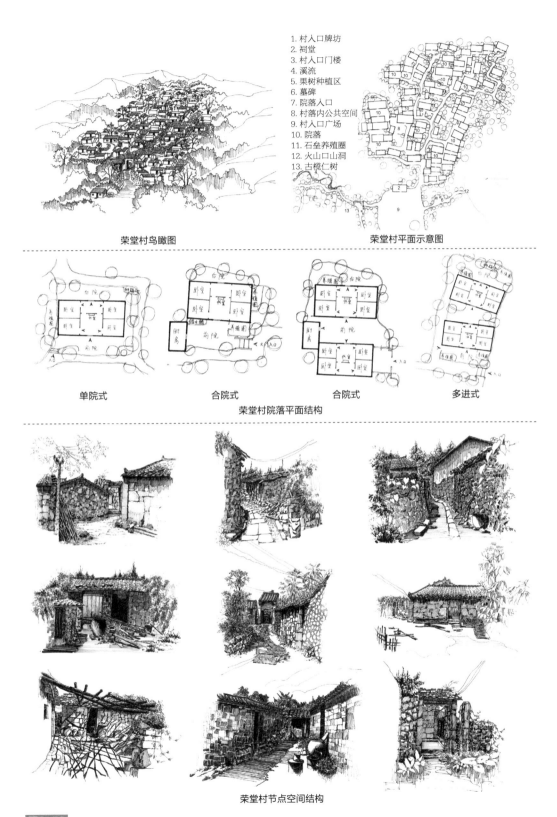

荣堂村鸟瞰图

1. 村入口牌坊
2. 祠堂
3. 村入口门楼
4. 溪流
5. 果树种植区
6. 墓碑
7. 院落入口
8. 村落内公共空间
9. 村入口广场
10. 院落
11. 石垒养殖圈
12. 火山口山洞
13. 古榄仁树

荣堂村平面示意图

单院式　　合院式　　合院式　　多进式

荣堂村院落平面结构

荣堂村节点空间结构

图3-56

荣堂村聚落空间形态

### 3.5.3 传统聚落居住建筑空间生成方式

琼北地区以砖为材料的聚落，院落结构多为长横屋，而以火山石为材料的聚落则为短横屋，且短横屋外墙与正屋山墙平齐。这也明显表达出火山石材料不适合建造长屋。

三开间正屋与短横屋的配合显示出院落空间形态组合的灵活性，弥补了石材单体建筑单调的缺点。这种灵活组合方式也造就了荣堂村多元化的合院以及多进式的院落。各种类型合院及多进式院落结合微地形采用纵向、横向的拓展形成聚落居住建筑空间。村庙、土地庙、祠堂等单独建于村外。与以砖材建造的呈"梳式"规整空间布局的聚落不同，荣堂村呈现"树状"较自由的空间形态。这种自由的聚落空间形态中蕴含着更多丰富的公共节点空间（图3-56）。

## 3.6 本章小结

本章主要是针对海南岛汉族传统聚落的空间形态，以传统聚落构成的基本建构单元分析，由共性分析衍伸至个性探讨，由基本建构单元拓展到聚落整体的生成。

海南岛汉族传统聚落（涵盖已经汉化的黎族聚落）基本建构单元具有相似的共性，即传统院落的基本构成为：院落入口的"路门"，"一明两暗"的正堂，包含厢房、厨房、杂物等功能综合的横屋及围墙，这也是最简单的独院式院落。

以独院式院落为基础，海南岛院落建筑空间形态类型丰富，形制齐全，演变线索清晰。海南岛传统宅院已具备了高等级对称布局、规整尊礼、规模较大的大型宅院，也存在大量布局灵活、建构自由的小型宅院类型，而且表现出清晰的演变线索：以基本院落构型为基础，以正屋重复拓展为主导，以横屋长短为分异特征，形成单双侧布局、形制完备、类型丰富的宅院体系（图3-57）。

传统聚落住居空间的基本生成方式是在独院式院落的基础上，以"列"拓展方式为主要特点。其基本的拓展过程为：以基本建构单元为基础，通过前后纵向"列"的拓展形成基本宅院。海南岛虽是一个岛屿，但地形和人口迁移造成的差异使得传统聚落的基本构成单元要素以及生成方式都会发生变异，在海南岛不同地域的传统聚落中表现出多元化的聚落空间形态及生成方式。

海南岛传统聚落空间形态及生成方式的不同将会产生聚落空间形态的地域分异。琼北传统聚落主要以院落纵向拓展成列，多列成村，其院落本身构型的严谨以及长横屋的自身特征使得传统聚落空间形态规整而严谨，聚落多为单纯"梳式"布局。琼东南聚落仍采用纵向拓展成列的方式，但院落构型趋向独立性。纵向巷道出现错位，也存在多条横向交叉巷道，部分村落出现松散的空间形态。琼西南聚落的生成方式表现为独立式院落横向拓展的方式，院落构型变异相对自由。大部分汉族聚落仍能保持相对规整的空间形态，但相较

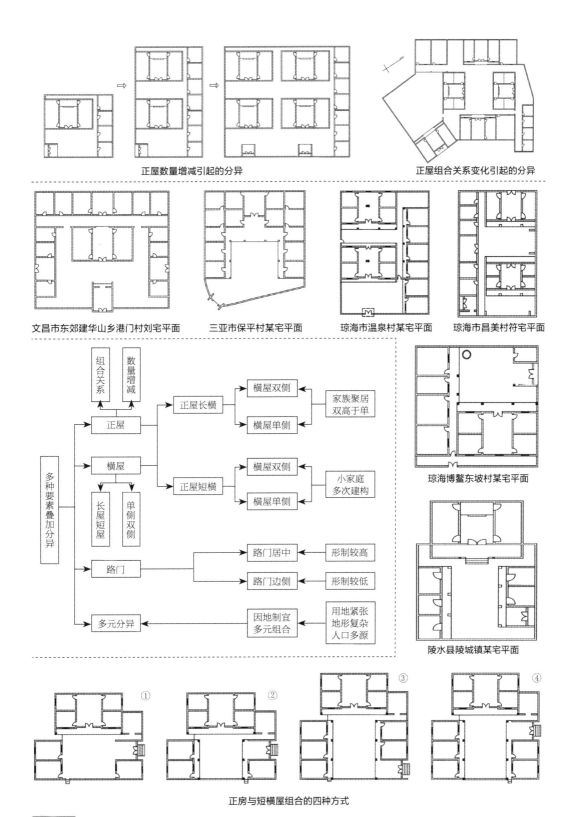

正屋数量增减引起的分异　　　　　　　正屋组合关系变化引起的分异

文昌市东郊建华山乡港门村刘宅平面　　三亚市保平村某宅平面　　琼海市温泉村某宅平面　　琼海市昌美村符宅平面

琼海博鳌东坡村某宅平面

陵水县陵城镇某宅平面

正房与短横屋组合的四种方式

**图3-57**

海南岛汉族传统院落建筑空间形态分异及案例

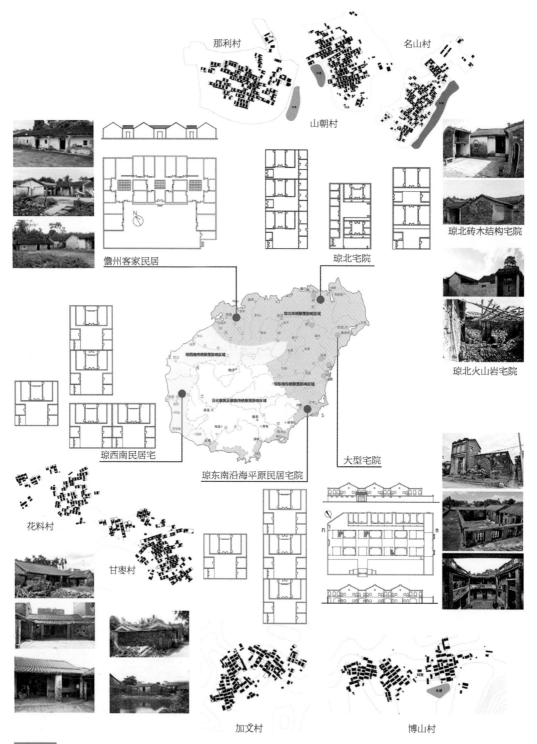

那利村

名山村

山朝村

儋州客家民居

琼北宅院

琼北砖木结构宅院

琼北火山岩宅院

琼西南民居宅

大型宅院

花料村

甘枣村

琼东南沿海平原民居宅院

加文村

博山村

图3-58

海南岛传统聚落空间形态地域分异

琼北及琼东南聚落形态差异较大。琼西南黎族聚落生成仍然借鉴汉族聚落生成方式，表现出家庭院落横向拓展的特征。但黎族自由的传统生活习惯使得汉化黎村居住建筑空间也呈现自由的状态。客家围屋常以独立的方式存在，与周围其他居住建筑有一定的距离，呈"点状"存在方式。客家普通院落以长横屋左右连接、横向拓展为主要方式，多个院落松散形成聚落居住建筑空间。

不同地域的传统聚落在住居空间中表现出较为明显的地域分异，但就整个传统聚落空间形态而言，表现出较为相似的一致性，即传统聚落从广义上讲，由居住建筑群、公共建筑、生态环境三大部分组成，掩映于"绿海"当中的海南岛村落整体彰显着海南岛的地域特点。海南岛传统聚落空间形态地域分异如图3-58表示。

# 04

## 海南岛黎族传统聚落与
## 建筑空间形态

- 海南岛黎族传统建筑历史发展线索
- 海南岛黎族传统建筑的基本构成及演变
- 海南岛黎族传统建筑空间形态分析
- 海南岛黎族传统聚落生成
- 海南岛黎族传统聚落空间形态分异
- 本章小结

黎族源于古代百越的一支，在汉族登陆海南岛之前，黎族应该是海南岛居住的先民。打破海南岛单一黎族结构，结束原始状态的是汉族大规模迁移海南岛，特别是封建王朝在海南岛设置行政建制。自汉代开始，汉族的强势进入，逐渐占据了黎族原初聚居地。黎族被迫逐渐从滨海退向内部山岭谷地，最终形成"外汉，中熟，内生"以及"局部地域杂糅混居"的分布格局。

海南岛人类足迹拓展的历程主要是汉族、黎族之间相互争夺，逐渐磨合的过程。汉族、黎族聚落拓展演变的历程主导着海南岛传统聚落发展的基本方向，汉族、黎族的传统聚落文明也自然成为海南岛传统聚落文明的主要内容。

目前，海南岛虽然居住有汉族、黎族、苗族、回族等30余个民族人群，但占人口绝大多数的主要民族为汉族、黎族。汉族黎族人口总和占海南岛人口的96.3%，其他20多个少数民族仅占到海南岛总人口的3.7%。从某种意义上讲，汉族、黎族的传统聚居文明基本代表了海南岛传统聚落文明。有必要在分析汉族传统聚落形态结构后，对黎族传统聚落空间形态进行分析，以形成较为完整的海南岛传统聚落空间形态的概念。

黎族自海南史前时期就已生存于此，是海南岛最先的开发者，其繁衍至今，仍占据着海南岛中部山区的大面积土地，是中国目前10个人口超百万的民族之一。长达几千年的繁衍生息，无论是与其生息相关的土地，还是与其长期生存于同一个岛屿上的汉族等其他族群的抗争与融合，都使其积累了相当的经验，这些经验认识经过长期的历史沉淀，逐渐形成了黎族自身的文化特质，深深地烙印并表达于与这个民族息息相关的一切载体中，其中最主要的载体就是其生活的传统聚落空间。黎族人民在长期的历史进程中不断探索居住生活的方式，并形成了独具特色的聚居场所和聚落建筑的建构方式，这些传统的居住文化也应是海南岛传统聚落文明的重要组成部分。

本章从黎族在海南岛开拓的足迹开始，逐步分析黎族传统聚落空间布局、聚落空间形态以及建筑构造等内容。

## 4.1　海南岛黎族传统建筑历史发展线索

### 4.1.1　黎族在海南岛的开拓足迹

现在所称的海南岛"黎"族是经过漫长的历史发展演化后的通用称谓。据考古发掘材料显示，海南岛史前时期就生活着远古居民，学者们对其来源有不同的认识。但无论来自何方，这些远古人逐渐形成有历史记载前的"黎"族先民。

早期古籍文献零星有关"黎"族先民的词汇多以"雕题"、"儋耳"或"离耳"称谓。秦汉之前"南蛮"是南方诸民族的泛称。秦汉之后，南方诸民族统称为"百越"。西汉时把岭南沿海和海南岛土著民称为"骆越"等。此后文献中的称谓多出现"骆越"、"蛮"、"蛮夷"、"俚"、"僚"、"俚僚"等。黎族名称最早见于唐代。唐以后，"黎"逐渐成为专用的称谓，从此沿用至今。黎族名称的逐步确立某种意义上也反映出"黎"族来源的复杂性和融合性。

"黎"族作为海南最早的移民和开发先驱，陆续登上这块岛屿的南北海岸，沿各大河流上溯岛内各地，留下了活动地域广泛的各类遗址。已发掘的300多处历史遗迹遍布海南岛各地，表明早期的黎族分布于海南岛全岛。虽然存在于海南岛新石器时代的遗址没有证据证明全部是海南岛黎族先民的生活印记，但其中绝大部分，或是其分布的区域也包含黎族先民的活动范围，基本可以说明其生活演化的概况。

进入海南岛有史记载以来，黎族先民就与随后逐渐迁入的汉族族群发生了密切的关系，其生活环境及生活方式也逐渐发生了改变。

秦始皇统一岭南广大地区，汉人开始向海南迁徙。至汉武帝元封元年（前110年）在海南设置儋耳、珠崖二郡，"环岛列郡县"的格局拉开序幕。汉人最初迁入主要集中在沿海河口地带，原先居于此的黎族难以抵挡，又不愿归顺杂居，自然要放弃聚居地，向内地迁移。初步形成了海南岛最早的原住黎民与汉人族群之间的分布格局，即"外汉内黎"的布局。自此开始，黎族内迁的趋势随着中央王朝在海南政治势力的伸缩也是潮起潮落。

汉元帝初元三年（前46年），因黎人反抗，汉政权撤销儋耳、珠崖二郡和十六县，遗留的汉人归置于岛北朱卢县，"外汉内黎"的分布格局逐渐转化为"汉依北，黎居南"的分布格局。这种格局一直持续至隋唐之前。

隋唐时期，中央王朝在海南全面恢复郡县政权，大量汉人迁入，并重新占据了沿海平原地带，黎族又一次被迫向内陆迁移。隋唐至宋，黎族聚居地的演化及迁移出现三种情况。一种是逐渐迁入的汉族增多，沿海地域黎族被持续向内陆压迫。但在初期，黎汉拉锯，迁移缓慢。另一种是此阶段出现的新情况，即岛外迁入海南岛的部分湖广、福建汉人及俚人在长期与黎人的接触中受其影响或是受生活所迫等原因加入黎族。还有一种情况是黎族不断受强势汉族的影响，出现部分黎族被就地汉化，逐渐加入汉族，或与汉族杂居。这样就在外部汉族与内部黎族之间形成互相影响的"过渡带"。"过渡带"内的人群被称为"熟黎"。宋代海南"生黎"和"熟黎"的结构形成。至元明清，黎族向内陆山区迁移的趋势加剧。至此，海南岛从外到内，依次形成汉人、熟黎和生黎居住的环状空间格局，一直持续至清末。明谢廷瑞《议黎奏稿》记载：琼州府处于"海外绝岛，州县卫所等衙门皆沿边海，百里之外为熟黎，熟黎以里为生黎，盘踞黎婺崇山之中。"《明史·地理志》记载："南有五指山，亦曰黎母山，黎人环居山下，外为熟黎，内为生黎。"清代汉人与黎人分布仍然是"环山中生黎，其外熟黎，又外各州县。"

总体而言，海南岛黎族聚居地演变经历三个主要时期：首先是新石器时代的早期，黎族先民形成了初步的聚居地，最先关注的是自然洞穴，尔后出现在沿海沙丘（贝丘）地带，再后来又转向了平原地带。然而，脚步未定，秦汉汉族迁入，黎族被迫逐渐向内陆山地转移。此后，"熟黎"的加入，又将原先的"生黎"挤压向内陆深山，最终形成"外汉，中熟，内生"的分布格局。

不同族源的黎族在漫长的生存演化中并没有完全融合，而是相对独立地保存自身的特点，各支系生存空间在逐渐变迁的过程中也逐步明晰，并相对稳定地占据一定的生存空间。黎族内部因方言、习俗、地域分布的差异而有不同的称呼，学术界普遍认可的五个黎族分支主要有"哈"、"杞"、"润"、"赛"和"美孚"等称呼。

哈黎（侾黎）：内地渡海而来的一支；本支分布最广，由北至南部海岸都有，本支内分支也较多，有三星、四星、罗忽、侾应等。以乐东县为中心，分散到崖县、陵水、东方、昌江、保亭等县。

杞黎：杞黎横渡海峡和北部湾以后，在岛北停留一段后进入五指山腹地，并非原始山居部落。聚居在保亭、乐东东部、昌江王下、陵水大里、琼中、五指山水满地区等地。他们是黎族的主要民系，名称始见于宋。

润黎（本地黎）：习惯上被称为海南岛上最古老的居民。但也不是土生土长，很可能是最先进入海南岛的黎人，现深入白沙县区，支系完整，至今不散。语言上与其他支系不同，难以通话。

赛黎（加茂黎）：因其自称为"赛"人，在岛内经历了从岛北部、西北部向东南迁徙的过程。聚居于保亭加茂、六弓、石峒、陵水大坡、群英、崖县藤桥，即保亭河上游地区。

美孚黎：美孚黎自认为非黎族，是由内地过来的汉人，与汉人习俗相近。现聚集于昌江、东方两县山谷。分布分散，且每与他支系杂居。名早见于清代。

黎族迁移及其聚居地的基本情况如图4-1所示。

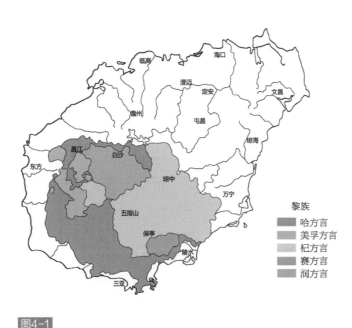

海南省黎族分布示意图
（参照《海南岛黎族的住宅建筑》绘制）

黎族现在主要聚居在海南省中南部的五指山、三亚、东方、陵水、乐东、保亭、昌江、白沙等9个市县，以五指山区为中心向南呈扇形分布。部分散居在儋州、万宁、琼海、屯昌等市县的12个民族乡镇。分布面积为1.87万平方公里，占全省陆地面积的55.02%。人口约124.86万人（2000年统计数字），占全省总人口的15.87%。

黎族聚居地境内地势，东北部高，西南部低，中北部山区以海拔1867米的五指山为中心，岛内各大河流发源于五指山，形成众多独流入海的放射状水系。重峦叠嶂间，河流纵横，撤落下大小不一的丘陵性盆地和河谷阶地。南部和西部沿海地带延伸着5~10公里的平原阶地，黎族村落由内向外散布在山峦之间的丘陵性盆地、峡谷和部分海滨平原上。

## 4.1.2　黎族传统建筑历史发展线索

黎族原始住宅现已无实物可考。众多学者对黎族船形屋的渊源进行了推测，吴庆洲在分析黎族船形屋时借用古文献记载及黎族"丹雅公主"的传说隐含说明黎族民间对船形屋起源的形象解释；这一起源在其他著作中也有描述。从黎族聚居区域现存最传统的建筑物船形屋来看，船形屋是最初"干栏式"建筑的一种。黎族先民起初应是选择南方普遍的"干栏式"建筑作为居住方式。

关于"干栏式"住宅史籍早有记载。晋朝张华《博物志》谓"南越巢居，北朔穴居，避寒暑也。"《北史·蛮僚传》："依树积木，以居其上，名曰'干阑'。"《新唐书·南平僚传》亦称："土气多疹病，山有毒草及沙虱蝮蛇，人并楼居，登梯而上，号为'干栏'。"以上史籍记述的"巢居"和"干栏"，都是泛指我国古代南部及西南部百越民族所居的顶盖呈两面坡式的原始住宅形式。作为生活在南方的黎族也应居住于类似的建筑中。

历史文献中关于黎族建筑的记载较多。宋人范成大的《桂海虞衡志》中称黎族"居处架木两重，上以自居，下以畜牧"。宋代赵汝适所著的《诸蕃志》卷下的"海南"条目记载："屋宇以竹为栅，下居牲畜，人处其上"。从以上记载看出，当时黎族的住宅应属于干栏式住宅类型，其特点近似于骆越族的干栏式建筑。黎族现存村落中的高脚和低脚船形屋及谷仓保存有骆越族干栏式建筑的遗风。明顾芥《海槎语录》记载："凡深村黎男妇众多，比伐长木两头搭屋数间，上覆以草，中剖竹，下横上直，平铺为楼板凳，其下则虚焉，等陡必有梯。"清张庆长《黎岐纪闻》记载："居室形似覆舟，编茅为之，或被以葵叶或藤叶，随所便也。门倚脊而开，穴其旁以为牖。屋内架木为栏，横铺竹木，上居男妇，下畜鸡豚。熟黎屋内通用栏，厨灶寝处并在其上；生黎栏在后，前留空地，地下挖窟，列三石，置釜，席地炊煮，惟于栏上寝处。黎内有高栏低栏之名，以去地高下而名。无甚异也。"说明清代黎族建筑并没有多大变化。

《琼黎风俗图》是通过字画详细描述海南岛黎族生活的有力证据。它是我国历史上最早描绘海南黎族社会状况的画卷，作者邓廷宣是明初官吏，曾到过海南亲眼看见黎族社会的情况。《琼黎风俗图》由15幅画组成，每幅画纵长33厘米，横30.5厘米，图文并茂地介绍画中主题。《琼黎风俗图》生动地反映当时黎族社会的政治、经济、文化、生活等情景。其中一幅画描绘了明初黎族居住的原始船形屋，诗曰："舟居非水类鸠方，人物差分上下床，报与有巢民识得，渐来栋宇以虞唐。"画中有注文解释："黎人择地建屋，庐止一间，男女同处。一二年间第贫力薄，弃而他徙，其屋形似覆舟，或茅，或葵，或藤叶被之，门皆依脊

《琼黎风俗图》之一　　　　　　　《琼黎风俗图》之二　　　　　　　《琼州海黎图》之三

图4-2

《琼黎风俗图》及《琼州海黎图》中描绘的黎族风俗

（图片来源：改绘自符桂花主编《清代黎族风俗图》）

而开，穴其旁以为牖屋，内架木为栏，横铺竹木，去地三、四尺不等，名有高棚低栏之分，而制无异。上居男妇，下畜鸡豚，生熟黎类如此。稍异者，熟黎屋类用栏，遍铺前后，厨灶寝处，并在栏上。生黎则栏在屋后，前为地，地下挖窟，列三石以置釜，席地煮炊。惟于栏上寝处，此其大略也。"画中描绘的船形屋与其他古籍中记载的黎族建筑是基本一致的。

与《琼黎风俗图》相似的还有《琼州海黎图》。由中国历史博物馆收藏的《琼州海黎图》是以15幅册页的形式，描绘了海南岛黎族的生产、生活等情景。册高29厘米、宽27.5厘米，每幅册页上均有文字说明，但是没有年代和作者。文字说明基本源于《琼州府志》，因而可以推断这是清代晚期的一部黎族画史。其中一幅描绘黎族住屋形长似船而势高，门开左右，中构两层，居者缘梯而上，下则以畜牛豕（图4-2）。

由上述史籍记载可以看出：

（1）古代黎族所采用的住宅方式与南方其他民族相似，都采用上人下畜，"悬虚构屋"的"干栏式"建筑。尤其是宋代以后，有明确的记载。

（2）黎族的"干栏式"建筑"状如覆盆"，"形似覆舟"，即船篷顶"干栏"式船形屋，且一直延续至清代，基本形态未发生较大变化，仍是黎族各支系共同的居住形式。

这种具有悠久历史和独特民族风格的黎族传统住宅形式一直延续着，目前在海南岛黎族聚居区仍有存在。

黎族这种"干栏"式建筑，在当今地域的存在形式又是怎样的呢？有没有在各支系黎民的传承中存在变异或演变呢？因此，本书从当代黎族传统建筑的基本构成入手，来逐步探析其中线索。

## 4.2 海南岛黎族传统建筑的基本构成及演变

### 4.2.1 黎族传统建筑的基本构成

#### 1. 黎族传统建筑的基本构成要素

与其他民居建筑相似，黎族传统建筑基本构成的要素也包括底面、侧界面、屋顶，这些要素综合限定出人在住房内的适宜的行为尺度。

（1）底面：指黎族传统建筑的底界面。黎族传统建筑作为"干栏式建筑"的一种类型，其典型的特征即是底面悬空。从地面采用木柱支撑，用木板搭建成平台，作为居住底面。对于"悬空构屋"的"干栏式建筑"而言，居住底面又是下部开敞部分的顶界面。黎族传统建筑的底面依据具体环境变化作不同高差的处理。部分黎族传统建筑作垂直等高线布置时，前部架空，后部落地，最大程度地利用地形形成底部可使用的悬空空间。底面决定了人与地面的关系，也极大影响了人们的生活方式。因此，黎族传统建筑底面高低也成为其分类的主要依据之一。

（2）侧界面：与大多数其他民族传统建筑不同，黎族传统建筑侧界面由前后墙体、两侧矮墙及由底面向上伸出支撑顶盖的柱子构成，这些结构要素限定了建筑的内与外。传统黎族住宅的墙身为茅草木架结构，墙壁一般都为非承重墙，常见的围护结构有编竹抹泥墙（稻草泥巴墙）、竹条墙、竹竿墙、椰叶墙等。

（3）屋顶：黎族传统建筑的屋顶是其外形的最大特色，成为黎族民居的标志。大多数黎族传统建筑屋顶呈半筒状形体，酷似船篷，故黎族传统建筑常被称为船形屋。呈半筒状屋顶覆盖于侧界面结构之上，因其向下延伸接近底面，半筒状屋顶部分充当了侧界面的外立面功能，成为黎族传统建筑典型特点。部分黎族传统建筑借鉴汉族建筑屋顶形态，采用"金"字形屋顶，这类黎族建筑被称为"金字屋"。

（4）尺度：相对汉族传统建筑而言，黎族小家庭式的生活方式（黎族人成家后独立居住，成年子女也单独居住）决定其建筑的尺度较小。一般房间跨度为4～6.5米，深度视家庭人口及经济条件而定，一般为6米左右，个别达到10米或更长，室内中央高度最高点离地2.4～3.0米，部分黎族支系屋顶高度达到3.5米。

#### 2. 黎族传统建筑的基本空间形态

黎族传统建筑以竹木为主要建筑材料，底面架空，下层放养动物和堆放杂物，上层住人，但其特殊的外表以及隐藏于其中的结构使其呈现出半筒状独特的形态。

黎族传统建筑空间一般由前檐廊（或前庭）、居室、后檐廊三个主要部分组成。干栏式黎族建筑一般前面有"庭"，即晒台，作为由地面进入室内的交通过渡平台，又成为日常晾晒谷物、进行家务和会客聊天的空间。地居式住宅则在正面山墙入口处设前檐廊，承载与

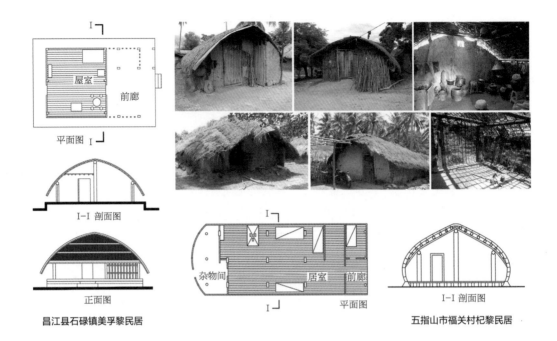

平面图

I-I 剖面图

正面图

昌江县石碌镇美孚黎民居

杂物间　居室　前廊

平面图

I-I 剖面图

五指山市福关村杞黎民居

图4-3
黎族传统建筑的基本构成

"前庭"相同的功能，成为沟通室内外的空间以及休闲、娱乐、劳作等空间，也是黎族建筑最富情趣的空间。室内空间主要作为生活空间，涵盖睡眠、做饭、储物、畜养等多种功能。黎族建筑室内较少明确分隔划分空间，空间使用较为自由。常是将不同功能简单布局在一定位置，每个功能围绕某个主要物品展开，如以床为核心的睡眠空间，以三角灶为核心的煮饭空间等等，储物空间则主要以屋架悬挂的方式，也有采用在屋内上部搭建简易搁架的方式。后檐廊常被用作畜养、堆放杂物等功能。黎族传统建筑功能空间简单，仅满足基本的生活睡眠、做饭、储存、畜养等功能，不具备厕所、洗盥等功能。

黎族传统建筑较为封闭，一般不开窗户，只靠门扇及墙壁间隙通风采光。由于为竹草建筑，层高受限，一般室内最高只有2.4～3.0米，室内空间局促。建筑立面造型简单、朴素，没有任何装饰，体型方正，以长矩形体为多，较少凹凸。多以茅草、自然木绑扎而成，与自然环境紧密融合，整体形态质朴而敦厚（图4-3）。

### 3. 黎族传统建筑的类型

黎族作为一个民族，在漫长的历史演变中选择了共同的居住方式，并采用了基本相似的建筑形态。但其来源的复杂性和融合性以及具体生活环境的差异性，使其各支系的传统建筑在时空中呈现出不同的特征。纵观黎族五大支系：润黎、杞黎、美孚黎、哈黎和赛黎的传统建筑形式，可以根据建筑功能以及不同形态将其归类区分。

黎族传统建筑根据功能可分为三大类型：居住建筑、隆闺、辅助性用房。

（1）传统民居建筑

从资料记载及实际调查中，黎族传统居住建筑存在两大类型：一种是横向式金字屋，即建筑前后檐墙升高，檐墙开门，人垂直檐墙进入，屋顶盖如汉族金字坡方式，故称金字屋。另一种是纵向式船形屋，即此类船形屋在山墙开门，人纵向进入，因屋顶盖呈半筒状，形如船篷，故称船形屋。

纵向式船形屋是早先在黎族地区广泛使用的居住方式，表现为三种形态：高脚船形屋、低脚船形屋、落地船形屋（图4-4）。

高脚船形屋　　　　　　　低脚船形屋　　　　　　　落地船形屋

**图4-4**
纵向式船形屋类型

①高脚船形屋，底面由柱子架空，离地面较高，一般为1.6～1.8米，故称之。高脚船形屋最初架空的目的是在居住的同时获得底部的使用空间，即"下居牲畜，人处其上"。因此，部分黎民将船形屋垂直等高线建在坡地，利用地形变化，形成底层楔形空间以圈养牲畜。

②低脚船形屋，与高脚船形屋相似，不同之处是居住底面降低，一般在0.7米与1.0米之间，底面以下空间已不足以圈养牲畜。高脚船形屋和低脚船形屋，均具有明显的"干栏式"建筑特征，在形象上的差异较小。架空的居住面下部开敞，铺设的底面楼板缝隙利于空气的流通，适应当地高温潮湿的气候条件。

③落地船形屋。相对于高、低脚船形屋，落地船形屋居住底面紧贴地面，甚至直接采用地面作为居住底面，不再使用木柱架空底面层的处理。部分落地船形屋内部居住面仍架离地面30厘米左右，还保留干栏式建筑的痕迹，但外部已采用接地檐墙，而不是木柱架空的方式。

（2）隆闺

"隆闺"黎语大意是"不设灶的房子"。黎族习俗孩子长到十三四岁便要搬到"隆闺"居住，不与父母同住。大"隆闺"住三五人，小的仅住一人，是黎族青年男女由相识到定情的小房子。"隆闺"的式样和住屋相似，不过要狭小得多，室内一般不间隔，仅开一个矮小的门，只可弯腰而入。

| 谷仓 | 牲畜圈 | 牲畜圈 | 牲畜圈 |

| 晒谷架 | 晒谷架 | 山寮房 | 土地公庙 |

图4-5
黎族辅助性用房

（3）辅助性用房：

①谷仓：一般都选在村落外缘较干爽的向阳处集中或单独建造，一家一户，互不干扰，为的是防火、保护粮食的安全（图4-5）。

②土地公庙：与汉族土地公庙的功用基本相同，主要为镇村之神。建造方式也较为相似，多在村子入口的茂密大树下，用五块没有加工过的石头堆砌而成：一块平坦的石板作为地板，三面不太规整的石块作墙，顶上盖一块作为"庙顶"，里面中央放一块下宽上窄看似很顺滑的偶像形的石块，作为供奉的神。也有的地方用三块石头垒成一个人字形（也有是用木偶）作为土地公（图4-5）。

③竹楼：过去黎族的村落内，专门搭建一座竹楼用来悬挂皮鼓。皮鼓是黎族人的崇拜物之一，又是节日、庆典、祭祀祖先、庆贺丰收及全村性活动常使用的打击器物。现在黎村竹楼基本见不到了。

④晒谷场和晒谷架：多家或者单个家庭，在公共空间或者自家住房旁用树枝或竹片筑成围墙圈围一块场地用作晒谷，晒谷场旁架设晒谷架晾晒稻谷。晒谷架一般简单搭设，使用木棍立柱，上用横架加固成网络状（图4-5）。

⑤牲畜圈：黎族人多畜养牲畜，村中常见鸡舍、猪圈、牛栏。这些牲畜圈多为露天，也有茅草盖顶。形式有圆形与长方形两种，较大规模的都是以木头打下边桩，然后用较细的树枝或粗藤编成篱笆，栏高约有一人高，入口处用结实的木枋做门角柱，装上数条活动的横木为插栓。简易的仅用藤条将细木棍编连呈围护墙既可（图4-5）。

⑥山寮房：黎族村寨多处于山岭谷底，农田较少且多分散零散。一般山栏地离村子很远，黎民为了耕作方便及对农作物的看护，于是在山栏园内搭一个简易的高架小茅草房，

作为巡园、休息、用餐、驱赶野兽的临时场所，称为山寮房（图4-5）。

## 4.2.2  黎族传统建筑的演变

### 1. 黎族传统居住建筑的演变

黎族传统建筑中谷仓、山寮房、晒谷架、牲畜圈等辅助性建筑由于构造简单，建造随意，一般未做明确记载和研究。对于黎族船形屋的历史记载和研究主要是针对黎族传统的居住建筑而言。

《太平御览》卷七八引"项峻始学篇"云："上古穴处，有圣人教之巢居，号大巢氏。"古籍《庄子·盗跖》："古者禽兽多，而人民少，于是人皆巢居以避之。"《韩非子·五蠹》："上古之世，人民少而禽兽多，人民不胜禽兽虫蛇，有圣人作构木为巢，以避群害。"众多古籍记载的"巢居"、"干栏"都是泛指我国古代南部的百越民族所居住的原始住宅形式。同时，也阐明了"巢居"最初主要针对避免禽兽侵扰。因此，距离地面一定的高度才可达到效果。

黎族船形屋，犹如一条高架起来的船，历史文献上早有黎族住屋似船的描写："歧人屋式，弯拱到地，一如船篷。…… 人屋式也作船形，唯前部架高棚，后部则就地基。""居室形似覆舟，编茅为之，或被以葵或藤，随所便也。"

关于黎族人选择船形屋的渊源有这样的黎族民间故事记载："丹雅公主因触犯家规受到惩治，被父王置于一条船上，顺水漂流到了一个孤岛。公主为了躲避风雨，防御野兽，上山砍来几根木桩树立在海滩上，然后把小船拉上岸，底朝天放到木桩上做屋顶，又割来茅草围住四周。后来船板烂了，她割来茅草盖顶，这就是如今黎寨船形茅屋的来历。"民间故事的描述，是黎族先民对住屋所作的形象化解释，船形屋的外形具有船的象征性。民间故事毕竟以美丽的方式渲染了船形屋的形象。黎族人从海洋漂流进岛，选择了赖以生存的船作为住屋的原型，并将其改造成干栏式建筑，是适应地域气候环境的智慧抉择。海南岛荒蛮孤僻，野兽群集，选择干栏建筑以避其害是其必然；岛屿气候湿热，尤其是台风频繁，显然开敞的坡屋顶干栏式建筑难以抵抗，必遭破坏。选择高脚、四周下垂、呈圆筒形横向密闭、纵向通透的船形屋，减少了虫害，避免了湿热，同时也利于引导台风通过。

在原始荒蛮的南夷之地，还没有足够的能力对付禽兽之时，黎族起初只能选择高脚船形屋居住。高脚船形屋不仅能有效地保护黎人不被禽兽侵扰，其下部空间圈养的牲畜因离人较近也能得到较好的保护。然而升高的居住面无疑使得用水、搬物、交通等等产生困难，而给人们带来生活的不便；同时面对台风，也存在被破坏的危险。只要可能，人们还是尽量降低居所的居住面。生产力的发展以及人类抵御野兽的能力增强，尤其是人类利用火的技能变得成熟之后，使黎人能有效地保护自身安全，降低居住面显然成为必然的结果，低脚船形屋逐渐得到流行，以致最后"落实"到地面，在满足和方便人的活动方面具有优势的"落地船形屋"取代了低脚船形屋。在高脚船形屋向落地船形屋的演变过程中，黎人始终保持民族特有的风格，其船篷结构形式得以保存。

自从汉族进入海南岛以来，汉黎之间就结下了不解之缘。汉族一步步地将黎族推到了大山深处，同时又客观上为黎族带来了新鲜的"血液"。随着黎汉文化的不断交流，弱势的黎文化受到强势汉文化的冲击，这个文化冲击波由黎族聚居区外围逐渐向中心扩散。由汉族波及"熟黎"区域，也逐渐渗透到"生黎"区域。实际调查中与汉区邻近的陵水等地的黎族，其思想观念及生活方式与汉族趋于统一，居于五指山腹地的黎族，受到的影响相对较小。最古老的高架船形屋多见于偏僻的白沙县本地黎地区，外围的美孚黎则已普遍使用落地船形屋。

黎族最初的纵向船形屋其室内空间为线状，使用方式呈序列性，不同功能区之间干扰较大。而汉族的横向式室内空间呈现为向心性，人由中部进入，左右空间功能分明，互不干扰。显然，横向式空间对居住而言具有明显优势。因此，黎族人逐渐借鉴汉族的横向式居住方式，将纵向的船形屋逐渐转变为横向式。这其中还涉及采光、通风以及需要解决檐墙装门的问题。因此，纵向船形屋的船篷不再落地，两侧升起檐墙，两坡落水的金字顶代替了船篷顶，正门改在屋前方。纵向船形屋转变为横向金字屋。当然，在转变过程中，存在相当多的中间形态。这在一定程度上也说明，黎族传统建筑的演变存在时空的不同步性，即演变的过程并不是遵循直线渐进的方式。因此，在实际调查中，常会在同一个地域出现不同类型的船形屋（图4-4、图4-6）。

## 2．黎族传统辅助性建筑的演变

黎族传统建筑中谷仓、山寮房、晒谷架、牲畜圈等辅助性建筑虽不是黎族传统建筑的

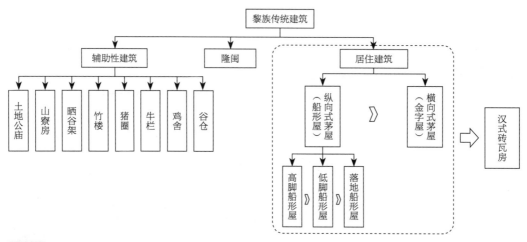

图4-6
黎族传统建筑分类及演变

主要载体，但却是黎族人生活中无法舍弃的构成部分。在以居住功能为主的单体船形屋附近常伴随有谷仓、晒谷架、牲畜圈等辅助性建筑。这些辅助性建筑规模较小，构造简单，建造随意，却特色鲜明。或是简易的竖立几根木棍，再以横向木条相互绑扎，形成晾晒构架；或是用木棍竖立成列围合形成圈养空间；或是采用船形屋结构，底面悬空建造成谷仓等等。在传统居住建筑由高脚船形屋逐渐嬗变成落地船形屋，直至演化成横向船形屋，甚至采用汉族砖瓦房的漫长历程中，黎族辅助性建筑始终保持着原有的形态和建造方式：布局随意，建造简单；茅草做顶，木条简易绑扎。看似简单的辅助性建筑似乎隐藏着黎族生活的基本态度：或是理性地重视追求居住建筑环境的改善，甚至是不惜放弃民族特色，而漠视辅助功能建筑的调整；又或是在尝试改善居住建筑环境的同时，习惯、留恋和不舍自身民族传统特色的符号。

当黎族传统的居住建筑由船形屋逐渐嬗变为汉族砖瓦房时，其自由、随性的生活方式也逐渐受到了汉族正统、秩序、理性的生活方式的感染和约束。然而，深入骨子里的民族自由、随性的文化特质无法在嬗变后的居住建筑中表达时，自然转移到布局随意、建造简单的辅助性建筑中。因此，辅助性建筑的特性逐渐成为展现黎族生活特点的建筑类型。

黎族传统建筑的演变总体表现为两条线索：一条是黎族自我的演替，表现为高脚船形屋逐渐降低，并最终成为落地船形屋。这一过程中，黎族人始终保持自身建筑的独特传统，特色鲜明。另一条线索为纵向式船形屋演变为横向式金字屋。这一过程中，黎族人吸收汉族建筑特点，并融入自身建筑之中，黎族建筑特色逐渐退去。这一过程还远未结束，在实际调查中，很多黎族人已经选择汉族的砖瓦房居住方式，甚至相当多的黎族村落已基本汉化，完全采用汉族的砖瓦房居住方式。但是，建筑的传承始终需要时间和过程，即便是汉化的黎族村落，现阶段仍然表现出黎族自身的内在特质，这部分内容将在本章以下研究中进行分析（图4-6）。

### 3. 黎族传统建筑演变过程中的结构变化

黎族传统居住建筑由高脚船形屋嬗变为落地船形屋，由船形屋嬗变为金字屋，再由金字屋改变成汉族砖瓦房。在表象改变的过程中，内部结构也发生了嬗变。

最初的船形屋结构竖向由四边间隔木柱形成骨架，再由四边横木绑扎形成整体建筑骨架，骨架之上覆盖竹条编织的网格圆拱形屋顶。此阶段黎族居住建筑整体呈现典型的低矮船形屋形态。

在受汉族影响之后，船形屋的结构逐渐发生了改变。原先的木柱骨架在保持竖向木柱构造的同时，横向连接构件模仿了汉族梁架结构的特点，采用类似汉族梁架结构的连接枋，并学会了榫卯的连接方式。这一阶段主要模仿采用穿斗式的梁架结构，船形屋室内存在一列或多列木柱。这一改进大大加强了黎族建筑的稳固性。由于采用梁枋结构，原先圆拱形屋顶逐渐转化为金字形坡屋顶，但骨架结构仍表现出粗糙、简陋的痕迹。竖向骨架的高度

黎族传统居住建筑结构的演变

**1** 一条线索是黎族自我的演替，表现为高脚船形屋逐渐降低，并最终成为落地股形屋。这一过程中，黎族人始终保持自身建筑的独特传统，特色鲜明。

表象嬗变的过程中，内部结构也发生了嬗变
原先的木柱骨架在保持竖向木柱构造的同时，横向连接构件模仿了汉族梁架结构的特点，采用类似汉族梁架结构的连接枋，并学会了榫卯的连接方式。

**2** 另一条线索为纵向式船形屋演变为横向式金字屋。这一过程中，黎族人吸收汉族建筑特点，并融入自身建筑之中，黎族建筑特色逐渐退去。这一过程还远未结束，在实际调查中，很多黎族人已经选择汉族的砖瓦房居住方式，甚至相当多的黎族村落已基本汉化，完全采用汉族的砖瓦房居方式。

典型的低矮船形屋 ·········· 高起的金字船形屋 ·········· ➤ 汉族砖瓦房

穿斗式梁架结构　抬梁式梁架结构　梁架装饰

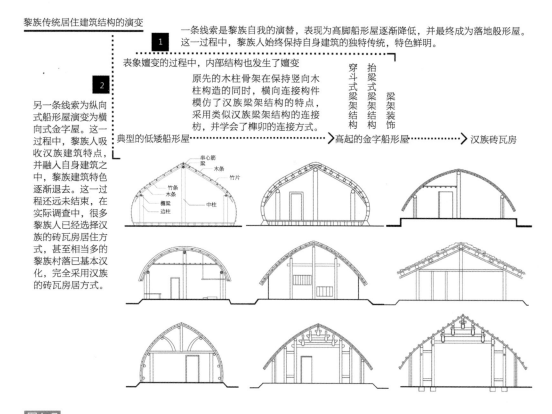

图4-7
黎族传统居住建筑结构的演变

提升以及屋顶形态变化使得原来典型的低矮船形屋转变成高起的金字船形屋。

在逐渐掌握了汉族复杂的榫卯结构及木材的雕刻加工工艺之后，金字船形屋内部的骨架已经完全可以模仿汉族的梁架结构，出现了相当多的抬梁式结构，室内空间大大扩充和方便实用。同时，室内梁架结构上出现了类似汉族的装饰雕刻，黎族汉化的痕迹越发明显。在这一过程中，原来在山墙开门的方式逐渐转向了檐墙开门。纵向进入方式转变为横向进入方式。金字形船形屋已表现出典型的汉族砖瓦房的特点（图4-7）。

进一步受汉族建筑影响，黎族居住建筑放弃了木柱、泥墙、茅顶的材料，彻底地选用了汉族砖瓦材料，船形屋彻底地转变为汉族的砖瓦房。

## 4.3　海南岛黎族传统建筑空间形态分析

黎族传统建筑隆闺、辅助性用房功能简单，空间单纯，基本为单空间方式。隆闺有大小之分，较大隆闺呈长矩形，为多个单身青年集体活动空间；小隆闺空间较小，为单个青年的私密空间。隆闺基本作为休息的房间，没有空间划分。辅助性用房根据各自功能需求配置空间规模，形态较为自由。

黎族主要的休息、吃饭、会客等生活在室内居住空间中完成。因此，居住建筑功能较多，空间划分较为复杂。两大类型的横向式金字屋、纵向式船形屋又根据功能的需求划分出不同的空间。

## 4.3.1 纵向式船形屋空间形态

纵向式船形屋是黎族使用最早、历史最久、最为典型的传统建筑。其特点是平面呈长矩形，檐墙较低或缺失，屋盖呈半圆拱形，覆盖至地面60厘米左右，檐墙较为封闭。不开门窗。山墙开门，纵向进入室内。因其总体形态呈船形，故称船形屋。从上文已知，船形屋经历从高到低的演化过程。随着汉族建筑形态的影响，现存的部分黎族建筑虽然平面还保持传统的纵长方形，但檐墙逐渐加高，屋盖已改变为金字形，成为纵向式金字顶船形屋。

### 1. 纵向式船形屋室外空间

纵向式船形屋一般由外廊和居室两部分组成。有两种开门方式，一是只在一个山墙开门，另外一端封闭；另一种方式是在前后两个山墙都开门，但主门较大，后门较小。因此，纵向式船形屋的外廊有主次之分，开主门的檐廊作为前廊，是室外空间的主体。前廊常作为进入室内的缓冲空间，承载多样化功能，如室外休闲、堆放农具、生活用具等杂物、畜养家禽等。

部分船形屋将前檐廊一部分空间封闭，成为单独的较小的房间，多作为储物空间。也有的山墙退后较多，前檐廊局部空间较大，形成单独居住房间，作为隆闺。后檐廊一般空间较小，多作为堆放杂物的空间。

纵向式船形屋有三种方式形成前檐廊（图4-8）。

（1）开门山墙后退一定距离，覆盖于屋顶下的空间形成前檐廊。山墙后退距离没有统一要求，根据自家情况自行决定。

（2）与上种形式不同，此种类型山墙不退，而是屋顶盖向外悬挑1～1.5米形成前檐廊。由于顶盖由竹条与茅草编织而成，较为柔软，悬挑部分下垂呈小块半月形或三角形，像龟壳或龟背状的流线形，能很好地为前檐廊空间遮阳挡雨。

（3）依靠入口山墙单独建造披檐形成前檐廊，披檐由增加的柱子支撑。由于单独建造，空间较为宽敞，有些深度可达3～4米。

### 2. 纵向式船形屋室内空间

纵向船形屋室内空间大致可分为下列三种：一是单独空间；二是带有单独杂物间的空间；三是多个分隔房间组成的空间。

山墙后退                    山墙批檐                    山墙部分后退

图4-8

纵向式船形屋三种方式形成前檐廊

（1）单独空间：这是最简单的室内空间方式，且较为常见。这类纵向船形屋室内空间未进行细化，煮饭、睡觉、会客等各种功能共同容纳在一个单独空间中。

休息睡觉空间约占整个房间的近一半。以床为中心，一般将简易的木板床布置在入口右侧，高脚船形屋多席地而睡，煮食和烤火用的炉灶放在睡床对面靠里的一侧。厨房空间以炉灶为中心，炉灶极为简单，仅用三块石头砌成"品"字形。简单灶具堆放于灶台四周，多为简易的陶罐等物，约占3～4平方米。黎族会客多在室外前檐廊进行，室内会客空间较为自由随意，往往在休息空间与炉灶空间之间，没有固定家具。家庭常用的生活用品，如衣物、种子、杂物等多用吊绳挂篮悬吊于房间屋架，或在房间一侧顶部用木棍搭建简易吊棚作为储物空间（图4-9）。

（2）带有单独杂物间的空间

室内进行了隔断以进一步明确空间功能。分隔的空间可将生活杂物集中放置，堆放柴草，甚至饲养家禽或牲畜。一般的布局是由前廊进入室内后，接着布置居住空间；厨房空间布局于床位斜对侧，也有部分住宅将卧室空间与厨房分隔，形成较为独立的睡眠空间；在其后是杂物空间。后山墙开门通向室外（图4-10）。

这种类型的黎族住宅室内空间已经有了较明确的划分，尤其是将有污染的杂物、畜养空间与居住空间有效隔离，保持居住环境的卫生。但卧室为家人共享，空间私密性仍显不够。

（3）多个分隔房间组成的空间

这种类型的船形屋面积较大，空间划分较细。不仅将杂物、畜养、厨房空间分隔，还将房间分隔形成了较为私密的多间卧房。由于面积较大，船形屋两侧的檐墙升起较高，空

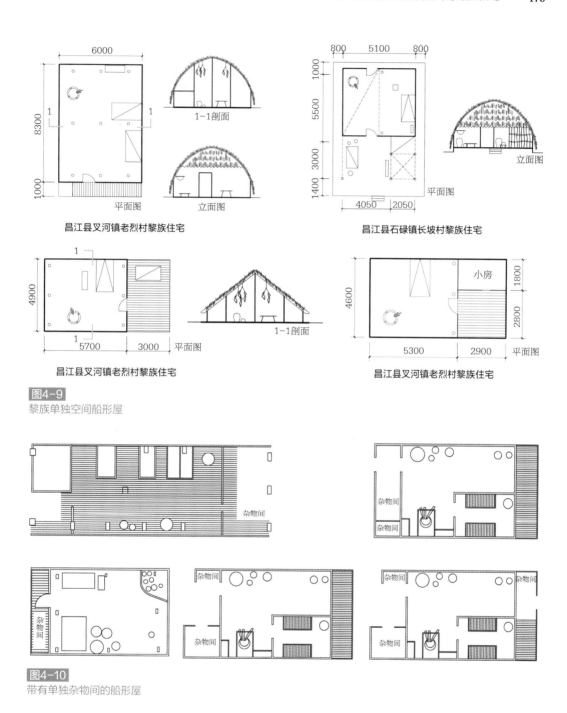

图4-9
黎族单独空间船形屋

图4-10
带有单独杂物间的船形屋

间划分相对灵活。房间分隔方式多样，既有连续的多个房间，也有分开设置，中间用杂物、厨房等空间分隔，房间私密性明显强化，还有将前檐廊局部分隔成小房间（图4-11）。

　　由多户人家共同建造的集合式船形屋形成连续的多房间。每户人家占有一个开间，将其分隔成前厅后房式。厅作为日常生活起居、厨房、储物等功用，后面房间作为睡眠休息。这种方式节省成本而受到一定范围的采用，但居住密度较大，相互干扰明显（图4-12）。

图4-11
多个分隔房间组成的船形屋

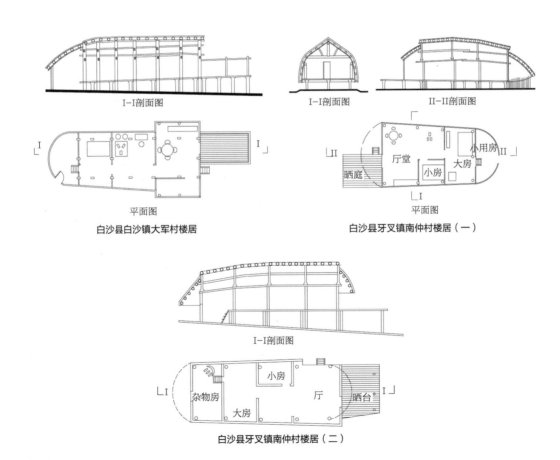

I-I剖面图　　　　I-I剖面图　　　　II-II剖面图

平面图　　　　　　　平面图

白沙县白沙镇大军村楼居　　　白沙县牙叉镇南仲村楼居（一）

I-I剖面图

白沙县牙叉镇南仲村楼居（二）

图4-12
多户人家共同建造形成连续的多房间集合式船形屋
（图片来源：参照刘耀全《海南岛黎族的住宅建筑》绘制）

### 4.3.2　横向式金字屋空间形态

横向式金字屋是黎族在借鉴汉族居住建筑后，改变原来传统的船形屋而形成的建筑方式。主要表现在两个方面：一是开门方式的变化，由山墙开门改为檐墙开门。其前提条件是将原来的船形屋矮檐墙升高到足够装门的高度。另一个特点是将原来的半拱形屋顶结构改变为汉族金字形屋顶形式。

经过这样的改建后，室内空间明显升高，通风、采光条件得到极大改善。同时由于开门改在檐墙，平面布局自然改为横向，室内空间也大部分转化为横向式使用方式。由于改建后明显提高了生活质量，这种类型的住宅普遍得到黎族采用，成为黎族现在较常见的居住方式。

横向式金字屋一般进深4~5米，面阔由内部使用功能及房间数决定。虽然横向式金字屋已经具有较高的檐墙，但相对汉族建筑而言，仍显较低，多在1.2米与1.8米之间，仅能过人或人要稍弯腰才能进入室内，或者要从靠山墙的两侧屋檐才可进入。较低的屋檐既可以防台风，又可遮挡烈日、暴雨。整个建筑很少开窗，仅靠门扇和屋盖与墙身的交界处缝隙采光和通风。

#### 1. 横向式金字屋室外空间

横向式船形屋室外过渡空间不再由山墙形成，而是随着开门位置的改变，改由檐墙与屋顶形成。与纵向式船形屋相似，存在两种方式：一是由金字形屋顶外飘形成檐廊，另一种方式是部分檐墙后退形成凹入空间的檐廊。

横向式金字屋一般只在一个檐墙开门，因此，只形成前檐廊。前檐廊部分空间作为进入室内的交通缓冲空间，其余往往堆放杂物、柴草、农具或悬挂鸡笼等（图4-13）。

#### 2. 横向式金字屋室内空间

（1）单开间空间：未划分室内空间，各种功能只相应地占有一定的位置，相互之间未有明确的分隔。室内睡眠、做饭、储放杂物、农具、生活用品等混用一个空间，空间使用较自由，但相互干扰较大（图4-14）。

（2）双开间空间：室内划分为一厅一房。入口门廊进入即为厅间，相对房间而言，厅

图4-13
上振兴村黎族住宅

图4-14
横向式金字屋室内空间

间较大，承载厨房、会客、储放杂物等功能。房间作为家人睡眠及放置贵重物品的空间。这种类型建筑将睡眠休息空间分隔设置，改善了房间卫生质量（图4-14）。

（3）多开间空间：以三开间为例，室内空间主要由生活厅、卧室、厨房组成。厅间居中，两侧布局厨房和卧室。厅间成为生活起居的中心，作为吃饭、会客、午间休息以及储放杂物等。相对两侧空间而言，厅间较大，空间布局表现出主次之分。由于厅间将厨房与卧室分离，室内功能空间较为明确，较大改善生活质量。这种类型的空间布局与汉族三开间空间布局较为相似，但汉族较少将厨房与厅间、卧室并置于一栋建筑中。

受汉族生活方式的影响，黎族在上述开间基础上也出现将厨房移出单独设置的方式。如在门廊一端设置独立厨房；或者单独建造单开间建筑，与三开间建筑形成"L"形布局的小院子。由于将厨房从三开间建筑中解放出来，三开间建筑就基本与汉族功能布局形似，成为"一厅两房"。

四开间建筑是在"一厅两房"的建筑旁加盖一间厨房而成（图4-14）。

### 4.3.3　黎族传统建筑的支系分异

不同族源的黎族在漫长的生存演化中并没有完全融合，而是相对独立地保存自身的特点，各支系生存空间在变迁的过程中也逐步明晰，并相对稳定地占据一定的生存空间。被普遍认可的"哈"、"杞"、"润"、"赛"和"美孚"五个黎族分支因方言、习俗、地域分布的差异而在黎族船形屋的基础上有适应性调整，形成有差异的黎族传统建筑。

### 1. 哈（侾）黎住宅

哈黎也称侾黎，其人口最多，分布地区最广。主要分布在乐东、东方、陵水、三亚、昌江等市县，白沙、保亭、琼中、儋州等市县有少量分布。哈黎主要分布在黎族聚居区的外围，接近汉族，受汉族影响较深，一部分住宅已经采用汉族建筑方式。

乐东盆地的哈黎住宅虽采用纵向式布局，但已升起一部分檐墙，屋顶已采用金字顶。屋内空间出现细化，房间出现分隔，矮墙檐墙个别开窗。陵水、崖城等地哈黎基本已与汉族居住相仿。较多出现仿汉式的横向式金字屋，空间划分较为细致，出现双间、多间以及院子式布局。相当部分黎族已采用汉族砖瓦房的居住形式，居住方式已基本汉化（图4-15）。

### 2. 杞黎住宅

杞黎主要分布在琼中、五指山和保亭一带，乐东、昌江、东方、万宁、三亚和陵水的部分地区也有分布。

杞黎多采用低脚船形屋。屋篷顶与檐墙合而为一，低垂至地面。人由山墙入口进入，由前至后依次布局前檐廊、居室和杂用房。居室内分隔小空间供成年儿女使用，其余功能混杂。部分建筑将檐廊用竹子围合，加盖半穹隆屋顶。受汉族影响，杞黎船形屋基本落地，个别将纵向式船形屋转换为横向式金字屋（图4-16）。

### 3. 润黎（本地黎）住宅

润黎亦称本地黎，主要聚居在白沙县。其所在区域是典型的山区，地理位置偏僻，一直以来受汉族影响较小，保留黎族传统较多。

润黎传统居住建筑起初多以"楼居"为主，即高脚船形屋（底层栏养牲畜，高度1.6～1.8米）或低脚船形屋（底层高度0.7～1.0米）。近几十年来，才逐步转变为落地船形屋。

"楼居"的平面布局一般由庭（即晒台）、室内厅间、卧室、厨房、杂用房等由前向后

**图4-15**

哈黎船形屋住宅

（图片来源：参照刘耀全《海南岛黎族的住宅建筑》绘制）

作纵深布局。"楼居"一般建在缓坡之上，垂直等高线布置，借助地形形成底层楔形空间，用以圈养牲畜。住宅后部杂用房一般与地面相接。"楼居"的屋盖多与檐墙合而为一，做成船篷状。部分建筑在前后山墙屋脊搭盖半边穿隆式披檐顶盖，用以挡风、遮阳、避雨等。

"楼居"一般建筑面积较大，离地而建，底层开敞，通风良好，比较适宜湿热气候环境。但存在登梯而上，交通不便引发取水、搬物等等一系列生活障碍（图4-17）。

### 4. 赛黎住宅

赛黎主要聚居在保亭加茂镇、陵水英州镇和三亚藤桥镇三地交界的地区。这个地区受汉族影响较深，黎族建筑更多反映汉族居住特点。

赛黎传统建筑有纵向式和横向式两种。纵向式住宅基本采用金字形屋顶。横向式建筑

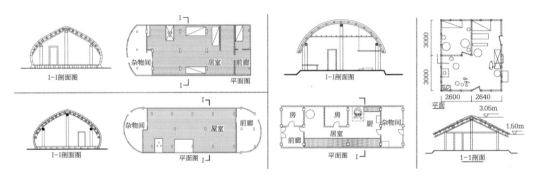

**图4-16**
杞黎船形屋住宅
（图片来源：参照刘耀全《海南岛黎族的住宅建筑》绘制）

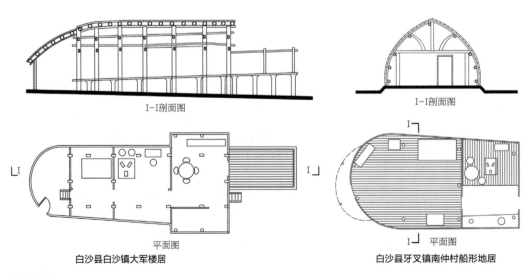

白沙县白沙镇大军楼居　　　　　白沙县牙叉镇南仲村船形地居

**图4-17**
润黎船形屋住宅
（图片来源：参照刘耀全《海南岛黎族的住宅建筑》绘制）

外部形态及内部结构已与汉族住宅相似（图4-18）。

## 5. 美孚黎住宅

美孚黎主要分布于东方、昌江等地，村落多在昌化江中、下游两岸，人口比较集中。村落规模较大，经济状况较好。

美孚黎采用落地式纵向船形屋，低矮的檐墙檐口一般离地80厘米左右。由山墙入口进入，由前至后依次布局前檐廊、居室和杂用房。虽然平面已趋定型，但不同地域仍存差异。如昌江县石碌镇流行的黎族建筑室内多为单空间布局，以宽大的外檐廊空间承载室内"厅"功能；而在东方地区，外檐廊较小，室内采用"一厅一房"的空间布局。与昌江黎族建筑比较，东方地区的黎族建筑是将外檐廊"内置"，形成"内厅"。空间的私密性及稳定性得到改善。美孚黎传统黎族建筑基本采用纵向式船形屋方式，还未出现横向式金字屋的建筑形态（图4-19）。

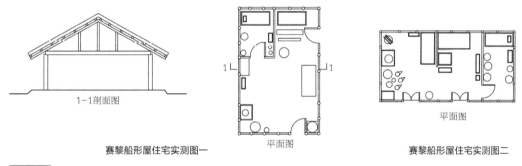

赛黎船形屋住宅实测图一

平面图

赛黎船形屋住宅实测图二

**图4-18**
赛黎船形屋住宅
（图片来源：参照刘耀全《海南岛黎族的住宅建筑》绘制）

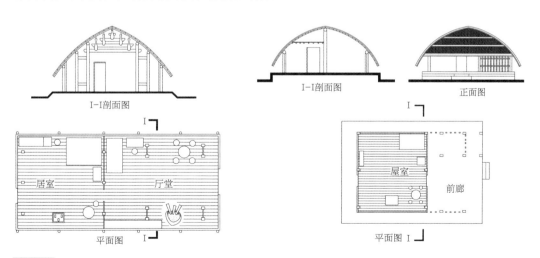

**图4-19**
美孚黎船形屋住宅
（图片来源：参照刘耀全《海南岛黎族的住宅建筑》绘制）

## 4.4　海南岛黎族传统聚落生成

### 4.4.1　黎族传统聚落的选址

#### 1．黎族聚居区域特点

黎族最初分散聚居于海南岛各地，但随着汉族进入，其聚居区域逐渐缩小，并集中于海南岛中南部山区。黎族现在聚居的地区包括五指山以及鹦哥岭、黎母岭、霸王岭、雅加大岭等海南岛的山区地带。地势是东北高，西南低。中南部地区为五指山腹地，区内丘陵起伏、山峰耸立，超过1000米的山峰有30多座。岛内各大河流都发源于中部山脉，呈放射状水系外流入海。在群峰与叠嶂之间，河流纵横，到处散布着大小不一的盆地和河谷台地，南部和西部沿海地带延伸着5～10公里宽的平原台地。黎族的村落就散布在这些盆地、河谷台地和滨海平原上。

黎族聚居区大多数位于北回归线以南的热带和亚热带地区，以山地、丘陵为主。光照充足，雨量充沛，溪流淙淙，树木繁茂。

#### 2．黎族传统聚落选址

（1）进山避世，依险而居

在整个海南岛版图中黎族多居住在深山，依险而居，即黎人多依山地险峻处选择聚居。宋人谓："邕宜以西，南丹诸蛮皆居穷崖绝谷间。"所以有谓："南夷之性好险阻而不乐平旷，故黎人居险先居之。"黎族聚落选址苛求安全隐秘。黎族村落多在山谷缓冲的坡地或山间盆地之中，村子周围保留着茂密的树木。平原村落的周围种植着刺竹，形成营寨，故称"黎寨"。

长期的山居隐秘生活逐渐形成了影响黎族生活的民族文化。这种文化反过来也反映着黎族人的世界观和生活观。黎族没有文字，但形成了特点鲜明的黎族织锦。织锦的内容正是黎族人的世界观和生活观的真实反映。黎族织锦中基本的图案都是由线条编织的网状，往往人是处于网络中心。图4-20中的几幅黎锦都描述一个基本情况：构图中人为中心，四周山水、鸟兽围绕，在其周围有封闭的边界围合；边界外围则是茂密的花卉果林，或是层层密林。这种场景正是黎族人传统聚落基址的形象描绘。同样的情形出现在黎族特有的文身现象中。黎族人文身部位多在面部、胸部和四肢，以点线结构成形。纹身图案整体仍表现为编织缜密的网络，封闭、神秘。

然而，黎人天性喜居险地吗？显然不是，在汉人进入海南岛之前，黎族遍布海南岛。因此，黎人进山原因大概有二：一是为了避免异族的侵扰或政府的控制；二是由本身的生产力所决定。黎族由于生产力水平低下，除了一般刀耕火种，采集渔猎经济尚占有较大比重。在这样的历史条件下，深山野岭人迹罕至之处，便可以为其生产形态提供更多保证。

黎族没有文字，但形成了特点鲜明的黎族织锦。织锦的内容正是黎族人的世界观和生活观的真实反映。在黎族织锦中基本的图案都是由线条构成编织的网状，往往人是处于网络中心。

黎族织锦图案

**黎族织锦** 2

黎族织锦描述一个基本情况：中心构图中人为中心，四周山水、鸟兽围绕，在其周围有封闭的边界围合；边界外围则是茂密的花卉果林，或是层层密林。这种场景正是黎族人传统聚落基址的形象描绘。

**黎族纹身** 3

侧面　正面
手脚

黎族人文身部位多在面部、胸部和四肢，有虫蛾、鸟兽、花卉等图形，以点线结构成形。文身图案整体仍表现为编织缜密的网络，封闭、神秘。

图4-20
黎族织锦、文身及其含义解析

所以其"居室不喜平地，惟利高山。"

（2）壶中天地，山水交融

从小范围的居住地域来看，黎族村落周围地形并不是丘陵坡地，而往往较为平坦。古籍中记载亦是如此：海南崖州黎人居住在崇山峻岭之中，"山凡数十重，每过一重，稍有平坦之处，黎人即编茅居之。"

黎族村落选址原则归纳为：三靠一爽二干净。第一，靠近耕地。村址靠近耕地便于劳作生产，并在其周围的小丘陵或山坡种植杂粮。第二，靠近河川或溪流，便于利用水源灌溉农田及生活饮用，可以捕捞水族类改善生活。水源成为黎族居住在山地的必要条件。黎族的生产力条件只能借助山泉小溪满足用水需求。山泉水文变化较大，较近常会受到山洪威胁。因此，近水但不临水成为选择的基本条件。第三，靠近山岭及森林。村落一般建造在山脚下，有利于防台风袭击，便于饮山泉水；靠山便于解决日常燃料及建筑用材，并且可以狩猎以满足物质与精神上的需求。一爽指地势要高爽，地形要有一定坡度，但不占用耕地。这样，既可以防湿、防潮，避免对房屋、人畜的侵害；同时，有了坡度，可利用雨天将地表的脏杂物冲到村外或洼地田里去，利用地形、地势自然改善村内卫生环境。二干净指，居住的地方一要"干净"，死过人或有不吉利传说的地方不予以考虑，二是野兽出没要少，避免山猪、猴子等对农作物的破坏。黎族村落选址的原则满足了生产、生活两方面的需要。

坡为基，背着山，前流河，间梯田，这是黎族村落典型的选址布局。黎人在群山环绕之中选择平缓坡地，紧邻溪流，田地多呈小块分散状。因此，其聚居地如"壶中天地，山水交融"（图4-21）。

初保村

洪水村

**图4-21**
黎族村落小区域选址

（3）林木环绕，生态自然

依山临水环林。黎族村落，多是被高大的阔叶林和灌木林围绕着。村中干栏房依坡而建，小河从村前流过，稻田栉比，椰树、槟榔树亭立相映，村寨周边山地草木葱郁，一派自然生态村落的景象。如白沙黎族自治县南开乡道小村位于鹦哥岭和霸王岭交界处，属南渡江的上游山区，四面山岭环绕，四季鲜花盛开，青山碧水，鸟语花香。村子集中建在半山坡，水田也是沿着山坡开梯田。四周山林密布，水源丰富。千百年来，海南黎族村落静若处子，从来没有张扬，表现着一种朴素而散淡之美。

对于古人来说，村落的选址首先要考虑的是农业生产，满足自给自足的生产需要，水源、土地、山林等都是不可或缺的因素。同时，还要考虑有利于后代的繁衍，也就是要满足宗族繁盛、文运兴旺、财源广进的希冀，因而考虑是较为周全的。"山包村，村近田，田临水，有山有水"正反映了黎族以农耕为主，兼做捕鱼、狩猎、采集的诗意生活。村落林木环绕，生态自然。

## 4.4.2　黎族传统聚落的规模及分布

黎村规模大小不一，小村居多。黎族人从沿海地带被迫迁移到山区居住，选址于山区盆地和峡谷平坦之地。中部山区河流源头众多，河网稠密，由此形成岛上独特的放射状水系，河流季节变化悬殊，可耕地的范围广但不集中。因此，黎族村落往往分得很散，规模大小不一。在崇山峻岭之中，"黎人编茅居之，或数十家、数百家相聚为一村。有众至千余人者为大村，其小者仅止数家。"历史上黎人"屋宇迁徙不常，村落聚散无定，所耕田在是，即居于是，日久地瘠，则去而之他，故村峒土名，数年间数迁数易，其地不可考也。"因此，黎族村落由于频繁重建，其规模也相对较小。

据清道光《琼州府志·村峒》卷二十载：定安县"生熟黎"峒八，"广袤约五六百里"；

崖州黎境，"袤长五百余里"；琼山黎峒六，"广袤共二百余里"；儋州，"峒袤二百余里"；陵水，"黎境广一百二十余里，袤三百余里"；乐会南北二峒，"东西四十余里，南距二百余里"；万州，"三峒黎广袤共一百余里"；感恩，"黎地广袤九十余里"；昌化黎人二峒，"广袤四十余里"。

水源和可耕地面积对居山地之黎村尤为重要。其不但影响村落的选址，也大大限制村落的规模。一般处于山区的黎村受限较大，聚落规模较小，而盆地及沿海地区聚落规模较大。"陵水、崖县的丘陵区地势较低矮，盆地和山谷较其他地区稍为宽阔，可耕地面积较多，因此居民点分布也较密些。"陵水、崖县两地的黎族聚落一般距离1~3公里，其规模多在30户上下，个别达到70~80户。山区的县份，聚落一般间距3~5公里，户数多在20户以下。分布在昌化江下游的美孚黎，占据较宽广的平地和肥沃的水田，人口相当集中，有多个百户以上村子。

## 4.4.3　黎族传统聚落的空间形态

黎族传统聚落规模较小，组成要素较为简单。主要表现为在由山林、溪河等形成的清晰领域范围内，以居住性茅草船形屋为主体，围绕其布局环村林地、谷仓、牛栏、猪舍、寮房等，同时在村落入口设置土地庙，紧邻村外布局菜地、稻田以及墓地。

这些构成要素在不同的黎族聚落中以较为固定的方式布局，形成黎族人地域性的生活环境。其中有些要素在黎族聚落中具有共同的布局方式，如环村林地在各个黎村中都有分布；有些要素却有不同的布局方式，如谷仓在有些聚落中紧邻各家住宅分散分布，有些是集中分布于村中某一区域。

黎族传统聚落总体表现出明确的边界和相对自由的内部空间。

### 1．边界空间

海南岛历史上，黎族长期作为弱势群体，其居住地域不断受到汉族的侵扰而收缩。相对集中的黎族聚居区域既要处理好与汉族的边界问题，又要协调好黎族内部相互之间的分布。因此，边界感在黎族人心目中异常重要。每个黎村在选址建村之时，就采取了各种方式清晰表明自己的占领区域。

最为常见的方式是选择明确的自然界要素，如河流、山脊等。在此基础上还采用村口竖碑、植树、砌石、埋牛角等，形成象征性边界。对于边界的维护多采用林带，形成一定封闭的界限。

关于黎族传统聚落边界，苏轼贬谪海南儋州写的《题过所画枯木竹石三首》中也有提到："倦看涩勒暗蛮村，乱棘孤藤束瘴根。惟有长身六君子，猗猗犹得似淇园。"在《广东全省地方纪要·琼崖化黎区》有相关的记载："黎人村之周围，植刺竹以构藩篱，其厚者达十余丈，乃择险要处开一两门户，以便出入。门之左右，常移多量竹木之枝干，以备有警时填塞门路之用，盖有似兵家之鹿砦也。刺竹之生，茂密而愈坚，较之砖石围砦，实为安盘。"《海南岛民族志》中也有类似记载，史图博在20世纪30年代进行的黎村调查："村子被密林完全遮掩，以至于外边看不见它"，"围绕着村落的竹林是村落的主要防护物。"历史上黎村一直在村落周围种植密林，并借助密林对聚落进行防卫。密布竹林或乱棘孤藤形成致密的树木墙体，仅在村落入口形成狭窄通道，并在其附近准备防御设施。显然，近代黎村仍保留着用密林防卫聚落的传统。

　　笔者调查过分布在海南岛各地的大量黎村，发现环村林带依然是黎村风俗。但已不存在密布的竹林，大多是被高大阔叶林和灌木林围绕着，其中多间杂着槟榔、椰子等棕榈科植物，富有亚热带村落风情。椰林最为突出，成为识别深山中黎村的重要标志，但凡在深山中有椰林存在的地方，基本可以确定有黎村存在。椰林已明显不具备防御功能，只是作为表明村落界限的文化传统遗留并继承，也可能是作为深山中识别村落方位的主要标志，椰林更具有识别性。密林环村另一主要原因在于防台风。相对于低矮的居住船形屋而言，茂密的林木成为聚落自然的防风林。

　　部分黎族聚落以榕树标示边界和入口，并且作为神圣之地。黎村村口栽植大榕树，树干粗大、树冠开阔、枝叶茂盛，具有很长的生长历史。这些榕树常被认为是"鬼依附的地方"，逢年过节必须祭祀，不能拴牛更不能毁树，否则会给村民带来灾难。树下还常供奉土地神，使得这些大榕树变得更加神秘了。


## 2．内部空间

　　黎族聚落内部空间由居住船形屋、寮房、谷仓、晾晒架、圈养栏等要素限定构成。按照空间功能可区分为：居住空间、道路空间、活动广场空间、储藏空间、晾晒空间、种植圈养空间等。

　　（1）居住空间：黎族聚落主要以居住船形屋为主体构成居住空间。黎族成年子女成家后自立的生活方式造就黎族聚居单元是由单个小家庭的船形屋构成。船形屋的各种组合方式架构的空间成为黎村的居住空间。寮房作为未婚成年男女独立于父母居住的一种特殊居住空间，成为黎村特色。

　　（2）道路空间：黎族聚落道路空间是随着聚落建筑逐步拓建而自然形成。黎村内部道路是在建筑、地形导向下，根据人的行为活动需要自然生成的。

　　建筑之间，地形走向、小溪水渠都可以成为道路走向的依据。总体而言，黎村大部分传统建筑或依山势布局，或基本保持同一方向，因此村落主干道由垂直于等高线的纵向道路、平行于等高线的横向道路以及与等高线任意斜交的道路所组成，或者是由与建筑基本保持平行或垂直的道路组成。山地黎村地形变化较为多样，因此其主要村道多为弯曲的带状空间，经常和排水沟结合在一起，由于高程变化较显著，小路多采用"之"字形的折线道路形式，用以缓解道路坡度（图4-22）。

（3）活动广场空间：汉族传统聚落往往使用宗教或祠堂等标志性建筑形成聚落核心，并在其周围形成功能明确的广场。与此不同，黎族并没有完整的宗教信仰和强烈的祖宗崇拜，但却对自然界怀有深深敬畏，歌舞是他们表达对自然敬畏的主要方式。建村之始就已预留村落中央地域作为集中歌舞庆祝活动空间。清代《琼黎风俗图》中描述道："黎人无节序，每于十月一日至十日，正月元旦至上元，则群相聚会，吹铜角，击铜鼓，以为乐。或以木为架，置鼓其上，一人击鼓，一人鸣钲，跳舞欢呼，谓之跳鼓。择空地置酒数坛，宰所畜牛羊犬豕鸡鸭之类而烹之，男女席地杂坐，饮以竹竿，就坛而吸，互相嬉闹，彼此交欢，尽醉为节"（图4-23）。

现在黎族聚落中较为中心的地带，仍然保留有一块较大的活动广场，场地不规则，边界不

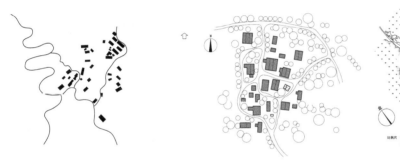

海南岛中部山区黎族村寨入村道路　　三亚市天涯镇布坟乡布坟村总平面图　　陵水县高大队二队居民点总平面图

图4-22
黎族村落道路空间

《琼黎风俗图》及《琼州海黎图》中描绘的黎人聚会饮食场景　　东方市的江边乡白查村活动广场空间

图4-23
黎族村落活动空间

明显。不仅作为逢节集中歌舞庆祝活动的空间，也已成为日常休闲娱乐以及体育比赛的空间。

（4）储藏、晾晒空间：黎族人"取稻仅取穗梢，结之成束，悬晒竹壁，而储于仓，逮食时始脱穗焉。"粮食对于自给自足的黎族而言珍如生命，这点可以从黎族谷仓建造和布局中看出。谷仓采用较居住建筑优良的材料建造，并单独设置在聚落中。不同聚落谷仓设置位置不同。东方市感城镇陀头村谷仓每家一座，与各家住宅紧邻。与之一河之隔的上、下振兴村，谷仓存在两种方式：一部分谷仓设置在住宅附近，另一部分则集中设置于村落主干道路的一侧，与聚落居住建筑分隔；而远在深山中的江边乡白查村，聚落谷仓全部集中于聚落内部东边椰林中，处于聚落最里面，并与居住建筑隔离设置。无论上述哪种布局方式都能说明谷仓对于黎人而言意义重大。紧邻家庭住宅布置，表明谷仓以家庭为单位便于看护；集中布置更显示出集全村之力保护谷仓的安全（图4-24）。

晾晒在早先合亩制的黎村中与谷仓一样，占有重要地位。集中的晾晒架一般建造在村子中央广场附近，全村统一晾晒谷物。随着合亩制的解体，晾晒成为单个家庭小规模劳作方式，往往采用简易的方式，随意搭建。最简单的形式是在地上埋多根木杆，相距3~4米，高3米，在木桩上拴有若干横杆，最低者距地1.2米，其他间距30厘米，以便挂谷穗，利于风吹晾晒。

（5）种植圈养空间：黎族人生活自给自足，除了粮食以外，黎族人圈养牲畜和家禽。牛栏往往安排在村边较低洼的地方以利于清洁卫生。猪、鸡等则在自家住宅旁边围合简易围栏，甚至直接依托船形屋侧檐设围栏。一般也在自家旁边开辟小块用地种植蔬菜（图4-25）。

### 3. 黎族传统聚落空间特点

从以上聚落构成要素及其空间布局分析来看，黎族聚落有如下特点：一是建筑类型相对简单。黎族聚落以居住建筑为主要类型，较少存在能控制建筑群的核心建筑。表现出聚落较为松散，核心感较差。二是道路系统相对自由。黎族聚落道路系统为自然形成，是为应对人类初级的交通行为需求产生，甚至未形成固定的路面结构。这样的道路

东方市感城镇上振兴村储藏、晾晒空间    东方市感城镇下振兴村储藏、晾晒空间    东方市江边乡白查村储藏、晾晒空间

图4-24
黎族聚落储藏、晾晒空间

东方市的江边乡俄查村                上振兴村                        下振兴村

图4-25
黎族种植圈养建筑

系统无法承载步行以外的高层次交通方式。三是各种辅助功能空间布局随意。畜养牲畜家禽、种植蔬菜等处于自由状态。与汉族聚落相比，黎族聚落的构成要素还不完备，处在聚落发展的初级阶段。空间布局的随意性也显示出黎族聚落的组织方式尚处于松散的自发状态。

但从黎族聚落整体空间构成而言，仍表现出黎族人对聚落形态完整性和秩序性的重要意义的认识，尤其是对公共性空间的组织上，明显表现出统一组织的特点，有"自为"的特征。表现在以下三个方面：

（1）边界及防卫空间的组织。黎族聚落对于公共空间领域感的强调明显优于个体家庭，聚落拥有明显的公共边界和防卫空间，而基本单元船形屋间的布局则呈现间距不一、界限不明的状态。

（2）谷仓空间的组织。黎族聚落对于谷仓的重视程度高于居住建筑，不仅表现在建构材料及技术方面（后文有详细论述），谷仓在村落中的布局位置也表明这一点。在受汉族影响较少的东方市江边乡白查村，谷仓被集中于村界中最安全的内部空间，并与居住建筑严格分离。在受汉族影响较多的上、下振兴村，谷仓一部分集中布局，并与居住建筑隔离，另一部分临近居住建筑。在间隔不远的陀头村也存在如此状况。

无论集中布局还是临近家庭布局，都从某一方面说明谷仓的重要意义。而在黎族传统的谷仓集中布局中，显然已经深刻彰显了黎人"自为"的规划意识，而这种意识更多的是与黎族"合亩制"下的共产均分的方式相吻合，是对公共性储藏空间的"自为"规划。"合亩制"解体下的聚落，谷仓的集中布局也随之解体（图4-26）。

（3）聚落中心广场的组织。黎族聚落对于个体家庭的空间关注较少，但对于集体公共空间则表现出极大的热情。表面上聚落中较大的中心广场在每个黎族聚落中表现不一，空间界限不明，呈现"自发"形成的结果。但深层次的原因仍要归结于黎族人对公共空间的认可。

黎族聚落的边界空间、谷仓空间以及聚落中心广场空间涉及黎族人安全、温饱及康体健身的基本需求，是黎族聚落赖以存在的根本。这些功能空间的存在保证了聚落的完整性，

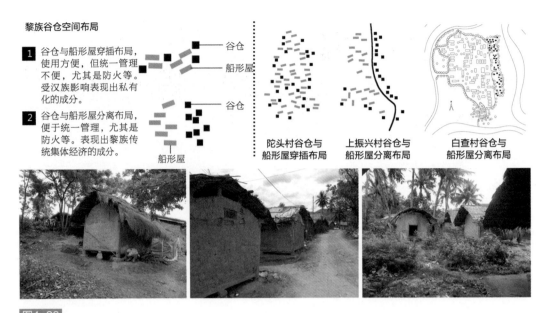

**黎族谷仓空间布局**

**1** 谷仓与船形屋穿插布局，使用方便，但统一管理不便，尤其是防火等。受汉族影响表现出私有化的成分。

**2** 谷仓与船形屋分离布局，便于统一管理，尤其是防火等。表现出黎族传统集体经济的成分。

谷仓

船形屋

谷仓

船形屋

陀头村谷仓与船形屋穿插布局

上振兴村谷仓与船形屋分离布局

白查村谷仓与船形屋分离布局

图4-26
黎族村落谷仓的空间的组织

而对这些空间的"自为"安排，彰显了聚落的整体性和秩序性。

总而言之，黎族聚落的空间构成在公共性空间布局中彰显黎人"自为"的理性，而在个体私人空间的布局中则表现为"自发"的感性。因此，聚落空间形态对外表现出紧凑性、整体性、秩序感，而对内则表现出松散性、自由性、无序感。

### 4．平面形态特点

聚落平面形态布局主要指聚落构成要素的平面布局方式。黎族聚落主要建筑类型涵盖居住建筑、生活附属建筑（牛舍、羊圈等牲畜、谷仓）以及简易土地庙等。与汉族聚落相比较，没有祠堂、村庙、戏台等形制较高、体量较大的宗教、娱乐等精神需求建筑。缺少标志性建筑组织空间的黎族聚落，处在满足基本居住生活的物质阶段，建筑类型单一，居住建筑成为聚落的核心要素。

由上文可知，船形屋作为黎族的生活载体，几乎容纳了黎人所有的生活内容。独立小家庭的生活方式决定了黎族聚落缺少院落式的布局，"一"字形船形屋成为聚落基本建构单元。黎族人独立以及追求隐私的生活方式，决定了船形屋的组合方式较为简单，基本上以保持一定距离、相互隔离或以相互平行的方式来布局相关关系。因此，总体表现为自由式布局，但局部也出现规则式布局。

自由式即船形屋以自发的状态集合在一起，这种自发状态的基本原则是保持各自建筑的独立性和隐私性。这种方式在黎村较为常见。其聚落建村之初虽缺少规划，但各自家庭依据场地条件随形就势或根据自身要求自发建设。自然形成三两成群、稀疏不定的布局方式。随着人口的增加，场地的减少，聚落拓展愈显杂乱。

规则式的黎族聚落表现为一种整体、秩序的空间布局形态。这种布局方式在黎族聚落中多数情况下并不表现为"自为"产生，而是在追求和谐的自然环境的同时，还追求一种建筑布局的合理性，依托自然地形的条件来实现。比如，临河居住的黎族聚落，船形屋依河流方向带状排列。从河岸向外，建筑之间较多出现平行排列方式，整体呈现带状的秩序状态。同样的原因，许多黎族的村落坐落于山腰，这种村落的布局大体上平行于等高线，其走向则取决于山势的起伏变化，曲率大体与等高线一致，这样的村落由于依山而建，并随着山势变化而层层升高，因而从整体看便具有丰富的层次变化，使得沿山体等高线布局的黎族村落也具备较为整体、秩序的状态（图4-27）。

黎族聚落的布局方式无论是规则式还是自由式都表现出一种"自发"布局的状态。这种方式与汉族聚落的布局方式完全不同。汉族聚落以标志性建筑形成凝聚聚落的核心，并依据标志性建筑的空间形态，有规划意图地实现村落建构。汉族聚落是以"自为"的方式实现具有清晰布局结构或凝聚中心的聚落。而黎族聚落本身缺乏标志性建筑空间，也就是缺乏凝聚村落的核心。虽然聚落中仍存在广场空间，但模糊的边界使得空间的凝聚性大打折扣。正因为缺少凝聚性，聚落的布局方式反而表现为一种"离散"的状态。这种"离散"状态是单一要素在强调个体独立性、私密性上的一种本能反应。

在调查的实例中，多数黎族聚落"潜在"地表现出这种"离散"的布局方式，在平地的聚落也是如此。如昌江县叉河老裂小队、陵水县高大队、东方市江边乡白查村等等，聚落建筑虽然一部分表现出统一的朝向，但相互之间以一种自由松散，甚至"排斥"的方式布局在一起。这种与外界隔离的"离散"状态，体现了其对外界逃避或防御的生活态度。内部相对分散但保持距离的布局方式，表现为交流与隐私的相容，同时是防御方式的一种

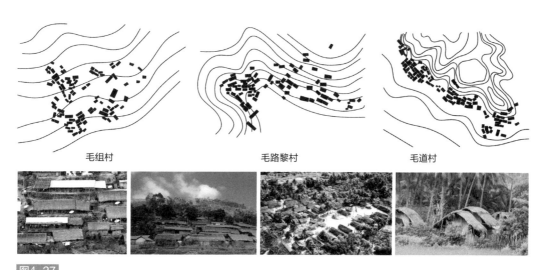

毛组村　　　　　毛路黎村　　　　　毛道村

图4-27
黎族村落平面形态组织

体现（危险下的分散逃离）（图4-28）。

### 5．垂直形态特点

聚落垂直形态构成主要指聚落在竖向上与相关要素的关系以及自身的竖向形态。坡为基，背着山，前流河，间梯田，这是黎族聚落典型的选址布局。在这种布局方式中黎族村落占据山脚最为肥沃的地段，清晰地表达了聚落与山坡、田地的依存关系。黎族聚落以顺应自然机理的方式谦逊地依偎在山脚下，与坡顺，与树依，与田临，与水近，充分展现了融于自然的姿态。黎族聚落用亲近自然的方式，彰显因地制宜，随高就低地灵活适应竖向的方式。

就聚落本身而言，"一"字形展开的船形屋并不强调竖向的突兀，全部建筑均为高度相同的一层船形屋，也没有凝聚聚落核心的标志性建筑。整个聚落平展于地表之上，隐约于山林之间。虽然未有起伏错落的聚落天际线，但整齐并富有水平韵律感的茅草屋顶仍然与周围环境取得完美的融合。黎族村落给人留下的印象主要是水平方向的稳定感，以及它与大地极为紧密和谐的关系（图4-29）。

陵水县高大队总平面图　　　　江边乡白查村　　　　昌江县叉河老裂小队总平面

**图4-28**
黎族村落"离散"的建筑组合方式

初保村　　　　　　毛道乡某村　　　　　　洪水村

**图4-29**
黎族聚落与山坡、田地的依存关系

　　黎族传统聚落在平面形态上彰显了遵循自然机理，顺应地形地貌，以"自发"的方式坦率地表达了聚落单元的独立性；在垂直形态上始终以谦逊的姿态取得与自然的和谐，并诠释了聚落整体的和谐性。

## 4.4.4 黎族传统聚落的生成

### 1. 黎族聚落的组织方式

　　生产力决定生产关系，并影响上层建筑。黎族低下的生产力决定了其一直沿用原始的"合亩制"经济组织方式。这种组织方式的基本特征可概括为：一是多由若干有血缘关系的成员组成，但也存在部分地缘关系的成员；二是合亩内的主要生产资料统一管理和经营；三是合亩内的成员共同参加生产，按户平均分配产品等。这种经济组织方式本质强调公共、公平、统一的特点。由其产生的社会组织——黎峒也具有相同的特征。合亩制的黎峒内部，组成成员是平等关系。

　　黎族聚落的合亩制生产方式以及黎峒的社会组织方式都是以家庭为基本单位，在组织中强调公平、统一、独立的特点，在聚落中则表现为单体式的船形屋。因此，与汉族聚落的组织方式不同，黎族没有形成系统的家族社会关系，也未出现家族聚居的宅院结构，而是以家庭为单位的单体式的船形屋为黎族聚落的基本组织单位。公平、统一、独立的特点决定了聚落并没有形成明显的等级形制分化的建筑类型，因此，缺少标志性的凝聚核心，各单体船形屋间以平等、统一的关系存在。合亩制生产方式以及黎峒的社会组织总体表现为一种合作的方式，这种组织方式并不像汉族阶级之间的统治关系那样紧凑，相互之间的关系较为松散、自由（图4-30）。

　　由此分析可见，黎族聚落的生成方式是在以上"潜在力"的作用下，由家庭船形屋为基本单位，以家庭与家庭间相互合作的关系表达在船形屋与船形屋之间，并逐步拓展。聚落形态因此既表现出较为紧密、统一的一面，又体现出松散、自由的一面。

　　重合老村船形屋之间布局呈现出与其他黎族村落相同的状态，即三两成团、聚散不均。但在考察其成员组成后发现，其成员由不同黎族支系构成，在居住布局中表现为亲缘关系紧密则居住空间紧邻的现象。这在一定程度上说明了黎族聚落空间拓展的组织形式以及聚落生成的方式。具体表现为：各个体家庭拥有较为独立的地块，初步形成松散的组合聚落。随着家庭分化，即成年男性成立新家庭，独立于原来家庭，如原家庭附近有空地，则就在这空地上建屋并移居过去。原家庭附近如无空地，则在村落内其他空地上建屋。如此一来，黎族村落逐渐拓展壮大（图4-30）。

### 2. 黎族聚落的生成方式

黎族传统聚落的组织方式决定了其生成方式。总体表现为以单体船形屋为基本建构单元，通过其前后左右的拓展而生成聚落。在不同的聚落中，其生成方式还是存在一定差异。

（1）纵向式船形屋聚落

以纵向式船形屋为主体的聚落其生成方式较为简单，一般依据自然地形条件，如等高线和河流边界等，以单个船形屋建筑单体为基本要素，带状方式拓展。在平地拓展较为自由，但大多数仍能基本遵循船形屋建筑单元方向一致的原则（图4-31）。

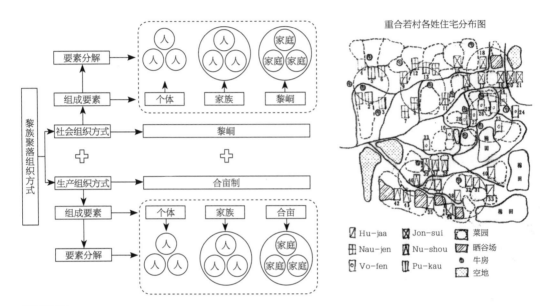

**图4-30**

黎族聚落空间拓展的组织形式

（图片来源：转引自（日）冈田谦《海南岛黎族的社会组织》）

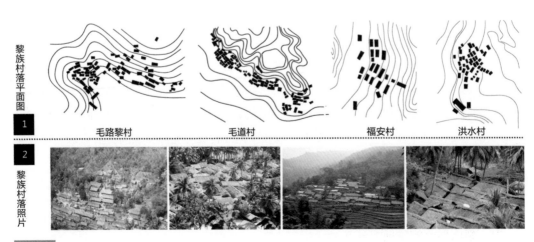

**图4-31**

纵向式船形屋为主体的聚落生成方式

陵水县巴山乡第二村

图4-32
横向式船形屋为主体的聚落生成方式

（2）横向式船形屋聚落

横向式船形屋是受到汉族影响后而发展的居住形式，以此为主体的聚落存在三种情况：①与纵向式船形屋聚落相似，以单个建筑单体为基本要素，结合自然条件拓展，大多数船形屋建筑单元保持较为统一的布局方向。②院落式布局。这种方式是受汉族居住方式的影响，对居住空间细化，将不同的居住需求空间安排在不同的建筑单体中，然后将这些单体组合成一个完整的居住单元，类似于汉族的院落，然后以院落为单位布局。黎族聚落中院落单元相互之间并不相邻，而是保持一定的距离。这其中似乎仍表明黎族人将院落单元看成与船形屋一样的单体来进行空间布局。因此，这种聚落形态仍然呈现松散、自由的状态。③联排式布局。由于横向式船形屋将山墙解放出来，因此其可以像汉族建筑一样进行联排式布局。多个横向式船形屋以山墙相接，形成一排，在此基础上，前后拓展形成行列式布局。这种布局方式显然与汉族聚落基本相似。但在黎族村落中这种生成方式较为少见（图4-32）。

## 4.5　海南岛黎族传统聚落空间形态分异

### 4.5.1　同一地域黎族村聚落比较

同一地域的黎族传统聚落在空间形态方面表现出一定的统一性，尤其是聚落公共空间。如具有明确的聚落边界，中心广场以及聚落整体与自然环境的协调。但也存在一定的差异，如居住建筑的方式，在白查村仍保持传统的船形屋，而在距离汉族较近的陀头村及上、下振兴村则表现出明显的受汉族影响的特点，改为金字顶的船形屋。谷仓的布局也充分说明这一点，在白查村，谷仓全部集中于村落内部安全地带，统一管理，而陀头村及上下正兴村则已开始转变为谷仓分散布局于各家住宅（表4-1）。

同一地域黎族村聚落比较　　　　　　　　　　　　表4-1

| | | |
|---|---|---|
| 东方市江边乡白查村 | 选址 | 三面环山，地势平坦，村落依山傍林，村前田地充足，视野开阔 |
| | 建筑 | 以落地纵向船形屋为主，屋盖为半圆筒形，建筑两侧檐墙低矮，屋檐距地60~80厘米 |
| | 村落布局 | 1. 椰林分布在村落外围，并成为村落外围的标志及界限，其外围并有明显的树篱及树篱围合的稻田及菜园。<br>2. 船形建筑存在两种朝向，相互垂直，数量基本相当。建筑排列没有一定规律，朝向相同的建筑之间相对较易组合。<br>3. 村落仍然保留中央相当面积的一处公共活动空间。多为村民体育比赛、聚会的场所。<br>4. 谷仓全部集中布局于村落最内侧的椰林中，与居住建筑完全分隔。<br>5. 村落整体风貌自然和谐。建筑有机地分散融入自然的基底，高大的椰子树、槟榔树将村庄完全掩映在绿荫之中，郁郁葱葱 |
| 东方市感恩镇上、下振兴村 | 选址 | 村前临河，处于临河阶地之上，地势平坦，腹地广阔 |
| | 建筑 | 以落地纵向船形屋为主，但屋盖为金字形，存在部分横向金字屋。建筑两侧檐墙较高，屋檐距地1.2~1.8米。辅助型建筑类型较多，如柴草棚、圈养栏、杂物房等 |
| | 村落布局 | 1. 村落布局于平坦地势，椰林分布在村落外围，并成为村落外围的标志及界限，其外围没有树篱围合的菜园。<br>2. 主体船形屋建筑朝向相同。主体建筑平行或并置排列，但相互之间距离不定，局部排列松散，部分主体船形屋建筑与辅助型建筑形成院落式布局。<br>3. 村落保留多处公共活动空间，但相对面积较小，多为村民体育比赛、聚会的场所。与白查村相比，公共空间出现分散布局现象。<br>4. 谷仓存在两种布局方式，一种是单独布局，邻近自家住宅；另一种为部分谷仓集中布局于村落一侧，并与居住建筑分隔。<br>5. 村落自然地穿插分布在自然环境中，村落整体风貌自然和谐 |
| 东方市感恩镇陀头村 | 选址 | 背山、依山，地处较陡坡地。村前面河，临河平地作为田地，田地紧张 |
| | 建筑 | 以落地纵向船形屋为主，但屋盖为金字形。建筑两侧檐墙较高，屋檐距地1.2~1.8米。辅助型建筑类型较多，如柴草棚、圈养栏、杂物房等。极少部分建筑采用瓦屋面，墙体采用夯土墙 |
| | 村落布局 | 1. 村落布局于半山腰，周围密林分布在村落外围，并成为村落外围的标志及界限，其外围并有明显的树篱围合的菜园。<br>2. 船形屋建筑沿等高线布局，从山脚向上，层层叠叠。辅助型建筑与居住建筑同向，平行或并列排列，未形成院落式布局。<br>3. 村落仅保留大树周围的公共活动空间，多为村民体育比赛、聚会的场所。与白查村相比，公共空间明显变小。<br>4. 各家谷仓单独布局，邻近自家住宅。<br>5. 村落自然的穿插分布在自然环境中。村落整体风貌自然和谐 |

## 4.5.2　不同地域黎族聚落比较

对于不同地域的黎族聚落则选取黎族聚居区五指山、保亭、三亚、乐东、东方等7个自

然村调查。这7个自然村分别隶属黎族哈、杞、润、赛、美孚五大方言，具有一定的代表性
和可比性。

通过对比反映了黎族聚落在时代环境下的嬗变历程，在这些历程中，可以捕捉到黎族
聚落中保持不变的民族特质，也可以发现黎族聚落适应性的特点（表4-2）。

不同地域黎村聚落比较　　　　　　　　　　　　　表4-2

| | | |
|---|---|---|
| 三亚市凤凰镇槟榔村 | 选址 | 槟榔村是一个半山区的黎族聚居村，位于三亚河上游，离海岸很近。地形多为山区平原各半，平原地区相对高度不超过5米，东部和东北部地区遍布低山，海拔300米左右 |
| | 建筑 | 1. 居住建筑完全汉化，居室空间布局也基本汉化，甚至有影响居住的宗教信仰。堂屋安放祖先牌位在以前黎族建筑中从未见，现在也成普遍现象。<br>2. 时兴供奉土地神、财神等，在每家院子路口处转角，用砖瓦搭建40厘米高的小房子，供奉土地或是财神 |
| | 村落布局 | 1. 槟榔村建筑虽然已模仿汉族等形式，但聚落布局仍保持黎族传统的自然分散的布局方式。一两家、两三家自然分散。<br>2. 村落建筑零散地穿插分布在自然环境中，高大的椰子、槟榔将村庄完全掩映在绿荫之中。<br>3. 适当经营庭院经济。传统的聚落中注重居住建筑周围菜园等家用绿地的配置，新聚落仍保留此种用地。<br>4. 房屋没有一定的朝向及排列顺序。建筑朝向主要遵从"风水"，而不论日光、风向等自然气候环境。<br>5. 村落仍然保留相当面积的公共活动空间，周围配备多处各类小商店。多为村民聚会、娱乐的场所。<br>6. 村落各家不再单独设有谷仓。粮食的存放已逐步脱粒后采用铁桶等器物直接盛放 |
| 保亭县加茂镇毛林村 | 选址 | 毛林村西南边流过响水河，多数时间河床干涸。属丘陵地区，水田面积少，梯田多，高低不平且不连成片。 |
| | 建筑 | 1960年代已仿汉族建筑，盖金字形土坯瓦房，每家3间。 |
| | 村落布局 | 1. 毛林村由2个自然村组成，每个自然村由纯姓族人组成，一个姓陈，一个姓黄。陈姓建筑坐北朝南，黄姓建筑坐东朝西。<br>2. 整个村子面积较小，建筑之间距离较近。养牛、猪、羊、鸡、鸭、鹅等，种植杧果、橡胶、槟榔等 |
| 五指山市福关村 | 选址 | 地处盆地的丘陵范围，五指山市西北部一片南北走向的低缓丘陵上，地势西北偏高，并逐渐向南、东南方向倾斜 |
| | 建筑 | 1. 茅草屋的建造形状、材料及屋内结构保持传统。<br>2. 粮仓、牛栏及隆闺的形状、材料仍保持传统。<br>3. 牛栏露天或遮盖式。露天的牛栏只用数根木桩围成一圈，再用一些细木条纵向连接木桩。遮盖式牛栏比露天牛栏多了简易顶棚。<br>4. 隆闺一般都依附在父母居住的房子周围，呈单坡顶。随着居住条件的改善，一些居住建筑里也划分出单独空间为青年男女使用，而不再建造单独的隆闺 |
| | 村落布局 | 1. 不论原居住地有多宽，位置、地形如何，亲密关系的家庭居住建筑保持紧密相邻。猪圈、鸡棚、厕所在住房附近，杂乱无章。<br>2. 瓦房及平顶房建筑逐渐增多，仍每家各自选址，相互间杂乱错落，没有规划的道路。村中道路在建筑完成后自然形成，崎岖不平，杂乱无章 |

续表

| | | |
|---|---|---|
| 五指山市毛阳镇番满村 | 选址 | 番响村位于五指山腹地，四面环山 |
| | 建筑 | 1. 几乎全部保留船形屋方式。<br>2. 船形屋没有窗户，藤编地板离地尺许，屋内空间未有分隔。<br>3. 房子两端开门，屋外檐伸出较多，形成门廊，作为休息、堆放杂物空间 |
| | 村落布局 | 1. 番满村新中国成立前住户较分散，多数居住在附近的山头。新中国成立后逐渐迁居集中居住。<br>2. 建筑分布自由，依地形方便建造。<br>3. 谷仓分散于村边，但未集中于一处。<br>4. 设有男女寮房各一间，村口有小石庙 |
| 乐东县抱由镇头塘村 | 选址 | 位于乐东盆地东北角，西面距昌化江约2公里，处于昌化江冲积平原和台地上，东距南木溪200米，地势平坦开阔 |
| 乐东县抱由镇头塘村 | 建筑 | 1. 居住建筑为船形屋与金字屋混杂，茅顶泥墙。门开在两端，前门较大。前屋檐储放杂物，部分混搭寮房，室内无间隔。<br>2. 谷仓数量多，每家至少有一个。泥糊墙谷仓长3.9米，宽2.6米，茅草覆盖其顶。用材坚硬，较厚，比居住的建材还要结实 |
| | 村落布局 | 1. 村落座东北向西南。村址在一台地上，地势较平坦，呈带状分布。村落建筑布局于密林、稻田中突起的一个个小丘上。<br>2. 谷仓在村边地势较高的地方集中、成排地盖在一起，颇具规模。<br>3. 寮房较多，布局于村头、村尾。<br>4. 屋檐下及房前空地设置围栏菜地。<br>5. 村落四周椰林外稻田广阔，地势平坦，两条河流像两条彩带绕村半周，两岸植被郁郁葱葱 |
| 乐东县千家镇福报村 | 选址 | 位于一开阔的山丘上，三面小溪流 |
| | 建筑 | 1. 住屋外表像船形屋，但屋盖离地，墙体采用木骨糊泥，室内不铺地板。<br>2. 两端开门，有前廊，室内无风隔 |
| | 村落布局 | 1. 建筑依地势排列，较高的是住屋，四周地平的地方建筑牛栏、猪栏。<br>2. 寮房设于村内。<br>3. 谷仓逐渐减少 |
| 保亭县毛感乡毛感村 | 选址 | 村落处于高山区盆地，周围地势险峻，多山地 |
| | 建筑 | 1. 横向金字屋为主，较少单间屋。<br>2. 室内空间分隔为三间 |
| | 村落布局 | 1. 村落很分散，规模小。<br>2. 房屋依地形排列，朝向不定。<br>3. 住屋在村落中心，谷仓分布在村子四周。<br>4. 谷仓较少 |

虽然不同地域的黎族聚落之间有较大的差异，但都仍保留有黎族聚落的基本共性：

（1）聚落选址自由灵活，无论地处平原河流之滨，还是山地丘陵谷地，始终与周围环境保持高度的融合性。

（2）聚落布局最能表现出黎族对聚居的理解，即便是已经完全汉化的黎族聚落，在聚落布局中仍表现出自由松散的形态，这种形态是由黎族聚落习惯的民族特质所决定的。这种松散的状态表面看似杂乱无章，其深层蕴含着黎族尊重自然、彰显民族特性的特点，即以"自然力"的雕饰来解决居住环境，以安全和私密来解决个性化的居住布局形态。

在共性的基础上，不同地域的黎族聚落也传达着对外界环境的适应调整。这种调整性集中表现在聚落建筑的变化，这种改变基本能表达出受汉族影响的梯度。靠近汉族地域，居住建筑基本完全汉化，采用汉族居住方式；远离汉族区域，黎族传统保持越多，五指山深山区域仍有聚落完全保留船形屋的居住方式。这种情况仍然反映在典型黎族的谷仓上，近汉区，谷仓已基本淘汰，在深黎区，谷仓还依然广泛使用。

## 4.6　本章小结

黎族聚落是海南岛历史上延续和传承民族特色最为持久的聚落。表面上黎族传统聚落与汉族传统聚落形态近乎天壤之别，但在同处一地的黎、汉民族漫长历史磨合过程中，各自民族的建筑和聚落也相互影响，这种磨合已经将两者紧密地融合在一起，成为整体。

黎族传统聚落是海南岛传统聚落的重要组成部分。

### 4.6.1　黎族传统建筑空间形态的特点

船形屋是黎族自古遗留下来的"干栏"式建筑，是黎族富有民族特色和地方特色的传统住宅类型。其总体表现出以下两个特点：

（1）空间低矮、封闭

船形屋是黎族人适应环境的庇护住所，面对温润、潮湿、多虫兽的山地环境，船形屋如何保持室内干爽，抵御夜间寒冷以及虫兽的侵袭，其最好的方式是在封闭的室内环境中始终保持"火"的存在。通过火的烘烤加强气体流动，既取得温暖、干燥的环境，又抵御虫兽侵袭。船形屋虽经历由高到低，由纵向转成横向，且室内空间相对增宽、增高，但始终保持相对封闭的空间。

黎族船形屋采用茅草、竹条、木棍、黏土等自然原始材料，以自然枝杈绑扎为主要连接工艺，这在本质上已经决定其建筑不可能高大宽敞，使用面积也是有限的；为保证建筑整体的稳定性及生活实用性，不可能通过大面积开窗等形成开敞通透的空间，相对封闭的结构也是必然。黎族船形屋以长矩形匍匐的姿态偎依在自然环境中。

黎族是在汉族的干扰下逐步退入山地居住，长期处于偏僻的生活环境中以及对外戒备的文化特点也造就了船形屋封闭的空间特点。

（2）功能混杂

大部分黎族传统船形屋未对室内空间进行清晰界定，即使后来模仿汉族发展的横向式船形屋,其室内空间仍然是以多元化混杂的方式存在。一般将居住睡眠、饮食煮饭、会客接待、杂物储藏等容纳在同一室内空间。船形屋室内空间只是其生活链条中的一环,其他生活内容安排在船形屋的其余空间,如船形屋底层作为圈养牲畜的空间,前廊午休、聊天,旁侧空地种植蔬菜等等。船形屋是整个生活的中心,各种功能混杂在一起,成为黎族人生活的主要内容。这种布局方式某种意义上反映黎族人把船形屋作为其生命的栖息之所。

## 4.6.2　船形屋演变过程中各要素的变化趋势

船形屋是黎族聚居文化的物质载体,在其发展演变过程中始终存在两条线索:一是保持自身特点的自我传承;二是在汉族聚居文化影响下的黎汉融合嬗变。以居住为主要功能的船形屋受汉族影响嬗变明显,逐渐放弃了黎族典型的聚居传统。而作为圈养、储藏等辅助性的黎族建筑却始终保持着自身典型的特点,未发生明显的嬗变。辅助性建筑逐渐成为展现黎族生活特点的建筑类型。但是辅助性建筑的临时性特点决定其很容易淘汰消失,如何传承成为需要研究的问题(图4-33)。

## 4.6.3　黎族传统聚落空间形态的特点

黎族是在历史演化中一步步走向大山深处的民族,在长期的生息繁衍中,具有敏锐的

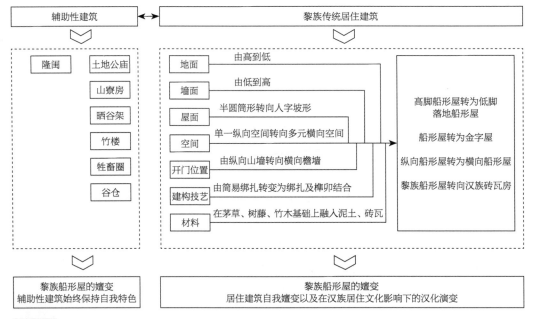

图4-33
黎族传统建筑的嬗变

感知自然的能力。其传统聚落多选址在山溪谷底，夏季有凉爽山谷风、河风，靠近水源，前有良田的自然生态系统中。黎族人擅长利用地形、地物，其聚落多因地制宜，空间布局不拘形式，格局自由，由此成就了顺应山势、临水跨溪的传统聚落景观。

尊重自然、因地制宜是黎族传统聚落的基本原则。传统聚落"靠山吃山，靠水吃水"，多就地取材，巧用自然。传统聚落十分重视对周边自然环境的保护和利用，借助聚落选址、空间布局、建筑形制以及建筑材料等与地方环境紧密衔接，求得和谐统一。

黎族传统聚落与汉族传统聚落以血缘关系为纽带，聚落多以宗祠为中心，呈"向心式"的空间布局模式不同，而是在潜在的"自然力"的作用下"自发"地组织聚落空间。因此，黎族传统聚落顺应自然，因地制宜。缺乏强有力的宗族、阶级的制约，黎族以个体小家庭为组织单元的方式凸显其相对的自由个性，个体私密的要求增加了组织单元间的排斥，黎族传统聚落在尊重自然的基础上呈现出自由、松散的空间形态。

黎族长期在历史中的弱势角色又决定了其团结、互助的集体原则。因此，在黎族传统聚落整体空间构成中，仍表现出黎族人对聚落形态完整性和秩序性的重要意义的认识，尤其是在公共性空间的组织上，明显彰显出统一组织的特点，有"自为"的特征。

总之，黎族传统聚落尊重自然，因地制宜，整体与环境融为一体。其空间构成在公共性空间布局中彰显黎人"自为"的理性，而在个体私人空间的布局中则表现为"自发"的感性。聚落空间形态对外表现出紧凑性、整体性、秩序感，而对内则表现出松散性、自由性，无序感。

黎族建筑及其传统聚落不仅是黎族人适应环境的智慧调适，同时也是其在世代生活中积累的思想认识和文化认同。

黎族船形屋低矮封闭、功能混杂、结构简单，但又为什么能延续如此久远，直至现在仍有黎族人选择船形屋居住，隐藏在其后的是怎样的思想认识和文化认同，这一部分将成为下一章探讨的主要内容之一。

# 05

## 海南岛传统聚落与建筑空间形态营建思想及审美

- 海南岛文化的特点
- 海南岛传统聚落与建筑空间形态营建思想及审美
- 海南岛汉、黎传统聚落与建筑空间形态营建思想及审美的分异
- 海南岛传统聚落与建筑空间形态的特征
- 本章小结

　　人类社会是在不断的实践认识中发展的。认识始于实践，在实践中不断地深化，由感性认识上升到理性认识。在实践中认识不断地由不知到知，在此基础上，共同的认识逐渐转化为能够引导实践的集体思想，即凝结在大众认知中的核心理念。集体认知的思想一旦形成，会成为推动社会在这一思想引导下不断延续和深化发展的动力。《艾青诗选·自序》讲道："'思想观念'是抽象的，结成'粒粒真珠'，就成了明亮的、可以把握得住的物质了。"

　　聚落是人类聚居活动的实践结果。聚落的空间形态是在实践中不断地被认知，尔后又在认知中被实践，最终人们对其的认知上升为具有共同认知的集体思想。在这些结成"粒粒真珠"的思想的引导下，聚落的空间形态特点逐渐明晰和丰富。

　　推动人类实践不断进步的原因是对美的追求。美是事物促进和谐发展的客观属性与功能激发出来的主观感受。人的审美追求在于促进事物的和谐发展。聚落空间形态实践中思想的形成是与审美同时进行的，并相互融合在一起。传统聚落利用自然界的物质要素在实践中以具象的方式表达着自己的聚落与建筑空间形态。然而，在以聚居为同一目的的主题下，传统聚落与建筑空间形态在不同的地域表达着不同的具象内容。在这些具象内容下隐藏着引导这些聚落实践的不同的营建思想和审美观。

　　中国民间文艺家协会主席冯骥才曾说："中华民族最久远绵长的根不在城市中，而是深深扎根在古村里。中国最大的物质文化与非物质文化遗产的复合和总和是古村落。"在现在的发展形势下，开放已成为一个趋势，如果不能深入地研究地域传统聚落与建筑空间形态中的优秀思想和理念，不能很好地引导其在新形势下的良好嬗变，传统村落中的思想和理念将会受到剧烈冲击而逐渐消失，传统的聚落与建筑空间形态也将逐渐解体和消失。

　　本章内容是建立在前面三章内容的基础上，从实践提升认知的角度，来探析掩藏于实践结果中的思想认知。前面三章内容已详细地分析了汉族、黎族聚居实践的物质载体——传统聚落与建筑空间形态，本章内容主要是探析隐藏在这些聚落与建筑空间形态中的营建理念和审美，总结传统聚落与建筑空间形态营建思想及审美特征。

## 5.1　海南岛文化的特点

　　对于具象的事物，思想认识和审美具有地域性。思想和审美的抽象表达载体就是地域文化。地域文化是特定民族和区域民系在长时期的共同生活中凝结下来的带有稳定性的价值观念、思维方式、共同心理及其风俗习惯等形成的总和。

　　地域文化物化于地域性的具象物质载体中，物质载体包括传统的建筑、器皿、饰物、用具、古玩、雕塑、书籍，甚至包括人体本身等。这些物质和非物质总和的表达具有相同的思想认识，并形成集体认同的，具有地域特点的统一文化（图5–1）。

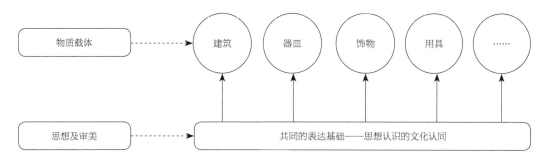

图5-1
物质载体与思想审美的耦合表达

### 5.1.1 海南岛文化历程

　　海南岛文化的形成是海南岛开发建设历程沉淀的结果。最先进入海南岛的黎族，群居洞穴，懂得用火，以简陋的打制石器作为生产工具，过着原始狩猎、捕捞和采集的生活。他们对自然的深度依赖奠定了海南岛文化中的原始气息。至今已发掘的文化遗址证明其足迹踏遍全岛，形成一个遍及全岛的人文布局。

　　在两千多年前，汉族迁徙至海南岛，随之中原文化逐渐进入，并向原始的海南文化渗透。海南社会进入了黎汉文化并存的历史阶段。来到海南岛的汉族移民带来了中原的农业文明。魏晋以后，"原多故，衣冠之族或宦或商，或迁或戍，纷纷日来"。唐末五代交替之际已是"民夷杂糅，屠酤纷然"。由于缺乏文字的黎族人民未能形成完整系统的文化，难以抵挡汉族文化的强势冲击，黎汉文化交融的结果自然使汉族文化成为海南岛的主流文化。而历代赴琼任职官吏和被贬来琼官员带来的儒家正统思想成为海南岛文化的主流。宋元时期的大规模移民，使中原文化真正完成了向海南岛的飘移，并且在明中叶基本完成本土化。据《海南岛志》，仅南宋时期移居海南岛的汉人就达10万人左右，大多来自闽南粤东。至明清时期，中原文化已在海南岛硕果累累，以丘浚和海瑞为代表的大批文人名士产生，以宋明理学为核心文化内容遍布全岛。如果说宋以前，海南岛文化主要是以黎族文化与汉族文化共融为主体，那么宋以后，在新的海南岛文化共同体中，作为主体的是已海南岛本土化的以儒家文化为主体的中原文化。

　　近代时期，海南岛人开始向东南亚等国家和地区迁徙，多民族多区域人文群体的交流，使人文双向流动的特点逐渐凸现，海南岛文化又融入了"南洋"文化的因子。

　　海南岛文化发展的历程即是海南岛多元文化体系的形成过程。随着各民族文化在海南岛上的出现，其相互影响，相互渗透，以至于文化的同化，最终形成了包含着多种文化因素的海南岛文化。

### 5.1.2 海南岛文化的渊源

#### 1．海南岛初始文化——黎族文化

三千多年前，来自百越族，后来被称为“黎”族的人群最先来到海南岛，他们有自己独特的生活方式、生产方式、社会组织形式，因而形成了独具风格的黎族文化。

黎族与百越族的渊源关系使得百越文化的基本特征在传统的黎族文化中得到了较完整的保存。首先，原始崇拜，万物有灵。生产力低下的古代，自然万物成为生命的主宰。西汉贾捐之曾上书汉武帝曰：海南“颛颛独居一海之中，雾露气湿，多毒草虫蛇水土之害，人未见虏，战士自死。”在这种环境下，黎人与自然共处的生存中逐渐认识和掌握自然规律，顺应自然环境。黎族始终保持其对自然的独特理解，以一种敬畏、谦逊的姿态寻求自然的恩赐。其次，黎族个体小家庭以及青年男女寮房的生活方式表现出黎人的自由不羁，礼仪单纯。再次，刀耕火种、自给自足的生活方式需要相互帮助，民风自然古朴。黎族文化表现出对外以封闭、保守为特征，对内则以开放、自由为特征。

黎族文化存在于人们生活环境的所有物质载体中，并以相同的文化基础来表达，呈现出形似或神似的状态。比如黎族服饰的图案来源于对周围世界的认识，并累积形成符号。这种符号文化的图案整体呈现出网络化、封闭、紧凑的布局方式。图案核心表达自我的内心世界，而对外的交流缺口出现在底部和顶部，在侧部表达为封闭界面。在前面章节中，黎族船形屋的空间形态结构也呈现出网络化、封闭的构成方式（图5-2）。

黎族文化具有的自我封闭以及内部开放的独特的价值，使其能在外族文化的不断冲击下通过不断变革来保持自我。这种文化内涵深深地影响着黎族聚居方式。因此，当思考黎族传统聚落为什么一直延续至今，这样的居住方式为什么至今仍然被黎族人民所认可和接受等问题时，这种文化的内涵就是答案。

黎族文化是海南岛最早的本土文化，它奠定了海南岛文化最初的文化基因，其原始、质朴、隐忍的文化内涵并没有随着汉族文化的进入而消失。它的封闭性和自我开放的调适性使其成为海南岛延续时间最久的文化因子，并仍然成为海南岛各种人工物质空间形态结构建构的文化思想基础。

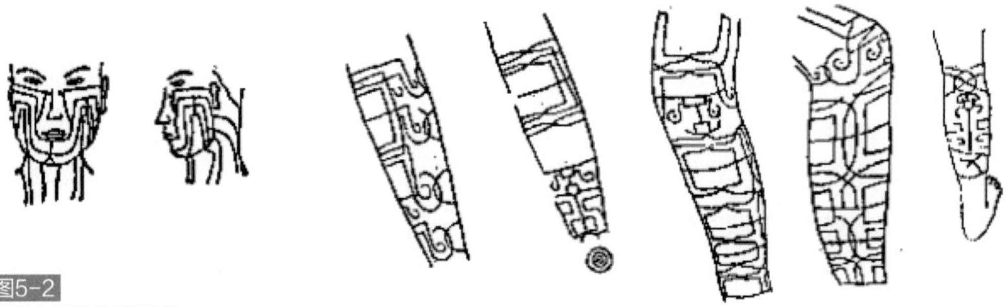

图5-2
黎族人身体纹饰图案

### 2. 海南岛主流文化——汉族文化

汉族带来的中原文化最终在海南岛取得了主导地位。历史上海南岛的汉文化是通过历代的移民、官吏、流放者、经商者带来。他们带来了汉文化的制度、典籍、生产方式、生活习惯以及文化心理。汉文化是中国传统文化的核心内容，它既是中国封建统治者国家统治和社会引导的主要思想基础和理论来源，同时也是占据中华民族统治史两千多年、在不自觉与自觉中影响决定人们的风俗习惯、伦理道德以及价值观、人生观的重要因素。

汉文化的内容非常丰富，其中有四个基本思想具有概括性，即：作为基本哲理的阴阳五行思想；解释大自然与人类社会关系的天人合一思想；指导解决社会问题的中和中庸思想；指导如何对待自身的克己修身思想。

两大要素使汉族文化在海南岛内成为主流文化，一是由于秦汉以来大陆汉族人不断迁入海南岛，逐渐成为岛上的主要居民；二是历朝进入海南贬谪文人的推动作用。尤其是唐宋时期，大陆许多著名文官先后被贬谪或流放到海南岛，如唐代的李邕、李昭德、韦执谊、李德裕、杨知至、韦保衡等，宋代的卢多逊、丁谓、苏轼、李光、胡铨、赵鼎等，他们在岛上以各种不同的方式传播中原文化。如宋人苏轼的《伏波庙记》说道："汉末至五代，中原避乱之人多家于此，今衣冠礼乐盖斑斑然矣。"明丘浚的《南溟奇甸赋》也说："魏晋以后，中原多故，衣冠之族或宦或商，或迁或戍，纷纷日来……今则礼义之俗日新矣，弦诵之声相闻矣，衣冠礼乐彬彬然盛矣，北仕于中国，而与四方髦士相后先矣。"

汉族中原文化，自进入海南岛后，就与黎族文化逐渐发生了密切联系。一方面，汉族文化对沿海广大区域的黎族文化产生了影响和改造，并同化了部分黎族；另一方面，本岛的黎族文化也同化了部分汉族文化，形成黎、汉民族双向同化的历史现象。先进的中原文化，通过官宦商甲、流民迁客，"熏染过化，岁异而月或不同，世变风移。"汉人黎化也常有发生。由于封建统治的经济剥夺和种种历史原因，部分汉人被迫迁入黎族聚落，与黎民共同生活，逐渐黎化。史载："熟黎多湖广，福建之奸民"。熟黎"初皆闽商，谓赍亡命为黎，亦有本省诸郡人，利其土，乐其俗，而为黎者。"

汉族文化在岛内取得主流地位，但也表现出异于中原的特点。其一，由于地处边陲，隔海相望，任何一种文化传入海南岛的时间都要晚得多，从而形成了海南岛文化与外来文化的时间差，也因此，海南岛文化总是呈现落后的姿态并具有自卑感烙印，其对外来文化的仰慕、渴求心理是不言而喻的。这无形中造成了一种本能的文化开放心态。其二，由于传播方式、传播媒介的限制，传入海南的大都是表层文化，属于社会意识范畴的深层文化则很少，且表现出汉族中原文化不完整、不系统。外来文化传入海南岛的主要方式是通过移民，迁入海南的汉族人主要是商贾、难民、戍边兵丁和朝廷官吏，而以前三者居多，这些人成为文化的传播主体和后来海南岛文化的主体。这些人的文化水平一般比较低下，他们所带来的只能是一部分物质文化和方式文化，并以潜移默化的方式影响和同化黎族文化。

而后来进入的贬谪名人虽然带来汉文化的精华，但毕竟呈现点状开花，难以形成全面系统的岛民教化。

### 3．海南岛个性文化——热带海洋岛屿文化

海南岛是一个相对独立的岛屿地理单元，有明确的边界。在交通落后的古代，海南岛与中原极少沟通。荒蛮之地，封闭、独特的热带自然气候，以中部五指山为中心的多丘陵少平原的地形，形成了海南独特的热带海洋岛屿文化。

温润的热带海洋气候使得海南岛美丽富饶。既有丰富的海洋资源，又有山区茂密的森林资源，靠水吃水，靠山吃山，宽松的存活空间造就了海南人因循守旧、安贫乐道的传统岛民心态。封闭的自然环境，没有战争的侵扰，也绝少天灾人祸，又使闲适、从容融进海南岛文化之中。"樵牧渔猎，家自耕植，田无佣田。安土重迁，不事远贩"等成为这种文化的表征。然而，海南岛又多有"飓风之虞"，岛东多雨，岛西又"春常苦旱，涉夏方雨"，冬天还偶有强冷空气，甚至寒潮侵入，加之在古代低下的生产力水平之下，老百姓又多有生活不易之感，这又使务实成为海南岛文化特征之一。

保守、传统、务实的文化特征是在海南岛岛屿环境下形成的，并表现于海南岛的开发历程中。海南岛自然环境及地形地貌决定了海南岛各类要素圈层式的空间分布格局，海南岛人重视这个现实。海南岛的开发也因此从外向内，逐步推进。从黎族进入海南岛，就先选择了利于生活的四周平原，随后的汉族也是从四周开始了对海南岛的开发。无论是聚落建构、行政建制，还是经济拓展都遵循这样的现实。由此，逐渐形成了沿海人口稠密，内部稀少的人口分布状态。这种状态表现为将文化特征最为封闭、保守的黎族推向了深山谷低，而由内及外，则形成了文化的梯度分布，最外圈是文化相对开放、务实的汉族人群。

岛屿的隔绝具有双面性的特点，既增加外来入侵的难度，也成为内部外出的障碍，客观上起到文化的保护作用。某种文化一旦传人本岛，并能找到适合的环境能长期存在时，即使其在原著地的原始形态已经消失，但这些文化因素仍然能够在岛屿内较好地存在下去。海南岛岛屿的区位使得原来为百越族的"黎"族人保留了已在岛外消失很久的百越文化的印记，如"（琼州）数尚六"等秦代度量制度的存在，以及刀耕火种、钻木取火、鸡卜等古老习俗，乃至诸多饮食习俗、生活习惯等。

## 5.1.3  海南岛文化的特点

### 1．海南岛文化的晚熟

海南岛文化的晚熟不仅表现在各种文化传入海南岛的时间较原著地晚，更主要的是表现在各类文化进入海南岛后，经过吸收、沉淀、逐渐成熟的时间更晚。作为一种晚熟的文

化具有两面性：一是由于不同步及传播的片段性而使文化本身处于落后的姿态；二是后发优势的效应，晚熟的文化处于一种不稳定、易变异的状态。尤其是近代的快速发展，海南岛文化的不稳定性尤为突出。这种不稳定性将影响到社会生活的方方面面，包括聚居方式的改变。

### 2. 汉、黎文化的杂糅

从一万年前的原始文化，到汉初设置州郡以后汉文化进入，南腔北调糅合、碰撞，开始了海南文化的新纪元。

汉、黎族文化的杂糅发生在多个层面，既有汉、黎之间的文化杂糅，又有不同来源、不同地域的汉族之间，生黎与熟黎之间，不同黎族支系之间的文化杂糅。而最为突出的文化杂糅表现为汉、黎文化的融合。这种融合以汉族的主动为特点。海南黎族游耕文化由于其自身发展较为缓慢，又是处于封闭且复杂的山区环境中，决定了其不可能有足够的能量去冲破自然区域、社会历史对它的束缚而主动地与沿海汉族农耕文化发生交流，当沿海先进的农耕文化进入黎族地区，便能够与黎族地区的原生文化交融，这种结合，就是海南文化的共同性。这种共同性与海南文化在其发展过程中长期坚持的兼收并蓄、择善而从的文化开放传统密不可分。

以儒家文化为主体的中国传统汉族文化在与黎族文化的并存中，汉族文化受其影响，而与正统的观念已有所不同。譬如，儒家的仁义忠孝、修身治国、中庸和谐、尊卑贵贱以及格古守旧等思想与海南黎族的古朴淳厚、自由放达等文化内涵相结合，就使海南文化增添了新的内容，生成了新的行为规范和价值观念。清《崖州志·地舆志》所概括的："习礼义之教，有邹鲁之风，""士多业儒，人重廉耻"，"民风朴茂，不喜华糜"等，就是对海南文化总体特征的描述。这种文化绝不等同于任何原生的地域文化，而是中原汉族文化、黎族文化和其他各民族文化的历史积淀与文化结晶。

### 3. 文化的包容性

海南岛文化，是多民族文化世代积累和交流融汇的结晶。多种文化在此接触、混杂、联结与融合，形成了统一而多元的独特地域文化。

从文化结构的稳定性来看。海南文化有着比较复杂的成分，岛上各个民族都在不同程度上作出了自己的贡献，形成了一个以汉族文化为主体的文化结构。其构成结构具有零散性、不稳定性的特点。这一特点表明它具有较大的容他性和可塑性，而少有中原"文化斥力"和历史负重感，给新的文化成分的渗入留有很大的心理空间。

因此，在海南岛文化中，既有黎族原始、质朴、自由放达的文化因子，又有讲究儒家礼治秩序、中规中庸的思想成分，还有因循守旧、安贫乐道的保守行为，也具备务实求真、乐于进取的奋斗精神。这些文化思想在海南岛的传统聚落空间形态结构中都可以窥其身影。

## 5.2　海南岛传统聚落与建筑空间形态营建思想及审美

### 5.2.1　自然生态观——原真之美

"建筑之始，产生于实际需要，受制于自然物理，非着意创制形式，更无所谓派别。其结构之系统，及形式之派别，乃其材料环境所形成。"建筑大师梁思成这句话深刻地表明建筑的自然生态观，建筑来源于自然，并深刻表达自然，这种自然就是原真之美。

海南岛传统聚落从一开始就扎根于自然。最先入住海南岛的黎族"……结茅为屋，状如覆盆，上为阇以居人，下畜牛豕。"清代张庆长《黎岐纪闻》中有关黎族住宅有详细记载："居室形似覆舟，编茅为之，或被以葵或藤叶，随所便也。门倚脊而开，穴其旁以为牖。屋内架木为栏，横铺竹木，上居男妇，下畜鸡豚。熟黎屋内通用栏，厨灶寝处并在其上；生黎栏在后，前留宅地，地下挖窟，列三石，置釜，席地炊煮，惟于栏上寝处。"从一开始，黎族住宅的建筑材料茅草、竹木、葵叶、藤叶就全部取自自然界，甚至其煮饭器具也是地下挖窟、置石等纯自然的方式。这种自然原真的生活方式一直延续至今，现在还保存一些完整的黎族村落，其居住生活方式仍以茅草船形屋为主体，"不忍"抛弃。

黎族的建筑及聚落方式一直延续自然原真之美与其长期的自然生存经验及黎族文化中自然生态观密不可分。早先进入海南岛的黎族，在面对四面环海、中部密布森林的地理环境，潮湿、多雨、炎热的气候环境，烟瘴和毒虫野兽侵袭的生存环境时，智慧地借助自然之力，选择了构居室于木竹之上，形似鸟类一样离地而居的"巢居"方式。"考其所以然，概地多虎狼，不如是，则人畜皆不安，无乃上古巢居之意欤？"有些房屋"任其漏滴"和"日光穿漏"原其所以然，利在通风，不利湮室。正是对于自然、地理与气候诸因素的认识和理解促成了其独特的居住形式。随着汉族的进入，黎族聚居区域逐渐退进深山谷地。这种环境中，不仅能获得建造住宅的便利材料，还能获得野果野兽的食物补给，得自然之利的黎族人处在深山谷地环境中深得自然之妙。这种自然观不仅显现于黎族建筑材料的自然性，而且彰显于聚落的选址、形态布局、建筑结构等等各个方面。

对自然万物的整体性、共存性成为黎族人对自然界的基本认识。自然界的空间是包容性的，万物共存是黎族人对空间使用的理解。只要拥有边界，空间内部各要素可以共存，不需要划分明确的区域。这种对自然界以及空间的理解是在生产力低下的条件下的本能认识。这种认识也反映人类对自然界及空间使用的原始方式，是对自然界及空间的原真性反映。黎族人将自然界作为一个整体来看待，聚落的存在不能破坏自然界的整体性。因此，黎族传统聚落选址于自然山林谷地，以山林、水溪为界，因地制宜。聚落内部一字形船形屋依地形自由疏密分布。低矮茅草船形屋掩映于高大的阔叶林、灌木林、竹林以及椰子、杧果、槟榔、荔枝、波罗蜜等植物丛中。聚落融于自然，展现了自然生态的原真美。

黎族传统聚落力求建构一个整体性、各要素共存的自然生活系统。黎族村落"镶嵌"

于自然界中，以一种谦逊的姿态与其他自然要素和谐相融。其建筑类型以居住船形屋、谷仓、牛栏、猪圈、菜地、隆闺等为主，基本没有与生活无关的建筑类型。聚落内部建筑布局以船形屋为主体，其余建筑围绕船形屋自由分散。整个村落多以分散、自由，看似无意识地嵌入自然要素中。聚落交通在地形允许下，以连接便利为原则，自然踩踏成形。各类建筑在聚落中央围合形成广场，成为集体休闲娱乐的空间。聚落建筑四旁空地或外围种植蔬菜、圈养牲畜。黎族传统聚落建筑类型、空间布局等各项要素都是围绕其质朴、原真的生活展开。黎人聚落生活如陶渊明所描述的世外桃源："土地平旷，屋舍俨然，有良田美池桑竹之属。阡陌交通，鸡犬相闻。其中往来种作，男女衣着，悉如外人。黄发垂髫，并怡然自乐。"在这种聚落空间中，生活就是全部。所有的行为方式、行为目的都是为了单纯地生活。这种质朴、原真的生活是没有任何掩饰的，是来源于自然、融于自然的原真生活。

黎族人对室内空间的使用与聚落布局相似，从原初空间的状态出发，彰显空间的整体性和元素的共存性，在强调边界存在的基础上保持内部要素的共存。传统聚落船形屋以一个统一的空间容纳整个生活，将居住、煮饭、接待、储物融于一室。

黎族建筑结构更加直接地表达了自然界的原真之美。采用绑扎、木棍自然枝丫支撑等原真的工艺手法，使用茅草、木棍、黏土等建构建筑。由木骨泥墙作为维护墙体，竹条网架作为半筒形屋盖。室外茅草盖顶，泥墙维护；室内竹条、木棍结构裸露。

黎族人将这种自然生态观以及自然的原真之美从古代一直延续至今。黎族传统聚落建筑始终保持着人类单纯、质朴、真实的生活状态。

汉文化有系统的自然生态观。道家学派的代表人物老子认为，万物源于自然且平等相处。他认为"道"是万物的本原，"道生一，一生二，二生三，三生万物。""人法地，地法天，天法道，道法自然"。道源于自然，因此万物也源于自然。老子把宇宙间的一切都看成是一个自然而然的过程，而人在自然面前应该做的就是"无为"，即尊重自然的自身规律，顺应自然的自在发展。老子之后的圣人庄子主张返璞归真。他认为"朴素而天下莫能与之争美。"朴素就是事物的天然本色、原始状态。儒家思想经过孔孟至宋形成成熟的"天人合一"的观念，认为人是自然的组成部分，人与自然是密不可分的有机整体，肯定了天与人、自然与人类社会具有统一性，并视这种统一性为和谐的最高境界。

自西汉汉族进入海南岛以来，汉族的聚居方式就逐渐成为岛内的主要聚居方式之一，并最终成为主流居住方式。来自中原大陆的汉族的聚居方式受到中国传统文化的熏染，也表达着对自然生态原真之美的认识。

### 1. 聚落选址自然和谐

海南岛汉族传统聚落选址普遍遵循选择有坡、有林、有田、有水、相对封闭的地理环境，且多布局于土地肥沃、人身安全、生活方便、风光优美之所。从现在所分布的地域、地理环境来看，进入海南岛的汉族选择岛内河流的下游平原作为聚落选址点，主要分布在南渡江、昌化江、万泉河、宁远河、珠碧江中下游流域及其支流流域。对于聚居小环境，则注重避风防水、山环水抱、绿林荫蔽、自然生态环境良好的吉地建村。这种选址原则即是对自然和谐、原朴至真之美的追求。

## 2．聚落建筑因地制宜，因材施建，彰显本色

海南岛中南部高，四周低的圈层式地貌结构以及北部火山喷发的影响，形成了岛内各地不同的气候环境和地质地貌。岛上不同地域的汉族传统聚落根据各地域的实际情况，因地制宜，因材施建。琼北地域被火山岩覆盖，木材、土壤缺少。与黎族采用茅草、藤条、木棍等自然材料建构建筑相似，传统村落的建造自然选择了火山岩作为材料。火山岩遍布了海南岛北部和西部的海口、琼海、文昌、定安、澄迈、临高、儋州等7个市县以及洋浦开发区的广大地区。这些区域存在相当多的火山村落。数百年来当地人就地取材利用火山石，建成了这些石头村，墙壁、道路、院墙、墓地等都是取材于火山石。这是一个火山石的世界：石门、石屋、石路、石墙、石井、石洞、石磨、石盆、石池、石臼等等，触目所及的建筑、生活、劳动用具，都是用火山石为材料制成，火山石已成为一种生命元素，深深地根植在古村的肌体中，烙上了抹不掉的印记。这些村落无论村落形态还是村落生活仍然保留着原生态的方式，充满着原真、质朴的美感。

整个海南岛的传统村落彰显着原真、质朴的美感。材料原真性的表达最为突出，除了黎族船形屋、琼北火山石头村，其余海南岛的传统村落基本为砖瓦建筑，大部分表现为青砖墙体，未作装饰，直接表达了材料本身的真实美感。另一方面，村落色彩也是如此。无论茅草船形屋、火山石头村、还是青砖瓦屋都是以材料本身的色彩为主，未做过多的修饰。因此，海南岛的传统村落总是呈现出黑灰、褐黄自然的本色，与周围环境融为一体。

## 3．建筑结构单纯，技艺古拙

海南岛黎族船形屋表达了单纯的建筑结构以及古拙的建造技艺，汉族传统建筑亦是如此。

### （1）墙体材料及构造

海南岛传统民居建筑墙体根据材料来分可分为：砖墙、块石墙、沙土墙、乱砖石墙等。此外还有简易墙，以泥、草为材料。

#### 1）砖墙

海南岛传统民居建筑大多数采用砖墙。但不同地区采用不同的砌筑方法，主要分为砖砌实墙、空斗墙以及两者结合砌筑的墙体。所用砖材以青砖为主，但部分地区也存在使用红砖的现象。

①实砌墙：一般采用水磨青砖砌筑，多不粉刷。青砖规格24厘米×11.5厘米×5.3厘米。各地对青砖的质量要求不同，产生不同的墙面效果。文昌、琼海等地青砖要求质坚声脆，

图5-3
实砌墙面的传统建筑

棱角分明，砌筑时规整、对缝。西南地区的昌江、东方、乐东等地以及少数民族地区汉化村庄要求较低，相对而言，墙体稍显粗糙。墙体砌筑方法以全顺为主，也有一顺一丁，顺丁相间等做法。海南岛琼西南的昌江、东方、乐东以及三亚崖城等传统民居较多采用实墙砌筑（图5-3）。

②空斗墙：空斗墙在中国是一种传统墙体，明代以来已大量用来建造民居和寺庙等，南方地域较为常用。空斗墙用砖侧砌或平、侧交替砌筑成的空心墙体，具有用料省、自重轻和隔热、隔声性能好等优点。海南岛热带海洋性气候下，部分民居建筑采用青砖空斗墙，多分布于文昌、定安、琼海、万宁等地。空斗墙的砌筑方法分有眠空斗墙和无眠空斗墙两种（图5-4）。侧砌的砖称斗砖，平砌的砖称眠砖。有眠空斗墙是每隔1～3皮斗砖砌一皮眠砖，分别称为一眠一斗、一眠二斗、一眠三斗、无眠空斗墙只砌斗砖而无眠砖，所以又称全斗墙。无论哪一种砌法，上下皮砖的竖缝都要错开，以保证墙体的整体性。

海南岛传统民居的空斗墙多用特制的薄砖，砌成有眠空斗形式。这种空斗墙一般作为木构架房屋的外围护墙。空斗墙是一种非匀质砌体，坚固性较实砌墙差，因而墙体的重要部位须砌成实体。传统民居中普遍采用空斗墙与实砌墙的结合。例如门窗洞口的两侧、纵横墙交接处、室内地坪以下勒脚墙等承受集中荷载的部位。如勒脚底部采用"实砌墙"，其上采用"空斗墙"；或明间采用"实砌墙"，两侧暗间采用"空斗墙"等等。

③空花墙：带透空花格的墙，分隔空间和通风，又富于装饰性。用普通砖组砌成花格，采用既有规律又有变化的图案砌筑。常用于围墙、栏杆等建筑外墙（图5-5）。

2）块石墙

在琼北地区，用火山岩砌筑墙体非常普遍。一是将火山岩加工成精细平整的标准砌块体，然后规整垒砌而成，墙体平整。另一种是火山岩加工成厚度相同的不规则体块，然后

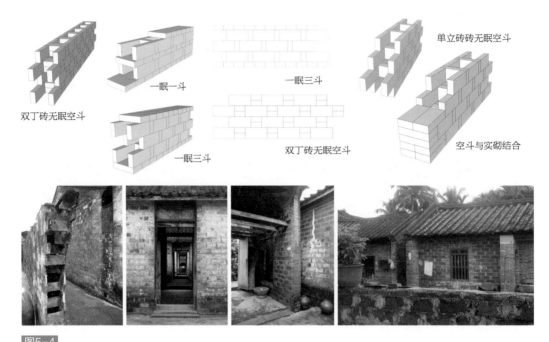

**图5-4**
空斗墙的砌筑方法

**图5-5**
空花墙的传统建筑

根据体块拼凑成规整的墙体。以上两种墙体多为富裕家庭采用。普通家庭采用火山岩自然块体相互随机垒砌的办法成墙，墙体表现为凹凸不平，但充满自然情趣。这种墙体现在广泛采用。

块石墙有干砌和湿砌两种砌法。干砌不用砂浆，靠石块的平整或平衡以及丰富的施工经验完成。大部分传统民居采用干砌法完成。干砌法被广泛采用于院落、巷道围墙以及村落防护墙、圈养牲畜的简易建筑等等。干砌墙体技术相对要求较高，需要将体块大的，平整的面向外，小的凹凸不平的面向内，并尽量保持外墙面的平整以及墙体的稳定。湿砌则用砂浆，火山岩块体相对规整，大小较为统一，由9厘米×11厘米×28厘米和11厘米×15厘米×30厘米等（图5-6）。

**图5-6**
块石墙的传统建筑

**图5-7**
断砖、碎瓦、灰土块、残石等砌筑而成的乱石墙体

3）乱石墙、土坯墙、夯土墙

海南岛传统民居少数还存在一些使用断砖、碎瓦、灰土块、残石等砌筑而成的乱石墙体；土坯堆砌而成土坯墙；用素土（黏土或砂质黏土）加掺合料（碎石、砂和石屑等）砌筑而成的土筑墙或版筑夯土墙。这些墙体的传统民居建筑主要存在于少数民族汉化的地域，或是被用作较低等级的辅助型建筑（图5-7）。

（2）大木构造与屋面结构

海南岛传统民居中的"柱"根据材料可分为木柱、砖柱、石柱。厅堂多用木柱，祠堂、村庙等高等级建筑厅堂少数使用石柱。大部分传统民居都配有前廊或后廊，前后廊檐柱大部分为独立砖柱。檐柱大部分使用砖柱，部分采用石柱，也有部分檐柱下半部分使用石柱，上半部分使用木柱（图5-8）。

海南岛传统民居建筑承重方式主要采用墙檩承重，即由墙承檩，檩上再铺椽瓦。在琼北以火山石为主要建筑材料的民居中明间较多采用梁架结构，部分琼西南及琼东南的传统民居建筑也有采用，但相对较少。

一般认为我国传统建筑结构分为两大体系——抬梁式和穿斗式。但在海南岛传统民居调查中，常会发现很多实际做法并不能清晰地归入以上两种类型，多数为以上两种类型的

图5-8
海南岛传统民居中的檐柱

结合变体，孙大章将其称为插梁式构架（穿斗式与抬梁式的结合）。插梁式构架即承重梁的梁端一端或两端插入柱身，与抬梁式的承重梁顶在柱头上不同，与穿斗架的檩条顶在柱头、柱间无承重梁、仅有拉结用的穿枋的形式也不同。详细讲即组成屋面的每一根檩条下皆有一柱，可能是前后檐柱、中柱或瓜柱。每一个瓜柱骑在下面的梁上，而梁端插入邻近两端的瓜柱柱身，顺此类推，最外端两瓜柱骑在最下端的大梁上，大梁两端插入前后檐柱柱身。为加大进深，尚可增加廊步，以及用挑出插拱的办法增大出檐。在纵向上亦以插入柱身的联系梁相连，成构造架。插梁架的山面柱架往往增加通高的中柱，变成两个半架拼合，增加了刚度。插梁架兼有抬梁与穿斗的特点：它以梁承重传递应力，是抬梁的原则；而檩条直接压在檐柱、金柱或瓜柱的柱头上，而瓜柱骑在下部梁上，部分梁枋仅有拉接的作用，这些都具有穿斗架的特色。插梁架没有通长的穿枋，其构件亦较粗厚，其施工方法也与抬梁相似。海南大型民居建筑或公共建筑，如书院、祠堂等，厅堂构架采用两端山面穿斗式、中央开间抬梁式。当心间的抬梁多使用五架梁，在金柱间架主梁，以上再架三架梁和童柱；金柱与檐柱间架月梁，形成前后檐（图5-9）。

　　海南及闽粤沿海一带因海风剧烈，民居屋面坡度皆较平缓，大多坡度才三五举，用抬梁架方式难以实现，故发展了插梁式结构，而且梁端为两头入柱，位置随宜，十分灵活自由（图5-9）。

　　作为厅堂构架的室外部分，海南岛传统民居的檐廊梁架多为双步梁。其构架处理多为厅堂构架的延续，如保留梁头、抱头梁等；或在挑尖梁上再加一根瓜柱、一条梁和一条檩等。当檐廊顶部作轩式梁架处理时，有用双短柱承托檩，柱间以装饰性月梁连接。也有一部分民居采用简易挑梁承檩做法，即檐部从山墙或隔墙中伸出一个石条或木梁支托檩条的做法（图5-9）。

　　部分传统民居建筑檐廊未使用挑梁承檩的做法，而使用墙垛承檩。通过垒、砌、筑等方式来拓展檐廊空间。

　　海南岛传统民居一般多为三开间的正屋、多开间的横屋及路门等，屋顶以双坡硬山最为常见。其结构为砖墙承重，两侧山墙作为承重墙，构造方式为墙上置檩，檩上架椽，椽上支承屋面重量。山墙封护檩条等木构，对防雨、防潮、防火、防风等有较好效果。

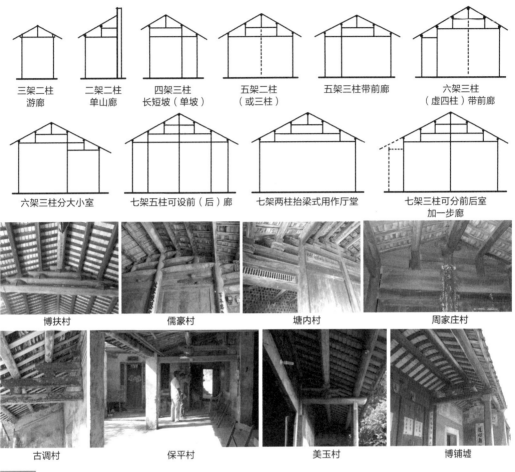

图5-9
海南民居各地梁架结构
（图片来源：参考《中国东南系建筑区系类型研究》绘制）

　　海南岛传统民居屋顶一般"彻上露明造"，通常不做顶棚。檩条以上屋面结构可见，檩条间距相对较密，有时可达40～50厘米，厅堂一般60～70厘米。在木檩条上铺木望板，木望板上铺瓦。

　　屋顶瓦面主要有单层瓦面、双层瓦面两种类型。单层瓦面其做法是木望板上铺平瓦，搭七露三，两路平瓦之间用筒瓦覆盖，内用砂浆作粘结材料，用以固定筒瓦和平瓦。双层瓦面同单层瓦面做法相同，只是在单层瓦面上再重叠铺设一层瓦面。当上层瓦面铺砌在离屋脊20～30厘米时断开，使两层瓦面之间留有架空通气空间。屋顶采用双层瓦设置通风间层，一方面利用通风间层的外层遮挡阳光，使屋顶变成两次传热；另一方面利用自然通风，带走进入夹层中的热量，白天能隔热，晚上易散热。

　　海南传统民居屋面瓦片较薄，容易被大风吹翻，因此多在檐口部位以上40厘米处用砖和灰浆砌筑压住瓦面，平瓦处留孔，利于排水。也有使用火山石条压住瓦面。

| | | | |
|---|---|---|---|
| 文昌蛟龙村 | 琼海贡举村 | 海口美社村 | 定安龙梅村 |

| | | |
|---|---|---|
| 乐东保利村 | 乐东抱旺村 | 三亚水南村 |

图5-10
海南岛传统民居屋面

　　海南岛西南地区正屋前檐廊较宽，正屋前坡面常采用两段式，即加宽的前檐廊采用与屋面相同的坡度和做法接建檐廊，这种构造加深了前檐廊的深度，扩大了空间（图5-10）。

　　就整个海南岛传统聚落而言，建筑结构基本采用硬山搁檩、灰瓦屋面的单纯做法。建筑结构方式裸露于室内外而未加修饰。以前在很多人眼中，海南岛建筑古老而破旧。现在审美观的改变，人们逐渐认识到海南岛传统建筑代表着一个地域的建筑发展历史，表述着地域内人们对建筑的理解，结构单纯、技艺古拙也是一种质朴、原真的美。这种美体现的不是其聚落建筑结构和建构技艺的创新和先进，而是其聚落建筑结构和建构技艺真实地表达了地域经济、文化的本真特点，是在立足地域本身环境，以一种纯真的方式表达和实践着对聚落建筑结构和技艺的理解，并把它一直延续下来。

## 5.2.2　因地和顺观——和合之美

　　因地和顺即和谐，"天人合一"。和谐之美是所有传统聚落的基本特征。无论聚落的选址、聚落格局，还是聚落形态以及建筑结构，都体现出和合之美。这是中国自然气候环境中孕育的各民族基本品质，也与中国传统文化息息相关。

　　人类起源之始，自然地理环境对人类的生存活动起着决定性的作用。这种作用直接反映在人类群体的谋生方式中。黎族人最早出现在海南岛土地肥沃、雨水充足的地域，丰富的各种植物资源把黎族人寻找食物的方式引向植物采摘、狩猎，利用茅草、木材建屋。黎族人选择了与自然环境和谐共处的生存方式，并且一直延续至今。黎族人的因地和顺观是在与自然环境长期的磨合中形成的，虽然未形成系统的思想观念，但自然对生活的深刻影响已使黎族人客观上对自然充满感情，并以因地和顺作为基本聚居原则。

黎族传统村落多处于深山谷地，选址遵循借山依水，聚落一般处于山脚下，沿等高线呈带状分布，其前分布梯田、小河。整个聚落掩映于密林之中，有所谓的"山包围村，村包围田，田包围水，有山有水"之说。这种选址与布局方式既满足聚落防台风袭击和山洪冲刷，又能借山林狩猎、采集，借水溪取水、捕鱼、浇灌等。聚落成为居住环境生态系统中的一环，和谐自然。

黎族传统聚落不仅体现自然和谐，而且传统聚落内部形态遵循和合之美。整个聚落由高度、长度形态基本相似的船形屋构成，或平地疏密有致的排列，或依山就势，顺坡排列，要么是整齐、平和的建筑轮廓，要么是层层叠叠、韵律十足的建筑轮廓，都勾勒着和谐的聚落形态，彰显着聚落整体的自然和合之美。

与黎人相似，汉族人骨子里也是充满着和顺观，讲究和合之美。不仅如此，汉族将和顺观念形成完整系统的思想体系，并指导整个生活，聚落空间形态结构亦是如此。

《周易·大传》有言："夫大人者，与天地合其道，与日月合其明，与四时合其序，与鬼神合其吉凶。先天而天弗违，后天而奉天时。"对做人提出了顺应自然、使其行为合乎自然本性的道德要求。儒家创始人孔子的自然观可以概括为："敬畏天命"。其"天命"就是指自然规律，"知天命"，即是对自然现象的了解、掌握。孔子的生态伦理观不仅仅体现在"知天命"，更重要的是体现在"畏天命"。儒家主张"制天命而用之"，就是要求人们掌握和利用自然规律，按照四时变化和生物生长规律组织生产和生活。孟子明确提出了"取物以时、不违农时"的思想，提出要尊重自然外物的生长规律，爱惜、保护、帮助促进其生长和发展。荀子主张"山林泽梁，以时禁发"，做到"谨其时禁"，就是要根据自然规律，把自然资源的开发利用与保护紧密结合起来。这样才能"不夭其生，不绝其长也"，使百姓"有余食"、"有余用"、"有余材"。道家圣人庄子也反对将"天"与"人"割裂开来，认为人的一切皆得之于天地自然。"天地者，万物之父母也，合则成体，散则成始"。"天人合一"充分体现了中国传统思维方式的特点，成为生活的一个基本的信念。

汉族人携带着传统文化进入海南岛聚居生活。其聚落或依山傍水，或临河沿路；宅前屋后，林木成荫；荷塘溪池，家禽成群；小溪曲径，迁陌纵横。处处体现融于环境、归于自然的和合之美。

海南岛汉族传统聚落在借自然之美的基础上，"自为"地创造与自然和谐的聚落环境。海南岛气候湿热，常有台风、暴雨等异常天气。传统聚落有意识地保留聚落周围密林，形成天然屏障，既可阻挡台风，又能形成绿地"冷湖"效应，增强通风，降低聚落温度。聚落形态布局多借自然地势，顺坡拓展成梳式布局，朝向小气候风向，或者有效利用聚落周围自然水体，或在村落低地人工开挖水体，形成"林包围村，村顺着坡，坡脚开塘"的"林地–聚落–水塘（水田）"的布局结构，既解决了防风、通风、降温、排水等问题，还可利用水塘养鱼。传统聚落及其环境形成和谐整体的生态系统（图5-11）。

琼海市中南村　　　　　　　文昌市泰山村　　　　　　　琼海市加德头村

图5-11

海南岛汉族自然和谐的传统聚落

（图片来源：Google Earth截图）

与黎族聚落借用自然，彰显"自然而然"的和合之美不同，汉族传统聚落则明显表达着"自为"的和合之美。这种"自为"的和合之美不仅表现在村落选址及营建的基本格局上，还体现在聚落建筑群的空间形态上。汉族传统聚落空间形态表现出明显的聚居核心，这种核心往往不像内陆地区的聚落，内陆聚落的核心在聚落中心，且表现为具体的物质载体——祠堂。海南岛传统聚落核心更多表现为"绿地"核心，村落建筑群呈扇形向"心"布局，而由此形成"梳式"布局，也多呈现扇形。这种布局方式以"自然"为核心，和合之美自然而成。

### 5.2.3　承祖尊礼观——正统之美

黎族虽然是少数民族，没有文字，亦未形成系统的民族文化，但黎族仍是一个承祖尊礼的民族。黎族信奉万物有灵，表现出典型的自然崇拜及祖先崇拜。天、地、石、山、树以及云、雾、雷、风、雨等天象都是崇拜的对象。这些质朴的自然崇拜对聚居形态的影响逐渐形成民族传统，从而被传承下来。如，树的崇拜使得大树常出现在聚落入口处。对地及石的崇拜常表现黎族大部分地区都祭拜土地公，黎族村落入口处是黎族人民经常朝拜的土地庙。对祖宗的崇拜表现为聚落外围的树木保护良好的墓山以及祭奠仪式，如在原来合亩制黎区和白沙南开、昌江王下、东方江边等地，有树木阴密的墓山。即同一个祖宗谱系共有的墓山，平时墓山树木不许砍伐，在先人下葬的时候，才开路砍树。这些自然崇拜及祖先崇拜的行为方式和文化传统影响着聚落空间形态，并逐渐成为民族普遍遵循的思想准则。

黎族长期生存在自然环境中，逐渐形成质朴的民族传统文化，这些文化在聚落中留下的印记影响着聚落形态的空间布局。长期的聚落营建实践逐渐形成融合自然、展现原真、和合之美的聚落空间形态、聚落建筑结构以及建造技艺，逐渐成为黎民共同认可的"正统传统"而被一直延续至今。因此，在聚落空间形态结构上黎族人民也一直坚持自己民族的传统审美观。

南迁的汉族受自身传统的生活观念、宗法礼制和伦理道德影响深厚。这种生活观念、宗法礼制和伦理道德在迁入海南岛，结合地域环境后而具有了海南地域特点，影响着聚落的空间形态布局。

汉族是一个古老的农业民族，尚农风俗源远流长。与尚农风俗相关的是崇拜土地神。土地神崇拜的形式是"社祀"，"壮、祭土，而主阴气也……壮，所以神地之道也。"民间对土地神的信仰十分广泛，新中国成立前土地庙几乎各个村落到处可见，海南岛传统村落的土地庙也非常普遍。海南岛早期"多毒草虫蛇之害，气候恶劣"，迁入汉族由此也形成了多种神灵信仰，村庙成为海南岛传统村落的主要构成要素。海田村位于海口市北部，南傍海甸溪，西望大海，东邻南渡江，因村旁有一片由海水冲积形成的水田而得名。其形成的历史可追溯到宋代，迄今已有900多年。清代以后，地处海口港码头的海田村随着经济的繁荣和外来移民的增多，自然分成一庙、二庙、三庙、四庙、五庙、六庙等6个自然村庄，每个村都在村落中心建有自己的庙宇，祀奉各自信奉的神灵。六座庙宇成为六个村的象征。每村的庙宇门前都有一个宽阔的广场，广场四周都生长着高大茂盛的古榕或枇杷树，树底下成为本坊村民休闲纳凉、聊天说地的场所。每个庙宇的对面都有一个戏台，遇有重大的祀事活动，都要上演琼剧。全村男女老幼持凳坐在广场上看琼剧，品尝着本土传统文化的精神大餐。现在，风雨摧老了古庙的容颜，但古庙始终是村落的心脏，是村民延续梦想的地方，在历史的传承中，古庙见证着历史风云，记载着岁月沧桑。海南岛的村庙建筑基本布局于村落外围，村口分布最为常见。村落建筑与住居建筑保持一定距离，分布于不同地段。海南岛村民将宗教神明空间与住居生活空间完全分离，表明其对宗教信仰的纯粹性、本真性、神秘性。

其次，宗法礼制和伦理道德是汉族传统聚落组织空间形态的主要原则之一。封建的宗法礼制在民族心理上造就了两个特点：一是对血缘关系的高度重视，二是对等级差异的强调。

尊祖敬老是汉族血缘关系衍生的千古遗风。汉族祖庙、宗祠遍布各个村落。村落祠堂在村民的生活空间中占据重要位置，但与内地以祠堂作为村落中心的布局方式不同，海南岛村落祠堂大多不在村落中心位置，往往单独建在村外不远之处，村落的中心多为公共活动场所。这种方式的布局与村落村庙的布局有相似之处，祠堂与村庙被划分为同一类型空间，更加强调了宗庙空间的神圣性。

与尊祖习俗相关，在封建宗法制的长期影响下，汉族喜聚族而居。世代同居，以院落作为家族聚居的基本单位，也成为聚落构成的基本单位。院落中分上房下房、正房侧房、内院外院，庭院与建筑物融为一体，具有封闭独立的住宅建筑群。院落向纵深拓展，形成一列宅院，多组宅院构成聚落主体。院落中建筑及宅院空间位置反映出个体家庭等级差异。海南岛传统聚落也遵循相同的聚落空间形态组织方式。以正屋为核心结合侧边长横屋或者短横屋形成基本单元，在以"列"的方式纵向拓展形成宅院，家族同居；处于宅院最里面的正屋，其级别最高，以此类推。

重视长幼的宗法观念被移用到社会的人际关系上，就变为等级观念。几千年的封建社会一直提倡长幼有序、尊卑有序。强调人际关系的和谐，强调群体对个体的约束，不突出

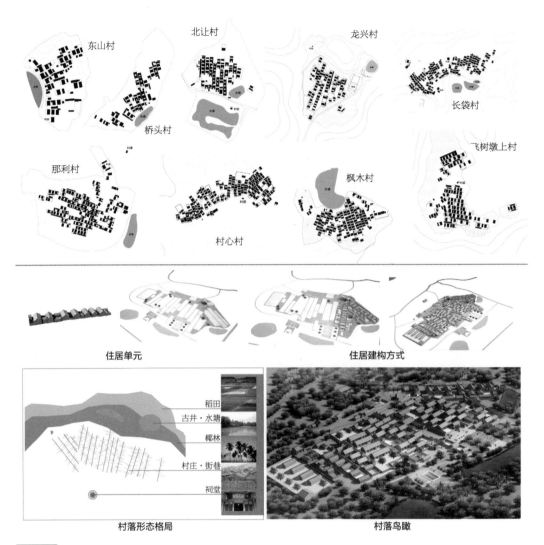

图5-12
传统观念在聚落空间形态结构组织中的表达

个体，而强调群体。这些传统观念在聚落空间形态结构组织中也得到表达。传统聚落以群体形态与周围环境取得和谐，聚落中建筑群的构成遵循群体秩序，这在海南岛村落中亦是如此，以"自然"为核心（部分村落也以祠堂形成聚落重心），各组宅院按照等级关系依次排列。聚落空间形态结构主次分明，秩序井然，整体和谐。如澄迈县东山村以村前水塘为中心，以多列纵向拓展的宅院组成聚落；兴隆万石村以村外祠堂为中心，以扇形分布的多列纵向拓展的宅院组成聚落；文昌市后坡村由前后排列的多列纵向宅院组成聚落，最长的宅院由七进院落组成。文昌市会文镇十八行村顺坡而建，村前坡脚为椰林稻田及蓄水水塘，十八列宅院以坡顶祠堂为核心，依次顺坡呈扇形排列。聚落形态结构呈现"稻田-古井水塘-椰林-村落-祠堂"的秩序结构（图5-12）。

海南岛传统村落先祖多是由福建等内陆地区迁入。异地迁入及继承闽地传统，村落布局遵循以血缘为基础聚族而居的空间组织方式。以石山镇儒豪村为例，古村整体布局以祠堂为核心，突显了血缘宗族的传统聚居文化。祠堂位于村落核心区域，其前形成开敞的广场空间，并与村落居住建筑群以主干道分隔设置。村落居住建筑群为三进式宅院，门楼开口面向祠堂，布局紧凑规整；独院式宅院则处于村落周围，门楼开口面向三进式宅院，排列较松散、自由。村落整体布局表现内部较强的核心凝聚力，外部从属内部的井然秩序。建筑群布局及功能受儒家礼制思想影响，居中为上，重礼制秩序。院落布局呈前后对正的多进式院落，秩序井然。多列同进院落彼此间左右对正，高度相同，体现彼此尊重的传统礼制。

## 5.2.4　避世隐忍观——逸静之美

海南岛古代被认为是不毛之地，瘴疠滋生，气候环境恶劣。"岭南天气卑湿，地气蒸褥，而海南为甚。夏秋之交，物无不腐坏者。""人非金石，其何能久？"属于"十去九不回"的尚未开化的地方。唐代被贬到琼山的名臣李德裕在诗中写道："一去一万里，千去千不还；崖州在何处，生度鬼门关"；"独上高楼望帝京，鸟飞犹是半年程"等绝望诗句，都说明当时海南的荒僻遥远。而同是"天涯沦落人"的宋朝名臣胡铨也发出了"崎岖万里天涯路，野草荒烟正断魂"的悲凉感叹。这些记载与描述生动地道出当时海南岛人烟稀少，地势卑湿，交通闭塞，茂草丛林，蚊虫群舞，早晚多雾，近夏瘴热，瘴疠疫疾猖獗，气候环境恶劣的境界。在这种恶劣环境下，为了生存，人们必然要有相当坚强的毅力和忍耐能力。

由于地理位置的偏远、瘴气盛行的恶劣环境以及"土民屡反"的性格，使得海南岛长期被排斥于"王化"之外，长期处于"羁縻诸州"的地位，这种情况一直持续到明朝。长期的相对封闭，不被关注和重视的海南岛更强化了其文化中的避世隐忍的因子。内陆地区由于人口众多，土地稀少，常年战乱纷争、局势动荡等等原因，人们在寻找一处相对稳定安全的聚居之地。封闭的环境使海南岛成为人们心中避世隐匿的理想之地。

泛海而来的黎族先人先后在岛上定居，成为海南岛最早的人口群落。此后，历经多次迁移，俚人南渡、高官贬谪、名家落籍，以及后来的元代屯田、苗族上岛、客家入居，不但形成海南岛汉外黎内的环岛型民族空间分布的大格局，而且也形成了局部区域黎汉及汉族之间杂糅的小格局。有着数千多年移民史的海南岛已是五方杂处的、典型的移民社会。无论是圈层式的人口分布大格局还是黎汉及汉族之间杂糅的小格局，都存在不同民族之间的差异，这种差异注定要形成民族之间的彼此戒备，进而产生出相互隐避，互相隐忍的生活观念。这种情况在来源不同的汉族之间同样存在。

海南岛区位环境、开发历程、人口构成等等都促使海南岛文化中散发着避世隐忍的文化因子，进而并发出聚居审美中的逸静之美。这种文化因子以及逸静的聚居审美在黎汉传统聚落中表现明晰。

在汉族强势的挤压下，弱势黎族人被迫忍让后退，聚居地域逐渐退向中南部高山谷地。与世隔绝的环境强化了黎族人避世隐忍的性格，而逐渐钟情于优美的山地自然风情。在黎族保留的村落和民居文化中可以体验到"清水出芙蓉，天然去雕饰"的逸静美感。海南岛现保存完好的黎族村落有东方市江边乡的白查村、乐东县的头塘村和五指山市的水满村。这些黎族村落周围多被高大的阔叶林和竹林围绕，亭亭玉立的槟榔树、婀娜多姿的大榕树等各色热带植被掩映其间，身处其中，恍如隔世，逸静之美油然而生。宋代宰相卢多逊被贬海南岛时曾写诗赞美道："……鹦鹉巢时椰结子，鹧鸪啼处竹生笋。鱼盐家给无墟市，禾黍年登有酒樽。远客杖藜来往熟，却疑身世在桃源"。任凭岁月的流逝，它们都静若处子，表现出天籁的曼妙。庄子认为"美"存在于"天籁"，"天籁"是没有人工雕凿的一种气息，是一种自然淳朴逸静之美的形态。庄子曾说："天地有大美而不言"。海南岛黎族村寨的椰风蕉雨、水中云鹤、山间明月，正是无言的大美，是自然淳朴逸静之美。

海南岛黎族聚落的逸静之美还表现在其聚居的茅草船形住屋。据清人《岭南丛述》记载："朱崖人皆巢居。……今黎俗住木栏是也"，其"居室形似覆舟，编茅为之"。以茅草、木棍、藤条、黏土，通过绑扎、支撑、涂抹等简单工艺建造船形屋在现在黎族聚落仍然存在。黎族船形屋在东方市江边乡白查村、俄查村，昌江黎族自治县王下乡洪水村，东方市感城镇陀头村、上下振兴村等等传统黎族聚落中保存完好。船形屋外形像船篷，拱形状，用藤扎架，上盖茅草或葵叶。其造型朴素简易，不雕饰，与周围自然环境融为一体，不分你我。黎族船形屋给人的审美感受来自原始、简洁、朴素等诸多因素，有海德格尔"诗意栖居"的生存感悟，环抱在自然中的茅草船形屋以及由此形成的船形屋聚落静静矗立，与世隔绝（图5-13）。

海南岛虽然从西汉开始就有汉族人口迁入，但毕竟与大陆隔海相望，交通不便始终限制人口的迁入。唐之前，虽有几次较大规模的人口南迁波及海南岛，但此前的汉人南迁入岛是一种无意识的流入。至唐以后，海南岛的吸引力逐渐增强，人口南迁入岛增加。即使

王下村

初保村

俄查村

图5-13
海南岛黎族聚落的逸静之美

如此，至宋代，海南岛内唯北部琼州人口较密，其余地区人口还很稀疏，每县不过一二百户，"儋、崖、万安三州地狭户小"，"……，三郡强名小垒，实不及江浙间一村落"。丁谓被贬崖州，喟然长叹"程途何啻一万里，户口都无二百家，夜听孤猿啼远树，晓看潮浪瘴烟斜。吏人不见中朝礼，麋鹿时时到县衙"。宋人周辉也曾描述过相同情景："抵郡，止茅茨，散处数十家，境内止三百八户，无市井"。明清以后移入人口较多，但仍与内地无法相比。海南岛长期处于地广人稀、植被茂密的局面，这种环境下聚落之间距离较远，客观上形成了相互封闭的环境。聚落被大自然环境所包围，相互之间来往较少，自然形成避世、逸静的聚居环境。

　　孤悬海外的海南岛非迫不得已不会成为迁入目的地。因此，早期迁入海南岛者多为流离失所之人或征缴军队等。魏晋南北朝时期，中原战乱频繁，海南岛隔海远离，成为战乱庇护所，避难逃荒者日益增多。隋代，海南岛开始成为贬官流放之地，继隋代杨纶之后，唐宋代大批官吏贬谪海南，多为中土名士，饱学诗书，来到海南岛后，带来了中原文化，促进了海南岛文化的更新和汉化。丘濬在《南溟奇甸赋》中说："魏晋以后，中原多故，衣冠之族，或官或商，或迁或戍，纷纷日来，聚庐托处，熏染过化，岁异而月不同，事变风移，……，今则礼义之俗日新矣，弦诵之声相闻矣。"魏晋南北朝时期，中原地区战乱频发，导致玄佛盛行，隐逸之风蔚然。寻求避世和隐逸思想盛行，追求人与自然相契合的审美意识促成了传统上流社会聚居的城市中山水园林大兴，也促进了很多文人郊野隐居现象的出现。由此之后，契合自然，寄情于山水，追求隐逸、闲适、逸静的聚居环境成为主流之一。在白居易《草堂记》、苏舜钦《沧浪亭记》、欧阳修《醉翁亭记》、计成《园冶》、李渔《闲情偶寄》、文震亨《长物志》等大量的园记与游记文学中，生动地体现了文人哲匠返璞归真、避世隐忍的思想观和体宜因借的环境意向以及闲适、逸静的人居环境美学思想。贬谪海南岛的中原名士带来的魏晋以后的追求人与自然相契合的审美以及闲适、逸静的人居环境美学思想，与海南岛本身封闭、人口稀少、自然环境优美的客观环境非常契合，加之迁入海南岛的大部分人口其目的多为避世逃难，寻求稳定、闲适的生活环境。这些因素的叠加，使得相互之间取得共鸣，自然选择和营建的聚落彰显避世隐忍的思想观和体宜因借的环境意向以及闲适、逸静的人居环境美学思想。明代海南大儒丘浚的《小景》所描述的理想居所为："川光涵远空，山色淡平野。危楼夕霭间，高树凉云下。久客厌尘纷，羡杀舟游者。"这种空灵明净、景致幽远的聚落意象当是海南传统聚落的最佳范式。

　　海南岛传统聚落将闲适、逸静的人居环境美学思想延续至今。在海南岛现存的传统村落中处处散发着这种闲适、逸静的聚居之美。琼北火山石头古村落，给人一种远古原始村落的感触：沿着大小不一的火山岩石堆围起的半人高石墙，走在弯弯绕绕的石头村道，一间间石院、石屋展现在人们眼前。万年火山岩石依然为今天的人们遮风挡雨。整个村子就是一个火山石的世界——小路、墙壁、庭院、戏台、庙堂甚至磨具、石盆、石碗，都是用

图5-14
海南岛闲适、逸静的传统聚落

火山石做原料。石垒的篱笆、石铺的村道、石筑的堂屋，一块块青灰色的火山石，上面布满细微的小孔，无言地向人们诉说着传统古村闲适、逸静的魅力。

迁入海南岛的汉族人骨子中充满着避世隐忍的观念，因此，聚落选址常常避开交通便利、地形开敞之地。即使无法找到隐蔽基址，也会通过人工措施进行调整，如村落周围密植植被、垒砌围墙等等。海南岛汉族传统聚落选址于自然山水环境优美的滨海或滨河平原地带，隐匿在丛林茂密、植被丰富的自然环境中。就小区域而言，由于迁入汉人来源的复杂性，各传统聚落之间尽量保持一定的安全距离，以示隔离。

传统聚落整体格局往往呈现"稻田–椰林–古井–村落"的格局。聚落由砖木结构建筑群构成，建筑外观保持材料本色和质地。质朴的建筑构成梳式排列的行列式聚落形态，掩映在翠绿的林木之中，彰显着逸静之美。

### 5.2.5 淳朴务实观——致用之美

#### 1. 环境使然，历史传承

海南岛四周低平，中间高耸，热带岛屿季风性气候，潮湿、炎热、多台风。如此环境下，如何解决通风、隔热、遮阳、防台风、排水、防潮等等问题成为首要任务。

淳朴务实的生活观决定海南岛传统聚落自古就形成了针对性解决上述问题的经验，务实为先，致用为美。如据载："崖州滨海，时有飓风之虞，故公私官室，不为高敞，贫民店舍，织柴为壁，涂之以泥，盖以茅茨，常为飓风所卷。富家一室两房，柱四行，中两行嵌以薄板，余甃以瓦，所构材料，选用格木，坚重细腻，最为耐久。其制中为正室，左右为旁室，两相对向，有三合四合之名，不尚楼阁，惟取完固而已。"清·乾隆·萧应植《琼州府志》记载："琼郡枕山籍海，多海溢飓风之虞，故公私宫室，不得为高敞，然规制与内地略同。远僻州县，多用茆茨，即公署间有茅屋。民居近海者，与蜑人杂处，常苦风飘水泊，附黎者与黎人杂居，不免巢居峒处。"《太平寰宇记》卷八十八《剑南道·昌州风俗下》记载："……无夏风，有僚风。悉住丛箐，悬虚构屋，号'阁阑'。"无论是早期干栏式建筑还是后来的砖瓦建筑，都结合海南岛的特殊气候环境进行了相应的调适。如，降低房屋高度，采用干栏居住，加固建筑结构，使用厚重材料，甚至远离滨海地段等等方式，来创造舒适的聚居方式。这些经验传统一直为海南岛后来者学习和借鉴。

#### 2. 智慧调适，科学务实

关于岭南建筑防风、防火、防潮、通风、降温等的环境调适，以前有学者曾做过深入研究，可简单概括为以下几个方面。

关于建筑防风措施大体概括为：①降低房屋高度。"高而多风，理固然也"。②内部结构。南方沿海地区中为抬梁、边为穿斗的结构形式，重要原因就是防风，穿斗结构属"超静定"体系。③封闭的院落空间。"室高足以避湿润，边足以为风寒。"内向封闭的院落布局利于防风。④脊顶结构。为了防止台风吹掉屋顶，采用瓦片、压瓦石条、屋脊等加固屋顶。

关于建筑防火措施大体概括为：①防火限定单元空间，要求建筑能相对独立，以防延烧。在这对矛盾的促使下，以院组合建筑的意念便产生了。木结构有易燃的缺点，其建筑群布局不应是大小族拥，而应是分开布局，独立设置。②空间格局。水面设在建筑前，兼景观防火，利于调节小气候。③建筑技术。木骨泥墙是为防火而把建筑中裸露的木材用泥土包裹起来，是古典的批挡技术，对于建筑防火是相当关键的一环。

关于建筑防潮措施大体概括为：①选址防潮。原始村落多选择河流两岸的台地作为基址，这里地势高亢，多在高爽之地，有一定的防潮意义。②通风防潮。因为热气和湿气较轻，容易在脊梁下形成"湿热死角"。为了通风、散热、散潮，只有在山面上开洞，热压通风。从巢居发展为干栏建筑，都是架空型的建筑，而没有直接立于地面，很大的原因就是为避湿防潮；居内设有火堂，烧火在取暖的同时，使室内温度升高，水蒸气外散，相对湿度较小。③木构石化。南方气候湿热，柱根容易潮湿腐烂，故用石化构件。

古代建筑措施具有综合性，一项措施就应用了两三条规律。本质上说，防风、防火、防潮等规律是相互联系的，甚至是互为基础的。例如：低矮的建筑、厚重建筑材料等本身就可以既起到防风，也能起到防火等作用。

海南岛传统聚落及建筑虽然结构简陋、形态粗犷、空间简单，但对于防风、防火、防潮以及通风、降温等等各个方面适应环境气候的调适表现出清晰、务实的思想。以上关于防风、防火、防潮的措施和思路在海南岛传统聚落和建筑中都得到了充分的体现。

（1）通风、降温、防台风的措施

海南岛地处热带北缘，居住环境要求通风、降温。临海的地区海陆风强烈，为通风提供有利条件，频繁的海陆风有利于日常环境通风，但遭遇强烈的台风会造成相当巨大的损失，因此，引入海陆风，防止台风是村落整体面临的首要问题。

就海南岛传统村落，无论汉族还是黎族，植物空间是影响通风、降温、防火、防台风等自然环境的主要因子。海南岛较小的人口密度使得传统村落布局相对分散，规模较小，村落营建有足够的土地空间，因此村落外围能保留或种植大量植物群，其规模多是村落居住建筑群面积的3~4倍，多为椰林、果林或野生灌木林；而村落内部建筑围合的公共空间中植物则多以孤植或散植为主，庭院内部只在前院种植少量观赏果树或花卉。植物空间整体表现为外围植物紧密，村落掩映在浓密的树林中，内部植物空间松散，建筑群敞开于四周空间中。外部植物空间既能成为防止台风的主要屏障，又能形成"绿林冷湖"，而村落内部建筑群形成的"建筑热岛"环境与之配合，此种结构"外堵内畅，交融更替"，既有效降低了台风的影响，又增强了内部日常的通风降温效果（图5-15）。

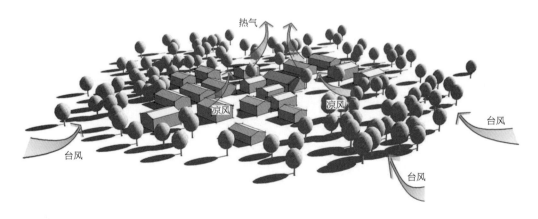

图5-15
传统村落结构的通风降温、防台风示意

　　黎族村落多借地形布局于山谷坡脚,自然达到防止台风的效果。采用干栏式或船形屋建筑,底层架空,屋盖低矮,屋顶茅草用藤条加固,木骨泥墙留有缝隙等等,利于防潮、通风,使用木材、茅草既可隔热,又能保温。

　　无论汉族还是黎族传统聚落,选址都遵循地势高爽。传统聚落顺坡布局,建在台上,并在村后植林,形成前水后山和面池背林的地形,前低后高,无论防潮、排水、通风、降温都取得较好效果。即使地处沿海平原的汉族传统聚落也尽可能寻求丘地布局,聚落往往处于高于周围稻田的微地丘台。

　　通过局部环境的有利条件调适来改善聚落居住适宜度也是汉族聚落常常采用的方式。如利用聚落周围洼地形成通风廊道,保留聚落周围水塘,尤其是村前低地水塘,甚至是人为建造村前人工水塘。利用水塘的"冷湖"低温效应,达到与聚落建筑群之间通风的目的。如琼海市官塘村利用村前洼地人工建造多个水塘,既可养鱼,又能形成冷湖低地,与村落形成通风条件,还能兼顾村落排水蓄水的功能;琼海市南山村有意识保留村落周围洼地,并改造成人工水塘,也是出于上述目的(图5-16)。

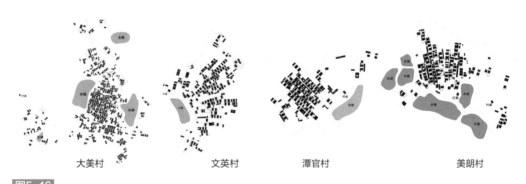

大美村　　　　　　文英村　　　　　　潭官村　　　　　　美朗村

**图5-16**
传统村落利用水塘改善聚居环境

　　海南岛传统村落建筑组群多呈梳式布局。建筑组群纵向递进排列,形成多列笔直通畅的"冷巷",利于通风,对村落内部通风降温极为有利。如澄迈县老城镇石矍村地势后高前低,村前有一饮马湖,全村各院落沿着小湖依势排列,是典型的"梳式结构"布局模式,村前湖水成为村内居住空间凉风的主要交换源。琼海市盐寮村也是典型的梳式布局,聚落布局面向坡前稻田及水塘。石山镇儒豪村内部建筑群体呈多进式院落梳式布局,外松内紧,七行排列,巷道笔直通畅。因小地形复杂,海南岛传统村落也出现因地制宜、自然而居的传统村落。如石山镇荣堂村居住建筑组群院落大小不一,随地形自然布局。村落空间沿树枝状道路向纵深发展,自然消失在村后茂林中,复杂的坡地会在海陆风的基础上形成山地风等多风向的气流,建筑组群的树枝状布局形成了多方向的"接纳"空间,也有利于居住建筑群整体环境的通风降温效果(图5-17)。

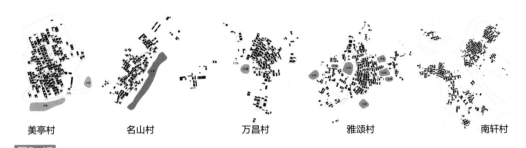

美亭村        名山村        万昌村        雅颂村        南轩村

图5-17
传统村落利用地形改善聚居环境

就单个传统院落布局而言，庭院建筑的布局采用多进式院落。院落单元由正房及两侧的辅助用房（门楼、侧厅）组成。琼北地区辅助用房常采用长横屋组织多进院落空间，长横屋与主屋之间形成长带状空间。由于横屋的遮荫，带状空间始终处于阴影之中，因此也成为整个宅院的"冷巷"，从而加速宅院通风降温。宅院正屋常采用单列多进式布局，各进院落间正房厅堂前后正中开门，且前后对正，厅堂中间无隔板遮挡（除供奉祖宗的厅堂外），多进之间畅通开敞。在院落间形成自然风流通路。这种布局方式通风极好，对厅堂及两侧房间降温效果明显。

海南岛传统村落单体建筑基本为单层三开间，传统的砌筑技术建造的建筑较低矮，全为一层，材料的厚重、较小的间距、通畅的巷道等等，使得整个村落体系非常适应抵御台风。为利于屋内降温，单体建筑进深较大（正房进深一般7.8米，有的达到12米）。琼北地区火山村墙体采用火山石砌筑，厚度可达36～50厘米，前后正房之间庭院间隔3～4米。为防止台风，建筑屋檐低矮，屋脊用火山条石压顶，檐墙开小窗或者不开窗。

海南岛传统村落建筑防风降温建造技术简朴实效。①屋顶采用双层瓦设置通风间层，一方面利用通风间层的外层遮挡阳光，使屋顶变成两次传热；另一方面利用自然通风，带走进入夹层中的热量，白天能隔热，晚上易散热。但双层瓦屋面容易被大风吹翻，因此多在檐口部位的双层瓦屋面上用几层条砖压住瓦面。②琼西南建筑外檐廊加大，形成建筑外宽大的室外通廊，处于阴影面的通廊成为通风廊道；琼北地区火山石传统建筑墙面采用大小不一的火山岩自然面干砌，相互咬合，层层累叠，形成的细微缝隙补充了室内透光及通风的需求。③海南岛传统聚落总体朝向并不遵循大部分内陆地区坐北朝南的方向，而是根据局部小气候将聚落朝向调整到迎风向。这样就自觉地将风引入室内。为了增强通风效果，增加了建筑迎风面窗户数量，如在住屋明间门口两侧增加竖向长窗，或者在靠近檐墙顶端增加多个窄窗，也有部分建筑在檐墙低下增加多个窄窗，还有建筑在山墙面沿脊顶留置间距30厘米、直径10厘米通风口若干。如此，尽可能开设通风口并创造冷热空气交换条件，有利于室内热空气流出，冷空气补充，达到室内通风降温目的（图5-18）。

传统建筑通风降温措施

（2）防火思想及技术

海南岛气温较高，村落防火至关重要。

黎族传统村落船形屋主要使用木材、茅草、藤条等极易着火的自然材料建造。针对茅草船形屋容易着火的缺点，采用以下建构方式避免火势：第一，独立建造，分散布局。每栋船形屋独立建造，互不连续，通过空间隔断来组织火势蔓延。第二，木骨泥墙。通过墙体木材涂抹黏土，形成墙体阻燃层。这一系列的措施使得黎族船形屋一直延续至今，仍有部分黎族人未放弃船形屋居住方式。

汉族传统聚落针对防火也采取了各种措施。首先，结合地形布局水塘。大部分有条件的传统聚落都结合地形在村落周围设置水塘。这些水塘在调节局部小气候的同时也成为村落排水、蓄水的主要场地以及消防的主要用水来源。就聚落建筑群而言，村落防火体系由三部分组成。一是建筑筑造采用"外石（砖）内木"的方式，将木材外露的部分降到最小。建筑低矮，外围主要材料以砖石为主，不设窗或设小窗，窗棂靠内安装，建筑出檐较短。即使设外廊，廊柱也多采用石材或者砖材砌筑。这样极大地降低了火灾发生的可能性。二是建筑群排列成梳式布局，每列宅院间由冷巷间隔，其中一行宅院失火，相对影响周围宅院的可能性降低。同时，冷巷也成为紧急救火时的便捷通道。三是设置储水水缸。村落户户设置多个水缸储水，既可满足平时生活用水，也可作为紧急救火水源。

（3）排水、防潮思想

海南岛传统村落多依山面水而建，平地建屋则地基前低后高。村落布局多村后为山，村前为田地或池塘，通过地势巧妙地将多余雨水引入村前田地或池塘，既可田地补水又可储水养鱼，整体布局自然地解决了村落排水，同时防潮又利于防火。

传统村落一系列的通风措施，实际上也起到防潮作用。除此之外，如居住建筑内部以石条或者砖材砌做36～50厘米的地基层，木构件置于其上，石条或者砖材细密的孔隙自然达到防潮目的。

（4）对外防卫、对内交融的空间策略

海南岛传统村落对外防卫、对内交融的空间处理也显示出淳朴务实的思想和致用之美。以儒豪村为例。儒豪村设置两重门关，外围设置寨门，内又设置村门。沿寨门入村的道路较窄，蜿蜒曲折。到村落的建筑群口设置村门，狭小坚固，门框用加厚的整条火山石修筑，坚固异常。围绕村寨围砌火山石寨墙。村庄核心院落成行聚集排列，三进院落与祠堂建筑处于村落核心区，村落周围建筑面向核心区修建，成团块聚合护卫状分布。

儒豪村道路系统由三部分组成：入村小道、村落道路、宅院道路。入村小道曲折徘徊。道路两侧火山石分隔的田地中多种植果树，间有杂灌木，种类丰富，植被茂密。整个村落"不到村口不见村"，这正反映了迁入民族的"客家"保守防卫思想。入村门后风格完全转变。村落道路系统主要由一条南北向主路、五条垂直于主路的支路组成，呈梳式布局，中规中矩，清晰简洁。主要支路伸入院巷，由沿巷整体排列的院墙、门楼或山墙与围墙围合而成，狭窄而富有变化；外围支路稍有宽窄变化。畅通便捷是村落道路的主要特点。宅院道路系统却异常丰富，由入户巷道作为宅院干道，由巷道再进入每进庭院；每进庭院通过前后贯通主建筑正堂的道路连通，即每个宅院内部形成两条纵向交通。宅院与宅院之间由巷道分隔，各宅院每进院落都向巷道开侧门。这样整个相邻的多座宅院内部互相连通，交流非常方便。儒豪村道路系统呈现对外隐秘难寻、对内交通灵活机动的特点，这也进一步反映了明显的"防卫"思想（图5-19）。

儒豪村从村落布局就表现出强烈的隐秘防卫思想，在建筑布局上也体现出极强的私密性。核心建筑群宅院入口门楼高大厚重，宅院内部虽属一家所有，但每进庭院高墙围护形成单独空间。院落由入口门楼进入，个别宅院结合门楼建有左右两间门房，每个宅院设一个独立的门楼和入院巷道。巷道位于宅院的南侧，联系三进院落，沿巷道设置三进巷门。层层围护，私密性极高。每进庭院面对巷道设置侧门。庭院的主要建筑为三开间标准建筑，占据院落的主要位置，沿东西向排列分布，将院落分成多进空间。庭院主建筑檐高与巷道火山石围墙等高，院落空间较封闭。紧邻的院落间自然形成巷道分隔的模式，各家人不用走出院门可直接通过巷道间侧门自由往来。

宅院内通过两条纵向系统交流，宅院间可通过巷道侧门进出相互交流，建筑空间表现出内部的空间交融性（图5-19）。

### 3. 做法朴素，实用为先

黎族人利用木棍、茅草、黏土、藤条，通过绑扎建造空间简单，形态自然的船形屋。

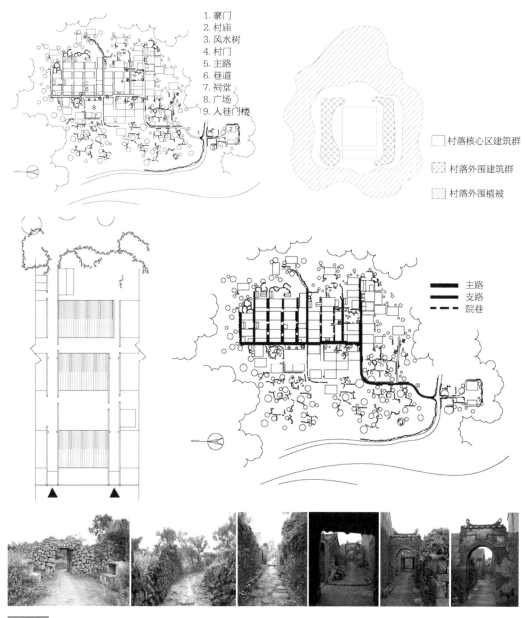

1. 寨门
2. 村庙
3. 风水树
4. 村门
5. 主路
6. 巷道
7. 祠堂
8. 广场
9. 入巷门楼

□ 村落核心区建筑群
▨ 村落外围建筑群
▥ 村落外围植被

━━ 主路
═══ 支路
╌╌ 院巷

图5-19
儒豪村对外防卫，对内交融的空间

汉族琼北地区火山石村落的建筑以天然火山石为材料，块块石材就地而起，不填辅料，从下到上完全干垒而成。建筑、门楼的火山石材经过仔细打磨，外立面平整，但石材形状不规整，因材就形，缝间隙平整密实，无粘剂痕迹。围墙、后院圈舍等火山石材没有打磨，大小不一，互相垒叠，高低错落。屋架采用穿斗式的木梁架，以榫卯相连。所有梁架构件用料均匀，柱子饱满圆浑，梁架显露，雅洁庄重。柱础用火山石条，结合厚实的木板构成厅室隔墙，地面无铺装，简洁古朴。屋顶使用"仰合瓦"，瓦片较薄、宽大，在瓦垄对缝的地方覆合瓦，个别屋顶合瓦两侧抹灰泥填补缝隙，屋檐使用半圆形瓦当，屋脊用磨制的火山岩石条压顶，防止台风吹掉瓦片。海南岛大部分聚居建筑采用砖材，以一明两暗三开间建筑为主体。建筑材料及内部结构外露，建筑建造选用砖石、茅草、泥土等自然材料，以实用为目的，并不追求材料的奢华和结构的复杂。

## 5.3　海南岛汉、黎传统聚落与建筑空间形态营建思想及审美的分异

黎、汉民族虽然同处一岛，且在长期的聚居生活中相互影响，在聚落生活中表现出基本相似的营建思想和审美观，但两个民族由于聚居区域以及自身文化的差异，聚落空间形态结构仍然表现出极大的差异。

### 5.3.1　聚落选址

黎、汉族群在聚落选址时都选择了自然环境优美的地段，近水、近林、近田、近坡，远离交通干道等等。而且在处理聚落与自然环境的关系上都保持亲近、融合的姿态。

然而，对于自然的态度，黎、汉之间在传统聚落空间形态结构上具有差异。对自然的崇拜是黎族最为重要的文化思想，这种思想深深地烙印于黎族聚落和建筑之中。因此，黎族传统聚落对于基址更多地表现出顺从和依赖，追求天生丽质、自然而然。以对自然环境最少的改动来营建聚落，表现出安逸自然、安身立命的思想。汉族也崇尚自然，追求"天人合一"。汉族常通过人为调适的手段对聚落基址进行有目的性的改造，既享受自然，又要利用自然。因此，汉族传统聚落周围常出现人工岛或水塘、风水林、风水塔等等人工要素。

### 5.3.2　聚落与建筑空间形态

#### 1．聚落空间形态核心

海南岛黎、汉传统聚落整体上都表现出融于自然、和谐逸静的环境氛围。但就聚落空间形态结构而言，具有明显差异。汉族聚落在儒家思想的影响下，强调聚落空间形态核心要素。祠堂、村庙、戏台、榕树、水塘、农田、林地等成为重要的控制性元素，或在聚落空间中心，或偏离聚落空间中心，但对聚落空间形态而言有明显的控制力。汉族传统聚落常以祠堂、村庙、戏台、榕树等"实体"要素标示村落核心，并以此要素建构广场，成为节庆、仪式空间。空间形态核心强调宗教"神"的存在，各种仪式是以"神明"为核心，兼顾自己，人神共乐。更多的村落以水塘、农田、林地等自然要素作为核心，村落围绕、环抱这些要素，呈扇形布局。这种布局更加彰显了对自然和现实的尊

重。在尊重"自然"这一点上汉族表现出与黎族相似的特点，但汉族村落具有聚拢性，集中秩序式地"拥抱自然"，利用自然。这与黎族相对自由、散点式地融于自然有明显区别。

黎族信奉万物有灵，没有明确的宗教信仰，主要表现为对自然的崇拜。黎族对于自然的热爱使得其传统村落以分散布局的方式融于自然之中。缺乏明确的信仰载体，因此黎族村落中无标示性实体要素控制村落空间形态。村落建筑围合"虚体"空间形成村落中心。这种中心空间也承载节庆、仪式活动，但不是表演给"神明"，而是自己，不是娱乐神，而是娱乐人。

### 2. 聚落空间形态

汉族传统聚落的基本构型单元为院落，由多个院落构成宅院，多个宅院构成聚落。每一个单独的基本院落由多个建筑单体组合构成，建筑单体之间的组合遵循一定的范式。这种范式的形成除了遵循自然物理环境的要求等，更倾向于受文化或思想认识的影响，并逐步形成民族的、普遍认同的基本模式。海南岛汉族传统聚落基本院落由主屋、一侧或两侧横屋以及路门构成。

汉族传统院落中，居住建筑是院落主体，而居住建筑中安放祖宗牌位的厅堂空间是主要空间。空间的序列关系表现为：祖宗、神明空间高于接待礼仪空间，接待、礼仪空间高于居住空间，居住空间高于其他辅助性空间。院落建筑空间功能明确，厨房、卧室、厅堂、书房等空间相互独立，并以内庭院组织成完整的聚居系统。庭院成为聚族生活的核心空间，同一庭院血缘关系紧密，家庭生活的私密性较高。

黎族传统聚落的基本构型单元为船形屋，即黎族由分散布局的单体建筑直接形成聚落。某种意义上表明，黎族聚落无建筑组群的意识，建筑空间形态布局主要是遵循自然物理环境的要求。即使有初步的组群意识，表现出利于监视、保证安全的散点式布局方式，也未能表明形成明晰的、普遍认可的民族聚居文化。

黎族聚落的船形屋室内为单一空间，居住、接待、饮食、储藏等空间未有明确划分。聚落建筑缺乏由庭院组织的围合的院落，个体家庭的生活方式表明血缘关系较松散。主要家庭生活在同一内部空间解决，属于相对内向型的生活方式。

但作为储存粮食的粮仓单独建造，并使用明显优于居住生活的船形屋的建筑材料，且粮仓在传统的黎族聚落中常集中布局于村落中最为安全的地段。这种空间形态彰显了黎族在生产力落后情况下，通过保护和储藏粮食资源以备断粮期等恶劣环境下的接济和调节，应对生活资源的不连续性及不稳定性。

### 3. 聚落空间形态结构构成要素

黎、汉传统聚落空间形态中构成要素的差异也反映了不同的营建思想和审美。汉族传统聚落中村庙、祠堂、戏台、榕树、水井、水塘等公共空间要素成为组织聚落空间的核心要素。汉族文化强调的秩序、礼仪等传统思想深深影响着聚落空间形态的建构。而黎族聚落中粮仓成为村落核心要素，但其并没有组织聚落空间形态的控制力。黎族自由、务实等传统思想也深深影响着其聚落空间形态的建构。

## 5.4　海南岛传统聚落与建筑空间形态的特征

### 5.4.1　"多源融汇"：海南岛传统聚落与建筑空间形态的共性

#### 1. 传统聚落空间形态结构的"多源"认同

海南岛的开发历程中明显的特征是人员构成复杂及人群流动性大。来自不同地域的人群在不同的时间逐渐聚集在海南岛，并在相当长的时间内人员在岛内持续流动。这种特征说明海南岛各民族及不同民系在开始进入海南岛时是具有不同的文化、经济、社会、思想观等，即各种因素构成的"多源"渊源。然而，当这些因素处在一个相对密闭的空间中，具有相同的聚居环境，并组成同一个经济、社会圈层，彼此逐渐认识，相互影响、相互交流、相互交融，"多源融汇"，逐渐会产生基本的认同。

这种基本的认同是建构在同一个生存环境中。在这种整体环境下逐渐形成了适应自然环境、因地制宜、承祖尊礼、避世隐忍的聚居思想和以原真、和合、正统、逸静、致用为美的审美观。

这种基本认同表现在聚落空间形态中即是对聚落基本构型单元的认同。这种基本构型单元是各类聚落单元的综合，或者是基本型。

黎族分为杞、孝、润、赛和美孚五个支系，不仅五个支系的服饰不同，且各支系内部，因居住地不同或分为更小分支，亦有一定的差异。但就黎族传统聚落而言，聚落构成的基本型表现为"一"字形船形屋。"一"字形船形屋的绑扎、支撑等建造技术、简单的矩形空间形态、单一的内部结构以及茅草、竹棍、黏土等建造材料无不表达出上述所形成的基本认同。

汉族传统聚落基本构型由一明两暗三开间正屋、侧边横屋、路门及院墙形成基本的院落。这种构型的院落也是上述基本认同的体现。这种基本型与其他地域的基本型存在明显差异。整体院落形态并没有呈现中原对称规整的布局，而是以不对称均衡处理的方式，将居住、辅助功能明确划分，表达实用为先的原则，它封闭的院落及三开间正屋表达了家族聚居的正统文化传承，旁侧横屋展现了务实、致用的思想和审美。整个架构单元所使用的砖石、木材等材料及简易的穿斗和抬梁结合的建筑结构，也表达了彰显原真、逸静的特点。

黎、汉虽是不同民族，处在不同的聚居区域，拥有不同的民族文化，具有不同的聚落基本构型单元，但就聚落空间形态结构所表达的营造思想及审美观的基本内容是相同的。即表现为共同的适应自然环境，因地制宜，承祖尊礼、避世隐忍的聚居思想和以原真、和合、正统、逸静、致用为美的审美观。

### 2. 传统聚落空间形态结构"多源认同"的表达

因为有对传统聚落空间形态结构共同的多源认同，因此，海南岛的传统聚落表现出很多相同的共性。

（1）聚落选址。无论黎族传统聚落还是汉族传统聚落，都遵循基本相同的选址原则，亲近自然，融于自然。黎、汉聚落选址基本为植物茂密、水源充足的山岭谷地坡脚，或是河网密集、资源丰富的微地土丘。既要通风、近水，又要防风、防潮、防水；聚落选址注重安全需要，并注意远离交通干道等等。

（2）黎、汉传统聚落都表现出聚落规模较小、分散布局的特点。客观的原因是较少的人口密度；人口来源复杂；生产力落后，生产成果的供给能力有限，不能供养人口规模较大的聚落；交通方式、交通工具及交通系统限制聚落规模大小；出于安全防护的需求，较小的聚落便于隐藏；落后的"刀耕火种"生产方式，民族矛盾以及人口扩张与局部土地供给的矛盾等等常常导致村落频繁搬迁；气候燥热，湿润，村落需要通风降温等等。这些共同的客观的原因使得黎、汉对传统聚落空间形态结构形成规模较小、分散布局的多源认同。

（3）封闭的聚落环境。对于黎族而言，自从汉族迁入，便从海南岛原先的主宰者一步步退居深山谷地，过着逃避隐居的生活。因此，黎族传统聚落常密林环村，溪水相伴。汉族虽然相对黎族为强势民族，但迁居海南岛的汉族本身是在内陆地区被排挤、被压迫的对象。加之，迁居海南岛的汉族来源复杂，多是不同地域的小家族迁入，并在岛内持续流动。因此，寻求避世、隐忍的心理、小区域杂居的现实以及为了寻求安全，都决定了采用封闭的传统聚落。汉族传统聚落基本都远离交通干道，隐藏于茂密的林地中。

（4）质朴的建筑风格，古拙的建筑工艺。黎、汉传统聚落选用木、竹、茅草、泥土、砖等自然材料建造，表现自然材料的本身质地和色彩，基本未做多余的装饰。即使出现装饰，亦表现出手法粗糙、技法古拙。如，黎族茅草船形屋是仅通过绑扎、支撑等简易工艺完成，基本满足居住的建筑；琼北火山石村落，仅通过将火山石敲打成块，以自然垒叠的方式建造住屋。墙体参差不齐，处处留缝，技艺简陋可见一斑。即使是最为精细的砖木建筑，也仅以常规砖块砌筑，而未有精细的装饰，即使在内地传统建筑中受到特别重视的檐柱柱墩，也是如此。

海南岛传统聚落"多源融汇"的特点主要是三方面原因造成：一是，优越的自然条件提供了良好的聚居环境，使得聚居较易获得自然的庇护及恩赐。而生存于此的人们也安逸于享受自然；二是，无论黎汉人民，生产力都处于较为低下的水平，在依赖自然的情况下，主要关注于满足基本生存、生活的物质条件，还无暇顾及聚落规模的扩张以及聚居环境的文化享受；第三，海南岛黎汉文化本身发育迟缓，且存在多种源流。没有强势文化群体的整合，较难形成系统的地域文化。各种文化在低层次的自然观、物质观层面较易达成共识。因此，海南岛传统聚落在与自然环境的协调以及所展现的聚落空间形态的原真、和合、逸静、致用之美等相当高的认同度。

## 5.4.2 "和而不同"：海南岛传统聚落与建筑空间形态的个性

### 1. 汉、黎传统聚落之间空间形态的"多元个性"

黎、汉聚落在海南岛共同的聚居环境中以及各自文化、经济、社会、思想观等的影响下，既形成了双方认同的基本思想和审美共同点，也坚持了本民族的特有文化传统。因此，在聚落空间形态上表现出"多元个性"。

黎、汉传统聚落空间形态虽然都表达着原真、和合、正统、逸静、致用之美，但黎族的船形屋与汉族的砖瓦建筑形态个性明显不同。这些具体内容已在上几章中有详细分析。这里仅以水为例，分析黎、汉民族对聚落空间布局的理解，尤其在对自然环境的认识和利用上。

无论黎族、汉族的生活都离不开水的存在。水既解决了生活饮用需要，又满足了生产甚至交通的需要。因此，黎汉都选择了以水为邻的聚居环境。但由于所处地域水环境不同，形成了不同的对水环境的理解和运用。

汉族聚居于环岛的滨海平原、河流入海口以及水网密集的区域。聚居选择临海、滨江、滨河等区域，这些区域地形平坦，土地面积宽敞。较大的水面既限制了聚居过于近水而为防止水患，居住与水域保持距离，水与聚落的空间格局表现为：水边植林，林边修田，田后建屋。水被作为布局聚落空间的依据，聚落常面水而居，沿水岸线带状布局。这种布局方式中，水被作为调节聚居环境的重要因素。面水布局最大化地拉近了水与聚居的关系。水面不仅满足了聚居生活系统的用水、排水等需求，同时也成为调节聚居地局部小气候的主要手段。沿河带状布局也便于聚落的规模拓展。广阔的滨河腹地利于聚落稳定发展以及聚落布局的多样化。汉族对滨水环境的优势的理解常常促使其在无水环境下，尽可能地人工创造滨水环境。如，汉族常在可能的条件下，在聚落前人工修建水塘。

黎族聚居于深山谷地。聚居地多为溪水、泉水等，水面较小，水量有限。水成为黎族不可或缺的日常资源。因此，黎区流传"无水不黎"，充分说明了水对黎族的重要性。虽然身居山地，但常临水而居，这种聚居方式明显不同于汉族近水而不临水的方式，黎族临水是指近距离接触。黎族聚落常紧邻山溪或跨过山溪而建。如，东方市感城镇陀头村、上下振兴村、江边乡白查村、昌江黎族自治县王下乡洪水村等等都是如此。深山谷地中，平地较少，山溪旁相对而言地形较为平坦，但多为小地块。在这种环境下，黎族早期采用干栏式居住方式，建筑架于水上，便于用水及排水。上下不便的交通使得高脚船形屋逐渐改为地上船形屋，但仍居于水旁平地。狭小的地域环境决定了黎族聚落建筑以单体船形屋为主、聚落规模较小、分散布局的方式。

### 2. 汉黎传统聚落内部空间形态的"多元个性"

海南岛汉黎传统聚落内部由于所处的环境特点以及聚落本身的发展历程不同，也表现出多元化的个性。

上章内容已经分析，在黎族简洁单一的茅草船形屋聚落中也存在多元化的聚居方式。既有东方市江边乡白查村平地组团式聚落形态，全村粮仓集中布局于聚落一角；也有东方市感城镇陀头村山地沿等高线分散布局，各家粮仓单独邻近住屋布局。在"哈"、"赛"、"杞"、"美孚"、"润"不同分支中，既存在高脚、低脚、地面等多种类型船形屋，也存在纵向式金字屋和横向式金字屋的类型。

汉族传统聚落在海南岛占有绝大多数，主要分布在环海平原。由于地形及地质构造的影响，各地汉族传统聚落与建筑空间形态上存在多元化个性。

琼北地区是海南岛汉族聚居最为集中，文化传统最为深厚的地域。传统聚落在选址时就注重"风水"，注意选择自然环境优美的地段，空间布局尽量做到"面水背山"。因此，常见的布局为地势前低后高，村前人工水塘，村后茂密树林。村落入口设置村庙或祠堂、戏台、古榕、土地庙、广场等等。村落建筑群面水沿坡呈梳式布局，每列宅院正屋厅堂前后对正。村落空间形态结构清晰、规整、紧凑。

琼东南地区少数民族增多，汉族传统聚落规模相对较小。聚落选址注重自然环境优美，但并不刻意追求传统的"风水布局"，以适应自然环境气候为主要原则。村庙或祠堂、戏台、古榕、土地庙、广场等等并不是村落必备要素。家族聚居逐渐淡化，聚落基本构型单元变小，空间形态相对松散。

琼西南昌江、东方、乐东等地区黎族成为主要群体。汉族聚落已基本成为小家庭聚居方式，聚落单元主要为家庭院落。其拓展方式不再是以列纵向拓展，而是家庭院落横向并联的拓展方式。部分汉族聚落或者黎族汉化的传统聚落表现出明显的分散布局方式，聚落没有组织空间的核心要素和公共要素。显然，汉族传统文化已较少保留于聚落中，更多的是务实、致用的思想和审美原则的体现。

海南岛地形及气候环境的差异决定了传统聚落空间形态个性的差异。琼北火山地区的火山村落不仅火山材质独特，其自然石块累叠的建筑建构方式和缺少横屋的村落建构方式也体现了适应石质材料粗犷、简洁、质朴的特点。琼北及琼东地区砖瓦房砖材砌筑精美，裸露的墙体清晰地表达了砖材清雅、逸静的美观。琼西南炎热气候环境下，砖材表面涂白，檐廊加宽的做法彰显了务实、致用的特点。

即使同一地域，村落有很多相似的特征，但也会因环境特点及聚落人员构成的不同而产生多元化个性。儒豪村与荣堂村是海口市石山镇火山地区的两个古村。

虽然儒豪村与荣堂村在聚落选址上都遵循以火山为背景，临水入村成为基本的模式。也注意讲究"不到村口不见村"，村落入口隐蔽的特点，以及村口前以溪流、广场为基址前景，形成开阔平远的视野，村落公共建筑（如戏台、村庙等）常分布于此等琼北传统村落形态结构的共性。但荣堂村随家族繁衍聚落逐步建村的"自发"方式不同于儒豪村四兄弟同时建村的"自为"方式。荣堂村地处火山脚下，呈缓坡地势，从村落入口"自发"建村，随着人口的增多和对居住空间的需求，以"树木生长"的方式，自然拓展形成村落形态。儒豪村地势较为平坦，建村空间较大。四兄弟建村的"自为"方式表现出清晰的行列式规划结构。建村之时，就已经清晰地明确了村落将来的空间形态结构。村落沿着起初规划的格局拓展。

就道路系统而言，琼北羊山地区的传统村落规模较小、布局紧凑，村落道路系统简单，由一条基本的主干道组织交通。一般由村门进入后即为村落主干道，再由主干道分枝次路进入各家各户。但不同的村落形态在组织道路交通中必然存在差异。如，荣塘村道路系统整体呈树枝状分布，村落建筑分布相对较自由，院落没有完全按行列布局，规模大小不等，院落间以村落公共的巷道分隔。儒豪村主要建筑群排列整齐，规模基本相同，院落间以进入门楼的私家巷道相互分隔（图5-20）。

## 5.4.3  "原真质朴"：海南岛传统聚落与建筑空间形态的特性

"多源融汇，和而不同"勾绘了海南岛传统聚落与建筑空间形态的基本特点。这种特点在其他地域的传统聚落中或多或少亦有表现。作为海南岛传统聚落与建筑空间形态的特性，"原真质朴"确是很多地域传统聚落与建筑空间形态所不具有。

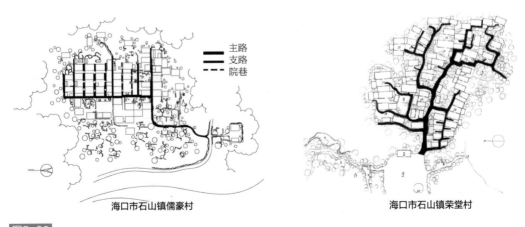

主路
支路
院巷

海口市石山镇儒豪村                海口市石山镇荣堂村

图5-20
同一地域不同环境下的村落道路系统比较

### 1. 自然而为，真实淳朴

"原真质朴"首先表现为享受自然、放松生活的聚居方式。无论是海南岛黎族还是迁居进入的汉族，虽然曾经是将自然环境作为庇护的要素，但随着民族关系的改善，这种方式都逐渐转变为成为一种享受自然、放松生活的聚居生活方式。海南岛闭塞的环境、落后的经济、迟滞的文化都使得这种生活方式没有受到过多外来多元文化的熏染，而是在无拘束的状态下，以关注自然的视角聚居，以自我发展为主，享受自然环境带来的聚居乐趣。这种生活方式是纯粹建构在人与自然环境长期和谐共存基础上的"原真"的生活方式，因此，其聚落空间形态结构所散发出来的是"和合、逸静、致用"之美（图5-21）。

具体表现为：

（1）聚落与建筑空间形态中对自然环境的珍视。上面已有很多篇幅分析了黎、汉传统聚落无论是选址还是空间形态布局都将自然环境作为重要的建构要素。甚至相当多的聚落，其空间形态结构是以自然环境作为组织空间的核心要素。在黎、汉传统村落中，无论庭院、祠堂、庙宇等等空间，都会刻意地保留或者栽种绿色植物。因此，海南岛传统聚落全部都是掩映于自然环境之中。从某种意义上讲，自然绿色并不属于聚落空间形态的组成部分，而是绿色空间包含聚落形态。

（2）聚落与建筑空间形态对于自然环境的"原真"应对，"质朴"表达。海南岛湿热、雨量充沛、频发台风等气候环境以及粗糙、古拙的建筑建构技艺决定了海南岛传统聚落不可能将重点放于建筑的审美装饰，而是关注于如何应对自然环境，营造适合人居的居住环境。无论黎族还是汉族传统聚落，在传统聚落选址、空间形态布局、建筑构造等等方面突出根据自然环境对建筑进行调适。这种调适表现在，密林环绕聚落以防风；村前水塘以排水、通风、降温；茅草、火山石建屋以就地取材，隔热保暖等等。而垒叠、砌筑、支撑、

图5-21
掩映在自然环境中的传统村落

绑扎等等简单的工艺实现了应对海南岛各种自然环境下的聚居聚落的要求。虽然海南岛传统聚落空间形态结构整体表现为原始、简陋、粗糙的特点，但正是这种"质朴"的表达方式完整、深刻地诠释了海南岛传统聚落空间形态结构的"原真"性。

### 2．原真累积，珍稀遗存

海南岛传统聚落与建筑空间形态的"原真质朴"特性不仅表现在其不雕饰的天生丽质，还表现在其绝无仅有。

从海南岛开发历程的特点看，海南岛相对封闭的地理环境使其曾经成为逃灾避难、寻求稳定聚居的目的地。历史上历代的移民、官吏、流放者、经商者陆续迁入海南岛，并带进来各族群原住地的传统习俗和聚居方式。这些传统习俗和聚居方式成为这些人在海南岛建造传统聚落的主要参照依据。因此，大量的相关信息应用并沿袭下来。这与内陆地区传统聚落的营建历程基本相似。但海南岛四周环海，山、海、岛的地理屏障决定了其封闭性、保守性、滞后性的特点，使其具有了不同于其他地域的特点。在内陆地区快速发展、演变迅速、大量原始信息消失的情况下，海南岛则更多地保存了相对原真的历史信息。

其他地区大量传统聚落消失，而海南岛却仍然保留相当多完整的传统聚落。这些传统聚落既涵盖了黎族延续上千年的原始船形屋，也有占据岛屿约1/4面积的火山地区独特的火山石村落，更有代表海南岛传统聚居文化的琼北、琼东传统聚落。这些聚落在海南岛的空间布局，本身完整的形态结构以及聚落空间形态结构中饱含的历史积累的原真信息和珍稀遗存，形成了海南岛传统聚落演变的清晰线索。

## 5.5　本章小结

海南岛的开发历程决定了海南岛文化的形成与发展过程，而海南岛文化的多源性和认同性又影响着其传统聚落与建筑空间形态的嬗变过程。

直到近代，海南岛的开发仍相对滞后。在其缓慢的开发历程中，自然环境曾经长时间主宰并深刻影响着海南岛人们的聚居生活。黎族是最先受其影响，并逐渐接受和融于其中。以茅草、藤条、黏土等"真实的自然"创造自己的聚落建筑，并享受着自然原真、和合、逸静的美感。这种对自然"智慧性的适应"和"真实的体验"逐渐成为其民族文化的一部分，诠释着黎人淳朴、致用的思想和审美，并世代传承。海南岛优美的自然环境与汉族文化中流淌的"和合、天人合一、正统、逸静"思想和审美相契合，然而低下的生产力以及湿热、台风、暴雨等极端气候环境的现实决定了需要对汉族迁入带来的传统汉族文化影响下的聚落空间形态结构进行调适。

无论是迁入的汉族还是退居深山谷地的黎族都经历了战争、灾难等迁徙的动荡生活，渴望安全、稳定的聚居。海南岛封闭的岛屿环境、自然优美的生态环境使他们深刻感受到大自然的真实、和合、逸静之美。这种美感渗透到他们的文化中，并与各自民族的传统思想相融合，最终主导了整个海南岛文化的形成。共同的文化认可影响下的聚落与建筑空间形态在生产力低下的现实下，最终以淳朴务实的方式表达出来。

海南岛人口是历经历代人口迁徙而来，人口来源广泛，既有来自中原的"仕民"，涵盖遭贬谪流放的官吏及其后裔，也包括历代从军的士兵；还有宋代以后大量上岛的闽粤移民、客家人群等等。这些移民携带原住地的聚居文化和聚落形态结构进入海南岛。汉族的迁入也拉开了黎汉之间聚居区域的调整和聚居方式的相互影响。

海南岛传统聚落与建筑空间形态的嬗变经历了自我调适、理性选择和融汇创新三个发展阶段。其中，自我调适阶段是最为漫长、最为艰难的。这涉及汉族迁入后在新环境下对汉族聚落与建筑空间形态的适应性调整，以及来源不同的汉族之间相互对聚落与建筑空间形态的借鉴和学习，甚至黎族在面对汉族聚落空间形态时，从原来的无知、陌生到后来的好奇、正视和关注。从而实现了聚落与建筑空间形态营建思想和审美的心理由封闭到开放、由抗拒到接触、由孤傲自大到理性反省的调适和转变。"多源融汇"形成了海南岛传统聚落与建筑空间形态的审美"基石"——"原真、和合、正统、逸静、致用"之美。理性的选择保证了来源不同的族群保留和坚持了其对自身文化及具体地域的聚居生活的理解，也形成海南岛传统聚落与建筑空间形态"和而不同"的"多元个性"。正因为为如此，海南岛传统聚落与建筑空间形态具有了地域的特征，这种特征是在"原真、和合、正统、逸静、致用"的审美观下逐步积淀形成，并清晰地反映着海南岛地域的特点——"原真质朴"。这种"原真质朴"不仅表现出海南岛传统聚落与建筑空间形态的自然而为、真实淳朴的个性，也深刻诠释海南岛作为相对封闭、发展缓慢的岛屿，其传统聚落与建筑空间形态中保留了相当多的历史"原真信息"，这些"信息"一部分是从岛外传入，但在岛外已经消失；一部分是海南岛人民自创并延续至今。这些历经沧桑累积的原真信息及珍稀遗存更充实了海南岛传统聚落与建筑空间形态的价值。

# 06

## 海南岛传统聚落与建筑
## 空间形态区域比较

世界上的每一个事物或现象都同其他事物或现象相互联系着，不会绝对孤立。海南岛虽然孤悬海外，但从未中断与外界的联系。据史料记载，远古时代就有人类在这块岛屿上生息繁衍，过着原始生活。他们是划着木舟渡海而来，并成为海南岛的第一代移民。先秦三代之时，汉族移民逐步入岛，绵延至明清，一直至今，历时两千余年。人口的迁徙使得海南岛与外界有千丝万缕的关系。

海南岛移民历史不仅将海南岛从空间上与相关区域联系在一起，也从时间上将海南岛自身的发展演变与相关区域的发展演变紧紧联系在一起。海南岛聚居区域开发拓展的历史是随着岛外人群迁入的历史而展开，而海南岛传统聚落空间形态形成的历史则是与岛外迁入人群携带的聚居习惯和文化传统息息相关。

人类实践和认识的发展历史证明，人们对于事物及其在头脑中的反映，需要从它们的联系方面加以考察，才能对事物的系统性、整体性和规律性有深入的理解。而联系具体地进行分析，是正确认识世界所必要的思维方式。海南岛在长达两千多年的历史中，与其他地域一样，受到相同的中原传统文化的熏陶，其文化习俗与中原大地一脉相承。然而在一定的地域范围内的历史遗存、文化形态、社会习俗、生产生活方式等与另一个地区的相关内容会存在差异，而展现出依附于地域环境的次一级文化传统。随着地域范围的缩小，这种文化传统与地域性关系越明显。对聚落空间形态而言，亦是如此。即海南岛聚落空间形态既具有中国传统文化的特点，又表现出小区域内聚落空间形态特色，尤其是其清晰地表达着本地域的聚落空间形态特点。

有比较才会有鉴别。基于以上的思考，研究地域聚落空间形态，既要立足于所研究的地域，又不能局限所研究的地域；要研究它的地域特点，又要研究它与相近地域聚落空间形态的关联。既要研究它的历史渊源，又要研究其现时的表现形式；既要研究其表相的狭义的形式，又要研究深层次的、全方位的、决定与指导意识形态的内核。只有这样，才能从纵向、横向、表层、里层深刻认识某个地域的聚落空间形态特征。

本章主要从普遍联系的观点出发，将海南岛传统聚落与建筑空间形态同密切相关地域的聚落与建筑空间形态相比较，进一步明晰海南岛传统聚落与建筑空间形态的特点。

## 6.1　与海南岛密切相关的地域渊源

聚落是人类聚居和生活的场所，因此要确定与海南岛传统聚落与建筑空间形态密切相关的区域，首先从聚落人口的来源及构成分析入手。

### 6.1.1　海南岛人口来源

《黎族简史》论证，黎族的祖先是我国南方百越族的分支——骆越。他们从三千年前的殷商时期就开始陆续迁徙进入海南岛。黎族与古代活动在今广东西部、西南的百越人中的后裔俚人有着密切的渊源关系。

汉族移民入岛始于先秦三代之时。秦汉至南北朝移民人数不多。据《海南岛志》估计，大约只有两万人，多是从雷州半岛过琼州海峡到达海南岛。人员构成复杂，来源于全国各地，多为盲目流入岛内的难民，还包括官吏、官兵、战俘以及少量商贾和手工业者。"魏晋以后，中原多故，衣冠之族，或宦或商，或迁或戍，纷纷日来，聚庐此处。"苏东坡《伏波庙记》曰："自汉末至五代，中原避乱之人，多家于此"，指出了一些大陆移民的成分。南北朝时期，广东俚人冼夫人及其家族势力的崛起，开始了岭南地方势力有组织移民海南岛。隋唐以后，入迁海南岛汉族仍来源广泛，遍及全国，但迁移人流逐渐以两广、福建为主。尤其是宋代以后，两广客家人移入海南岛，成为海南岛移民的主流。

符永光先生所著《海南文化发展概观》对"闽人"进入海南岛的描述资料翔实而线条清晰："宋代闽人（包括落籍闽南的中原人）开始迁移至广东、海南岛乃至东南亚各国。大批的有意识或松散式的移民，沿着粤东的潮汕平原南下，他们跨越珠江三角洲，经粤西、雷州半岛直至海南岛，这是沿着陆路来的移民。而自闽南沿海从水路乘船直达海南岛者，大多在岛北至岛东部的琼山、文昌至琼海一线登陆，形成了宋代闽南人向海南岛移民的第一次高潮，也是海南方言以闽南方言为母语基础的开始"。乾隆十八年（1753年）清朝廷发布"敕开垦琼州荒地"命令之后，广东、福建移民增加。在海南岛祥发、怀集等乡的客家人，都是道光年间从潮州、嘉应州（今梅县市）移来。在同治五年（1866年），清政府将开平、鹤山、恩平、新宁等的一万多客家人南迁到儋、临、澄边界地区。据《儋县志》记载："本潮州、嘉应人，国朝（即清朝）嘉、道间，因乱逃亡，见祥发、怀集、嘉禾数里多山谷，多肇庆府恩平、开平人"。

总体而言，海南岛迁入人口早期数量较少，但来源比较广泛，南北皆有。唐宋以后，迁入数量大增，迁入人口主要以南方为主，尤其是宋代以后，广东、福建成为迁入人口的主体地域。海南人口除了黎族以及少数随军来自广西的苗族，因避难或经商来自大陆和海外的回族之外，主要为来自闽潮福佬系居民。日本人占领海南期间对岛上居民所做的调查也显示类似的结果："计由闽迁来移民为150万，占当时全岛人口235.1万的63.9%，中原汉裔人口40万，占17%，客家人口（包括临高人）20万，占8.5%，黎族人口20万，亦占8.5%，苗族人口5万，占2.1%，回族人口1000人，占0.1%"。

## 6.1.2　海南岛方言分布

语言是有地域性的，即某种语言是与某个地域的人群相关联的。而且同一语言的人群常聚居在一起，与其他语言的人群保持相对的距离。通过语言的对比，可以分析具有相似性语言的人群之间的渊源，由此可探析与语言相同、依附于人群的传统习惯、生活方式和聚居空间形态等相关信息。

　　海南岛方言的繁杂性以及其分布方式与历史上移民的多源性密切相关，且相互印证。海南岛的方言除闽语外，使用人口较多的一般认为是属于粤方言的儋州话、客家话和属于北方方言的军话。儋州话大部分跟粤方言相同或相近，从根源讲是由广东高州和广西梧州传来的，这无疑又与此两地移民的大量迁居海南儋州相关。临高话比较接近壮语，临高人源于古百越民族。军话是元明时代来自大陆的士兵和仕宦带来并传下来的语言，属汉语北方方言西南官话系统。客家话分布在儋州市南丰镇、兰洋镇、那大镇的一小部分以及东风农场、番加农场、侨植农场等地，乐东县抱由镇，琼中县松涛镇和中平镇的思河以及三亚市的个别村落。海南岛的客家话是清代嘉庆、道光年间从粤东嘉应州迁来的移民讲的方言，口音与梅县一带客家话近似。

　　现在使用海南话的居民除小部分系由黎族汉化而成外，其大部分祖先来自福建的漳州、泉州、莆田以及广东的潮州。这一点在梁猷刚的研究文献中得到证明。海南方言属于闽南次方言，其祖先从漳州、泉州以及潮州一带渡海远迁到海南岛。这通过海南岛很多家族族谱也能证明。其家族的族谱在几十年前仍能上溯其祖先世系来自漳州、泉州、潮州等地。符玉川统计查考了自唐代至清代汉族移民149人的先祖原籍，原籍籍贯明确的102人，籍贯不明的47人。按汉语方言区划如表6-1所示。

海南岛汉语方言区划　　　　　　　　　　　　　　　　　　　　　　表6-1

| 方言区 | 官话 | 吴 | 湘 | 赣 | 客家 | 粤 | 闽东 | 闽西 | 合计 |
|---|---|---|---|---|---|---|---|---|---|
| 人数（人） | 10 | 4 | 1 | 3 | 1 | 12 | 57 | 14 | 102 |
| 比例（%） | 9.8 | 3.9 | 0.9 | 2.9 | 0.9 | 11.8 | 55.9 | 13.8 | 100 |

资料来源：引自《海南古代移民与海南方言》。

　　在上表所列的102名汉族移民先驱中，分别属于8个汉语方言区。其中来自福建闽东和闽南方言区的共有71人，占69.6%，这与日本人当年所调查的63.9%相接近。若剔除当年日本人所调查的黎族、苗族、回族3个少数民族外，则当年全岛的汉族人口为210万，来自福建的移民后裔为150万，应占当年汉族人口的71.4%。

　　海南岛各种方言相对集中地分布在一定区域。从图6-1可以看出，从莆田、漳州、泉州、潮汕来的人群聚居在岛北、岛东及岛东南区域，主要使用闽方言。从广西来的人群聚居于岛西及西南地域，由于迁居时间较早，人群来源复杂，既有北方中原人士，也有岭南俚人等，且经过岛内长时间迁徙的过程，因此表现为多方言区。从粤、桂陆地迁徙而来的人群聚居于临高、儋州地域，方言相对独立。岛中部主要为黎族少数民族聚居区域（图6-1）。

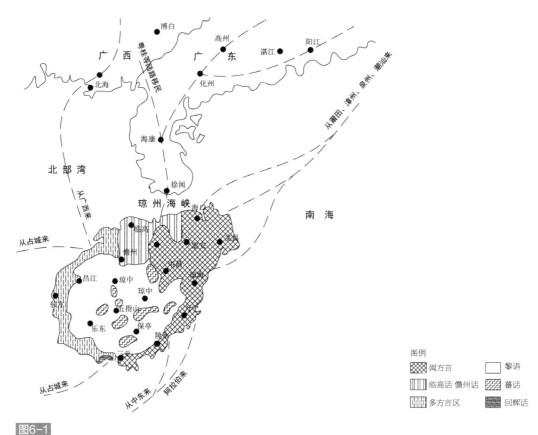

图6-1
历代移民路线与方言分布图
（图片来源：参考《海南古代移民与海南方言》仿绘）

## 6.1.3 与海南岛密切相关的地域

### 1. 与闽、粤、桂地区的渊源

闽、粤、桂地区是与海南岛地理位置距离较近的地区。从历史记载的人口来源以及海南岛语言特点分析，海南岛也与闽、粤、桂地区的渊源深厚。对海南历史上的移民，有人认为："闽人得宋元航运之便，先入为主，移居岛北部和东部沿海，以后深入内地，成为这一带平原台地地区的主要居民，连地理上比他们更接近的两广大陆居民也望尘莫及。粤东客家和潮州人直到清代才比较多地移居本岛"。显然，潮州人移居海南岛比较晚，而且人数也远不及福建人。上文数据也证明福建是移民海南最多的地域，尤其是闽东及闽南地区。接下来就是广东地域，主要的人群来源于潮州、梅州及雷州半岛区域。海南岛与广东的渊源不仅仅是移民的关系，在地域上，海南岛与雷州半岛隔海相望，且从明朝开始，海南岛隶属广东管辖，直至海南建省。海南岛与广西的渊源较早，自西汉开始就有历史记载汉族人从广西迁入海南岛，但人口数量较少，且来源复杂。

### 2．海南岛与岭南地域的关系

岭南，是我国南方五岭（大庾岭、骑田岭、都庞岭、萌诸岭和越城岭）以南地域的概称。《晋书·地理志下》将秦代所立的南海、桂林、象郡称为"岭南三郡"，明确了岭南的区域范围。岭南北靠五岭，南临南海，西连云贵，东接福建。唐代贞观元年（627年）设岭南道，为全国十道之一，治所在广州，辖七十三州，一都护府，三百一十四县。上述文献描述地域范围都相当于今天的广东、海南、广西的大部分地区。

海南岛属于岭南地域，与在同一地域的广东、广西等具有岭南地域共同的基本特点。但地理区位的差异又决定了即使同处于岭南地域的三个地区，仍然具有各自不同的个性特点。孤悬海外的海南岛其特殊的地理区位、气候特征以及开发历程等决定其在岭南地域中具有自身的特殊地位。

### 3．海南岛传统聚落及建筑的研究概况

海南岛的地理区位不具天时地利，自古以来处于历史上被边缘化的角落。封建王朝采取放任自流的政策，轻视和偏见以及长期处于遥领或异地管辖的角色使得海南岛从来没有以独立的地位展示自身特色。因此较少有关于针对海南岛的研究。近代海南岛特殊的地位逐渐受到重视，有关海南岛的研究著作逐渐增多。关于海南岛传统聚落及建筑的研究也相应出现。但多是将海南岛传统聚落及建筑置于岭南地域大环境中进行研究，极少出现关于海南岛传统聚落及建筑自身特色的研究著作。加之海南岛长期归属广东管辖以及海南岛归属岭南大地域的现实，因此较多著作将其归为广东类型。如《广东民居》将海南岛民居作为一节内容，将其归为广府民居的一部分。虽然著作对海南岛传统聚落及建筑进行了深入的研究分析，清晰地表述了海南岛传统聚落及建筑特点，但从海南岛地域本身研究而言，特殊的地理区位、气候特征以及开发历程深深地影响了其传统聚落及建筑的地域个性，这些地域个性是其区别于广东传统聚落及建筑地域特点的，在岭南地域中具有其特殊的地位和价值。

本章内容立足于此，将海南岛传统聚落及建筑与相关区域传统聚落及建筑比较分析，进一步明晰海南岛传统聚落及建筑的地域地位及价值。

## 6.2  传统聚落与建筑空间形态生成环境的比较

海南岛的主要迁入人口来源于福建、广东，且濒临海岸的地理区位、自然气候特征与闽、粤相近。因此，海南岛传统聚落空间形态与闽、粤传统聚落空间形态有较多相似。广西也是海南岛人口的迁入地，但来自广西的人口迁移主要在早期，且人口数量较少；长时间的族群交融、文化交流等等使这类聚落在漫长的历史演变中变异较大，尤其是受近代来自闽、粤迁入人群营建聚落的思想和理念的影响，而更多表现出与其相似的特征。因此，

本章重点对照海南岛传统聚落空间形态结构与闽、粤地区传统聚落空间形态结构的特点。

传统聚落空间形态的形成和地区自然、经济与文化、社会等诸多方面有关系，并受其制约。

## 6.2.1　自然环境

福建地处我国东南沿海，境内峰岭耸峙，丘陵连绵，河谷、盆地穿插其间。山地、丘陵占全省总面积的80%以上，素有"八山一水一分田"之称。在西部和中部形成北东向斜贯全省的闽西大山带和闽中大山带。两大山带之间为互不贯通的河谷、盆地，东部沿海为丘陵、台地和滨海平原。滨海平原面积不大，且为丘陵所分割，呈不连续状。区域大部分属亚热带湿润季风气候，区内降水量从东南向西北递减，季节分配不均，有较明显雨季和干季。

广东地貌类型复杂多样，有山地、丘陵、台地和平原，其面积分别占全省土地总面积的33.7%、24.9%、14.2%和21.7%，河流和湖泊等只占全省土地总面积的5.5%。地势总体北高南低，北部多为山地和高丘陵，南部则为平原和台地。以珠江三角洲平原最大，潮汕平原次之。属于东亚季风区，降水充沛、高温、多雨、潮湿，台风的影响也较为频繁。

海南岛四周低平，中间高耸，以五指山、鹦哥岭为隆起核心，向外围逐级下降。山地、丘陵、台地、平原构成环形层状地貌，梯级结构明显。岛内没有纵贯南北或西东的大江大河，圈层地形使得气候呈现西干东湿的特点。比较大的河流大都发源于中部山区，组成辐射状水系。地处热带北缘，属热带季风气候，雨量充沛，台风频繁。

三个地域都处于临海区位，区内地形都表现为山地、丘陵、台地和平原类型。气候基本为高温多雨、湿热以及台风影响较为频繁。相同的自然环境气候特点使得三个地域传统聚落空间形态结构在处理物理环境上表现出许多相同的特性。

但自然区位及地形地貌在三个地域内布局的差异；自然资源、气候环境等的差异等仍然决定了其文化传承和经济、社会发展的差异，进而影响了传统聚落空间形态结构特点的差异。广东、福建背依大陆及沿海的深港使得地域文化传承、人口迁移及经济条件得天独厚，尤其是广东，整体较为缓和的地势更加促进文化、经济、社会的发展。福建虽然具备较好的区位，但区内山地较多，相比海南而言，仍具有相当的优势。海南岛四面环海的地理区位极大地限制了对外交流，岛内中部山地的阻隔又限制了内部的交流，因此海南岛在文化、经济、社会方面表现出极大滞后性。

## 6.2.2　社会变迁

古越族人生活在岭南地区，其地处偏远，加之山林险阻，交通不便，故长期以来经济文化发展缓慢，素有"蛮荒瘴疠"之地之称。岭南虽地处偏隅，但始终未隔断与中原地区的联系。早期经济、文化、社会繁荣的中原一直对南方地域形成优势，每逢朝代更替、战乱频繁之时，大量中原人士迁徙岭南。最早开始于秦时派50万大军南攻岭南，大部分留居"与越杂处"。秦亡后，赵佗建立南越国，在岭南"和辑百越"，提倡与越人通婚，推行中原地区先进的汉文化。西汉末年黄河流域战火连天，中原人士大举南迁，躲避战火，南迁的中原居民一部分长途跋涉入居岭南。如《三国志·吴志·士燮传》记载士燮体贴人民，"体器宽厚，谦虚下士"，故"中国士人多往依之"。此后，每逢战乱，必有大量汉人南迁。汉人南迁很少是一步到位，多数是逐步南迁。因此常形成"新旧杂居"的格局，这种聚居方式促进了文化、经济、社会等各方面交流。

在北人南迁的历程中还夹杂着东西向移民潮流。有关研究地域中典型的东西向移民当属大致从五代开始的福建向广东、海南移民。福建山多田少，在中唐以后又接受大量北方移民，如闽南的泉州元和时期比天宝年间户口多出50%，因此人口过饱和现象很快突显，向广东移民不可避免。首先向邻近的潮汕地区迁移，而后向西扩散，越过珠江三角洲（因为这里早已由操粤方言的汉人所开发），进入粤西南沿海地带到雷州半岛，再到海南岛。也有直接来到海南的，多为两地经商的闽人。在两宋之际与宋末金、元相逼之时，更是大量涌来。从地方志和族谱记载来看，福建移民的原籍多是兴化（今莆田、仙游）、泉州、漳州，他们将莆仙方言与闽南方言散布在海南岛和广东省两端的近海地带。

罗香林先生早在1930年代把汉民族共同体分成北系和南系两大支脉。"南系"就是由于南迁而形成的南方各大民系的总称。"南系"汉人分为五大分支：越海系、湘赣系、广府系（又称南汉系）、闽海系和客家系。民系的区域分布与语言的区域分布基本是对应的。广府系分布区域为广东大部（除了东部北部）、广西东南部，对应语言为粤语；客家系分布区域为粤东北、闽西南、赣南，对应语言是客家话；闽海系分布区域为福建大部（闽西南客家人除外）、广东东部，对应语言是闽语。

在罗香林先生的民系划分中，将海南岛划分为广府系。而从人口迁移历史来看，福建是移民海南最多的地域，尤其是闽东及闽南地区。接下来是广东地域，主要的人群来源于潮州、梅州及雷州半岛区域。从海南岛方言分布来看，岛北、岛东及岛东南区域主要使用闽方言，岛西及西南地域为多方言区，临高、儋州地域方言相对独立。岛中部主要为黎族少数民族聚居区域。仅以上简单文字可以看出，海南岛人口分布多元和复杂，但也能基本明晰各自的分布区域。就民系而言，海南岛既是广府系，又是闽海系。从长期生活的地理区域而言，海南岛属于广府系；从使用的方言习惯及人口来源而言，海南岛主要属于闽海系。这也表明了，海南岛是以闽海系特点为基础，逐渐融合了广府系特征，从而形成海南岛地域特色。从迁居时间及路线分析，也呈现同样的结论：海南岛汉族首先由中原及广西等地迁入，占据岛北，并逐渐占据岛西。但这部分人相对较少，且为早期迁入，随着演化其特征逐渐被同化。福建闽南区域大量闽人迁入，在方言文化及各方面处于绝对优势，从岛北及岛东北开始,逐步向西部、东部、东南部拓展。后面迁入的广府人群则主要流向开发较晚的岛东南地域,成为影响海南岛较大的第二支人群。

## 6.3 传统聚落与建筑空间形态地域特征共同点

### 6.3.1 共同的背景环境

海南岛与福建、广东都处于中国南方地域,在秦、汉以前都是百越族的居住地,具有基本相同的生活、风俗习惯,如身体矮小、短面、鼻形广、眼睛圆而大,习惯傍水而居,善于驾舟行筏,有"断发文身"的习俗。由于山海阻隔,偏僻的地理区位常被认为是化外之区、瘴疠之乡。通过秦汉时期的逐步开发,人口迁移增加。自西晋以来的一千多年间,多次迁徙,几经周折,历史上南迁的中原人逐渐定居于赣、闽、粤、琼等地,相互之间也存在着人员的交流迁徙。多源融汇的人群组成及基本相同的迁徙历程使三个地域的文化具有相似的因子。历史上几次民族的南迁和各朝代中央集权的官员南下,在百越文化的基础上,大胆地吸收荆楚文化、中原文化,融会贯通,形成以中原汉族文化为主流,同时兼纳了越族、黎族、壮族、苗族等民族的多元文化。其传统文化的基本精神是"经世致用",以务实的姿态影响着审美情趣和生活方式等各个方面。

海南岛与福建、广东都山多、丘地多、河流多、沿海;气候炎热,雨量充沛,河网纵横、山林茂密,加上夏秋之际台风暴烈,形成与中原地区截然不同的地区特色。

海南岛与福建、广东等地域在人口来源、人员结构、自然环境、文化历史等方面有较多的相同点,也决定了三个地域聚落空间形态具有较多的共同点。

### 6.3.2 聚落空间形态

传统聚落首先要解决的是居住的舒适性。面对山多、丘地多、河流多的地形特点,炎热、潮湿、台风等的气候特点,三地传统聚落多结合地形、河流、道路、山势自由布局,靠山面水,绿林环绕,四周良田。聚落空间布局顺应风向地势,前有池塘蓄水养鱼,后有山林或丘地衬托。聚落空间形态采用纵向沿山势拓展,形成梳式布局。在地形复杂的山区,建筑多就地势作垂直等高线,或平行等高线,呈组团式分散布局。

传统聚落空间形态以院落为基本构型单元,由多个院落组织形成列向宅院,宅院之间由巷道分隔。这个系统中由宅院中的多个天井和庭院以及临侧的巷道组成了通风系统,巧妙地解决了气候的影响。

长期与自然环境的友好共存,促使自然审美成为地域传统文化的重要因子。与自然环境的融合成为传统聚落基本的营建理念。对自然美的追求促进了三地普遍"风水观"在聚落空间形态中的应用。古代城镇聚落选址多依"风水"，按"龙"、"穴"、"砂"、"水"四大要素布局，为求"藏得风水"，山水要环绕、拱卫、开合得体，注意对景、借景等各种关系。这也是三个地域人群使城镇聚落适应环境的特殊构思方法，考虑到通风、排水、御寒、向阳、供水、安全等人们的物质需要，也考虑到生态美、环境美、景观美的精神需要。

传统的文化在聚落形态中也得到体现。三个地域传统村落多具有村落核心，以此组织聚落空间形态，并将古树、古井、水塘等自然要素作为公共活动空间巧妙地组织到聚落形态中。

三个地域都曾经是作为历史上人口迁徙的目的地，迁徙寻求的是安定的聚居生活。出于安全的防御是人们的共同的心理。在不同的迁移时间、路线下，族群选择了各不相同的定居点，且各地域之间交往甚少，甚至老死不相往来。形成大聚居、小杂居的聚落空间形态。就单个聚落空间形态而言，聚族而居，隐蔽村落，设置狭窄入村通道、坚固村门、巷门等安全防御保障。

## 6.3.3 建筑空间形态

传统民居之所以能长期生存，就因其与当地的气候、环境和文化的融合。地处南方的海南、广东、福建地区草木茂盛，气候潮湿多雨，加上为防猛兽虫蛇，秦以前土著越人的居所，就地取材，主要形式为竹木构架干栏式茅屋。这种类型的建筑现虽在广东、福建较少存在，但历史记载较多。《太平寰宇记》161卷，为了对付高温潮湿天气和蛇虫猛兽之害，"多构木为巢，以避瘴气。"张华《博物志》说："南越巢居，北朔穴居，避寒暑也"。《韩非子·五蠹篇》载："上古之世，人民少而禽兽众，人民不胜鸟兽虫蛇，有圣人作，构木为巢，以避群害，而民悦之"。

这种务实的适应自然气候环境的建筑结构理念一直得到延续，并渗透到各个时期的建筑中。如根据南方地区的防雨、防晒以及结合商业经营需要发展而来的商住性骑楼建筑，其特点是把门廊扩大，毗联串通成沿街廊道，使顾客可沿骑楼自由选购商品。在民居建筑中出于防晒的要求，也普遍采用檐廊作为室外活动空间。在建筑组合中保持着中轴、中堂、多进的格局，前后建筑厅堂对正，或者厅之间或厅房之间用天井隔开采光，大天井常有假山水池和花木盆景。室内外相互渗透，天井给人以安静典雅的气氛，闹中求静、亲切安详，有利于通风采光。

传统礼教同样是三个地域古建筑设计的中心思想。单体建筑中轴对称、庄严方整。建筑厅堂居中，成为家庭礼仪中心。左右辅助型建筑围合或依附于主体建筑，主次分明。

三个地域多能工巧匠，能适应气候环境，创造出特殊的建筑结构。传统的木构架多用于祠堂、庙宇、书院等较高等级的建筑中。为抵御台风和地震，多是明间抬梁、次间穿斗或内槽抬梁、外廊穿斗，结构灵活多变。后因多雨潮湿，木易朽生白蚁，除明间四柱用木梁架外，其他多用砖、石代替，石柱石梁颇为常见。住宅基本采用硬山搁檩的方式，部分明间仍使用木构架，木板隔扇分隔出明次空间。

"求真务实"的聚落营建理念造就了三个地域传统聚落建筑装饰注重实用的特点。砖雕、木雕、石雕、灰塑、彩画等等艺术装饰主要应用于梁头、檐墙上部、屋脊顶端等结合部位，在加固结构的同时起到美化作用。

三个地域"亲近自然"的审美价值观，造就了聚落空间形态内容上契合自然之真、生活之真，反矫揉造作、华而不实，形式上直抒胸臆、舒卷自如，反对晦涩烦琐。在自然中求逸静，在朴实中求轻巧，在端庄中求真实，空间适体宜人，景观随机应变，设施求实重效，环境浪漫自然。

## 6.4 传统聚落与建筑空间形态地域特征的差异

虽然三个地域在发展历程、人口迁徙来源、传统文化习俗以及应对自然环境气候方面，总体而言具有相当多的共同点。但站在各自地域的角度，在具体的小地域环境、各地域的人门来源构成、地域开发历程、传统文化习俗等等方面还存在明显的差异。这些差异在聚落与建筑空间形态中亦有反应。

### 6.4.1 传统聚落选址

传统聚落的选址同样源于长期生产和生活经验的积淀，都选择背靠山、面临水，地形相对独立的台地作为他们生活的聚落地。然而在传统聚落选址中海南岛还是表现出明显的地域特征。

（1）海南岛传统聚落选址强调安全，尽可能选择隐蔽的环境，远离交通干道。这一点在闽、粤地域也有表现，但海南岛尤为突出。大部分黎族聚落选址深山，不仅在于山林能提供其生活资源，还在于山林能保护他们安定的生活。聚居于沿海平原地域的汉族聚落虽没有大山依靠，但也尽可能选择林木茂密的独立台地。即使在平地，也尽可能保留基址周围密林或栽植大面积的密林。其目的在于利用密林隐藏聚落。这种强调安全的心理主要由于海南岛黎族长期遭受汉族侵扰，一步步进入大山，因此安全对于黎族相当重要。同样，海南岛的汉族多是避灾逃难进入海南岛，并在岛内也经过了多次迁徙。而来源不同的汉族之间也存在着相互戒备，因此安全稳定成了他们最渴望的聚居环境。封闭及经济落后的海南岛在寻求聚落隐蔽的手段方面多借助自然环境。另外一个主要原因在于海南岛多台风、气候湿热，如何解决台风对聚落的侵损以及通风降温是聚落面对的主要问题。村落周围保留相当规模的密林，既可以遮挡台风，又能在村落周围形成"冷湖"。从而解决了聚落的防台风与降温的问题。而相对于闽、粤两地，海南岛人口稀少，林木茂密为聚落寻求隐蔽稳定、舒适安全的环境提供了条件。远离交通干道，将入村小路隐秘于秘林中，林外不见村等都成为海南岛传统聚落寻求安全的手段。

（2）聚落选址的集体无意识"风水观"。闽地作为"风水"起源的地域之一，聚落选址重视"风水"。粤地与闽地相接，海南岛有相当人员来自闽地，受其影响较大；且粤地一直是经济发达、文化浓厚的地域，而风水求财的观念在经济发达、文化浓厚的民间地域深入人心，对经济发展、家族福荫的追求一向与风水密切相关，故影响到海南岛上的聚落选址亦强调"风水"。

海南岛虽有相当数量的人员来自闽、粤地区，或是中原，但多是被当地环境所迫迁徙他乡的贫困人口，系统的"风水理论"难以掌握，其携入的"风水观念"多存留于对聚居自然环境的简单适应要求上。被贬入琼的达官贵人多为上层知识分子，追求高雅、淡薄、诗情画意的生活环境，并不刻意于风水的追求。丰富的自然环境条件下，海南人在生产和生活中长期的集体无意识形成了自然环境优美的既成聚居环境。这种丰富的自然环境迎合了迁入人群的心理意识。因此，良好而适宜的自然环境替代程式化"风水"的选址理论成为重要因素。因此可以肯定地说，即使没有"风水"程式化的规定，海南岛人仍然会选择有类似适应环境的地方为其聚落基址，并且其聚落环境不会距离理想的风水模式太远。

## 6.4.2　传统聚落空间形态

### 1．聚落规模

闽、粤地区在相当长的时期内一直保持人口稠密、经济相对繁荣。尤其是珠江三角洲地区以及闽南、闽东沿海地区。这里也是移民入琼的主要地区。稠密的人口以及紧缺的土地自然造就了规模较大的聚落。即便是人口相对较少的潮汕、闽中、闽西等地，也多以大家族聚居形成规模较大的聚落。如建筑群庞大的闽、粤客家聚居建筑"九厅十八井"；规模巨大的"如升楼"、"承启楼"、"深远楼"等等客家土楼，楼内最多时曾居住80余户人家，有600多人；富有中原特色的梅州典型客家民居建筑围龙屋等等。

规模较大的聚落自然涉及如何节省土地的问题。闽、粤传统聚落都经过精细的统筹，合理地安排土地使用，因此也造就了闽、粤传统聚落规整、紧凑的聚落空间形态。而"九厅十八井"、客家土楼、围龙屋是最为典型的家族聚居方式。

与闽、粤两地的聚落相比，海南岛传统聚落规模较小。其主要的原因有五：

（1）聚落规模的大小与聚落周围能养活人口的可耕土地面积相协调。落后的生产力决定着一定土地上供养人口的数量。较大的聚落规模需要较大土地面积，自然加大了人群劳动活动的范围。在交通工具落后，生产能力都较闽、粤两地低下的现实中，海南岛的聚落达到一定规模后，自然会出现部分人口选择迁移新址，形成新的聚落。

（2）海南岛孤悬海外的地理区位一直天然限制着人口流入的数量，长期人口稀少的现实决定着其聚落规模不可能很大。

（3）海南岛人口来源复杂，并在不同时间迁入，自然造就了聚居杂糅的格局。杂糅镶嵌的空间格局以及民族及族群间的资源争斗也限制着聚落规模的大小。以地缘关系结合在一起的传统村落，相互间人际关系协调相对困难，也容易产生聚落分裂。

（4）传统家族聚居而居的思想相对较弱。海南岛传统文化继承的片段性，导致其文化本身很难形成完善的体系。其传统的儒家思想文化的影响力自然薄弱，聚族而居的思想意识并不能很好地得到执行。因此，在海南岛很少出现凝聚力极强的大家族聚居村落，而是家族繁衍到一定规模，聚落就会分解。

（5）海南岛虽然有较多平原，但处在河流下游的滨海平原多是河网密集或是微地土丘地貌。在短时暴雨及突袭的台风环境下，开敞的平地既不利于防止水淹，也不利于抵抗台风，因此多选择密林包围的坡地土丘，适合聚居的这类地块面积相对较小也限制了聚落的规模。

## 2. 聚落空间布局

（1）广东传统聚落空间布局

陆琦先生的《广东民居》将广东传统村落布局大致分为四种：

一是梳式布局。这种布局也称平面网格布局，分布范围最广，较为常见。是指整个村落以巷子为间隔，民宅在巷子两侧，一个院落套一个院落，像梳子一样排列成行。巷子为主要的交通通道，大门侧面开向巷道。整齐通畅的巷道发挥着交通、通风和防火的作用。整齐的梳式布局村落村前有风水池塘及晒禾坪，紧邻晒禾坪前端布置大祠堂，其后为民居建筑群。如三水，南海北部的平原、丘陵、河汊交错分布的特点，使这一带的村落多依山而建，呈规整的布局：前对半月形水塘，形成榕树、水塘、镬耳墙的村落景观，村民们三间两廊的住宅一家接着一家，形成整整齐齐、横平竖直的布局，住宅群前是晒场水塘、祠堂（书院、书室等）、门楼和榕树构成的公共空间。梳式布局在广府地区成为一种普遍的聚落形式（图6-2）。

佛山市三水区乐平镇大旗头古村　　　　　　　　东莞市南社村

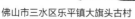

图6-2
广东传统聚落空间布局
（图片来源：广东乡村网）

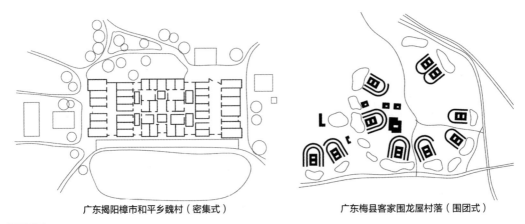

广东揭阳樟市和平乡魏村（密集式）　　　　　广东梅县客家围龙屋村落（围团式）

图6-3
广东聚落密集式布局及围团式布局
（图片来源：参照《广东民居》绘制）

二是密集式布局，主要分布于粤东地区。先是以单独规整式的密集式民居出现，如三壁莲、驷马拖车等，后随子孙繁衍在旁侧增建侧屋，就形成密集式聚落。其特点是建筑密集、外有高墙、封闭性强，既适应气候环境又符合宗族礼制，如广东揭阳樟市和平乡魏村一村一大型住宅（图6-3）。

三是围团式，多见于兴梅客家地区。以围龙屋为组团，多个围龙屋及其周边附属建筑群以围式组团布局形成聚落。如广东梅县客家围龙屋村落（图6-3）。

四是自由散点式和排列式布局。这种布局方式主要是海南黎苗传统聚落的布局方式。陆琦先生站在岭南地域的高度在《广东民居》著作中将海南传统聚落及民居归入广东民居。如果从海南岛地域层面来看待这种布局，显然它具有自身明显的特点，而区别于广东其他地域传统聚落的布局方式。当然，海南岛汉族传统聚落，从海南岛地域层面而言，也具有自身明显的特征而区别于其他地域的传统聚落，下文有详细论述。

（2）福建传统聚落空间布局

福建地域地形复杂，素有"八山一水一分田"之称。其历史悠久，原始社会就有人类活动，历史上长期作为移民迁徙目的地。因此，在复杂的地形、自然气候环境及多元的文化渊源这些背景下，福建传统聚落空间布局也呈现出多元化。戴志坚在《福建民居》认为福建民居呈现出综合性的特点，其村落布局或以宗祠为中心，或是内向封闭的布局，或是以宗教信仰为纽带，或是以集市、街市为中心等等。

南方地区宗族观念强烈，聚落多聚族而居，其核心多为宗祠。但祠堂在聚落中的布局方式存在差异。广东聚落宗祠多在村前，多个宗祠或书院成排布局，引导其后的居住建筑走向，形成典型的梳式布局。福建传统聚落中宗祠常成为中心，居住建筑围绕祠堂向四周拓展，聚落多呈现聚团式、向心式布局方式。这种布局方式与安徽、江浙一带聚落有相似之处。这也表明了福建部分移民来自安徽、江浙一带。

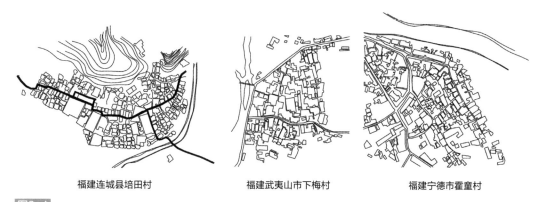

福建连城县培田村　　　　　福建武夷山市下梅村　　　　　福建宁德市霍童村

图6-4
福建传统聚落空间布局

　　以宗教、庙宇为纽带布局的传统聚落常将庙宇置于村头、村尾或聚落的四界，村落布局也因此呈现开放式布局。以土楼为主体的聚落则呈现内向封闭的聚落布局。这类聚落是客家移民典型的防御性聚落，不仅单体土楼防御严密，由居住建筑群形成聚落也常修筑围村城墙等防护设施。福建作为"风水"起源地之一，聚落布局自然受其影响。聚落布局尽可能做到"后有靠山、前有流水，侧有护山，远有秀峰，住基宽坦，水口紧锁"等。因此，村落常通过人工措施，引水入村，植风水林，修建水塘，建桥立庙等等。

　　总体而言，复杂地形下的福建传统聚落不像平原地形较多的广东传统聚落的梳式布局，而是多呈现单核心或多核心的团聚状空间布局。这种团聚状布局相对于梳式布局而言，具有更多的自由性和开放性，也反映了福建地域传统聚落丰富的聚落布局形态。如福建连城县培田村聚落布局既体现了"耕读传家"的传统理念，又依山面水，注意"风水"建构；也兼顾了祠堂作为村落核心，组织村落空间形态的作用。福建武夷山市下梅村沿相互交错的"丁"字形水系展开，形成街巷交错的网络状水街村落布局。村内主要的礼制中心——邹氏祠堂，宗教中心——镇国庙等均沿溪水两岸布局。民居大都以祠堂为中心，向两岸展开布局，形成20多条窄巷，或与溪街垂直，或与古街平行，将村落推向纵深。福建宁德市霍童镇由相互垂直相交或平行的三条主街构成街巷骨架，其他小街巷与之垂直或平行形成错综复杂的街巷空间格局。古老街区以多个祠堂为中心形成多个聚居组团，整个传统街区呈现网络状团聚布局（图6-4）。

　　（3）海南岛传统聚落空间布局

　　迁徙到海南岛的汉族既有福建移民，也有相当多的广东移民，还有相当一部分移民先是从福建迁入广东，然后又迁入海南岛。福建、广东的传统聚落布局形态随着移民的迁徙路线影响到下游迁徙目的地的聚居布局形态。

　　海南岛沿海平原的传统村落主要居住着来自于闽、粤等地的移民。在海南岛移民营建聚落之始就已经积累了原住地聚落营建的实践经验，携带着原住地的文化传统及生活习俗。

面对海南岛相似又有区别的地理及气候自然环境，他们对原来的聚落营建模式进行了调适，形成了海南岛传统聚落的布局形态。海南岛传统聚落空间布局具有闽、粤两地传统聚落的特点，既有广东传统聚落空间形态的规整性，又具有福建传统聚落空间形态的灵活性。

广东传统聚落梳式布局在满足聚族而居的同时，较好地解决了平原地区炎热、潮湿气候环境的不利影响。但广东浓厚的家族观念和文化传统，强调祠堂在聚落空间布局中的中心组织作用。在广阔的珠江三角洲平原地区，有足够的面积满足大家族聚居。以祠堂为组织中心的广东梳式布局规模较大，布局严谨，层次分明。福建也是文化传统深厚，讲究家族聚居的核心宗族观念，复杂的山地丘陵地形下大家族聚居形成了相对自由的团聚式聚落布局，其聚落中心也多是由祠堂组织。

海南岛汉族聚居区主要分布于沿海平原，类似于广东珠江三角洲平原地形。虽然地广，但被河溪或微丘地分隔，平地面积相对较小。迁居海南岛的汉族多为穷苦人群，文化传统相对闽、粤较为薄弱，家族聚居观念较为淡化。同时，迁居海南岛的人口多是因为逃避战乱、自然灾害、犯罪惩罚，或是遭受排挤、贬官等被迫迁徙海南岛，加上海南岛与大陆被琼州海峡相隔的交通障碍，因此，在海南岛人口迁移历程中近代之前基本未出现大规模、集中式的人口迁移。迁移进岛的人口又在岛内进行了二次甚至是多次迁徙，经过漫长的人口流动，才形成了海南岛多元化的人口布局。镶嵌式的海南方言分布就证明了这个历程。大聚居、小杂居、多元化镶嵌的人口分布格局也决定了聚落规模小、布局多元化的特征。另一个显著的特点是海南岛人口稀少，自然资源充足。综合以上的特点，决定了海南岛传统聚落以小家族聚居为主，淡化了祠堂在聚落空间布局中的组织作用，以主要解决地形、气候的不利影响为主要目的。在长期应对自然环境的过程中，逐渐形成了浓厚、淳朴的"自然观"，即以自然为中心组织聚落空间形态布局的基本原则。因此，海南岛传统聚落空间布局表现出以下特点：

1）以自然要素为中心组织聚落空间形态布局。

前文已经论述，海南岛传统聚落中并没有直接采用粤、闽地区以祠堂或村庙组织聚落的方式，而是将自然要素作为核心组织空间形态。如琼海市加德头村以村前两个水塘为中心，形成弧形分布形态；琼海市长美坡村以村前水田为中心，形成环绕式的形态布局；文昌市溪边村则以坡地中部的密林为中心形成环形布局（图6-5）。

以自然要素组织村落空间形态的方式在理念上完全改变了各个要素在村落中的地位关系。粤、闽地区以祠堂、庙宇组织空间是典型的传承了汉文化尊神敬祖的思想，并根据"择中为大"的思想，将祠堂、庙宇形成村落中心或者核心，并以此为参照营建村落。祠堂、庙宇等建筑明显在等级上高于普通民居建筑。而海南岛村落中祠堂、庙宇建筑与普通民居没有差异，采用相同的形式。在空间布局上也没有将其作为核心或者中心安排，要么是与普通建筑一起，要么是单独设立于村外空地，并无固定的模式。反而将农田、水塘、林地等自然要素视为组织空间的核心要素，尤其是作为核心的自然要素会得到很好的保护。

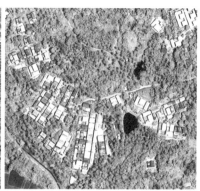

| 琼海市加德头村 | 琼海市长美坡村 | 文昌市溪边村 |

图6-5
以自然要素为中心组织聚落空间形态
（图片来源：Google Earth截图）

这种空间组织方式基本可以说明海南岛村落在组织空间中反映出对传统文化的弱化，或者是对传统文化继承的片段化和不成熟化，客观上促成了地域自然文化的生长，进而成为得到大家认可的主流文化。对自然的崇拜和爱护不仅反映在村落组织空间形态的核心要素上，就是在村落周围的自然要素，如灌林、水系等都被很好地保护，即使是日常生活的饮食、休憩活动等日常行为，海南人都表现出对自然的热爱。

2）海南岛汉族传统聚落空间形态大多数采用梳式布局，但表现出明显的地域个性：随形就势。

海南岛的西部、西南部、中部区域，包括昌江、东方、乐东、屯昌、白沙等以黎族为主的区域，聚落空间反映出自由开放的布局方式。除此之外的汉族聚落，基本上采用了梳式布局的方式。

虽然迁居海南岛的大部分移民来自福建东部、东南部及粤东的潮汕地区，但迁居海南岛的移民没有直接采用闽东南及潮汕地区传统聚落密集、团聚的空间形态，而采用了广府地区传统聚落的梳式布局。一方面说明梳式布局非常适合海南岛滨海平原的地形及气候环境的需要。梳式布局能将风便捷地引入村落及建筑室内，对于湿热的海南岛尤为适合。经由或者直接从粤地迁入的移民深知梳式布局应对气候环境的优势，在迁入海南岛后，建筑群仍采用梳式布局方式。海南岛琼北、琼东、琼东南地域，包括海口、文昌、定安、澄迈、儋州、琼海、陵水等地，以及琼西南的崖城等地，这些地域占海南岛绝大部分汉族区域，其汉族传统聚落基本采用梳式布局。另一方面梳式布局对于村落规模而言能大能小，适应性强。根据建筑数量，梳式布局可长可短，建筑列数也可机动变化。梳式布局对于海南岛人口稀少、小家庭聚居的村落而言便于实施，且为以后的村落生长留有空间。闽东南及潮汕地区所采用的密集式、团聚式的大家族聚居方式是适应福建地少人稠、宗族观念极为强烈的环境下的村落方式，有血缘凝集，逐渐围绕宗祠形成多个分支。在多山地环境下，多个分支围绕宗祠建村必然出现密集式、团聚式的聚居方式。显然这种密集式、团聚式的布局不适应人口稀少、小家庭聚居、宗族观念相对弱化的海南岛滨海平原地域气候环境。

海南岛汉族传统聚落空间形态虽然多采用梳式布局，但随形就势。广府地区的传统梳式村落多以祠堂为核心，每列街巷以祠堂开始，其后形成整齐的院落排布。由于有祠堂作为参考和控制要素，整个村落规整，秩序井然。海南岛传统村落梳式排布不是以祠堂作为核心参照，而是以家庭院落开始，逐渐形成列向排布，由于缺少祠堂等公共建筑的参照和控制，最初的家庭院落排布是否整齐直接影响着后来村落街巷的整齐程度。而且，琼北地区院落单侧横屋的布局也极大地影响着村落巷道的规整程度。横屋作为正屋的附属建筑，长短不一，表现出较为自由的布局方式，也自然影响巷道的走向。此外，海南岛虽说四周为平原地带，但村落选址多在微地缓坡或者小丘包，村落建设受地形影响较大。多数村落沿等高线布局，从而形成扇形的梳式略带放射形布局模式。这种情况在中部丘陵地区更为明显。

3）海南岛传统聚落空间形态相对松散。

来自福建东部、东南部及粤东潮汕地区的大部分移民，在原住地曾经是以家族团聚，以小家族、分期的方式进入海南岛，聚落形态呈组团式。这种聚居方式的基础是寻求封闭、求稳的心理取向。迁入海南岛后，他们又面临新环境中的生存考验。因此，其封闭、求稳的心理取向又一次以组团、杂居的方式反映在聚落空间形态中，在海南岛宽松的地理环境中，这种形态布局自然表现出相对的松散性。即使村落整体呈现出梳式布局的基本关系，但在这种布局中仍存在明显的小组团布局的方式。这种传统聚落空间形态的相对松散不仅反映在单个聚落本身，还反映出多个聚落相互之间的关系。

海南传统聚落规模较小，其建设多为自然而为，以民间力量为主，单次建设的规模不会很大，零星修补为主。一个大地块被分割成为若干片，随着家族繁衍逐渐完成聚落营建；或者由多个家族根据当时当地的需要共同商议决定每块土地的"设计施工"，不可能考虑全局问题。自发建设自然导致村落形态相对松散。海南岛地广人稀的自然环境以及长期缺乏完善行政管辖的状况也决定了聚落营建的随意性，自然也促使形成松散的聚落形态。另一主要的原因在于海南岛历史上长期自由、宽松的政治环境所导致的自由、随性的生活习惯以及缺乏系统规范的传统文化约束，进而产生传统礼制秩序的文化地域性调适，祠堂并不作为组织聚落空间布局的中心。以自然要素为中心的组织方式本身就彰显出相对松散的空间布局。

海南岛西南地区以黎族为主体的少数民族区域，受少数民族文化影响，无论是汉族聚落，还是汉化的黎族聚落以及保持黎族本色的传统聚落，都表现出自由松散的布局形态。聚落缺乏中心，而是以与自然相间、融合的方式布局聚落空间形态。


## 3. 聚落空间形态

### （1）广东传统聚落空间形态

据前文可知，与海南岛传统聚落空间形态相似的广东传统聚落主要为广府聚落。因此，以广府聚落为例分析广东传统聚落空间形态。广府传统聚落空间形态主要分为三个部分：以水塘为主的村前环境、以祠堂为主的聚落中心和位于祠堂后部采用梳式布局的居住建筑。这种结构中，明显地表达出宗祠是整个村落的空间核心和精神核心，其重要的作用在于组织整个村落的空间形态布局。清人屈大均谓："岭南之著姓有族，于广州为盛。广之世，于乡为盛，……，其大小宗祖称皆有祠，代为堂构，以壮丽相高。"在"祭祖与教化"相结合的功能要求下，以祠堂神庙为主导，并与住居空间有机组合的形态成为民间聚落的主要建构模式。它要求用空间形式对宗族的社会体系进行明确的表述。因而，宗祠、神庙不仅是空间形态布局的构图重心，也是族群生存的精神中心。同时，村前有水塘是所有村落的共同特点，水池边上种上大榕树也是惯例，这些要素丰富和柔化了具有严肃秩序性的祠堂及居住空间。同时也丰富了聚落空间的层次和功能，榕树之下的空地是仅次于宗祠的重要的民间休闲活动和文化传播场所。例如佛山市三水区乐平镇大旗头村建筑分三部分，村头为象征"文房四宝"的文塔、水塘、地堂、大地。村前为郑氏宗祠、建威第、郑氏亲祠和振威将军家庙及宽阔的麻石广场、水井。大旗头祠堂、书塾、家庙等公共建筑排列在全村建筑群的最前部，建筑的规格也最高。在祠堂家庙的后面，便是五列整齐划一、让人惊叹的锅耳式山墙古屋群——呈梳式布局，前后相连，左右贯通。增城坑背村依山面水，村前为半月形风水塘、胸围墙、门楼、禾坪（晒谷场）、街前路，纵向依次排列祠堂、书房、村屋，最后是雕楼、后山及山林绿化。排列有序，一排五间，整齐划一。

广东传统聚落空间形态呈线性，或者由多个清晰的局部线性结构组成树状结构。其特点是脉络清晰、结构明了（图6-6）。

（2）福建传统聚落空间形态

戴志坚在《福建民居》中认为福建传统聚落空间形态表现为一种由节点空间和文化性

**图6-6**
大旗头村空间形态

实体建筑控制和连接的网络结构。聚落的主要空间形态表现为村周、村边、村中、居住区等层次，由中心点实体标志物控制，由街道、小径和节点串联的空间及实体要素构成单核心向心结构或者多核心网络结构，抑或是线形结构。在这个结构中，起到标志性或者是核心组织作用的依然是祠堂、宗教庙宇、街市等要素，或者"风水"要素。

上述的聚落空间形态表明，第一，福建传统聚落空间形态有明显的核心或中心，其要素为祠堂等级别较高的公共文化实体。第二为各类功能较为弱化的公共要素构成拓展的次空间节点，如水井、古树、牌坊等等。第三类为围绕以上要素呈网状或线状布局居住建筑，如福建廉村以位于中心的凤池和陈氏宗祠为核心，以贯穿东南城门与西门的古官道为主干道，向外分出四条次要枝干通往几个支祠和各个城门节点，其余小巷与这几条干道纵横交错布局。

福建传统聚落空间形态呈"点—网"状，由单个或多个核心点向外辐射成网络状结构，其特点是空间丰富，结构多元。

（3）海南岛传统聚落空间形态

海南岛传统聚落空间形态基本布局如图6-7所示。传统聚落空间由三部分要素构成，其一是围绕于聚落周围的密林植被；第二是分布于村落边界或内部的公共空间或实体要素；第三是居住建筑群。围绕于聚落周围的密林植被其面积往往大过居住建筑群的3～4倍，并一直被保护，在某种意义上作为聚落的"风水林"存在，传统聚落建筑群外围以茂林屏蔽，留较小村口，陌生人极难发现聚落所在。分布于村落边界或内部的公共空间或实体要素表现为水塘、祠堂、村庙、戏台、古树、水井等等，这些要素自然地融合于村落空间形态中。传统聚落建筑群借鉴闽、粤聚居模式，仍以家族聚居为主，但放弃将祠堂作为组织家族聚居的核心要素，整体宅院建筑组群布局已趋向简单化。宅院建筑群以简单的三开间建筑为单元，呈单列多进布局。宅院间多列成组，以自然巷道过渡，交通相对松散和便捷。

与闽粤传统聚落空间形态比较而言，海南岛传统聚落空间形态有如下特点：

第一，海南岛传统聚落空间形态简单，自然。无论是在广东传统聚落的"线性"空间

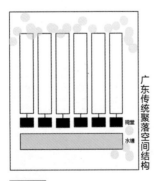
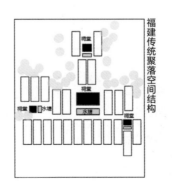
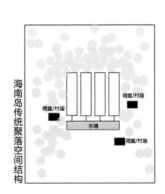

图6-7

传统聚落空间形态比较

形态，还是在福建传统聚落的"点—网"空间形态中，祠堂、村庙、水塘、古树等聚落公共空间及实体要素，尤其是祠堂，对聚落空间形态的组织和控制作用非常明显。而海南岛传统聚落中，祠堂、村庙、水塘、古树等要素大多数情况下并不作为控制性要素存在，而是自然地分布于村落入口或外部独立地段存在。公共空间及实体要素对空间形态的控制性弱化本身就说明聚落空间形态简单化、自然化。聚落空间形态的简单化、自然化也说明聚落形态的凝聚力弱化，相比较闽、粤聚落而言，其空间形态松散趋向明显。

海南岛传统聚落空间形态简单化、自然化在黎汉传统聚落中有较明显差异。海南岛汉族传统聚落空间形态虽比闽、粤传统聚落空间形态松散、简单，但毕竟受汉文化的影响，还表现出一定的秩序、紧凑的空间形态，而黎族以及汉化黎族或黎区边缘汉族传统聚落较明显地表现出松散的无秩序状态，聚落中各要素之间已失去相互的凝聚力。

第二，围绕于聚落周围的密林植被是海南岛传统聚落空间形态中的重要组成元素，不可或缺。广府地区采用梳式布局的方式，在通风、降温方面取得一定的效果，但人口稠密及土地稀缺的现状不允许其采用周围大量保留植被的方式强化通风、降温效果，而是较多采用了占地面积较小的水塘，这充分说明其利用"冷热湖"原理降温通风的愿望。福建传统聚落则不仅面临着夏季要求通风降温，同时还要兼顾冬季避风防寒的要求。平原用地紧张、人口稠密的福建传统聚落最终选择了团聚式网络化结构。

与闽粤部分地域沿海不同，海南岛四面环海，陆域面积较小，海洋气候对于海南岛的影响极大，尤其是湿热、台风等气候较闽粤地区更为严重。海南岛频繁的海陆风有利于日常环境通风，但遭遇强烈的台风会造成巨大的损失，引入海陆风、防止台风是聚落整体空间形态面临的首要问题。而海南岛自然植被茂密、人口稀少、聚落规模较小的种种因素使其选择采用"绿林冷湖"的方式达到通风、降温、防止台风的效果。

就海南岛传统聚落整体空间形态而言，茂密植物空间相当关键，其是影响通风、降温、防火、防台风等自然环境的主要因子。海南岛较小的人口密度使得传统聚落布局相对分散、规模较小，传统聚落营建有足够的土地空间，因此聚落外围能保留或种植大量植物群，其规模多是聚落居住建筑群的3~4倍面积，多为椰林、果林或野生灌木林。而聚落内部建筑围合的公共空间中植物则多以孤植或散植为主，庭院内部只在前院种植少量观赏果树或花卉。聚落的植物空间整体表现为外围植物紧密，聚落掩映在浓密的树林中，内部植物空间松散，建筑群敞开于四周空间中。外部植物空间既能成为防止台风的主要屏障，又能形成"绿林冷湖"，而聚落内部建筑群形成的"建筑热岛"环境与之配合，此种结构"外堵内畅，交融更替"，既有效降低台风的影响，又增强了内部日常的通风降温效果（图6-8）。

聚落外围营造茂密植物空间的另一个重要原因在于防护的需要。闽粤传统聚落也强调聚落的防护功能，主要表现为工程化措施，如闽西南、潮汕地区由土楼、围龙屋为主体的聚落，闽东及闽东南由连体大厝为主体的聚落，广府地区由大型天井院落式建筑群构成的聚落都采用严密的防护措施。相比之下，海南岛传统聚落整体厚实的防护结构以茂林替代

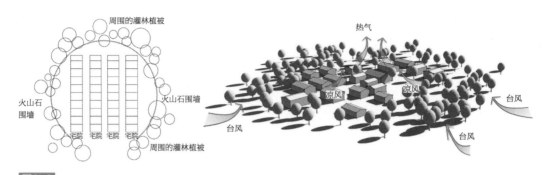

图6-8
海南岛传统聚落空间形态示意

之，较小的村落规模，依托茂林坡地或平地建村，外围密植层层绿林，聚落掩映在密林之中，村口仅留小路进入。一般较难发现，即使发现，也不敢贸然进入，自然隐秘地解决了村落安全。海南岛传统聚落融入自然，外部借助林地进行防卫，内部建筑组群自然成列成组，整体呈现"外闭内畅，合聚而居"的地域特色（图6-8）。

## 6.4.3　传统建筑空间形态

### 1．聚落建筑基本构型的比较

（1）建筑单体的比较

我国传统聚落建筑单体基本相似，以三开间，即"一明两暗"型，其平面为一厅两房横向排列为主，只是各地在开间大小和进深长短方面具有差异。由此延伸出"一厅四房"，即平面布局把中间厅堂的后部用木板隔成屏风，形成前厅后堂，左右两边的房间也分隔成前后房。也有五开间的大屋，即在三开间的基础上两旁再加两间房。以上提到的以三开间为主的屋型常作为主要建筑，承担礼仪接待、居住休憩的功能。除此之外，还有厨房、杂物房等辅助性功能用房，构型相对自由，以多间并置组合而成。较三开间而言，有长有短。

一般而言，广东、福建地区建筑单体较海南岛构型复杂，表现在：一是建筑层数较多。广东、福建地区常出现两层，甚至三层民居建筑，而对海南岛而言，绝大多数仅为一层。二是单体建筑变异体较多。人口稠密、用地紧张的闽、粤地区常常在有限的用地中取得较大的使用面积，常在基本建筑的基础上做些调整，从而出现多样化的变体类型。海南岛人口稀少、经济相对落后以及小家庭居住方式等原因，导致其民居单体建筑相对单一，变化多发生在适应气候的建构尺寸和檐廊部分。

（2）基本院落的比较

汉民族传统聚落多是由合院式民居院落组成，由于地理区位、自然气候以及地域文化的差异，各地域的基本院落构型也存在差异。本书选取与海南岛传统聚落关系密切的广东广府地区及福建闽东、闽东南地区作比较。

广府地区基本院落由"三间两廊"民居构成，即三开间主座建筑，前带两廊，和天井组成的三合院。其平面内，厅堂居中，房在两侧，厅堂前为天井，天井两旁称为两廊的分别为厨房、柴房和杂物房。"三间两廊"建筑组合院落规整紧凑。两廊与主座建筑平齐，形成方正的院落，紧凑的"天井"作为院落通风采光的核心空间。例如佛山市三水区乐平镇大旗头村建筑其中每一单元均为"三间两廊"结构，正房三间，中间厅堂由木屏风分隔为厅堂和卧房，天井两侧是行廊及厨房，厅堂以木趟笼与天井相连。

在闽南地区"三合院"和"四点金"为主要的院落方式。"三合院"即广府地区的"三间两廊"；"四点金"即以中庭为中心，上下左右四厅相对，形成十字轴空间形态。福建莆仙地区是迁居海南岛人口较多的地区。其院落通常是由几种基本单元加以组合拼接而成。最主要的基本单元形式为"四点金"，其他形式大多以"四点金"为基础发展而成。取"四点金"局部的"单佩剑"，或者横向发展成"五间张"，向纵深发展成"三座落"。一些大型宅院是由以上一种或数种基本单元拼接成一组建筑群。无论如何组合，院落中总是形成一个或是多个紧凑的"天井"作为采光和通风的核心空间。从某种意义上而言，"天井"作为广东、福建等地域建筑最典型的院落群中组织空间的核心要素而存在。

海南岛基本院落上文已作了详细介绍，由三开间主屋、侧边横屋及路门形成的海南岛合院由于建筑组合松散，主屋与横屋之间存在距离，琼北院落长屋打破紧凑的构型，琼东南两侧横屋并不与主屋平齐等原因，建筑组合间未形成紧凑围合的构型，院落中已失去了明显的"天井"。海南岛传统建筑合院改变了通过"天井"采光、通风以及组织空间的功能。在结构上与广府及闽南地区合院产生了很大差异。

从院落空间组织而言，海南岛传统院落放弃"天井"的核心组织功能后，院落的空间关系也发生了本质的变化。与广府、闽南由建筑形成中轴对称，向心聚拢的院落不同，海南岛传统院落转变为半围合、半开敞的院落，甚至成为单列排列，建筑之间没有围合，而是依靠围墙围合的院落，甚至是围墙也没有的开放式院落。

闽粤传统聚落基本院落表现出严谨、紧凑的构型，以天井或内庭形成中轴对称的布局。天井作为组织采光、通风、家庭活动的核心空间。在满足功能的基础上，强化了空间的中正、规整的秩序性，这显然是对传统儒家礼制文化的尊崇。而海南岛传统聚落基本院落则表现出松散的特点。频繁的台风迫使建筑之间结合松散，降低了台风造成的连带损失；同时松散的结构也迎合了海陆风的进入，从而弱化了"天井"作为院落通风的核心功能，以日常实用功能为主要目的的功能空间布局淡化了空间中正、规整的秩序性，一定程度上反映了远儒文化的特征。

海南岛基本院落的松散组合方式在本质上也反映出其院落构型的初级性和原始性。闽粤严谨、紧凑的传统聚落基本院落构型本质上需要整体性的框架建筑骨架，必须具备缜密的规划设计和系统、高超的建造技艺以及良好的经济实力。海南岛基本院落分散组合的单体建筑可以逐个完成，显然其规划设计难度及建造技艺明显降低，这反映了海南岛人才科学修养弱于闽粤两地的现实，是经济落后的体现，当然也反映了远离中央政权，儒家礼制约束影响相对弱化，岛民崇尚自由的风情民俗（图6-9）。

在《闽台民居建筑的渊源与形态》一文中，戴志坚分析研究认为从历史学和考古学的角度来看，福建民居"四合中庭"型建筑模式是中原建筑古老形制的遗存。这种形制的平面格局是以正方形为基础的九宫格式，中央为庭院，四正为厅堂，四维为正房，在此基础上扩展形成福建各类传统民居院落。

这种传统院落模式自然随着福建人口向邻近的潮汕地区迁移，而后向西扩散，越过珠江三角洲，进入粤西南沿海地带到雷州半岛，再到海南岛的迁徙中传播和嬗变。

在中国传统建筑九宫网格式的影响下形成闽东南"四合中庭"型建筑院落以及广府"三间两廊"建筑院落，并以此为基础逐渐形成影响海南岛传统聚落基本院落的构型。据分析，按人口及文化传播的路径，传统聚落基本院落构型经过以下几条嬗变途径：

第一，经由海路直接进入海南岛的闽东南移民，在琼北、琼西、琼东定居繁衍。海南岛沿海虽然适合居住的区域面积较大，但入海河流纵横，地势低矮，适宜居住地块呈土丘状镶嵌于冲积低地。闽东南大家族聚居的群体建筑院落不适应海南岛小家庭结构及土丘状居住地块，导致迁居人解散了闽东南大规模建筑群，选取了最实用的两个构成部分，重新进行了组合。一是适合居住的三开间正屋，另一个是适合于辅助空间的从厝。小家庭的聚居方式导致其不需要双侧从厝，因此只保留了单侧的从厝。由此形成海南岛琼北、琼西、琼东（包含海口、定安、文昌、澄迈、临高、琼海等）最早，也是延续时间最久、存留数量最多的基本院落构型，成为海南岛传统聚落最具特色的基本院落构型（图6-10）。

为什么选择了三开间正屋与从厝的组合，而不直接选用"四点金"作为居住模式呢？

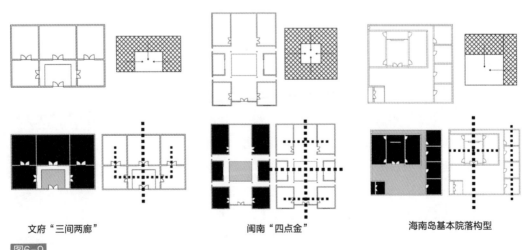

文府"三间两廊"          闽南"四点金"          海南岛基本院落构型

图6-9
闽粤琼基本院落的比较

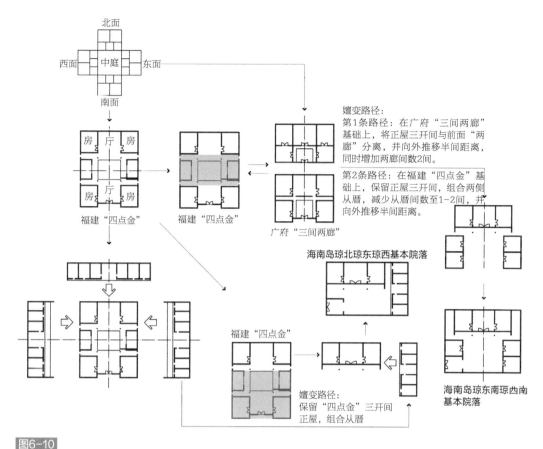

图6-10
闽粤琼基本院落的嬗变路线

这是因为：①"四点金"布局严谨，厅堂对应布局于中央，住房居于四角，厅堂与居住功能交错布置，在使用上存在一些不便。而且作为辅助功能的厅堂过于强调礼制空间，对于使用而言过于分散。迁居海南岛的移民多为经受磨难的小家庭聚居，更多注重使用功能，而放弃了较多精神空间。②迁居海南岛的琼北移民多来自闽南莆田地域，他们更熟悉的是闽南团聚式大院，主屋由从厝相拥，居住空间在中，辅助功能在侧围合的空间布局习惯，因此，迁居新地，自然选择了某种熟悉的居住方式。③"四点金"布局严谨，难适应海南岛湿热的气候及多变的地形，主屋与从厝的构型更利于对空气流动的组织，同时也更利于形成长屋檐廊"冷空间"与主屋庭院的"热空间"的气流交换。

第二，闽东南"四点金"先传入广府地区，在人稠地稀的广府地区简化中庭东西两侧的房厅来节约土地，由此形成广府紧凑的"三间两廊"。移民经广府进入琼东及琼东南以后，地广人稀，政府约束较少，民风自由，并结合海南岛湿热气候需要强化通风的需求，院落构型在"三间两廊"基础上，将正屋三开间与前面"两廊"分离，并向外推移半间距离，同时增加两廊间数以增加院落通风空间和辅助空间，嬗变成海南岛琼东南、琼西南基本院落构型（图6-10）。

显然，琼东及琼东南地区未选择"四点金"布局，也未选择主屋与从厝组合的构型。其原因在于：琼东及琼东南地区移民多为从广府地区及雷州半岛而来，他们更熟悉的是广府的"三间两廊"式构型，居住习惯是主要原因。相对"四点金"而言，"三间两廊"更是布局紧凑，"天井"更小，显然不利于通风和降温、去湿。在面对海南岛的特殊环境，琼东及琼东南地区移民并没有放弃已经习惯的居住方式，而是进行了适应性调适，将正屋三开间与前面"两廊"分离，并向外推移半间距离，由此改进了院落的通风条件，进而改善了居住环境。

第三，在传统建筑空间影响下由自我嬗变形成广府的"三间两廊"，传入海南岛后，经过与上面相同的途径嬗变成海南岛琼东南、琼西南基本院落构型（图6-10）。

（3）合院类型的比较

广东地区与海南岛关系密切的广府传统聚落合院类型属于单元重复式合院。在平面组织的系统上，建筑群是以"一院一组"为基本单元的，多组的建筑群合院一般是首先向纵深方向发展，院与院间作行列式的排列，一直行一连串的院则称为"路"，典型的巨大建筑群则以"中路"为主，左右再发展为"东路"与"西路"，更大的"群"可能构成更多的"路"，院与院间有纵的联系也有横的联系，成为一个交叉的交通路线网。这种方式的合院类型属于单元重复式合院。广府传统聚落合院就属于此类型。典型的代表为广州西关大屋。

广州西关大屋其平面布局按中原传统的正堂屋形式，基本上是纵深方向展开。其典型平面是三间两廊，左右对称，中间为主要厅堂。中轴线由前而后，由南而北，依次为门廊、门厅（门官厅）、轿厅（茶厅）、正厅（大厅或神厅）、头房（长辈房）、天井、二厅（饭厅）、二房（尾房）。每厅为一进，一般大屋为二三进，形成颇多的中轴线。两旁偏间前部左边为书房及小院，右边为偏厅和客房（图6-11）。

福建地区与海南岛关系密切的闽东南一带的传统聚落合院类型属于向心围合式合院（含潮汕、梅州等粤东北靠近福建的地区）。其典型的平面组成是以一座或数座简单的三或四合院民居为核心体，两旁有一列或数列从厝（也称护厝，梅州客家地区多称为横屋），后面有的加一行或两行后包，有些在前面有阳埕、倒座、埕头屋。核心体是这类复合式合院民居的主体，在中轴线上，有完整的厅堂系统，最常见的是由一座小型三或四合院充当，也有由三座乃至多座四合院一起组成的。

从厝在核心体的两侧（偶尔可见只出现于一侧），或一列或两列，它的特点是：①其原型应为整齐划一的线性排列的房间；②有的从类同的用房中分化出敞厅（称为花厅、书斋厅或从厝厅），其轴线指向核心体；③线性的厅房序列有时进一步分化成自带院落的连续的合院，这类例子，仅见于少数特大型民居。从厝与核心体之间狭长的矩形天井称为花巷（从厝巷、护厝巷），随着从厝用房的分化和复杂化，花巷的基本形也常被隔墙、插山厅、过墙亭等打破。

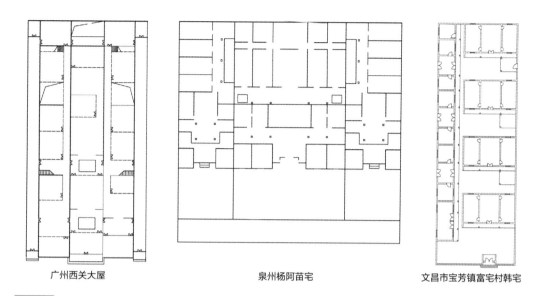

广州西关大屋　　　　　　　泉州杨阿苗宅　　　　　　文昌市宝芳镇富宅村韩宅

图6-11
粤闽琼合院类型比较

　　后包和从厝相类似，以线性的厅房序列最常见，少数采用连续的合院。一般仅一行，偶见两行。阳埕是民居前较大面积的空地，多用作晒谷场。阳埕的入口多在左右两侧，正面以矮墙围合。有的正面建有一排用房，形成倒座。阳埕两侧多以用房围合，一般是从厝房的延伸，也有的比从厝房复杂，形成"埕头屋"。后包和阳埕在复合式合院民居中不一定出现（图6-11）。

　　海南岛传统聚落基本院落是在传入的广府院落和闽南院落的基础上，根据海南地域环境调适后形成的，由主屋及旁侧的横屋（从厝）组成。海南带传统聚落合院类型既具有广府地区合院特点，又具有闽南地区合院特点。在汉族聚居的琼北和琼东南表现出不同的空间形态。

　　琼北院落多由主屋与单侧长横屋组成，形成合院时主要通过基本院落纵向重复。这样形成的合院由两部分构成：①由前后主屋列向构成的一"路"建筑群，这一部分与广府地区三间两廊构成的列向建筑群相似；②由横屋纵向拓展形成连续的一列联排房，这一部分与福建闽南地区院落的从厝相似。琼北地区以砖瓦为材料的传统村落基本院落由主屋和一侧横屋构成，由此类院落拓展的合院就形成如上文所述，兼具广府和闽南两种类型的合院特征。这种类型的合院在海南岛分布较为广泛，主要分布于文昌、琼海、澄迈、定安等地。在这些地域还分布一类大型宅院，其特征是"中路"主屋两侧都具有长横屋，即两侧横屋以中部主屋为轴，对称分布。这种合院明显具有福建闽南合院特征（图6-12）。

　　琼东南院落多由主屋与双侧短横屋组成，形成合院时也主要通过基本院落纵向重复，由前后主屋列向构成的一"路"建筑群，同时存在间断布局于两侧的短横屋。短横屋之间

海南岛传统聚落合院类型

有院墙连接，在空间形态上类似于广府地区三间两廊构成的列向建筑群。以万宁、陵水为主的琼东南地区，传统民居宅院基本建构单元与广东"三间两廊"相似，由此形成的合院方式也具有明显的广府合院特征。

琼北地区火山村落基本院落以三开间主屋为主，横屋较少，多为首院落中1～2间横屋作为厨房或杂物间，后续的庭院中横屋缺失。整体表现为以前后对正的主屋构成合院。这种类型的合院具有明显的广府合院特征。

也就是说，海南岛传统聚落中，有一部分合院类型具有明显的广府合院特征，一部分具有明显的闽南合院特征，还有较大部分的合院类型既具有广府合院特征，又具有闽南合院特征。这一点也充分说明了海南岛的移民与闽、粤地区关系紧密。较大的可能是闽南移民先迁入广府地区，而后又进入海南岛，由此产生了具有两个地域特征的合院类型。

### 2. 聚落建筑空间的比较

#### （1）建筑空间形态的比较

从单个院落合院的规模而言，闽南及潮汕地区的连体大厝、土楼、围龙屋等规模在三个地区中相比最大，功能最全。其建筑空间布局一般分为三层，最内部一般为方形主体建筑，有上、中、下三堂沿中心轴线纵深排列的三堂制。一般下堂为出入口，放在最前边；中堂居于中心，是家族聚会、迎宾待客的地方；上堂居于最里边，是供奉祖先牌位的地方。各厅堂之间均有一口天井，并用木制屏风隔开，屏风按需要可开可闭。第二层为厅堂左右的南北厅、上下廊厕、花厅、厢房、书斋、客厅、居室等，错落有致，主次分明。最外层为横屋和附属建筑，分布在左右两侧，拱卫着正屋，形成一道防御屏障，整体两边对称极为严格。横屋围屋间窗户一般不大，是天然的瞭望孔、射击孔，便于用弓箭、土枪、土炮等武器抗击来攻之敌（图6-13）。

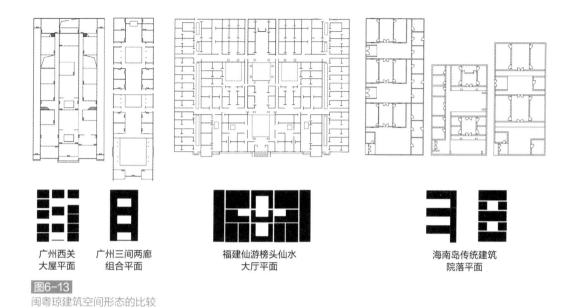

广州西关
大屋平面　　广州三间两廊
组合平面

福建仙游榜头仙水
大厅平面

海南岛传统建筑
院落平面

图6-13
闽粤琼建筑空间形态的比较

这类建筑群的空间形态明晰，其内部是作为公共性宗族礼制空间，是合院的精神核心；第二层为主体的生活空间，主要作为各个家庭居住及日常接待、娱乐等空间；第三层为防御和储存、生产等附属空间。这种空间形态表现为强烈的向心性和聚落生活的群体性。虽然单个家庭拥有自己的独立生活空间，但处在大规模、向心性的家族空间中，很显然单个家庭受整个家族生活节奏的强烈影响。

广府地区的"三间两廊"合院式建筑群与闽南及潮汕地区的连体大厝、土楼、围龙屋相比有很大的变化。"三间两廊"合院式建筑群是通过单元重复的方式形成合院，每一个单元在空间形态上基本相同，因此形成的合院在空间形态上表现出均质性。与大厝、土楼、围龙屋相比，有两个主要区别：一是此类建筑没有了横屋，横屋所具有的防御功能和储存等附属功能在此类建筑中弱化和消失。由于人口稠密、相互之间交流便捷以及政府对地域控制力相对较强，社会治安及族群争斗相对较少，某种程度上安全防御并不是聚居的主要矛盾。二是建筑群的重复式拓展所表现出的均质性，其本质是建筑空间被分解，每一个建筑单元具有相对独立的空间形态，这也意味着公共性的削弱和私密性的增强。大厝、土楼、围龙屋中附属功能单独设置于排屋中，现在可分解到每一个单独院落中。但在实际使用中，空间功能的分布具有明显的灵活性。如，西关大屋的基本布局是三间两廊，左右对称，中间为主要厅堂。中轴线由前而后，依次为门廊、门厅（门官厅）、轿厅（茶厅）、正厅（大厅或神厅）、头房（长辈房）、二厅（饭厅）、二房（尾房）。正间两旁主要有书房、偏厅、卧室和楼梯间等。最后为厨房。门厅右边一般设有庭院小品，栽种花木，布置山石鱼池以供游憩观赏。庭院后部为书房，大屋两侧各有一条青云巷。这样的功能安排也是将宗族礼制空间置于中部，将居住及辅助空间置于两侧，并从前至后强调空间的递进性和私密性。

但相比大厝、土楼、围龙屋的空间形态已明显表现出空间向心性、公共性的淡化，强调了空间的独立性、私密性、灵活性。

海南岛传统聚落合院式建筑群由主屋和横屋组成的院落构成，主屋梳式布局以及其侧边长横屋（从厝）"护卫"的空间形态表明了其受闽、粤两地影响。土楼、围龙屋是闽南等地区人们熟悉的客家人居住方式，其封闭的外部形态和组团式的空间布局是适应山地环境的聚居方式；开敞的内部结构布局和向心式的空间组织，能很好地解决陌生环境中的生存和繁衍问题。广府地区"三间两廊"式的聚居合院，其梳式排列的建筑群，前后贯通的冷巷，巧妙地解决了滨海平原地区适应气候的聚居方式。受闽、粤地区的影响，迁入海南岛的闽、粤"客家"移民面对新的环境，首先要解决自身的安全问题及对聚居环境的适应，在营村之始自然采取了原先熟悉的两地聚落营造"模型"思想——良好的外部防卫和通畅的内部布局。

迁移进入海南岛的闽、粤移民其面对的问题与闽、粤当地环境有所不同。地形和气候以及社会环境的差异决定了解决问题的侧重点。临海的琼北地区海陆风强烈，为通风降温提供有利条件，但对于防火却面临困难，而台风的袭击又是对建筑安全的极大考验；强烈的日照对建筑采光和遮荫有不同的要求。人口稀少及相对较富足的土地资源，使得迁入人群与当地人群矛盾较少，建村具有相对宽松的外围社会环境，"防卫"的要求相对弱化。因此，海南岛迁入人依托迁入地基址资源，细致审视客观条件，对曾经熟悉的土楼、围龙屋、三间两廊等聚居营造模型从聚落形态、建筑布局、建造技术等方面进行了巧妙而智慧的调适，彰显海南地域特色。

地广人稀的基址环境使得海南岛移民强调聚落整体空间安全防卫，通过聚落外围深厚的密林以及入村的道路和巷道防卫关卡的设置来解决安全问题，而合院中较少考虑安全问题，主要以解决生活居住功能为主。在借鉴闽、粤合院的特点后，针对滨海平原以及气候湿热的特点，海南岛合院选择了梳式布局的整体空间形态，同时又将闽南合院中的从厝保留，并作了适当调整，因此整体表现为由主屋和横屋组成的院落构成，主屋梳式布局以及其侧边长横屋（从厝）"护卫"。人口稀少以及小家族聚居的现实，对横屋的需求较少，因此一般仅保留一侧长横屋。在大型合院中偶见两侧长横屋的布局现象。保留长横屋的一个可能的原因是利用正房与长横屋之间的巷道承担广府地区冷巷的作用。这条巷道，有时是长横屋的柱廊或檐廊，它长年处于阴影下，温度较低，它与厅堂、中心庭院的热气相交接，可以起到交流作用，对调节室内空气非常有利。在海南岛地区频繁的海陆风也是降温的优势条件，长横屋的存在非常有利于引导或者改变风向，将风向引进房间。因此，海南岛的合院布局很少是正南北方向，而是根据当地的地形环境，但长横屋的布局大多数在主屋左侧。这种布局方式使得长横屋既可以作为"冷巷"，又能在多数情况下处于建筑群东北侧，来自东南的季风及海陆风很容易被引入聚落或房间而达到降温、防潮等良好作用（图6-13）。

海南岛传统聚落合院由两大部分空间组成，一是宗族礼制及起居空间，主要在前后成列的主屋中进行。前后排列的主屋形成递进的空间，外部为接待、日常休憩、娱乐空间等，向内逐渐为居住、祭祖空间，空间私密性加强，一般在最内主屋厅堂设立祖宗牌位及供奉祖宗的八仙桌。二是在主屋旁侧的长横屋，其主要功能为厨房、杂物储存、书房等等辅助性空间。这些辅助性空间根据旁侧主屋功能设置，靠近外部多为厨房、储存空间，向内则为书房等私密空间，也根据家族子孙居住位置在旁侧分配相应的辅助性空间。传统聚落合院的两大部分并置存在，宗族礼制及起居空间部分以前后分散的方式布局，未将礼制空间单独设置，而是采用了广府合院礼制空间的布局方式。而辅助性空间则借鉴了福建闽南、闽东合院集中设置方式，采用长横屋并置于前后分散的居住空间的旁侧。这种布局方式既考虑了居住的私密性和灵活性，同时又将辅助性空间集中设置，提高了使用的便捷性和高效性。正因为空间务实性的强化，合院对于精神空间及空间的凝聚性而言，则大为降低。整体空间形态没有广府合院的对称性，也没有闽南、闽东合院的向心性。缺乏中心和稳定性的海南岛传统聚落合院相较闽、粤合院表现出松散的空间形态。

大厝、土楼、围龙屋的空间形态通过宗族礼制空间、生活起居空间、辅助防御空间归类集中，由内而外，层层布局，形成了功能明晰的空间形态。各功能区对人的活动有明显的引导性。广府合院则是根据人的宗族礼制及生活起居的规律，外部空间安排公共性及辅助性功能，如接待厅，厨房、杂物间等；内部安排宗族礼制功能空间及私密性辅助空间，如祖宗堂，书房等，空间从外至内私密性逐渐增加。广府合院表现出空间布局根据人的需求而配置。海南岛传统合院在主体部分采用广府合院的布局方式，主要解决宗族礼制及居住起居功能，将厨房、杂物、书房等辅助性空间单独集中，并列配置于主体建筑旁侧。这种布局方式也从侧面表明了海南岛较广府地区地广人稀，空间布局相对宽裕的特点（图6-13）。

如果说，大厝、土楼、围龙屋的空间形态是通过各种类型的功能集中布局引导人的活动，广府合院的空间形态是以人的活动需求来安排功能空间的布局，那么海南岛的合院建筑群空间形态则将两者优势结合起来，既兼顾了生活的私密性和灵活性，也满足了辅助性空间集中布局，便捷实用的特点。

（2）建筑空间组织方式的比较

广府聚落合院延承了中国传统的院落式住居模式，但由于气候炎热潮湿，人口密度大，过大的院子不适合通风，小天井成为组织院落的主要方式。广府聚落合院以"三间两廊"为基本院落，单元重复式拓展，因此其合院天井成列递进式布局。

广府聚落合院以天井组织空间有以下可能的原因：一方面由于天井占地面积较小，四面多为二层房屋围合，底部日照时间很短，外面的主导风不容易吹到底部，天井就成为岭南传统建筑热压通风的"冷源"。这样，高而窄的天井具有烟囱一样的作用，能够排除尘埃与污气，增加内外空气的对流；也利于建筑物形成阴影，达到防暑降温的目的。另一方面，天井还是家庭生活起居活动中心。以天井为核心，周围布置厅堂、卧房、厨房、杂物间等。

通过它，从平面到结构将建筑相互联成一体，这样既保持了住宅内部环境私密与安静的优点，又节约了用地，加强了结构的整体性。天井布局灵活，形状有方形、矩形或狭长形，面积有大有小，变化丰富。天井庭院或内种植花木，或置盆景，利于调节气候，也有助于景色的组织和环境美化（图6-14）。

与广府聚落天井相似，闽南、闽东等聚居区也采用重重天井多进的建筑群形式。以"天井"组织空间形态也是闽南、闽东合院的特点。但闽南、闽东由于规模较大，并不像广府地区"三间两廊"梳式布局的天井，而是以连体大厝的天井方式存在（图6-15）。

闽东典型的传统住宅在正房东西两端的南部建有两座相对的厢房。两座厢房南端之间

图6-14
广东传统宅院平面空间形态及结构演变

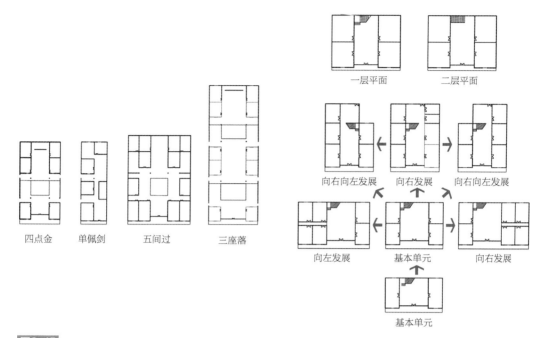

一层平面　　二层平面

向右向左发展　　向右发展　　向右向左发展

向左发展　　基本单元　　向右发展

基本单元

四点金　　单佩剑　　五间过　　三座落

图6-15
福建莆仙汉族传统宅院平面空间形态及结构演变

设照壁。照壁、东西厢房及正房构成口字形结构，两层建筑中间的空地称为天井。进一步发展，在正房北适当的距离再建正房，两座正房之间的东西两侧再建厢房，称二进。续之可发展成三进、四进、五进等。前后拓展的天井之间左右拓展未用"冷巷分隔"，而是以连体方式拓展，形成连体大厝。此类住宅建造者多为豪族世家。比较典型的就是建于清乾隆十年（1745年）的福鼎市翠郊古民居，它距今约250年历史。建筑规模宏大，占地面积1.4万平方米，整体布局以3个三进合院为主体，由6个大厅、12个小厅、24个天井、192间房组合而成。福清新厝镇岭边自然村"百二间"古厝始建于清乾隆四十一年（1776年），后经几代人陆续扩建，形成了一座拥有三落厅、七重护厝、34个天井、120个房间的庞大土木建筑群。仙游县榜头前洋杨氏旧厝，其纵横交错的天井达99个之多。

"天井"自然是广府民居和闽东、闽东南民居中不可缺少的组成内容，它是解决采光、通风、排水、晾晒衣物、饲养家禽以及户外生活、美化环境、联系室内外的空间。"天井"还有家务等物质生活功能以及玩耍、观赏、聊天、看天、祭天等精神生活功能。在这里"天井"是组织民居建筑空间形态的核心，在这里通过"天井"将传统的"天人合一"思想充分体现。

海南岛传统聚落合院中主屋与横屋之间间隔通廊，相互不连接，建筑围合空间松散不连续，且多为一层建筑。由此形成的合院围合空间不能称之为"天井"，而是"庭院"。以"庭院"组织建筑空间是海南岛传统合院区别于闽、粤"天井"组织空间的方式。一般庭院布局大体分为两种：或在主要建筑（在纵轴上）左右两侧建两座对称的次要建筑（在横轴上），构成H形的三合院；或在主要建筑的对面再建一座次要的建筑，用走廊、围墙连接起来构成正方形或长方形的庭院（即四合院）。海南岛传统聚落合院中"庭院"多由主屋与一侧的横屋以及门楼、围墙组成，庭院空间并不表现为对称的布局方式。多进庭院由主屋侧边通廊联通（图6-16）。

　　"庭院"在面积上一般比"天井"大，但对其周围建筑的组合关系的控制力相对较弱。因此与"天井"相比，"庭院"垂直方向上通风、降温效果较弱，但较多的面积使其具有较多的使用空间，且相对灵活。李咸有诗曰："不独春花堪醉客，庭除长见好花开"。"庭院"在《南史·陶宏景传》中有"特爱松风，'庭院'皆植，每闻其响，欣然为乐"的诗句。从

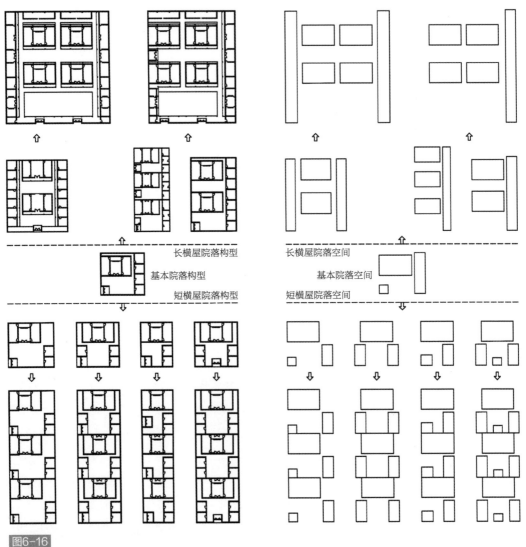

图6-16

海南岛汉族传统宅院平面空间形态及结构演变

这些文献中，可以理解"庭院"为用墙垣围合的在堂前的空间，这是由外界进入厅堂前的过渡空间，有植物、石景等。海南岛传统聚落合院中的"前庭院"或"后庭院"多植树。

虽然是以"庭院"组织空间形态，但"庭院"仍能作为采光、通风、排水、晾晒衣物、饲养家禽以及户外生活、美化环境、联系室内外的空间，同时也兼顾家务等物质生活功能以及玩耍、观赏、聊天、看天、祭天等精神生活功能。在这里"庭院"也是组织空间形态的核心，也体现了"天人合一"思想。即虽然海南岛的"庭院"与闽粤民居的"天井"有不同的形态表现，但作为处理自然环境以及聚居传统，两者具有相同的作用。

以下将闽、粤、琼三地传统聚落宅院建筑空间形态演变以图示的方式做一比较。

（3）建筑空间交通方式比较

由于民居空间组织的不同方式，三个地域的传统民居中交通线路也出现明显的差异。广府民居结构较为简单，以"三间两廊"的方式前后重复拓展，自然形成明晰的前后贯通交通线路。中间主轴线为民居主要纵向交通，主要为礼仪线路；每进天井则形成横向次要交通，主要承担生活交通的作用。服务天井的辅助性交通则需要从天井之间的"冷巷"进行。虽然各自交通分工明晰，但穿越主屋的交通以及被隔离在民居之外的辅助生产交通，还是存在一定不便性和阶层歧视性。闽南、闽东连体大厝，民居规模较大，交通复杂。其集中功能布局的方式将各类交通有效归并，形成了中轴线上的礼仪路线以及旁侧平行的多条生活路线。虽然交通量大，但各类交通分工明确且纵横交错，使用便捷。但毕竟规模较大，交通复杂，部分区域存在交通混杂的情况。海南岛合院布局中建筑相互分离，尤其是主屋与横屋之间保留通廊间隔。这样合院中存在两条平行的纵向交通，一条是穿越主屋的礼制交通线路，另一条是贯通前后的侧边通廊生活交通线路。两条主线通过庭院横向联通。整个合院交通线路功能明确、结构清晰（图6-17）。

广府民居及闽南、闽东民居中多以中轴线纵向交通为主要交通路线，其余交通辅助，形成主次分明的交通体系。而海南岛合院中则存在相互平行的两条主要线路，相互分工明确，

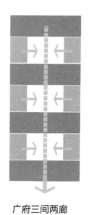

广府三间两廊

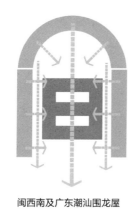

闽西南及广东潮汕围龙屋

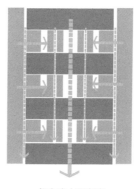

闽东南大型宅院

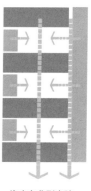

海南岛典型宅院

图6-17
交通结构比较示意图

但无主次之分。这种交通方式是由建筑非对称的空间形态所决定，其同时也反映了海南岛传统聚落空间形态结构的特殊性，即强化务实性，彰显淳朴性，弱化精神性。这本身也与海南岛孤僻的地理位置、落后的经济发展、滞后的文化传播、松散的社会结构相适应（图6-17）。

### 6.4.4　传统建筑结构构造的比较

建筑结构构造一般是指建筑的承重结构和围护结构两个部分。中国古建筑以木材、砖瓦为主要建筑材料，以木构架结构为主要的结构方式。以立柱和纵横梁枋组合成各种形式的梁架，使建筑物上部荷载经由梁架、立柱传递至基础。墙壁只起围护、分隔的作用，不承受荷载。

三个地区传统聚落建筑中大量采用木构架作为主要承重构件，砖墙或夯土墙、石墙起着分隔空间、内外围护挡风遮雨的作用。木构架均表现为既有北方地区抬梁式木构架形式，又有南方地区穿斗式木构架体系。但以穿斗式木构件作为基本构型，在此基础上融入抬梁式结构。木构架中主要的檩条及脊檩采用穿斗式，加强了木构架的稳定性，可很好抵御台风等。内部空间的梁架采用抬梁式，扩大了空间的使用性。木构架落地处用雕刻精美的石柱础承接，既受力明确，又可避免潮气入侵木材。外墙维护采用砖墙或夯土墙、石墙，内墙采用木板或砖墙。

近代传统聚落建筑多采用山墙承檩的方式，尤其在广府及海南地区。檩条直接有山墙承重，内部采用抬梁式或穿斗式与抬梁式结合的木构架方式划分房间。海南岛传统聚落建筑内部空间的划分也多采用砖墙分隔，墙体沉重。

三个地区传统聚落建筑结构构造基本相同，只是在细节做法上存在明显差异。如海南岛传统聚落建筑屋面多采用双层瓦面，并使用条石作为压瓦石，防止台风损坏屋面。两侧沿山墙八字装饰带留有通风孔。这些结构在闽、粤地区建筑上较少出现。

闽、粤地区发达的经济基础、浓厚的文化底蕴使得建筑结构的细节表达出丰富的装饰效果。相对于闽粤地区，海南岛传统建筑木结构较少装饰。

## 6.5　海南岛传统聚落与建筑空间形态的发展特点

通过上文对闽、粤、琼三地的传统聚落与建筑空间形态的对比分析，基本可以得出海南岛聚落与建筑空间形态的一些特点。

### 6.5.1　海南岛传统聚落与建筑空间形态的继承性

海南岛的文化、人口等一直以来与闽粤地区渊源深厚。从中国文化地理的格局来看，海南岛处于岭南文化区之内，受岭南文化的影响；从行政区的建制状况和经济文化的发展状况来看，闽、粤地区都具有某种文化边缘区的性质，而海南岛正是这一区域中的末端，既是移民迁徙的末端，也是文化传播的末端。从闽、粤进入海南岛，既是移民迁徙的路线，也是文化传播的路线，文化及所依托载体的各种类型印记在末端地域自然累积叠加在一起。这一线上传统聚落建筑的关联性分布正是与此相对应的。

海南岛早期黎族的原始聚落建筑采用茅草、树藤、木棍、泥土等建筑材料，营建干栏式的船形屋。而这一时期，我国南方各地也普遍采用干栏式建筑，海南岛的船形屋建筑只是其中的一个组成部分。

从闽粤地区进入的汉族，为海南岛带来相应的文化、生活方式等，这其中也包括闽粤地区汉族聚落空间形态的营建方式。这种聚落空间形态奠定了海南岛汉族传统聚落的雏形。此后，随着汉族人口的不断迁入，关于聚落空间形态营建的新的思想理念、技术方法等等也影响和促进着海南岛汉族传统聚落空间形态的不断调适，直至其发展至现今。这其中自然少不了对闽粤地区传统聚落空间形态的继承。最基本的表现为海南岛传统聚落空间形态与闽粤地区传统聚落空间形态具有相当多的共同点，无论是聚落选址、空间形态布局、建筑结构等等，都表现出相当多的共性。

总体而言，海南岛传统聚落空间形态继承了广府地区传统聚落空间形态对平原地域环境的适应性，典型地表现为聚落空间形态的整体梳式布局。海南岛传统聚落空间形态继承了闽东、闽东南地区传统聚落空间形态中辅助性建筑的布局方式，典型地表现为聚落合院中从厝的使用。

### 6.5.2　海南岛传统聚落与建筑空间形态的创新性

欧洲一些建筑师认为人类的文明史为人们提供了丰富的建筑类型。意大利的格拉西认为建筑问题的关键在于对这些类型进行集合、排列、组合和重建（组）。罗西（Rossi）认为一种特定的类型是一种生活方式与一种形式的结合。聚落类型的发展和嬗变也是如此。

海南岛传统聚落空间形态表现出一定的创新性。这种创新性就是建构在闽、粤地区原有的聚落类型的基础上，并进行了重组，是将闽、粤原住地聚落空间形态与海南岛迁入地地域环境、文化相结合，调适、融合为适合自身地域特点的聚居空间形态。

受闽、粤两个地区影响的海南岛传统聚落空间形态并没有受限于其中某一个地域聚落空间形态，而是策略性地根据海南岛地域环境将两种聚落空间形态进行了融合、调适，从而创造出适应于海南岛地域的聚落空间形态。这由迁入海南岛的汉族聚居环境与闽粤两地的关系而决定。迁居海南岛的汉族人口多数来自闽南、闽东以及潮汕地区，然而其聚居的地域不是与闽南、闽东以及潮汕地区相同的山地，而是与广府地区相同的平原。因此，在原来熟悉的聚落空间形态的基础上，借鉴了适应于平原的广府地区聚落空间形态，保留了已经习惯的主屋从厝式的合院布局，最终创造出适合于海南岛地域环境的新的聚落空间形态。

## 6.5.3  海南岛传统聚落与建筑空间形态的组织秩序

日本的原广司在评价秩序时写道："所有表现着的事物都是被秩序化的事物，所有的聚落与建筑都已经被秩序化。"虽然从严格意义上来讲，聚落均存在秩序，但从聚落空间形态构成来看，将之区分为自发秩序与自觉秩序仍有其认识论上的价值偏差。

根据哈耶克的看法，自发秩序是指系统自组织产生的秩序，是人的行为参与的产物，但不是人为（有意识）设计的产物。自发秩序并不旨在实现某种特定的目的，是一种抽象而非具体的秩序。自觉是指系统外强加的秩序，是一种计划秩序，是为实现一定特定目的的前提下，人有意识地按照既定计划实施而完成的具体的秩序。如果这种自觉的秩序是大家普遍认可，其目的是很好地调整人类与自然的关系及人类自身之间关系，那么，在这种自觉的秩序下的产物就处在发展的高级阶段，文明程度较高。文明（这里指对良好秩序的掌握）是人行动的产物，人们交互活动，从他人的活动中获得益处，这种无意识的交互活动和影响，又无声无息一点一滴地塑造着人类的文明。人类的经验和习惯及人在行动中的调适无意识间在人类活动中起了重要作用。交流的广泛和长期丰富的积累决定了对良好秩序的掌握程度。自发秩序在经过长期的交流和积累后，会转化为好的自觉秩序。

从上文的分析可知，海南岛传统聚落与建筑空间形态多数还处在适应自然环境，相对自由布局的状态，还未整体表现出清晰有意识的自为秩序状态，还处在自发秩序主导下的发展阶段。其表现为：一是聚落与建筑空间形态相对松散，虽然在琼北、琼东地区传统聚落也类似广府地区的梳式布局，但缺乏核心控制力的梳式布局仍显松散；而对于琼西及琼西南的汉族及汉化黎族，其松散程度更为明显，聚落空间形态难以清晰表现梳式布局；对于黎族聚落空间形态则彻底放弃梳式布局，而呈现出自由的空间分布形态。

这种松散的建筑空间形态在海南岛各地及不同民族间表现出不同的层次，也说明其正处在一种发展过程中。这种发展过程与各地及民族的文明程度和对秩序认识程度相关。琼北、琼东的汉族相对于琼西、琼西南汉族而言，具有便捷的交流和丰富的积累，因此，琼北、琼东的汉族聚落空间形态经过长期的调适，已经基本表现出较为良好的秩序。这种秩序开始倾向于向自觉秩序过渡的阶段。黎族的封闭性决定了其聚落空间形态基本处于自发秩序的低级阶段。

## 6.5.4  海南岛聚落与建筑空间形态对人的精神需求的满足程度

根据马斯诺需求层次理论，人的生命和人的需求相互伴生，从远古人类出现之日起，人的需求层次便产生了。人的最一般、最普遍、最基本的需求可以归结为五个层次

（图6-18）。五层次需求
又可以归为两大类，前
两层次可以归于人的本
能需求，它们是人类一
切行为的基础，反映出
人的自然属性；后三层
次可以归于人的精神需
求，它们是人的意识的

| 自我发展和实现 | 人的精神需求 |
| 尊重需求（社会承认的需求） | |
| 社交需求（社会关系的需求） | |
| 安全需求（人身安全、健康保护） | 人的本能需求 |
| 生理需求（身体的基本需求） | |

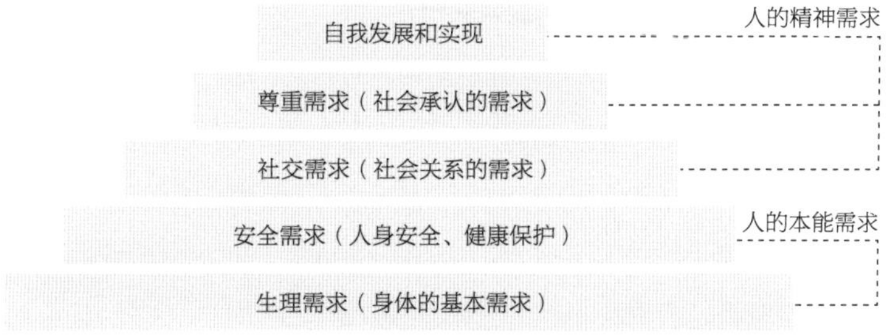

图6-18
马斯诺需求层次理论（根据马斯诺理论自绘）

派生，反映出人的社会属性。古今中外，无论在原始氏族部落里还是在现代社会，无论身为官员、学者还是平民百姓，人们都自觉或不自觉地遵循着这个规则。

　　人们的聚居需求也存在着相类似的需求层次。对聚落与建筑空间形态而言，对需求满足的层次决定着它的发展层次。海南岛传统聚落与建筑空间形态还处在主要解决人的本能需求层次阶段。这主要表现在：

　　（1）聚落与建筑空间形态关注对人本能需求的满足。

　　在原始、贫困的年代和地区，人们较为专注于第一、第二层的需求。一旦步入经济发达、安宁富裕的生活环境之后，人们会提升对第三、第四、第五层的需求，即人的生理需求得到较大的满足之后会转向精神需求，也就是更加注意到如何满足精神愉悦的需要，懂得了休闲和享受生活。

　　海南岛孤悬海外的地理区位大大限制了其经济的发展，文化交流的缺乏也阻碍了生产力的提高。相对于同区域而言，海南岛经济远远落后于其他地区。因此，有限的经济条件下，传统聚落空间形态主要关注于对人本能需求的满足，即充分利用自然环境条件，解决防台风、防潮、通风、降温等等问题，满足人们聚居的舒适性。在此基础上营造安全稳定的聚居环境。上文已做了详细的分析，海南岛传统聚落较小的规模，相对松散自由的空间布局，简易的院落结构等等，自然地融合到周围环境中，并通过简单有效的密林防护或墙体维护等方式，满足了对人本能的需求。

　　海南岛传统聚落与建筑空间形态中较少的精神需求的表达也表明了海南岛在艰难的经济环境下处于相对较低的发展阶段。

　　（2）聚落空间形态对人的社会精神需求的满足相对较少。主要体现在以下几个方面：

　　一是，聚落公共空间元素的单一，且规模较小。一个发展较为成熟、完整的聚落空间形态中，除了满足居住以及辅助生产的空间外，有较多满足精神需求的元素，并占有相当的面积。如在经济较为发大的广府地区传统聚落中，除了整体排列的居住单元外，聚落中的核心地段往往布局祠堂、书院、庙宇、戏台、古树、古井、水塘等等，而且这些元素规模较大，占据聚落中相当的面积。海南岛传统聚落中虽然庙宇比较普遍，但多位于村落入口或边界处，而祠堂在琼北较为多见，其他地域则较少出现。书院在村落一级中基本没有。

古树、古井是较为常见的村落公共元素，但其所占有的面积相对有限。整体而言，海南岛传统聚落中公共空间元素较为单一，尤其是祠堂、书院、戏台等凝聚的精神文化元素相对较少，规模较小。某种程度上也说明人们还没有足够的条件来充分享受精神文化。

二是，聚落空间形态缺乏"核心"凝聚力。中国是典型的以血缘关系为纽带的宗族社会，以宗祠为中心组织聚落空间形态结构，并以此形成心理上的"核心"凝聚力。这种凝聚力表现为"个体"在"整体"中的社会地位，合理的社会地位使人能够得到人与人之间社会性精神的满足。早在五六千年前的西安原始半坡村落，就有了这种以血缘关系为纽带的聚落雏形。整个村落的中心由一所大房子和四周的46座小房子组成，小房子的门都朝着大房子开。从空间形态上看，这种"围绕一个中心空间组织建筑群的形式，使中国传统聚落从开始到终结都受这种意念所支配"。这种"支配"就是一种精神凝聚力。从清代《阳宅会心记》中"君子营建宫室，宗庙为先，诚以祖宗发源之地，支派皆多源于兹"的描述可见，祠堂不仅是村落几何形态上的中心，而且是村民心理场的中心。根据现代建筑理论家诺伯格·舒尔茨的观点，人都具有向心感，从而产生一种心理上的归属。没有中心，社会内部就易产生混乱；有了中心，才能使人在心理上建立秩序的终点。

海南岛汉族传统聚落空间形态结构中祠堂多出现于村落边界，并没有成为村落空间形态的凝聚核心。相当多的将祠堂仅作为聚落空间形态"构成"元素，而不是作为"核心组织"元素的传统聚落，甚至有相当数量的村落中没有祠堂的设置。在前面章节中也已经分析，组织海南岛传统聚落空间形态的多是"自然"要素，且这种组织形态也是自发秩序所产生的结果，而并非完全是精神需求的结果。也就是说海南岛相当多的传统聚落是没有"自觉"秩序下的聚落凝聚核心。因此，相当多的聚落空间形态呈现较为松散的状态。缺乏"自觉"凝聚力的聚落空间形态中其精神享受至少是不完整的。

海南岛传统聚落经历相当长的历史发展过程，至今其空间形态中相对缺乏对精神凝聚力的体现以及集体社会心理的认同。

## 6.5.5　聚落空间形态结构中其所应用的建造技术水平

聚落与建筑空间形态的建造技术最能反映其所处的发展阶段，建造技术能否完善的表现出与建筑空间形态本身的特点，或者与上层"同质"区域中其他"同级体"比较（这里指与岭南地域中的相对较发达的广东相比），是否存在较大的发展空间和潜力，这里做一简单的比较。

海南岛传统聚落建筑建构工艺相对较为落后。这主要表现在：

第一，黎族建筑采用茅草、泥土、藤条、木棍的天然材料，通过简单的绑扎、支撑等原始的技艺营建聚落建筑，甚至都很少出现榫卯结构，可以说明黎族建筑建构工艺的原始性、落后性。

图6-19
琼北羊山地区以传统火山村落建筑

琼海覃家大院                    博鳌南强村建筑

图6-20
琼北地区砖材传统聚落建筑

　　第二，汉族传统建筑建构工艺参差不齐。琼北地区以火山村落为主，村落建筑选用火山石作为建造材料，无论是围墙还是建筑，都采用自然干垒的方式，基本不用粘结剂。垒砌墙体等围护性设施的火石山材料只简单敲碎，保持自然状态，自然垒砌完成，墙面参差不齐。即使是居住建筑，也仅是将材料外表面剖平加工，其余面保持自然状态。因此，建筑内部墙面也是凹凸不平，甚至整个墙面布满大小缝隙（图6-19）。

　　琼北地区的海口、文昌、定安及琼东的琼海等地，传统聚落建筑建造工艺相对较高，主要以砖砌为主，砌筑手法多样，工艺精湛，与广府地区建造工艺相当（图6-20）。

　　第三，从建筑构造特征上看，闽、粤建筑在长期发展中，形成富有特色的构造元素和方法。广府古建筑的屋顶山墙主要有两种：人字山墙和锅耳山墙。人字山墙呈三角形，从前檐口直线至正脊上方，然后又直线下至后檐口。因像直写的"人"字，这在各地较为普遍。锅耳屋也是广府传统民居建筑中经常看到的一种，屋面之上砌筑有锅耳状的硬山墙，其轮廓中间拱凸，前后缓收，线条柔美。这种高大的锅耳山墙其主要作用既是为了防止台风吹袭房屋建筑的屋面，又具有防火作用，一旦发生火灾可以有效地防止火灾蔓延。这是在人口稠密的地域采取的有效措施。福建传统民居的屋顶造型大多作双坡面悬山顶，屋顶正脊多呈弧形曲线，向两端起翘成燕尾。这种造型让曲线的坡面与起翘的屋脊构成一个和谐的整体，使原本较为生硬古板的屋型显得飘逸、洒脱而富有韵律。琼北屋顶多作硬山顶，多为人字山墙，装饰较前两者相对简约明快。其简化正脊的形式为直线形，脊两端用卷草纹灰塑装饰，强调立体感。这体现了海南人谦虚、低调的生活态度和质朴的情感。很显然，建筑屋脊的处理方式中，相比闽粤，海南岛传统建筑屋脊结构及工艺明显较为简单、粗糙（图6-21）。

广东佛冈上岳古民居（中国佛冈政府网）

福建南安蔡氏古民居建筑屋脊

海南澄迈县大丰镇美桃村建筑

海南崖城水南村建筑

海南万宁市万城镇周家庄村建筑

海南琼海市博鳌镇南强村建筑

图6-21
闽粤琼建筑构造特色的比较

　　总体而言，海南岛传统聚落建筑建构技艺参差不齐，既有黎族原始的绑扎技艺，也有大型宅院的建构技术。

## 6.6　本章小结

### 6.6.1　海南岛传统聚落与建筑空间形态的地域特点

　　海南岛与闽、粤的深厚渊源已经将其与两者紧密地联系在一起。但站在小区域的角度，毕竟存在多方面的差异，这种差异也更清楚地了解各自的特点、价值以及历史地位。

　　长期以来海南传统聚落建筑在中国传统聚落建筑的大家庭中缺乏应有的地位，被纳入广东民居体系中。虽然与闽粤地区渊源深厚，但海南岛传统聚落空间形态结构依然有自己的独特性。这种独特性，从聚落空间形态布局到院落结构形式、建筑结构，广泛存在。这与三地不同的基址条件相关，如表6-2所示。

海南岛与闽、粤的住居环境特点比较　　　　　　　表6-2

| 因子 | 广东（广府、客家）人居住环境 | 福建（闽东南）人居住环境 | 海南岛人居住环境 |
| --- | --- | --- | --- |
| 气候 | 亚热带 | 亚热带 | 亚热带/热带 |
| 地形 | 山地少、平原多 | 八山一水一分田 | 内部山地，临海或近海平坦或缓坡 |
| 人口 | 稠密 | 稠密 | 较稀少 |
| 植被 | 繁茂、阔叶乔木 | 繁茂、阔叶乔木 | 繁茂、灌林、多棕榈科 |
| 土地 | 稀缺 | 稀缺 | 相对富足 |
| 材料 | 土、木、砖、石 | 土、木、砖、石 | 多砖、石、木，少土 |
| 建造技术 | 先进 | 先进 | 相对落后 |
| 经济 | 富足 | 良好 | 较差 |
| 传统文化 | 浓厚 | 浓厚 | 相对弱化 |
| 主要解决问题 | 强防卫、通风降温、防潮、防火 | 强防卫、通风降温、防潮、防火 | 通风降温、防潮、防火、防台风弱防卫 |

　　海南聚落面对的问题与闽、粤有所不同。地形和气候的差异界定了解决自然环境问题的侧重点。临海的海南地区海陆风强烈，为通风降温提供有利条件，但对于防火却面临困难，而台风的袭击又是对建筑安全的极大考验；强烈的日照对建筑采光和遮荫有不同的要求。人口稀少及相对较富足的土地资源，使得迁入人群与当地人群矛盾较少，建村具有相对宽松的外围社会环境，"防卫"的要求相对弱化。落后经济环境和建构技术以及薄弱的文

化传承又决定了建构材料的选取和加工能力，也决定其建构的规模和建构的侧重点。因此，迁入海南岛的移民依托迁入地基址资源，细致审视客观条件，对曾经熟悉的闽、粤聚居营造模型从聚落空间形态、建筑结构布局、建造技术及装饰等方面进行了巧妙而智慧的调适，彰显海南岛地域聚落空间形态结构特色。

海南岛特殊的开发历程也丰富了地域聚落空间形态的特色。海南岛传统聚落空间形态的发展表现出明显的两条线索：一是岛内黎族以自身为主的聚落空间形态的发展传承——自我传承式发展方式；二是迁入汉族借鉴与融合的聚落空间形态的发展方式——带入融合性发展方式。

黎族聚落与建筑空间形态的自我传承式发展表现出自身聚居传统文化顽强的延续性。茅草船形屋构成的聚落空间形态延续了上千年，在海南岛传统聚落空间形态中独具一格，成为我国此类聚落空间形态的"化石"。

汉族带入融合性发展方式表现出迁入民族对原住地传统聚居方式的继承和在迁入地有针对性的调适、改善。来源复杂的汉族造就了传统聚落空间形态的地域性、多层次、多元化特点。聚落空间形态既有规模小，布局简单，技术粗糙，还处于发展初期特点；也有融合中西，规模较大，布局复杂，技术精美，已接近成熟的特点。既有琼北、琼东聚落空间形态布局严整，建造精良，文化传承明显的特点；又有琼西、琼西南（崖城区域除外）聚落空间形态布局松散，建构相对粗糙，文化传承较少的特点。

## 6.6.2  海南岛传统聚落与建筑空间形态的发展阶段

任何一个地域或时代的聚落与建筑空间形态都反映着其历史进程和时代要求的明显特征。海南岛传统聚落与建筑空间形态也清晰地反映着其发展的历程和其现在所处的阶段。

根据文化传播的理论，越是在文化传播路线的远端，保持文化中心区的历史现象就越古老。海南岛地处岭南地域的文化末端，随着闽粤人口的大量迁移，中原及岭南的历史文化也逐渐进入海南岛，并逐渐积淀下了。海南岛不仅处在文化传播的远端，也处在经济发展的远端。落后的经济显然也客观地保留了很多早期的文化传统和技术、技艺。反映在传统聚落建筑形态上即是原始的建构技术、粗糙的装饰工艺。因此，在海南岛仍能看到延续上千年的船形屋建筑及其原始的绑扎建构技术；也能看到通过自然垒砌，不用粘结加工的火山岩建筑。即使是代表地域建构技术和工艺较为先进的祠堂、村庙等公共性建筑，也难以看到与闽粤相提并论的成果。

因此，就建构技术和工艺而言，海南岛传统聚落建筑空间形态所展示出的建构技术和工艺落后于闽、粤地区的传统聚落建筑。

然而经济的落后并没有限制海南岛人的智慧创新。在经历了闽南、闽东地区的聚居生活积累以及社会动荡的人们，他们迁居潮汕、广府地区，又历经了潮汕、广府地区的聚居习惯，带着聚居生活的历练，进入了海南岛。在这里，他们终于找寻到了能够满足他们安稳聚居生活的基址及自然环境。地广人稀使他们能够充分思考以前聚居生活的经历，总结原先聚居空间形态的优势、劣势。终于，他们将闽、粤聚居方式融合、调适，成为适应海南岛地区聚居生活的方式。他们借鉴了闽南、闽东地区聚落建筑的布局方式，创造了适合海南岛小家庭聚居的合院结构方式；他们借鉴了广府平原地区聚落的梳式空间形态布局方式，创造了适合于海南岛滨海平原地区的聚落梳式组合方式。海南岛聚落形态结构融合了两个地域的聚居生活的特点。

然而，经济的落后和文化传播的滞后，缺乏系统完整的理论指导，海南岛居民在摸索融合两个地域的聚落与建筑空间形态的历程中，主要集中于其适合于地域自然环境的调适，而传统文化的融合及精神空间建构受到了削弱。因此，海南岛传统聚落与建筑空间形态中并没有追求标志性建筑核心凝聚力，也没有追求聚落建筑传统的对称布局方式。而是自然地表达了适应地域环境的松散式聚落与建筑空间形态。另一方面，海南岛居民也没有放弃传统聚落与建筑空间形态中对传统文化的融合及精神空间追求。他们的聚落与建筑空间形态中也建构了村庙、祠堂、戏台、古树等等要素，他们也尝试通过建筑装饰的手法表达传统文化的传承。然而，长期地享受自然、自由放松的生活方式使他们已经不习惯严肃、规整的聚落与建筑空间形态。

与闽、粤传统聚落空间形态结构相比，海南岛传统聚落与建筑空间形态表现出发展的滞后性。这种发展的滞后性恰恰彰显了其原真性、朴实性的特点。尤其是在与之渊源深厚的闽、粤地域圈中，与闽、粤追求复杂的建筑结构的风格截然不同，表现出"原真质朴"的特点，独树一帜。

"原真质朴"并不表示落后、草率和卑微。它是一个地域的民族或族群对当地地域自然环境深刻理解，并结合地域经济、社会、文化、技术等各方面条件后，对地域聚落与建筑空间形态凝练的结果，最真实地代表一个地域聚落与建筑空间形态的发展状态。海南岛传统聚落与建筑空间形态表现出发展的滞后性使其无法在聚落与建筑空间形态技艺方面与其他地域相比。但其"原真质朴"的特点具有地域唯一性，其代表的历史价值不可低估。因此海南岛聚落空间形态最具特色和价值的就是其"原真质朴"的特点。

总体而言，海南岛"原真质朴"的传统聚落与建筑空间形态整体表现出发展的滞后性。但这种滞后性并不是表现为传统聚落与建筑空间形态同闽粤聚落空间形态结构相比处于劣势。每一种聚落与建筑空间形态只要适应当地的自然环境、生活习俗、文化传承等，就可以认为是合适的，相互之间并不存在"好"与"坏"之分，但这种"适应"的表达存在着发展层次高低的区别。也就是说，随着海南岛经济形式的好转，文化积累的丰富，海南岛居民将会有条件进一步调适聚落与建筑空间形态，在以下两个方面取得完善：一是在聚落与建筑空间形态中通过适当方式完善地域文化下的精神空间的建构；二是通过建构技术的提高，完善聚落建筑的建造水平。

# 参考文献

［1］ 朱竑，曹小曙，司徒尚纪. 海南文化特质研究［J］. 中山大学学报（社会科学版），2001（4）：115-119

［2］ 唐玲玲，周伟明. 海南史要览［M］. 海口：海南出版社，2008

［3］ 张跃，周大鹏. 黎族海南五指山市福关村调查［M］. 云南大学出版社，2004

［4］ 丁俊清，杨新平. 浙江民居［M］. 北京：中国建筑工业出版社，2009

［5］ 张驭寰. 吉林民居［M］. 天津：天津大学出版社，2009

［6］ 杨大禹. 云南民居［M］. 北京：中国建筑工业出版社，2009

［7］ 戴志坚. 福建民居［M］. 北京：中国建筑工业出版社，2009

［8］ 陆琦. 广东民居［M］. 北京：中国建筑工业出版社，2008

［9］ 徐民苏. 苏州民居［M］. 北京：中国建筑工业出版社，1991

［10］ 陈震东. 新疆民居［M］. 北京：中国建筑工业出版社，2009

［11］ 柳肃. 湘西民居［M］. 北京：中国建筑工业出版社，2008

［12］ 张壁田，刘振亚. 陕西民居［M］. 北京：中国建筑工业出版社，1993

［13］ 彭一刚. 传统村镇聚落景观分析［M］. 北京：中国建筑工业出版社，1994

［14］ 陈志华. 楠溪江中游古村落［M］. 生活·读书·新知三联书店，1999

［15］ 周若祁，张光. 韩城村寨与党家村民居［M］. 西安：陕西科学技术出版社，1999

［16］ 段进，龚恺，陈晓东，张晓冬. 空间研究1［M］. 南京：东南大学出版社，2006

［17］ 陆元鼎. 中国民居研究五十年. 建筑学报. 2007（11）：66-69

［18］ 张文奎. 人文地理学概论［M］. 长春：东北师范大学出版社，1987

［19］ 陈宗兴，陈晓健. 乡村聚落地理研究的国外动态与国内趋势［J］. 世界地理研究，1994（1）：72-79

［20］ 白吕纳著. 人地学原理［M］. 任美锷，李旭旦译. 南京：钟山书局，1935

［21］ F. S. Hudson. A Geography of settlement. London: Macdonald and Evans, 1970

［22］ 金其铭，董昕，张小林. 乡村地理学［M］. 南京：江苏教育出版社，1990：47-51

［23］ 严钦尚. 西康居住地理［J］. 地理学报，1939（00）：43-58

［24］ 陈述彭，杨利普. 遵义附近之聚落［J］. 地理学报，1943（00）：69-81

［25］ 陈桥驿. 历史时期绍兴地区聚落的形成和发展［J］. 地理学报，1980（01）：14-23

［26］ 金其铭. 农村聚落地理［M］. 北京：科学出版社，1988

［27］ 王文卿，周立军. 中国传统民居构筑形态的自然区划［J］. 建筑学报，1992（4）：12-16

［28］　李民. 夏商史探索·尧舜时代与陶寺遗址［M］. 郑州：河南人民出版社，1985

［29］　（美）路易斯·亨利·摩尔根. 古代社会［M］. 杨东莼，马雍，马巨译. 北京：商务印书馆，1997

［30］　Jeffrey R. Parsons. Archaeological Settlement Patterns [M]. Annual Review of Anthropology，1972

［31］　李芗. 中国东南传统聚落生态历史经验研究［D］. 广州：华南理工大学，2004

［32］　王钊. 生态视野下的聚落形态和美学特征研究［D］. 天津：天津大学，2006

［33］　许凡. 徽州传统聚落生态因素研究［D］. 合肥：合肥工业大学，2005

［34］　高娜. 景观生态学视野下的乡村聚落景观整体营造初探［D］. 昆明：昆明理工大学，2006

［35］　（德）杜能著. 孤立国同农业和国民经济之关系［M］. 吴衡康译. 北京：商务印书馆，1986

［36］　王景新. 溪口古村落经济社会变迁研究［M］. 北京：中国社会科学出版社，2010

［37］　陈志文. 蓬溪村古村落社会经济变迁研究［M］. 北京：中国社会科学出版社，2010

［38］　姜新旺，谭万勇. 苍坡古村落经济社会变迁研究［M］. 北京：中国社会科学出版社，2010

［39］　刘晖. 珠三角城市边缘传统聚落形态的城市化演进研究［D］. 广州：华南理工大学，2005

［40］　于洪. 丽江古城形成发展与纳西族文化变迁［D］. 北京：中央民族大学，2007

［41］　陆焱. 村落社区的傩仪与象征——以贵池傩为中心［D］. 北京：中央民族大学，2005

［42］　李立. 传统与变迁：江南地区乡村聚居形态的演变［D］. 南京：东南大学，2002

［43］　王绚. 传统堡寨聚落研究［D］. 天津：天津大学，2004：36

［44］　雷振东. 整合与重构［D］. 西安：西安建筑科技大学，2005

［45］　李贺楠. 中国古代农村聚落区域分布与形态变迁规律性研究［D］. 天津：天津大学，2006

［46］　郁枫. 空间重构与社会转型［D］. 北京：清华大学，2006

［47］　王韡. 徽州传统聚落生成环境研究［D］. 上海：同济大学，2006

［48］　李严. 明长城“九边”重镇军事防御性聚落研究［D］. 天津：天津大学，2007

［49］　赵逵. 川盐古道上的传统聚落与建筑研究［D］. 武汉：华中科技大学，2007

［50］　谭立峰. 河北传统堡寨聚落演进机制研究［D］. 天津：天津大学，2007

［51］　郭晓东. 黄土丘陵区乡村聚落发展及其空间结构研究［D］. 兰州：兰州大学，2007

［52］　彭鹏. 湖南农村聚居模式的演变趋势及调控研究［D］. 上海：华东师范大学，2008

［53］　林志森. 基于社区结构的传统聚落形态研究［D］. 天津大学，2009

［54］　朱炜基. 于地理学视角的浙北乡村聚落空间研究［D］. 浙江大学，2009

［55］　张祖群. 清代以来咸阳村落的分布变化和社会之考察［D］. 西安：陕西师范大学，2009

［56］　惠怡安. 陕北黄土丘陵沟壑区农村聚落发展及其优化研究［D］. 西安：西北大学. 2010

［57］　张楠. 作为社会结构表征的中国传统聚落形态研究［D］. 天津大学，2010

［58］　牛会聪. 多元文化生态廊道影响下京杭大运河天津段聚落形态研究［D］. 天津大学，2012

［59］　李建华. 西南聚落形态的文化学诠释［D］. 重庆大学，2010

［60］　张以红. 潭江流域城乡聚落发展及其形态研究［D］. 华南理工大学，2011

［61］ 赵冶. 广西壮族传统聚落及民居研究［D］. 广州：华南理工大学，2012

［62］ 戴志坚. 闽海系民居建筑与文化研究［D］. 广州：华南理工大学，2000

［63］ 郭谦. 湘赣民系民居建筑与文化研究［D］. 广州：华南理工大学，2002

［64］ 王健. 广府民系民居建筑与文化研究［D］. 广州：华南理工大学，2002

［65］ 詹长智. 海南地方文献形成的历史与分布现状［J］. 图书馆论坛，2008（6）：228-231

［66］ 中南民族学院本书编辑组. 海南岛黎族社会调查［M］. 南宁：广西民族出版社，1992

［67］ 司徒尚纪. 海南岛和台湾岛历史开发的差异及其原因初探［J］. 海南大学学报（社会科学版），1988（1）：9-18

［68］ 司徒尚纪. 人口与土地环境的关系在海南岛开发史上的演变雏议［J］. 南方人口，1987（3）：55-58

［69］ 司徒尚纪. 关于海南岛历史上开发的若干问题［J］. 中山大学学报（自然科学版），1986（1）：66-69

［70］ 朱竑，司徒尚纪. 开疆文化在海南的地域扩散与整合［J］. 地理学报，2001（1）：99-106

［71］ 朱竑，司徒尚纪. 海南岛地域文化的空间分布研究［J］. 地理研究，2001（4）：463-470

［72］ 司徒尚纪. 海南岛历史上土地开发研究［M］. 海口：海南出版社，1992

［73］ 刘耀荃. 海南岛黎族的住宅建筑［M］. 广州：广东省民族研究所，1982

［74］ 卢迅鸣，杨春盛. 黎族住宅形式演变初探［J］. 海南师范学院，1989（3）：101-106

［75］ 苏儒光. 黎族传统民居建筑类型与演变［J］. 中央民族大学学报，1994（3）：52-53

［76］ 吴庆洲. 船文化与中国传统建筑（下）［J］. 中国名城，2011（2）：58-63

［77］ 黄捷，王瑜. 船屋文化——海南黎族传统民居探源［J］. 新建筑，1997（4）：32-35

［78］ 黄敬刚. 海南岛古代黎、苗建筑的初步研究［J］. 东南文化，1990（5）：234-238

［79］ 吴若斌，张洁. 海南黎族的生存观与"船"形屋［J］. 中外建筑，2001（5）：20-21

［80］ 王瑜. 黎族传统聚落的文化特征及继承与发展［J］. 华中建筑，2001（5）：86-88

［81］ 姚丽娟. 黎族人生态环境探析［J］. 内蒙古科技与经济，2004（19）：12-13

［82］ 海南省建设厅海南省勘察设计协会主编. 海南民族传统建筑实录［M］. 海口：南海出版公司，1999

［83］ 陈玉梅. 海南省文昌市文明生态村研究［D］. 武汉：华中师范大学，2007

［84］ 张引. 海南白查村黎族聚落环境保护与开发探析［D］. 海口：海南师范大学，2008

［85］ 贾俊茹. 海南文昌近代民居空间形态研究［D］，武汉：华中科技大学，2010

［86］ 阎根齐. 海南古代建筑研究（文博卷）［M］. 海口：海南出版社，南方出版社，2008

［87］ 杨卫平，王辉山，王书磊. 海南古村古镇解读（文博卷）［M］. 海口：海南出版社，南方出版社，2008

［88］ 陆元鼎. 岭南人文·性格·建筑［M］. 北京：中国建筑工业出版社，2005

［89］　李学勤. 史记·五帝本纪讲稿［M］. 上海：生活·读书·新知三联书店，2012

［90］　孙家洲. 从内黄三杨庄聚落遗址看汉代农村民居形式的多样性［J］. 中国人民大学学报，
　　　　2011（1）：2-8

［91］　辞海编辑委员会编纂. 辞海［M］. 上海：上海辞书出版社，1992

［92］　左大康主编. 现代地理学辞典［M］. 北京：商务印书馆，1990

［93］　杨毅. 我国古代聚落若干类型的探析［J］. 同济大学学报（社会科学版），2006（1）：46-51

［94］　单德启. 从传统民居到地区建筑［M］. 北京：中国建材工业出版社，2004

［95］　王鲁民，乔迅翔. 营造的智慧——深圳大鹏半岛滨海传统村落研究［M］. 南京：东南大学出
　　　　版社，2008

［96］　许士杰. 海南省——自然、历史、现状与未来［M］. 北京：商务印书馆，1988

［97］　唐永銮. 海南岛景观［M］. 北京：商务印书馆，1959

［98］　吉野正敏，谢邦正. 对海南岛气候和农业的初步研究［J］. 世界热带农业信息，1986（2）

［99］　郝思德，黄万波. 三亚落笔洞遗址［M］. 海口：南方出版社，1998

［100］新中国考古五十年·海南［M］. 文物出版社，2000

［101］陈光良. 海南原始居民蠡测［J］. 海南大学学报（人文社会科学版），2003（3）：293-298

［102］冯永驱. 中国考古学年鉴（1993年）陵水县石贡遗址［M］. 文物出版社，1995

［103］广东省博物馆. 广东海南岛原始文化遗址. 考古学报，1960（2）：121-131

［104］定安县博物馆. 定安县文物志［M］. 广州：中山大学出版社，1987

［105］颜家安. 海南岛原始农业起源的几个问题［J］. 古今农业，2005（3）：33-42

［106］赵全鹏. 历史上海南岛内的族群流动及成因［J］. 贵州民族研究，2008（1）：168-173

［107］王文光，翟国强. 先秦时期历史文献中的越民族群体［J］. 云南师范大学学报（哲学社会科
　　　　学版），2005（1）：32-36

［108］王君伟. 关于汉至唐海南行政建制沿革的争论［J］. 海南史志，1993（4）：30-33

［109］刘江涛. 汉族移民与清代海南黎族文化变迁［D］. 中南民族大学，2007

［110］（明）唐胄纂. 琼台志卷三·沿革考·感恩县［M］. 海口：海南出版社，2006：57-58

［111］程昭星. 试论唐宋及以前时期封建统治阶级的治黎政策［J］. 琼州学院学报，2009（1）：27-30

［112］陈梧桐. 西汉王朝开拓边疆斗争的历史意义［J］. 中国边疆史地研究，1999（3）：42-59

［113］林冠群. 海南方志揭疑［J］. 海南大学学报（人文社会科学版），2004（3）：300-304

［114］杨德春. 海南岛历代人口资料初析［J］. 海南大学学报（社会科学版），1986（4）：66-72

［115］（明）欧阳璨等修. 万历琼州府志卷五·赋役志［M］. 海南出版社，2006：251

［116］（唐）段公路. 文渊阁四库全书·北户录卷［M］. 福州：鹭江出版社，2004

［117］孔凡礼校点. 苏东坡文集卷十七·伏波将军庙碑［M］. 北京：中华书局，1986

［118］广东省民族研究所. 人类学论文选集——黎族原始社会解体的原因、进程和结果试探［M］.
　　　　中山大学出版社，1986

［119］唐启翠，安华涛．生态、仪式与象征符号——黎族槟榔歌谣的文化通观［J］．社会科学家 2012（5）：141-146

［120］李琳．海南古代马及马文化［J］．海南大学学报（人文社会科学版），2006（1）：64-68

［121］海南民族地区生态文化研究课题组．绿色生态槟榔文化［J］．琼州大学学报2005（3）：46-50

［122］刘丽．唐宋海南贬谪文人心态之比较［J］．北方论丛，2010（5）：66-69

［123］（宋）赵汝适．诸蕃志卷·海南．冯承钧校注本（《诸蕃志校注》）［M］．中华书局，1956：146-147

［124］（明）王士性撰．广志绎［M］．中华书局《元明史料笔记丛刊》本，1997

［125］王献军．黎族历史上的"生黎"与"熟黎"［J］．海南大学学报（人文社会科学版），2010（1）：1-6

［126］（清）顾炎武．天下郡国利病书卷102［M］．上海：上海科学技术文献出版社，2002

［127］中共海南省委党史研究室．解放前人口分布［EB］．海南史志网，2010-09-07

［128］（清）明谊修．道光琼州府志［M］．张岳松纂．海口：海南出版社，2004

［129］（清）方岱．光绪昌化县志卷1·风土·第10-11卷［M］．海南出版社，2004

［130］张庆长．黎岐纪闻全一卷［M］．上海：上海书店出版社，1994

［131］符玉川．海南古代移民与海南方言［J］．海南大学学报社会科学版，1996（2）：19-23

［132］G. R. Willey. "Prehistoric Settlement Patterns in the Viva Valley, Peru". Bulletin155, Bureau of American Ethnology, Smithsonian Institution, 1953, P. 1

［133］（东汉）班固．汉书·沟洫志［M］．北京：中华书局，1960

［134］（清）王晫．今世说·德行［M］．上海：东方出版中心，1996

［135］（西汉）司马迁．史记·西南夷列传［M］．史记卷一百一十六·西南夷列传第五十六

［136］（南朝）范晔．后汉书·西南夷传［M］．北京：中华书局，1965

［137］（唐）刘恂撰．岭表录异·岭表异录补遗［M］．鲁迅校勘．广州：广东人民出版社，1983

［138］（西汉）刘向编．管子·二十四卷［M］．浙江人民出版社，1987

［139］（清）宋席珍续纂．宣统定安县志［M］．海口：海南出版社，2004

［140］（清）潘廷侯纂修．康熙陵水县志［M］．海口：海南出版社，2004

［141］杨定海，肖大威．石头筑就神话，朴实彰显美丽——海口荣堂村古村落景观初探［J］．华中建筑．2009（3）：224-228.

［142］林带英等纂修．民国文昌县志［M］．海口：海南出版社，2004

［143］成一农．中国古代地方城市形态研究现状评述［M］．中国史研究，2010（1）：

［144］张文奎．人文地理学词典［M］．西安：陕西人民出版社，1990：478

［145］吴良镛．人居环境科学导论［M］．北京：中国建筑工业出版社，2001：38

［146］杨定海，肖大威．力的重构——传统村落的嬗变与新农村建设［J］．华中建筑，2012（11）：141-144

［147］（英）R·J·约翰斯顿著. 地理学与地理学家［M］. 唐晓峰等译. 北京：商务印书馆，2010

［148］克里斯托弗亚历山大著. 城市并非树形［J］. 严小婴译. 建筑师，1985（24）：206-223

［149］（清）谢济韶修. 清代嘉庆澄迈县志［M］. 李光先纂. 海口：海南出版社，2004：52

［150］（明）曾邦泰等纂修. 万历儋州志［M］. 海口：海南出版社，2004：68

［151］（清）李琰纂修. 康熙万州志［M］. 海口：海南出版社，2004：48

［152］（清）方岱修. 康熙昌化县志［M］. 海口：海南出版社，2004：23

［153］孙令正. 明朝尚书王弘诲故里定安龙梅村欲申报历史文化名村［EB］. 南海网，2013-03-13

［154］陈梦雷等. 广东黎人歧人部. 古今图书集成职方典［M］. 卷139. 上海中华书局影印本，1985

［155］张廷玉. 地理志六明史［M］. 卷45. 北京：中华书局，1975

［156］赵尔龚. 地理志清史稿［M］. 卷72. 北京：中华书局，1977

［157］高泽强. 黎族族源族称探讨综述［J］. 琼州学院学报，2008（1）：18-22

［158］（西晋）张华. 博物志［M］. 黄丕烈刊《土礼居丛书》本

［159］万英敏.《桂海虞衡志》的文献学研究［D］. 华东师范大学，2005

［160］王学萍. 中国黎族［M］. 北京：民族出版社，2004：272

［161］汉霞. 从海南地理看黎族风俗文化［J］. 理论界，2005（1）：118-119

［162］（清）张庆长撰. 黎岐纪闻［M］. 上海：上海书店出版社，1994

［163］戴成萍. 清代琼黎图研究［D］. 中央民族大学，2011：18-22

［164］符桂花. 清代黎族风俗图［J］. 海口：海南出版社，2007

［165］海南省人民政府驻广州办事处. 黎族民居［EB］. 海南省民族文化网，2011-4-18

［166］夏燕靖. 中国艺术设计史［M］. 南京：南京师范大学出版社，2011

［167］陆元鼎主编. 中国民居建筑（下卷）［M］. 广州：华南理工大学出版社，2003

［168］（元）脱脱. 宋史·卷四百九十五·列传第二百五十四·蛮夷三［M］. 北京：中华书局，1977

［169］（清）陆次云. 峒溪纤志·黎人［M］. 大酉山房辑刻本，1794

［170］（宋）周密. 齐东野语卷七［M］. 北京：中华书局，1982：129

［171］陈伟明. 古代华南少数民族的居住民俗文化［J］. 中南民族学院学报（哲学社会科学版），
　　　1999（1）：50-54

［172］赵全鹏. 海南黎峒与相关社会组织的关系研究［J］. 贵州民族研究，2007（5）：28-39

［173］陈小慈. 黎族传统村落形态与住居形式研究［D］. 南京：南京农业大学，2011

［174］（明）王士性. 广游志卷四、卷五［M］. 上海：上海古籍出版社，1993

［175］广东全省地方纪要·琼崖化黎区［M］. 广州：广东民政厅编印，1935

［176］（德）史图博. 海南岛民族志［M］. 1937

［177］（日）藤井明著. 聚落探访［M］. 宁晶译. 北京：中国建筑工业出版社，2003

［178］梁猷刚. 海南岛文昌方言音系［J］. 方言，1986（2）：123-132

［179］苏轼. 东坡志林卷八［M］. 北京：中华书局，1981

［180］（法）萨维纳著. 海南岛志［M］. 辛世彪译. 桂林：漓江出版社，2012.

［181］王文光，李汹. 秦汉时期的汉越民族关系［J］. 中南民族大学学报，2006（4）：35-40

［182］岑家梧. 宋代海南黎族和汉族的联系及黎族社会经济的发展［J］. 中南民族大学学报，1981
      （1）：14-21

［183］（明）王弘海编. 南溟奇甸集［M］. 毛地林校注. 海南出版社，2010

［184］周去非. 岭外代答卷2"海外黎蛮"条. 四库全书本第589册［M］. 上海：上海古籍出版社，
      1987：405-406

［185］符和积. 道教在海南黎族地区的传播与民族化［J］. 中国道教，2006（3）：40-43

［186］韦经照. 基督教在海南岛的传播［J］. 海南大学学报，1987（4）：81-84

［187］（清）张巂等纂修. 崖州志·地舆志［M］. 郭沫若点校. 广东人民出版社，2011

［188］梁思成. 梁思成全集第四卷［M］. 北京：中国建筑工业出版社，2001：7

［189］邱海东. 黎族传统建筑文化探析［J］. 大众文艺，2011（2）：182-184

［190］孙大章. 民居建筑的插梁架浅论［J］. 小城镇建设，2001（9）：26-29

［191］余英. 中国东南系建筑区系类型研究［M］. 中国建筑工业出版社，2001

［192］韩伯成. 儒家生态伦理思想的当代意义［J］. 社科纵横，2010（12）：105-106

［193］黄成勇. 庄子"天人合一"思想初探［J］. 长春理工大学学报（社会科学版），2006（2）

［194］杨海军，王向辉. 民间土地神信仰的现象分析［J］. 商洛学院学报，2005（1）：69-72

［195］吴文娜. 是非曲直说丁谓［EB］. 海南省人民政府，2008-09-11

［196］（宋）周辉撰. 清波杂志校注卷七［M］. 刘永翔校注. 中华书局，1997：116

［197］（明）丘浚. 琼台诗文会稿［M］. 内蒙古人民出版社，2002：4

［198］（唐）柳宗元. 柳河东集卷四十二寄韦珩［M］. 上海古籍出版社，1986

［199］（清）萧应植修. 琼州府志［M］. 海口：海南出版社，2006

［200］（宋）乐史. 太平寰宇记卷八十八［M］. 文海出版社，1979

［201］肖大威. 试论城市防火规划［J］. 城市规划，1985（3）：61-63

［202］肖大威. 中国古代城市社会防火初探［J］. 灾害学，1995（3）：81-86

［203］肖大威. 中国古代城市防火减灾措施研究［J］. 灾害学，1995（4）：63-68

［204］肖大威. 中国古代建筑发展动力新说（一）—论防潮与古代建筑形式的关系［J］. 新建筑，
      1986（4）：67-69

［205］肖大威. 中国古代建筑发展动力新说（二）—论防火与古代建筑形式的关系［J］. 新建筑，
      1988（1）：61-64

［206］肖大威. 中国古代建筑发展动力新说（三）—论防震与古代建筑形式的关系［J］. 新建筑，
      1988（2）：72-76

［207］肖大威. 中国古代建筑发展动力新说（四）—论防风与古代建筑形式的关系［J］. 新建筑，
      1988（3）：68-71

［208］肖大威. 中国古代建筑防潮措施研究（一）［J］. 中国园林，1988（2）：38-42

［209］肖大威. 中国古代建筑防潮措施研究（二）［J］. 中国园林，1988（3）：50-52

［210］肖大威. 中国古代建筑防潮措施研究（二）［J］. 中国园林，1988（4）：36-37

［211］肖大威. 中国古代建筑防火技术与建筑发展［J］. 南方建筑，2008（6）：14-17

［212］杨定海. 海口儒豪古村人居环境解析［J］. 华中建筑，2010（4）：114-116

［213］黎族简史编写组. 黎族简史［M］. 广州：广东人民出版社，1982

［214］苏云峰. 海南历史论文集［M］. 海口：海南出版社，2002

［215］古小彬. 海南客家［M］. 桂林：广西师范大学出版社，2008

［216］符永光. 海南文化发展概观［M］. 海口：海南出版社，2001

［217］陈张承. 浅议海南古代的几次移民［J］. 琼州学院学报，2007（6）：69-70

［218］冯河清. 海南岛政治经济社会文化辑要［M］. 海口：南洋英局琼州会馆联合出版，1947

［219］朱竑，韩延星. 开疆文化在海南传播的方言印证研究［J］. 人文地理，2002（2）：70-73

［220］刘新中. 海南岛的语言与方言［J］. 方言，2001（1）：45-52

［221］梁犹刚. 广东省海南岛汉语方言的分类［J］. 方言，1984（4）：264-267

［222］陈波. 海南汉语方言的演变［J］. 海南师院学报，1992（1）：108-111

［223］梁猷刚. 从壮侗语族的bb dd看汉语方言海南话的bb dd和化州话的d［J］. 华南师范大学学报社会科学版，1984（2）：78-81

［224］房玄龄. 晋书·地理志下［M］. 中华书局，1974

［225］（晋）陈寿. 三国志·吴志·士燮传［M］. 北京：中华书局新式校点本，2011

［226］罗香林. 客家研究导论［M］. 上海：上海文艺出版社，1992

［227］戴志坚. 地域文化与福建传统民居分类法［J］. 新建筑，2000（2）：21-24

［228］王先慎. 韩非子集解［M］. 北京：中华书局，1998

［229］戴志坚. 闽台民居建筑的渊源与形态［M］. 福州：福建人民出版社，2003

［230］张芳. 建筑空间形态的民族性比较研究［D］. 武汉理工大学，2006

［231］李允鉌. 华夏意匠［M］. 天津：天津大学出版社，2005

［232］（清）林牧. 阳宅会心集·卷上·宗祠说［M］. 嘉庆十六年刻本

［233］海南省农村特色民居建筑设计方案竞赛获奖方案［EB］. http://www.hainan.gov.cn/data/news/2011/11/140222/.2011-11-09

［234］罗建平. 生态博物馆模式与贵州土城新区概念规划的尝试［J］. 小城镇建设，2012：79-83

［235］杨定海. 海南昌化古镇特色风情镇区的保护与更新［J］. 中外建筑，2013（6）：40-43

［236］金观涛，唐诺昕. 西方社会结构的演变［M］. 四川人民出版社，1985

# 后 记

　　传统聚落与建筑空间形态多元丰富，是人类历经岁月磨炼后的智慧结晶。它不是固化的物质形体，是与人居环境中相关要素融合而时刻处在演变和沉积的过程之中。人类处于人居环境的核心，是塑造传统聚落与建筑空间形态的主动力，人类的行为（包含应对自然环境以及人类社会建构的行为）、文化、情感等，在多层面上左右着传统聚落与建筑的空间形态特点和演化的过程。

　　人居是有地域性的，在现实社会中存在着在一定地域尺度上能够区分的具有基本相同特色的传统聚落与建筑空间形态。当然，在不同地域尺度上，传统聚落与建筑的空间形态同样诠释着其多元性和复杂性。

　　海南岛传统聚落主要表现为砖瓦房建筑聚落、琼北的火山石建筑聚落、中部山区的黎族船形屋聚落三种类型；建筑形态基本为单层三开间布局，材料多以砖瓦、敲碎火山岩和茅草为主，技艺以干垒、砌筑、绑扎等为主；整体呈现为形态单一、材料简陋、技术简单。如琼北大量存在的火山石建筑，其墙体因材料人工敲打而成，砌筑缝隙较大，室内能见多孔光线漏洞；中部山区黎族船形屋建筑由茅草与竹藤绑扎而成，室内空间低矮，光线昏暗，环境潮湿等。曾经关注过海南岛传统聚落的人们起初的印象是海南岛的传统建筑粗糙、简陋，没有价值。的确，海南岛传统聚落的建筑与岭南区域的广东传统聚落建筑建造技术相比较落后。广东传统聚落建筑无论是选材还是加工技术都超越海南岛传统聚落的建筑，尤其是木雕、砖雕、灰塑、彩绘等精细工艺更是不可比拟。在面对建造技术简陋、建筑细节不足的海南岛传统聚落，作者起初也是怀疑，研究海南岛传统聚落及建筑价值何在？海南岛传统聚落及建筑传承的意义何在？

　　传统聚落及建筑传承的意义何在？是简单地传承其固化的物质形体？显然不是。我国传统聚落的精华不仅表现为建筑本身，更是其建筑本身的空间形态及其相互组合后的空间整体，这种空间的整体性特征包括：与自然环境条件的调适性、与生产活动空间组合的融合性以及与聚落内部公共中心场所的聚合性等等。它们对应于特定的乡村生活的社会学意义：特定历史阶段社会生活的结构特征、血缘和亲缘关系的脉络认知、聚居环境的风水和民俗思想等等。这些整体性特征是我国各地丰富多样的传统聚落物质空间形态特征的精华。因此，海南岛传统聚落与建筑空间形态表达着海南岛人类在漫长的聚居活动过程中的探索和智慧积淀，形态单一、材料简陋、技术简单仅仅是其表象，在这些表象下隐藏的传统聚落与建筑空间形态所表达的正是海南岛人历经漫长岁月对自身聚居环境的认识、对自身聚居文化的认可。这些充分地表达了海南岛人民智慧地选择聚居场所，建构适应自然环境的聚居聚落，形成地域特色明晰的海南聚居文化。这才是作者最后坚定完成《质朴的生活智慧——海南岛传统聚落与建筑空间形态》一书的信念。

回头总览全书，作者感觉还有相当内容有待研究。本著作研究主要完成了海南岛传统聚落与建筑空间形态的基本特点的研究，但还未解决以下几个问题：

（1）还需要进一步梳理出海南岛传统聚落与建筑空间形态的历史变迁脉络。这其中涉及两个关键脉络的梳理：第一，汉族人口迁移线路的分析，由此分析传统聚落空间的布局脉络。自西汉以后，海南岛外来人口迁移逐渐增多，并逐步成为岛屿的主体人群。迁移海南岛的汉族人口居多，但来源复杂。早期来自中原，后来以广西、福建、广东为主。刚进入海南岛的汉族人口最初集聚于西北部的儋州、海口等地。随着人口增多，土地开发压力增大，岛内人口又出现了多次内部迁移。迁移的路线也随着岛屿开发出现西线、东线、中线等多条路线。海南岛人口迁移有一个自身的特点，人口迁移的路线并不是以循序渐进式的方式完成，而是在此基础上出现相当多的跳跃式迁移，表现为海南岛成为我国典型的方言交错地区之一。第二，在汉族扩张的过程中，黎族聚居区的动态演化。黎族最初是海南岛的先住民，随着汉族的进入，黎族聚居区逐渐收缩，这种收缩也表现出多种路线。整个过程中，汉、黎族群聚居区的演变表现出整体的汉族扩张、黎族收缩和局部的汉、黎镶嵌布局的状态。自然也演化出汉族与黎族群的分化，一部分汉族黎化，黎族有了"熟黎"、"生黎"之分，最终分化为"哈"、"赛"、"杞"、"美孚"、"润"等分支；一部分黎族汉化，成为汉人。汉、黎人口的演化自然反映在聚落形态上，同时建筑空间上也出现了相互影响和演化的特征。

通过梳理这两个关键脉络，可以深入地研究汉、黎聚居区所呈现的大圈层、小杂糅空间布局下的历史演化变迁过程，由此解析目前海南岛汉、黎传统聚落空间形态的历史原因和演化机理。

（2）还需要研究占海南岛人口主体的汉、黎民族在历史演变过程中长期的相互影响产生的海南岛传统聚落与建筑空间形态的地区分异特点。

（3）还需要解读海南岛传统聚落与建筑空间形态在岭南传统聚落与建筑中的价值地位。在研究清楚海南岛传统聚落与建筑空间形态地域特色的基础上，将海南岛传统聚落与建筑放在岭南地域的范围内，深入地进行比较分析，探析海南岛传统聚落与建筑与同在岭南地域的广东、广西以及与海南岛人口迁移联系紧密的闽南地域传统聚落与建筑异同点，由此尝试确立海南岛传统聚落与建筑空间形态在岭南传统聚落与建筑中的价值地位。

2017年2月1日

海南岛椰城